量子天文学

肖钦美　窦剑文　著

兰州大学出版社

图书在版编目(CIP)数据

量子天文学／肖钦羡编著 .—兰州:兰州大学出版社,2005.1

ISBN 7-311-02531-1

Ⅰ.量... Ⅱ.肖... Ⅲ.量子—天文学 Ⅳ.P14

中国版本图书馆 CIP 数据核字(2005)第 008537 号

量　子　天　文　学

肖钦羡　窦剑文　著

兰州大学出版社出版发行

兰州市天水南路 222 号　电话:8617156　邮编:730000

E-mail:press@onbook.com.cn

http://www.onbook.com.cn

兰州大学出版社激光照排中心照排

兰州新华印刷厂印刷

开本:787×1092　1/16　　印张:24.5

2005 年 1 月第 1 版　　2005 年 1 月第 1 次印刷

字数:462 千字　　印数:1～2000 册

ISBN7－311－02531－1/P.25　　定价:43.80 元

这是中国人的责任

（代序）燕杏舟

20 世纪初，正当中国的政治变革进入高潮之际，西方在科学理论领域产生了相对论和量子力学。二战后，在相对和平的环境中，他们的科技又取得了突飞猛进的发展。到了 20 世纪后期，当中国人有时间和精力发展自己的科学技术时，却发现自己和西方人的差距更大了。在这种情况下，除了拜西方人为师并把他们的理论搬过来外，别无出路。

在天文学上，中国人从西方老师那里学到了很多东西，如太阳能是热核聚变能、宇宙是大爆炸产生的等等，那时候是饥不择食，不管该理论是否合胃口，先吃下去再说。同时也认识了不少西方伟大的科学家，如牛顿、爱因斯坦、霍金等等。可中国人毕竟是中国人，尽管他们对西方老师很敬佩，但因为那被压抑得过长过重的民族自尊心，对于在中国大学讲台上总是讲外国人的理论、诺贝尔奖总是被外国人拿去等事实，心里总不是滋味。他们中的许多人在扪心自问以后，都暗下决心，将来一定要赶上和超过老师！否则怎能对得起我们智慧的祖先和将来的子孙？！

对于当代天文学理论，初看起来，要想超越它是很困难的，因为西方人似乎已把大多数难题都解决了。例如，太阳能是热核聚变能理论、宇宙大爆炸理论等，几乎成了天文学领域的宪法。尤其是近十几年来，西方人不断通过传媒，渲染所谓的终极理论，似乎用一个可以写在 T 恤衫上的公式，就可以一劳永逸地解决宇宙中的一切问题。其实，西方不少最基础的理论都还错误百出，谈终极理论真的为时过早。在错误的理论基础上推出的终极理论仍然是错误的，正像用银子打造的戒指绝对不会变成金的一样！

现在，中国人终于说话了！肖钦羡和窦剑文两位同志在爱因斯坦狭义相对论发表 100 年前夕出版的这一部《量子天文学》，明确地提出了“太阳能不是热核反应产生的”等一系列新理论。读者知道，热核聚变能理论是当代天文学理论的基础，当代天文学家正是根据该理论才断定恒星演化方向是从主序星到红巨星的，也正是根据该理论才断定引力可以把一颗恒星压缩为黑洞，宇宙会沿热力学第二定律箭头的方向走向热寂。现在，假如真的把这一理论推翻了的话，很显然，当代天文学就必须重写，而西方天文学家在走了将近一百年的弯路后又不得不重新回到起点。

这好像上天有意给中国人一个机会，让他们和西方人在 21 世纪有了一个不分先后、并驾齐驱一起去探索宇宙奥秘的机会，当然，其前提是太阳能是热核聚变能的理论确实错了。不过，话又说回来，即使当代太阳能来源理论错了，西方科学家仍然是伟大的，正是他们在探索中冲锋陷阵，今天的天文学才能取得这样的成就。比如霍金，他曾一头钻进终极理论中去，当他发现不存在终极理论时，就毫不犹豫地宣布放弃该理论，这就是大科学家的风范。因而，我们的读者也有责任来审查《量子天文学》提出的新理论。如果该理论是错误的，我们也要像霍金那样指出其错误，消除其影响，免得误导下一代。如果该理论是正确的，哪怕只有百分之十是正确的，都会震撼天文学界。那将是中国人对全人类做出的一项伟大贡献，并有可能大大促进火星和月球的开发，从而为中国继众多科学发现进入世界先进水平之后再增加一个重要的亮点，填补一个真正的理论“黑洞”。这无疑是作者的责任，更是每个中国人的责任！

一、一万年太久，只争朝夕

我看完《量子天文学》的初稿以后，发现其推翻太阳能是热核聚变能理论的根据是非常充分的。一切天体膨胀时都会放出能量，收缩时则会吸收能量，这和重原子的性质一样。作者因而提出一个“一切天体都像一个重原子”的模型。他们首先把太阳当成一个重原子，然后按这一假设去研究太阳的行为，可喜的是作者一炮打响，他们用太阳原子模型非常成功地解释了太阳的主要行为特性，特别是太阳黑子的行为特性。这是过去的任何理论都做不到的。

因为当代天文学家是根据太阳能是热核聚变能理论，从而断定恒星的演化方向是从主序星到红巨星的。作者认为，只要能证明现在的太阳系是在其从前身太阳红巨星演化到现在的太阳的过程中形成的，就足以证明恒星的演化方向是从红巨星到主序星，同时又连带证明太阳能不是由热核聚变产生的，这叫一箭双雕，属于反证法。非常幸运，作者的第二炮又打响了，他们用红巨星脉动产生太阳系的理论，非常成功地解释了太阳系的形成，而且不存在角动量分布反常的矛盾。作者自称找到了太阳系形成的 DNA，断言他们的理论是当代最完美的太阳系形成理论。特别需要指出的是，作者大胆预测火星和月亮上存在石油，现在已证实火星上曾经有过水，也发现火星大气可能存在甲烷。如果这些甲烷是由火星地下天然气泄漏而产生的话，这就证明作者的观点是正确的。这对人类开发两星的意义无疑是重大的。

《量子天文学》的作者发现，如果太阳确实是像重原子核那样通过向外发射气体而放出能量的话，那么就必须追究太阳内部的能量是从哪里来的，因为能量不能无中生有，如果不解决这个问题，其理论就不能自圆其说，也就无法向读者交代。作者通过分析认为，唯一的可能是太阳可以通过其内部的微观粒子从宇宙空间回收能量，这是受恩格斯理论启发的结果。恩格斯指出：“**放射到太空中去的热一定可能通过某种途径（指明这一途径，将是以后自然科学的课题）转变为另一种运动形式，在这种运动形式中，它能够重新集结和活动起来。**”现在《量子天文学》的作者终于把无人敢于问津的“回收能量的途径”找到了，完成了恩格斯的遗愿。这不能不说是个奇迹。

作者说，他们当时的确不知道微观粒子到底是通过什么手段把能量搬到太阳内部去的。通过大量的研究后，他们认识到微观粒子必然会“劳动”，微观粒子会劳动以后，宇宙运动就有了动力，所以他们断定，量子力学中的微观粒子“波粒二重性”中的波肯定不是几率波，而是真实波。粒子和波的状态要共存，唯一的可能是粒子和波可以互变，就像计算机中的寄存器“0”和“1”可以互变一样。这很符合中国古老的哲学思想——“阴阳互变”。波粒互变性就是认为微观粒子一方面会把自身的质量变成能量放射到宇宙空间中，另一方面又会把放射出去的能量从宇宙空间收回来变成自身的质量。很显然，在波粒互变时必须假定宇宙空间充满以太，否则微观粒子变为波以后再也不能把能量收回来了。所以作者又大胆地把被爱因斯坦抛弃的“以太”请了回来。经这么一改，微观粒子就成了“会劳动的宇宙工人”，也就是说微观粒子无时无刻不在通过“波粒互变”而劳动。国家兴旺需要工人劳动，宇宙运动也需要工人劳动，这是最朴素的辩证法。读者现在可以想象一下，太阳内部的气体跑到太阳中心去“打工”，在太阳中心赚了钱后，一个个不约而同地跑到太阳表面“花钱”，放出能量，给人类带来光明。微观粒子就是神话中勇敢的普罗米修斯。当它们在太阳表面把钱花完以后，又从“太阳黑子通道”进入太阳内部去盗火（因为太阳黑子是向内流动的气体旋涡）。这就是浅显的人格化了的物理故事。

读者从这里可以看到，单单从作者把原来无生命的微观粒子变为“会劳动的宇宙工人”，其科学和哲学意义就是巨大的。以后有人问起宇宙为什么会运动时，我们就可以理直气壮地回答说是因为微观粒子会波粒互变，再用不着像牛顿那样借助神秘的“上帝的一击”了，从而彻底摆脱了有神论和主观唯心论的阴影。

收成还远不止这些，作者还从太阳可以回收能量这一事实中找到了万有引力的本质，指出万有引力并不是相互吸引的力，而是天体上空能量流的“冲力”。作者虽然保留了牛顿万有引力的文字表述概念和数学公式，但客观上已把牛顿的引力概念完全否定了。自牛顿开始，人们都在寻找引力的本质，但谁也没能解决引力的**长程性**、**超距性及不可屏蔽性**。牛顿没能找到引力的本质，爱因斯坦广义相对论中把引力场描述为时空弯曲也并未解决引力的本质的问题。广义相对论公式也许是对的，但它没有告诉人们物质是如何把时空弄弯曲的。所以，时空弯曲仅仅是描述物体在引力场中的可能行为，只描述了其然，而没有解决其所以然。

这些公式被一些理论家不加条件限制地推广就变成了一种只会欺侮和吞食物质的魔鬼，最直接的表现就是天体可以被自身的引力压缩为一个奇点。但是，引力场是能量流，能量流流到天体中心以后，天体中心的能量密度就会增加，成为暗能量，或者叫束缚能。另一方面天体中心由于能量密度高，也叫能级高，微观粒子就会有一种从高能级跃迁到低能级的倾向，于是必然会产生一种从内向外的力，这就是反引力。反引力必然会产生，一切天体也必然会像个重原子从内向外发射能量，这就是太阳能来源的物理本质。

大家知道，爱因斯坦在相对论公式中加上一个宇宙常数从而创造出反引力，天文学家则是从望远镜里发现了反引力（暗能量），而本书的作者是从物理规律中发现反引力的。反引力的存在已成了一个不争的事实。但是，在这种情况下，读者更需要认真思考，因为天体内部存在反引力场，或暗能量，引力就再也不能为所欲为了。假如过去的史瓦西或现在的霍金知道反引力存在，在他们的计算公式中给中子星内部加上反引力场，他们还会说一个天体会被自身的引力压缩为黑洞吗？而现在天文学界一方面报导发现了反引力或暗能量，另一方面又报导发现了黑洞。这是一种多么矛盾的现象啊？！

《量子天文学》的作者很善于顺藤摸瓜，当他们发现一切天体都可以回收能量后，立即意识到热力学第二定律可以被克服了！在作者看来，热力学第二定律不过是微观粒子通过波粒互变从高能级跃迁到低能级并放出能量的行为，而反热力学第二定律则是微观粒子通过波粒互变把能量从低能级回收到内部高能级的行为。如果从地球实验室小系统去考虑，要克服热力学第二定律是不可能的，少量的物质不可能存在自身的引力。当作者发现所谓的引力就是能量流以后，引力的所有问题就这么简单地被解决了。

当代理论家们一向认为热力学第二定律是克服不了的，认为宇宙的熵总是不断增大，宇宙最终会走向热寂，所以当代理论家把热力学第二定律看成是时间之箭。阿西莫夫在科幻小说《最后的问题》中向一台巨型计算机提问：“我们有一天能克服热力学第二定律吗？”，计算机总是回答“资料不足”。计算机用了亿万年的时间，一直到星辰及人类都死亡了才找到答案。这是一个多么无奈和悲惨的黑色幽默啊？！

毛泽东说：“一万年太久，只争朝夕。”现在看来用不着花亿万年时间了，因为中国人已把克服热力学第二定律的途径找到了。我们从此不用再担心宇宙会热寂，不用再担心宇宙会没有光明。这样的成果无论给作者多高的评价都不会过分。

二、东方欲晓

我不想列举书中更多的内容，因为该书的内容太丰富了。作者几乎把当代天文学理论的外衣层层剥下，用天文观测事实和中国古典哲学理论重塑出一个相对真实的宇宙，把近百年来那些晦涩难懂、建立在不合理的假设和子虚乌有的想象基础之上的理论，一下子变成合情合理、一目了然的自然风景，让你一看就豁然开朗，仿佛感到自己的双手已经触摸到宇宙跳动的心脏。

读者也许会问：作者为什么一下子能解决这么多的难题？我个人认为，首先，从哲学层次上讲，作者是用中国古典哲学思想的钥匙去打开宇宙之门的。第二，宇宙是个统一的有机整体，其总体行为是关联的，服从因果律。这也表明上帝不玩骰子。正因为宇宙是统一的，其行为有因果关系，作者才能顺藤摸瓜找到问题的症结。作者正是根据星系团存在大空洞结构这一事实，才提出宇宙是个中空大火球的假设。该假设同样能解释 3K 背景辐射、氦元素丰度及宇宙表观膨胀等问题。就是说，星系红移、3K 背景辐射、氦元素丰度等，不一定要用大爆炸模型去解释。我们完全可以抛开大爆炸理论找一条更合逻辑的出路。当然，即使我们认为我们的宇宙模型是合理的，西方人也不一定会认可，因为西方很多哲学思想来源于《圣经》，《圣经》中有创世纪之说，所以大爆炸理论才能在西方流行。中国人有天不变道亦不变的思想，永恒的宇宙模型也许更受他们的欢迎。

作者在书中多次提到，他们仅仅是科学探险队伍中的两个导游，只是在探险的路上拍了几张风景照而已。书中有些是特写，有些是素描。例如，第二章和第三章就是特写。特写奠定了他们的理论基础，坚定了他们的信心；素描是为了扩展视野、占领认识领域的新地盘，表明他们到过哪些地方或他们的理论能解决哪些问题。就是说素描区都是那些已提出来但又未完成的课题。天文学和宇宙学是一个非常大的课题，靠作者和少数几个人不可能全部完成，还需要靠大家共同努力。我们应该学习西方人的协作精神，例如，当爱因斯坦广义相对论发表后，爱丁顿在 1919 年派两支考察队分别去巴西和西班牙，观测星光经过太阳表面时是否真的会偏转；还两次发射人造卫星验证广义相对论，其中 2004 年 4 月 22 日，美国人发射的卫星，就花掉了 7.5 亿美元。因此我们深感，在这重要领域里，中国应尽快建立一支强大的队伍，并以前所未有的团结精神和速度，为人类做出贡献，以恢复中华民族在天文学领域的领先地位。到那时又正好应验了毛泽东的诗词："东方欲晓，莫道君行早。踏遍青山人未老，风景这边独好"。

三、火凤凰

写到这里，又使我想起和本书作者相处的漫长岁月，他们使我有兴趣查阅了一些西方天文学发展的资料，并从中明显地感受到，即使在西方，即使是霍金被媒体炒作得最火的这几年，也不乏和他唱反调的人。其中最有说服力和最具概括性的例子是一位不愿透露姓名的大学教授的话——"要知道斯蒂芬提出的理论从未经过观测证实"，"他之所以出名大概与他的轮椅效应有关"。不过，当霍金自己在当代天文学及当代物理学错误的框架下找不到终极理论时，勇敢地宣布了自己放弃对终极理论的研究。这时候，我希望中国的学者不要跟风，当霍金声称将要找到终极理论时，大家高喊万岁；当霍金宣布不存在终极理论时，大家又像当年爱因斯坦宣布不存在“以太”时一样，个个落井下石，把原来的“以太”打入十八层地狱。这样，我们又在无形中把霍金或爱因斯坦的言论当成“终极理论”了。所以千万不要急于下结论。

其实，霍金所谓的“终极理论”，无非是想找到四种力共同的“家”，把名称取为“终极理论”有点夸大其词，因为即使霍金真的有幸找到四种力共同的“家”，也远不能说找到了“终极理论”。因为四种力的“家”，也只是无数自然科学中的一个“家”而已。如今，霍金亲自宣布放弃对“终极理论”的追求，这并不表明他无能，他是绝顶聪明的，追究其失败的原因，很大程度上是因为爱因斯坦在晚年已经交代：“我的工作中没有一个概念是站得住脚的”，而他为什么还要沿着爱因斯坦歪歪斜斜的脚印走下去？另一个原因是他本人选题失误。如今，他已走了弯路，这对霍金自己来说是刻骨铭心的教训，我们不必落井下石。在我看来，霍金已对人类做出了巨大的贡献，因为他发现了沿着当代理论走下去是“此路不通”，尽管过去有不少人有不同的看法，但他们毕竟没有像霍金那样深入虎穴去探险。此时，我们倒很希望霍金能乘这机会重新审查一下当代的黑洞理论及宇宙大爆炸理论等，把其中一些自己认为是错误的东西明确告诉别人，使别人少走弯路，并把它通通放到烈火中去燃烧，而我们伟大的天体物理学家霍金，肯定会像火凤凰那样在烈火中永生！

我之所以对霍金怀着深深的敬意，主要是因为《量子天文学》作者现在仍然做着霍金昨晚所做的类似的美梦，他们也想给四种力找个温暖的“家”。不同的是作者走的是中国人的路子，用中国人的哲学思想作指导，把被爱因斯坦抛弃的“以太”搬了回来。如果读者有兴趣到作者用“以太”筑成的四种力的“家”中去看一下，就会立即发现：原来所谓强力和弱力不过是以太的压力产生的，电磁力也只是以太的波动，至于引力也没有什么秘密，只要以太一旦流动，就会像流水一样把物体冲向一边。在这样美妙而简朴的家庭里，虽然今后还需聘请高人用理论去装饰，但肯定用不着26维时空的怪物，也用不着如钩虫一样的超弦！

作者的建树还有许多，但我还是不下结论的好，让大家各抒己见，见仁见智去吧！

目　录

绪 论

路漫漫其修远兮，吾将上下而求索！

——屈原《离骚》

当代天文学中，有一个影响极为深远的学说，那就是认为太阳的能源来自于其内部的氢核聚变反应，也叫热核反应。该理论现在已得到全世界学术界的公认，大学的教授、中学的物理老师、社会上的科普作家大都是这一理论的拥护者和传播者。它在天文学理论中的地位十分稳固，很少有人怀疑这一理论的正确性。但是，作者认为，就是这个被全世界公认为“绝对正确的理论”，却害苦了20世纪的天文学家，误导了天文学理论半个多世纪。

太阳能是氢核聚变能的理论，已成为20世纪天文学的理论基础。如果把该理论否定了，20世纪的天文学必须全部改写。《量子天文学》就是力图改写20世纪天文学的一部书。如果读者用20世纪的天文学理论去衡量这一理论的话，我们整部书所讲的肯定是全部错误的，这是必然的，因为按我们的理论去衡量20世纪的天文学理论，其理论也全是错误的。到底谁是谁非，交与后人去评说吧。不过，大量天文观测资料证明，我们的X－D(肖一窦)理论是正确的。

回想起来，探索太阳能源的机制，已有很长的历史。最初人们以为太阳是一个大煤球，但是，计算结果表明，煤球只能燃烧5000年，所以被否定了。后来人们又猜想，太阳是否是吸收大量的流星物质，由流星物质轰击太阳表面而发热，但是如果太阳确实是吸引了大量物质的话，太阳的质量就会越来越大，引力会越来越强，而地球的轨道半径也就会越来越小。然而，根据古代关于日食和月食的记载，没有发现太阳系运动状态有能测得到的变化，因此流星假设也不成立。如果假设由于太阳自身的引力收缩输出了引力能，但经过计算，引力能只能提供太阳5000万年的能量，而太阳已经发光几十亿年了。所以不论煤也好，陨星也好，或是引力收缩也好，都不能很好地解释太阳能的产能机制。

20世纪初，核物理学家已经了解到，重原子核裂变可以放出能量，氢核聚变也可以放出能量。后来通过光谱分析，发现太阳表面大部分是氢元素，而重元素很少。这自然会使人想到，太阳的能源不可能来自重原子核的裂变，而有可能来自氢核的聚变反应，因为计算表明：如果太阳燃烧氢的话，可以提供太阳燃烧100亿年，这使很多天文学家感到万分的振奋，欢呼太阳的产能机制终于找到了！

但是，在20世纪20年代初期，物理学家不相信恒星内部能发生氢核聚变，因为用经典理论，氢核之间要发生聚变的话，必须克服质子和质子之间电荷形成的位垒，要克服这个位垒，温度必须达到几百亿度。不过，阿瑟·爱丁顿教授的态度却不同，虽然他估计太阳中心的温度只有4000万K,但他凭直觉认为4000万K下氢核可以发生聚变反应，但他没有提出理论根据，所以很多人不相信。

后来乔治·伽莫夫从理论上给爱丁顿解了围。他是搞量子力学的，量子力学中，有一个叫做隧道效应的理论，他认为既然铀原子核可以通过隧道向外发射粒子，质子和质子之间当然也可以反方向通过隧道效应产生聚变反应。这样一来，聚变反应的温度，就可以大大的降低了。他的理论一提出，物理学家信服了，大家都相信太阳内部可以发生氢核聚变，相信太阳能是氢核聚变能。其实，我们在第八章将证明，原子核衰变通过隧道效应来进行，这种物理概念是错误的，聚变反应根本不可能通过隧道效应来进行。

关于氢核的聚变方式，1938年首先由美国的汉斯·贝特和德国的卡尔·弗里德里希·冯·魏茨泽克分别研究出一种叫做碳循环的反应方式，贝特还因此获得1967年度的诺贝尔物理学奖。贝特又和查理斯·克里奇菲尔德提出了另一种质子 — 质子反应方式，这样一来，太阳内部就可以进行两种热核反应。温度较低时，400万K以上，便可发生PP反应；温度较高时，1200万K以上才发生CNO循环。但是CNO循环要达到正常运行，反应温度必须要有1000～3000万K,而太阳核心温度只有1560万K，所以太阳能的98%是PP反应提供，CNO循环只占2%。

从以上可以看到，关于太阳能的产能机制，全部是理论性的。太阳中心的温度到底有多高，没人能实测证明，也没有观察数据，因为太阳中心谁也去不了，望远镜也不能看透太阳内部，该理论是否正确就很难令人信服。

后来人们从PP反应的方程式中看到，PP反应可以放出很多中微子，如果太阳内部确实存在PP反应的话，太阳中心的中微子应该能到达地球上，如果在地球上能测出这些中微子的话，就能有效地证明太阳内部确实存在PP反应，也就能间接证明热核反应理论的正确性。

但是天不作美，美国物理学家戴维斯从1956—1968年进行了长达12年的测量，后来从1970—1988年又进行了长达18年的测量。测量结果表明，中微子的数值只有理论值的1/4～1/3，其余的中微子失踪了，没有出庭作证。这就是有名的天文学历史上所谓的中微子失踪案。这使很多天文学家产生了巨大的心理负担，有些天文学家对太阳的热核反应机制产生了怀疑，但是，当时又提不出一个更好更有效的太阳能产能机制去取而代之。于是，很多人就只好另开药方，试图挽救这一个生了重病的理论。其中一个药方说：中微子可能在从太阳中心到达地球的路上衰变了。第二个方子：太阳内部的温度可能没有理论值那样高。第三个方子说：太阳中心目前可能停止了核反应等等，从目前来说，还没有一种特效药，能挽救中微子危机。

读者从以上介绍可以看到，太阳能热核反应假设，唯一能满足大众心理要求的是——氢核聚变反应能理论可以使太阳燃烧100亿年！

天文观测证实，银河系存在很多红巨星，红巨星密度很低，体积很大，可是却发射巨大的能量。发明赫罗图的罗素最初认为，恒星的演化方向是从大到小，从红巨星到主序星。但是，自从太阳能是热核反应产生的假设提出后，理论家们就觉得恒星的演化方向不可能是从红巨星到主序星。因为按热核反应理论，红巨星密度这么低，核心的密度肯定很小，中心的温度也一定达不到氢核反应的点火温度。但是，恒星的演化过程又必然要经过红巨星这一阶段。后来经过天文学家从理论上探索，得出一个我们认为是错误的结论：该理论认为红巨星是主序星演化成的，是主序星在氢燃烧完后燃烧氦时的产物。从此就把罗素的理论推翻了，即恒星的演化方向不是从红巨星到主序星，而是从主序星到红巨星，所以热核反应理论，改变了恒星演化方向的箭头。

热核反应理论，从历史角度来看，由于客观的原因，它是必然的，不能怪当时的天文学家。因为使人们认为太阳能是燃烧碳进步到燃烧原子核，已经是个很大的进步。但是天文学上还有很多能源不能用热核反应来解释。例如，星系核喷发巨额的能量就不能用氢核反应解释的，因为它的产能效率比热核反应高得多。另一方面，行星的能源，如木星和土星的能源也不能用热核反应解释。木星的放能效率又比热核反应低得多。这就迫使天文学家最初认为星系核的巨额能量来自于正反粒子湮灭，后来又归因于黑洞。至于行星能量的来源到现在还没有什么好的机制去解释。目前，有提出地球核心也存在氢核聚变反应的，也有提出行星是吸收了太阳中微子的，这些看法也很少有人赞同。所以可以说，热核反应理论，只局限于在恒星上适用，对于星系核和行星就无能为力了。

这种情况充分表明，热核反应理论本身并没有直接的证据，另一方面该理论又不能用在恒星能源以外的其他场合。所以我们对当代太阳能源理论的信任就产生了动摇，觉得有必要下功夫寻找一个统一的能源理论，既能用在恒星上，也能用在星系核及行星上。我们坚信宇宙中应该有一个统一的能源机制。

天文观测表明，太阳表面很多放能现象，其能量来源明显都不是由太阳核心提供的。例如，耀斑爆发及日冕区的高温，倒很像重原子核的能级跃迁，当太阳内部的粒子出射到太阳上空时，粒子会自动放出能量，使日冕区温度升高。

另一方面，造父变星的光变曲线表明，当气体上升到造父变星上空时，温度才升高，光度才变大的。这好像节日的烟花，到了高空才爆炸，天空亮了起来，温度也升高了。气体在高空放能爆炸的思想是一个很重要的概念，后面会经常提到它。

如果说，太阳日冕区的反常升温和耀斑爆发，可以用什么拍岸浪或阿尔文波来解释的话，但在造父变星的场合，它的反常升温，无论如何是不能用阿尔文波来解释的。当然，这是我们的看法，因为有人已提出日冕区反常升温是波动加热，以及耀斑爆发是磁力线再联结造成的。我们现在突然提出这是太阳内部的气体通过能级跃迁放出来的能量，可能没有人会立即相信。这是一切新生事物共同的命运，所以我们必须拿出更多的证据来说服大家。

要使读者及天文学家相信太阳能不是热核聚变产生的，还有一种办法：就是想法证明恒星的演化方向是从红巨星演化到主序星，而不是从主序星演化到红巨星。因为按热核聚变能理论，恒星的演化方向是从主序星演化到红巨星，并断定红巨星是老年星。大家知道要想证明恒星的演化方向是从红巨星演化到主序星，最有效的方法是证明我们的太阳系是在从红巨星演化到现在的太阳的过程中形成的。

也许是天助我们，当我们用这一思路去研究太阳系的起源时，很快发现，太阳系确实是在从红巨星演化到现在的太阳的过程中形成的，而且有大量的证据。所以我们在第三章中用了二十一节的篇幅，专门论述了太阳系的形成，有充分的证据证明行星和卫星是在红巨星脉动的过程中形成的。我们自己认为，我们的太阳系形成理论，是目前最成功的理论，我们已找到太阳系形成的 DNA。这就有力地证明，恒星演化方向是从红巨星到主序星。

大家知道，热核反应理论推论得出恒星的演化方向是从主序星到红巨星，这一理论没有天文观测证据。如果读者在我们列举大量的事实面前，能相信恒星的演化方向是从红巨星到主序星，那么热核反应理论的后路就被堵死了，因为恒星的演化方向只有一种可能，要么从主序星演化到红巨星，要么从红巨星演化到主序星。

所以可以说，本书的第三章是天体原子模型最有效的应用，证明天体原子模型是一个成功的理论，有了这基础以后，再用天体原子模型来处理类星体红移的问题就简单多了。的确，类星体红移是当代天文学中最大的谜，现在用星系核壳层红移能圆满地解释类星体的特性，并且势如破竹地解释其他星系的特性。因为恒星的演化方向是从红巨星到主序星，所以红巨星就成了幼龄星，球状星团就成了幼龄星团，椭圆星系也就成了幼龄星系，赫罗图中的恒星演化路线就要反过来。球状星团的年龄也要反过来，在当代理论中，原来年青的球状星团实际上是年老的，原来年老的实际上是年青的。

从新的球状星团的演化时间去分析，我们发现，质量小的红巨星演化到主序星需要的时间短，质量大的红巨星演化到主序星需要的时间长。我们的理论就像滚雪球一样，应用的地方越多，能解决的问题也越多。

我们在“天体原子模型”中提出了一个假设，天体内部基本粒子的质量大于自由空间中基本粒子的质量，所以当太阳内部的粒子向太阳表面发射时就会放出能量。这就给我们提出一个问题：为什么天体内部基本粒子的质量会比自由空间中基本粒子的质量大？也就是说，为什么原来星云气体的基本粒子的质量比较小，而一旦形成恒星以后，其基本粒子质量就会变大？如果我们不解决这个问题，我们的理论就不是自恰的理论，也就站不住脚。

因为粒子的质量不能无中生有，唯一的可能是恒星自己可以回收宇宙空间的能量，就是说恒星像一架能量循环机。它一方面从宇宙空间吸收能量，另一方面又以光和热的形式向宇宙空间放出能量。虽然恩格斯早就提醒人们：恒星可能通过某种途径，把发射到太空中去的能量重又回收。所以关于恒星回收能量的研究，应当是当前很重要的研究课题。当然这是一个相当困难的课题，不过其意义非常重大，如果一旦找到恒星回收能量的途径，就可以向人们宣告，热力学第二定律被克服了，宇宙永远是光明的，再不用担心宇宙会热寂。

谁能承担回收能量的任务？

因为一切天体都是由微观粒子构成的，可想而知，回收能量的任务只能由微观粒子去完成。所以下面就进一步研究，微观粒子通过什么途径或手段从宇宙空间回收能量？这就迫使我们在研究天文学的课题中要花大量的时间去研究微观粒子的行为。

量子力学中的波粒二重性，大家是很熟悉的，就是说微观粒子有粒子性，又有波动性，当代正统理论把微观粒子的波动性解释为几率行为。尽管如此，量子力学还是不完善的，所以爱因斯坦和波尔之间展开了长期的争论。但是只要我们把波粒二重性的表达方式改一下，其性质就会发生质的飞跃。就是说，只要把微观粒子"波粒二重性"改为"波粒互变性"。其含义是：任何一个微观粒子，它可以在某一时刻处于粒子状态，而在另一个时刻又变为波动状态。形象地说，微观粒子有点像水的特性，零度以下变为固体(粒子状态)，零度以上变为液体(波动状态)。这不但不影响量子力学中波粒二重性的意义，相反还完善了量子力学的含义。其实，在量子力学中，微观粒子很多性质都与波粒互变有关，比如微观粒子的隧道效应就是。当微观粒子变为波动形态时，它的粒子性就不存在了，比如质子，当它变为波动形态时，它就不存在粒子性和电荷性了。这时它就可以不受库仑位垒的束缚和阻挡，也不受核力的约束。所以微观粒子可以发生位垒穿透。

另一方面，量子力学中的测不准关系，也是波粒互变形成的。试想一下，如果我们在微观粒子发射的方向上，位于 A 的地点放一个探测器。该粒子在 A 点刚好处于粒子状态的几率不是百分之百，所以探测器在 A 点探测到粒子的几率也只能是一个小于 1 的数，而探测器中的粒子本身也会变成波，这一样会影响探测结果。测量动量的情况也如此。读者自己还可以找出许多类似的例子。所以在量子力学中微观粒子的波动性，虽然可以用几率波去描述，但其本质却又不是一种随机的行为。几率波是一种数学模型，而不是本质，虽然几率波可以很好地解释微观粒子的波动性。通过波粒互变的概念，可以很容易推导出和狭义相对论相同的公式，但虽然公式相同，而其解释却和爱因斯坦的解释相差很远，就是说相对论公式还有另外的解释。所以我们必须找出两种理论，在什么地方可能交联在一起了。

所谓微观粒子的波粒互变，我们又可以解释为一个微观粒子，可以向宇宙空间放出能量和从宇宙空间回收能量。就是说，当微观粒子从波变为粒子时，会从宇宙空间回收能量，当微观粒子从粒子变为波时又会向宇宙空间放出能量。所以微观粒子是有生命的，宇宙的生命、人类的生命，都源于微观粒子的波粒互变。波粒互变才是第一推动力，如果没有波粒互变，任何物体都不可能吸收和放出能量。

如果单个基本粒子在自由空间中（所谓自由空间，是指该粒子不在一个大质量天体内部），当它进行波粒互变时，没有和其他粒子进行能量和质量交换，它从宇宙空间吸收的能量和放出的能量相等。这时该粒子的质量将不发生变化。

“微观粒子波粒互变”是一个很重要的物理概念，没有波粒互变，微观粒子在能级跃迁中也就不能吸收或者放出能量，更不可能进行质能互变。

现在请注意，我们要和读者一起来讨论和研究恒星回收能量的问题了。虽然我们有着一种思路，但我们还没有严格地建立一个数学方程，在读者中肯定会有很多天文学家、物理学家或数学家，他们有能力根据这一思路，建立一个天体回收能量的方程式。当然，我们也希望任何一个读者去完善和补充天体原子模型的内容。

其实，用波粒互变的理论就很容易找到天体回收能量的途径，在天体内部的物质密度分布表面小、中心大的情况下，天体内部的微观粒子就可以通过集体的波粒互变，从宇宙空间吸收能量。由于所有的天体，都像一台抽水机那样，从天体上空抽取能量，这必然导致天体内部的能量及基本粒子的质量也不断增加。天体内部的基本粒子质量变大后，天体的特性就像原子核的特性了。另一方面由于天体回收能量的结果，必然导致天体外围空间有一股能量流，从天体外围空间径向流进天体中心，而且能量流的速度和天体质量成正比，和 r^2 成反比，恒星回收能量的途径就算找到了，也就实现了恩格斯的遗愿（我们的这本书也就起到了抛砖引玉的作用）。只要天体能回收能量，我们的天文学家和哲学家就有文章可以做了。

例如，如果由于地球回收能量的结果，使得有一股能量流从地球上空径向流进地球表面，然后再流进地球中心。现在读者可以进一步追究下去，如果有一个物体，比如说是牛顿看过的苹果，放到地球上空的能量流中去，那么该苹果肯定会吸收能量流中的能量并产生加速度落到地球表面。啊，这能量流，不就和牛顿引力场的概念相冲突了吗？因为牛顿说，苹果落地是万有引力造成的，而我们却说，苹果落地是因为苹果吸收能量流中的能量后作的加速运动。

现在请求读者和我们一起分析到底谁的说法正确。大家都知道，自由落体运动表现为超距的、瞬时的、不可屏蔽的。这点牛顿的引力理论解决不了，成为当代引力之谜。但是只要天体上空存在能量流的话，自由落体运动必然是超距的、瞬时的及不可屏蔽的。从这结果看来，冲力概念要比牛顿引力概念优越，所以我们认为牛顿万有引力概念错了！

在我们的理论中，苹果落地是受到宇宙空间流来的能量流的冲力作用的结果，所以定义为万有冲力定律，并推导出一个万有冲力公式。万有冲力公式用在太阳系时和牛顿的引力公式一致，但用在计算银河系内部的恒星运动规律时，它和牛顿引力公式的意义就完全不一样了。为了照顾历史上的习惯，下面有时仍把“万有冲力”称为“万有引力”。

由于任何天体内部的能级比天体表面高，所以微观粒子总是要从天体中心向天体表面跃迁，就像重原子核内的质子或中子总是要向核外跃迁一样，这种跃迁力是从里向外，和引力方向正好相反，我们称这种力为“反引力”。当代天文学家包括爱因斯坦在内已注意到反引力的存在，但他们不知道产生反引力场的原因。简单地说，反引力场是因微观粒子企图从天体内部的高能级跃迁到天体表面的低能级而产生的一种引力场。

“**反引力场**”是又一个很重要的概念。

星系内的恒星一方面受到轨道内部所有恒星的“引力”作用，另一方面又受到“反引力”的作用。这两种力相加后，或者说把引力曲线和反引力曲线拟合后，恒星受到的“有效引力”就减少了，也可以归结为星系内部“有效万有引力常数”减少了，所以我们计算星系内部的质量分布时，应该记住，虽然真实的万有引力常数是不变的，但“有效万有引力常数”是变化的。在星系内部须用变化了的“有效引力常数”，而在星系晕以外，特别是用伴星系的运动速度去计算银河系的总质量时（因为在星系晕以外“反引力”几乎等于 0），就要用较大的真实引力常数。真实的引力常数应该比当前的引力常数 G 值大 10 倍以上，在考虑了引力常数的修正以后，银河系的质量分布和发光物质分布就完全一致了，银晕中再也不存在百分之九十的暗物质。宇宙中不存在暗物质以后，天文学家就省事多了。

现在我们终于搞清楚了，所谓天体的负能壳层，就是天体晕附近能级最低而且又比较平坦的地方。它是万有引力曲线和反引力曲线拟合后的结果。引力场在离天体很远的地方仍然存在，而反引力场在天体晕以外不远的地方就降为零，所以把这两条曲线在同一坐标上拟合以后，拟合曲线在天体晕附近就出现一个最低的谷，谷底是相对平坦的，谷底所在区域就是负能壳层。对于恒星来说，行星在恒星的负能壳层中形成，（因为在恒星的负能壳层中能保存气体环）。对于星系核来说，大量的恒星也在星系核的负能壳层中形成。因为星系核的质量很大，密度很高，所以星系核负能壳层很深。但因为壳层的谷底相对平坦，谷底的气体并没有受到很严重的压缩，是比较自由的，所以发射谱线和吸收谱线都比较窄。

因为当代理论没有考虑到反引力的存在，这就导致当代天文学家不敢承认类星体的红移是引力红移，而错误地把类星体红移归结为多普勒速度红移，于是就出现了所谓的类星体之谜。问题就是这样简单，类星体红移值之所以比其他星系大，仅仅是因为它的星系核负能壳层比较深，而其他星系核负能壳层比较浅。因为负能壳层的深度有一个极限值，导致类星体红移值也有一个极限值，所以我们也就没有必要说，类星体是宇宙形成20亿年以后才开始形成。

天文观测证实，星系分布存在大气泡结构。这一结果提醒了我们，它是摆在天文学家们面前一个很好的样板，表明我们的宇宙也可能是大气泡结构或者说是大空洞结构。就是说，宇宙的物质分布90%以上在宇宙边缘，而且宇宙边缘的物质运动速度等于C。宇宙边缘高速运动的粒子温度必然很高，所以我们的宇宙是个空心大火球（但从宇宙外边看去却是一个黑洞）。用这模型可以说明宇宙大爆炸理论能说明的一切现象，而且没有大爆炸理论存在的缺点和困难。我们的宇宙是永恒的，所以宇宙大空洞模型是个很有生命力的模型。

上面说过一切天体都可以从宇宙空间回收能量，而冲力场又可以把分散在宇宙空间的粒子集中到天体表面。这两种行为的效果加起来其作用正好和热力学第二定律的作用相反——会使宇宙的熵减小，因此称为反热力学第二定律。热力学第二定律被反热力学第二定律克服了，宇宙不会热寂，世界会永远光明。如果我们的理论是正确的话，《量子天文学》献给人类的礼物就是一个永远光明的宇宙。

《量子天文学》把以太请了回来，并把以太也分了正反，而且给其至高无上的地位，我们称以太是产生宇宙和推动宇宙运动的上帝，所谓四种力不过是以太在不同场合下对物质产生的不同作用。就像水，在深海会对物体产生巨大的压力以及浮力；在江河，流动的水会把所有船只冲向下游，水的旋涡及水的波动都会对物质产生作用。正在搞大统一的理论家，是否也能把以太当朋友，为什么只从宇宙大爆炸方面去考虑呢？应该相信上帝并没有那样多的花花肠子故意制造一个几十维的方程来捉弄人类。搞清楚四种力的本质以后，也就没必要去搞大统一的工作了，到那时也就没有人对这一问题再感兴趣了，就像当前没有谁去把水的压力和水的其他作用力统一起来一样。

读者将会看到，我们的理论实质只有三句话：①**宇宙中充满密度很大的以太**；②**一切微观粒子在以太海洋中都会波粒互变**；③**一切天体**（行星、恒星、星系、星系团及宇宙）**都像一个重原子**。其余的理论都是顺藤摸瓜得来的。对于天文学家来说，知道了这两句话就已经足够了，后面的正文也就不必去看，因为他们有丰富的天文观测资料，只要愿意用这三句话去处理他所知道的天文观测现象，其中包括“暗能量”，不出三个月就可以写出一部洋洋巨著。我们希望中国的天文学家和广大读者，能冲破当代天文学理论的束缚——什么太阳能是热核聚变能呀，什么宇宙是太爆炸形成的呀，什么黑洞呀，什么暗物质呀，什么平行宇宙呀等等，这都是当代人思想的产物。

我们应当看到，这些理论主要是西方学者以太阳能是热核聚变能为基础提出来的。要知道我们中国人也是有思想的呀！我们为什么不能像西方理论家那样，对宇宙的存在和运动本质也大胆提出自己的理论？我们没有必要相信西方人的所有理论都是绝对的真理。我们没有必要要求西方学者一定要赞同自己的理论，只要能达到和西方理论家们进行学术交流和争论就行了。争论总有正反两方，西方理论家已提出很多论点了，我们十多亿人口的大国，也应该提出一点东西，让西方理论家在他们的天文学讲台上讲中国人的理论，这样中华民族才会被西方人尊重，中国的学者才不会被西方人及自己的同胞说成是马屁精，千万不要怕自己的理论和西方人的理论不同，而不敢提出自己的见解。要有共工怒触不周山的精神。

天！

撞塌西天宇宙颠。

补回去！

华夏女娲宣。

是的，我们认为西方太阳能产能理论已误导世界半个世纪多了，要想在这错误的理论中进行修修补补是没有出路的。相反，大胆地把旧理论推倒，重新建立起一套完整的理论，反而可能势如破竹取得成功！实际证明正是这样。

所以，我们应该有共工怒触不周山的精神和女娲补天的精神，把错误的理论推倒，建立起一套正确的理论。

第一章　天体原子模型

引　子

请读者注意，从第一章开始，我们的理论就和当代的天文学理论走上了不同的道路，甚至可以说是针锋相对。在本书中，我们将向读者详细论述：一切天体都像一个重原子，太阳能不再是热核聚变能；恒星的演化方向不再是从主序星到红巨星；引力的本质是以太流的冲力；一切天体内部都存在反引力；一切天体都可以回收能量；暗物质并不存在；热力学第二定律被克服了；宇宙不是大爆炸产生的；“以太”是统一宇宙的上帝……

§1.1　糖衣苦果君知否

1.1.1　标准太阳模型的产生

人类探索太阳能来源的奥秘，时间已久。最初人们以为太阳是一个大煤球，太阳靠燃烧煤来发出光和热，但经过计算，这煤球只够燃烧 1500 年。秦始皇统一中国到现在已两千多年了，秦始皇显然是见过太阳的，否则他到南方视察时就不会被太阳晒得中暑了。当然这是笑话，只是用来说明太阳能不可能是燃烧煤而产生。后来有人设想，太阳能可能是因为在太阳系内有无限多的陨星不断掉到太阳表面而发热的。但人们发现太阳系周围没有那么多的陨星，另一方面如果有那么多陨星落到太阳表面的话，太阳的质量会不断增大，太阳的引力会不断增强，这就必然要影响到地球的运行，使其轨道半径不断缩小，但人们根据古代记录的日食和月食的资料研究证明，地球轨道自古至今基本没有变化，所以流星说被否定了。后来又有人提出太阳能是引力收缩放出的能量（因为按当代理论，太阳引力收缩时，太阳的质量基本不变，牵涉不到地球的运行轨道问题），如果假设太阳最初的半径像现在的太阳系那么大，收缩到现在的太阳这样的小个子，那么引力能只能维持 5000 万年，比地球的年龄要小 100 倍。而考古发现，27 亿年前已存在海藻生物了，因为生物是要阳光的，所以太阳至少发光二十几亿年了。长期以来，很多人都在思考，什么燃料能提供太阳燃烧几十亿年呢？

20 世纪初，爱因斯坦发表了著名的相对论，提出质量和能量之间可以互换，其数学公式是 $E=mc^2$，如果按这公式计算，质量为 1g 的物质如果全部转换为能量的话，相当于 9×10^{20} 尔格。物质本身就是能量，这是人类的巨大发现，也是爱因斯坦的伟大功劳。如果太阳把自己的质量拿出一点点来转换成能量的话，发光几十亿年又算什么，要知道，按当代理论，太阳拥有 2×10^{33}g 的质量。

不过人们也清楚，质量不是随随便便就可以转换为能量的。在什么条件下，质量才能转换成能量呢？19 世纪末科学家已发现了铀的放射性，居里夫人大家是很敬仰的，她就是研究放射性的，证实重原子核铀和钍等放射性元素，可以通过向外发射粒子而放出能量。后来人们又知道两个氢核聚合成一个氦原子核时也会放出能量。太阳内部到底是重原子核衰变放出的能量，还是氢核聚变放出的能量呢？太阳光谱证实，太阳内部主要是氢元素，很少重元素，人们当然就不会去考虑恒星能源是重原子放射性的事，只能考虑氢核聚变能。当时的天文学家，除了相信恒星是巨大的核电站以外，别无其它选择，因为他们想象不出还有其它的过程可以释放出这么多的能量，以至可以补偿太阳的辐射达数十亿年。爱丁顿教授就是其中的一位。

爱丁顿估计太阳中心温度可以达到 4000 万℃，并直觉地认为，在这样的温度下可以发生氢核聚变反应。但是，当时的物理学家普遍认为，在恒星内部氢核是不可能发生聚变反应的。主要是因为氢原子核带正电，两个氢原子的核电荷之间的斥力会阻止氢核之间互相接近，从而不能发生聚变反应。这个斥力叫**库仑位垒**。计算表明氢核之间要冲破它们之间的位垒，太阳中心的温度必须达到几百亿度。读者可以看到，4000 万℃和几百亿度相差有多大，难怪物理学家会认为恒星内部不能进行核反应。

真是天无绝人之路！一个研究量子力学的科学家叫乔治·伽莫夫，他出面解决了这个温度不足的问题。伽莫夫原先是研究重原子核衰变问题的，按经典理论，镭原子核内的粒子受到核力的约束而不能分裂，但实际上镭原子内部还是有 α 粒子放射出来。量子力学认为微观粒子有隧道效应，α 粒子有一定的几率可以通过隧道跑到原子核外面，就像现在的火车，它虽然不能爬山，但它可以穿过隧道。对于铀原子来说，α 粒子有点像监狱的逃犯，打洞穿墙逃出墙外。这些逃犯用不着像中国电影中的少林寺和尚那样，凭武功跳过很高的墙逃走，而只要在墙根上挖个小洞就行了。所以伽莫夫认为，既然墙里头的人要出来可以打洞，为什么墙外头的人要进墙里头就不可以打洞呢？因此可以肯定质子和质子的聚合反应也可以通过隧道效应来实现（我们将在第八章证明这理论是错误的）。这样一来，氢核聚变反应就用不着几百亿度，而只要几千万度就行了。伽莫夫的理论一方面为爱丁顿解了围，更重要的是为氢核聚变理论铺开了道路。从此人们都相信，太阳的能源是来自氢核的聚变反应，而且还知道，氢燃料可供太阳燃烧100亿年，现在大概只用去了一半，还有50亿年可用。

这一理论很快就为大多数天文学家所接受，原因之一是氢核使用寿命长，还有50亿年时间，人类不用再担心什么，这就像给每一位天文学家都吃下一颗甜甜的定心丸。第二个原因是再也找不出更好的理论了，不信也得信。一般人都不会敬酒不吃吃罚酒的。

最初，人们只从概念上觉得太阳能源应该是氢核聚变反应产生的，但是发生的是哪种反应还不大清楚。直到10年以后，1938年，才由美国的汉斯·贝特和德国的魏茨泽克分别找到了一个叫“碳循环”的反应方程式。而贝特又和查理斯·克里奇菲尔德找到了另一种叫质子—质子链的反应方程。前者即（CNO）循环，后者即（PP）反应。贝特因此获得了1967年度诺贝尔物理学奖。他们有关太阳能源的理论，统称为标准太阳模型。

1.1.2 中微子危机和治病药方

读者从我们以上的介绍可以看到，所谓标准太阳模型，全部是理论性的，没有一个直接测量的证据，因为太阳中心的温度到底有多高，核心有没有发生聚变反应，谁也没法进行实际测量。后来人们想到，标准太阳模型中（CNO）循环和（PP）反应，都会放出大量中微子（因为中微子几乎不被太阳物质吸收，可以到达地球上），人们想，如果能够测量到太阳中心发射出来的中微子，那就证明太阳中心确实进行了热核反应。

测量太阳中微子的工作首先由戴维斯着手进行。多年的结果表明，中微子数值的实际测量值只是理论值的四分之一，其余四分之三的中微子失踪了。这就是有名的中微子失踪案。这一结果，对标准太阳模型打击很大，因为唯一的证明太阳内部进行热核反应的证据都几乎被否定了，人们自然会想，标准太阳模型靠得住吗？他们这时才感觉到，以前含在嘴里的那颗定心丸，等糖衣化了以后，原来是个苦果。但又不能吐掉，因为当时谁也找不出一个比标准太阳模型更好的理论，找不出其它的可以代替氢核聚变反应的能量来源，所以在这种情况下，天文学家只好决定找一些补充理论试图救治这个陷于困境的模型。

为此，很多理论家出面充当大夫开出了不少方子，有的提议修改计算机的参数，把太阳中心的温度降低一点，理论值和观测值就会一致。也有人认为中微子可能会衰变，中微子在从太阳中心到达地球的路途中衰变了大部分，所以测量值就比理论值少了。还有一些人提出的见解更是奇特，认为太阳内部现在不存在核反应了，现在的热量是过去核反应留下来的，按他们的看法，太阳中心的核反应炉有时运转有时停火，现在刚好是太阳核反应炉停止运转的时期。读者可以发现，这些补充理论也都是凭空想象的，没有天文观测事实作依据，所以没有被大家普遍接受。

1.1.3 恒星演化方向中的困难

当代天文学家大多数相信星云学说，认为恒星是星云气体收缩而成的，也就是说恒星演化方向是从大到小。发明赫罗图的天文学家之一的罗素最初就认为恒星的演化方向是从红巨星到主序星再到白矮星。自从热核反应能提出以后，罗素的理论就被否定了，因为太阳能来源于热核反应的理论，用在红巨星上时就产生了困难。红巨星这么大，如果它是由星云收缩到当前这种体积的话，那红巨星中心的密度可能还很小，中心的温度肯定也很低，远远达不到氢核聚变反应的点火温度，因此他们断言红巨星不可能是年幼的恒星。但是，红巨星总得给它找个年龄位置呀。红巨星不是年幼的，又不是年青的（因为天文学家已把主序星定义为年青恒星了），那它肯定是年老的了。于是就找来一个理论，证明红巨星是年老的。从程序上说，这就像公安局先定罪然后找罪证一样。后来找着了，天文学家认为当主序星把氢烧完了以后，接着就燃烧氦，那时放出大量的热使恒星体积膨胀，变为红巨星。这样一来就把罗素的理论推翻了，对星云学说也打了一个折扣。从此 20 世纪的天文学家就把红巨星及以后的白矮星、中子星定义为老年星。

接着要找年幼的恒星了，天上的年青主序星那么多，按理幼年星也应该很多呀，但幼年星始终不露面，目前虽然有人找着几颗他们认为的原恒星，也就是刚形成的幼年星，但最终还没有定论。这就造成天文学上的一个怪现象，中年恒星到处跑，幼年恒星找不着，老年恒星喜欢住在养老院。人类老来瘦，恒星老来胖，快死的恒星小不点。

如果按照罗素最初的理论，一方面符合星云学说；第二，恒星的年龄合理了，红巨星是刚产生的幼年星，收缩后成为年青的主序星，老了进一步收缩为白矮星或中子星。

1.1.4 球状星团的困难

当代理论把红巨星定为老年星以后，球状星团自然就成了老龄星团了（因为球状星团里头大多数是红巨星），它们中的大多数被认定为几十亿岁到一百多亿岁了，有些还超过了宇宙的年龄。这就出现一个怪现象，因为球状星团内部的这些恒星，按当代理论来说是年老的，它们年青的时候肯定不会均匀分布在整个银盘上，只是等到老年以后才一个个从四面八方集中到球状星团内部（按热力学第二定律，熵只有增加，不会自动减少，因为恒星不是生物）。

惟一的解释是球状星团内部的恒星，从出生到老死都在球状星团内，要保持其一百多亿年不散开那是很困难的。因为按广义热力学第二定律，我们可以把恒星当成气体分子看待。那么球状星团内部的恒星随着时间箭头的移动，内部的熵就会增加，恒星就会扩散到普遍星场中去，就像一滴墨水滴到装满水的烧杯里，过不了多久就会分散到整个烧杯内部。按当代理论，现在球状星团一百多亿年了，还能保持在一个小体积内，他们只能假定球状星团十分稳定。但是说了这句话以后，就应该承认热力学第二定律在球状星团内部不适用，熵不随时间增加，时间箭头在球状星团内不起作用。宇宙可以膨胀，而球状星团是个独立王国。

但是，只要我们放弃红巨星是老年星的观点而认为红巨星是幼年星的话，一切问题就迎刃而解了。我们可以这样说：球状星团内部都是幼年星，因此球状星团是刚产生的。刚产生的星团，恒星比较密集，随着时间的增加，由于熵增演化为疏散星团，后来再演化到星协，最后这些恒星分散到普遍星场中去了。随着星团的演化，恒星本身也从红巨星演化到主序星、白矮星和中子星。因为恒星演化过程中要大量抛射气体，所以红巨星周围气体少，主序星周围气体多。这种说法和天文观测资料就完全吻合。由于把红巨星定为老年星的根子是热核聚变能假设理论，所以就必须抛弃“太阳能是热核聚变产生的”假设。

1.1.5 星系演化中的困难

天文学家对星系的演化方向现在还没有统一，争论了近一个世纪，有的人主张是从椭圆星系演化到旋涡星系，再到不规则星系，有的人主张是从不规则星系、旋涡星系再到椭圆星系。他们的论点大家都清楚，不再重复。

造成星系演化方向混乱的局面，根子还是把红巨星定为老年星。主张星系演化方向是从椭圆星系到旋涡星系的人，虽然其理论符合广义热力学第二定律（椭圆星系演化到旋涡星系、不规则星系是熵增的结果），但他的理论却吃了亏，因为当时人们把红巨星定为老年星。老年人会比小孩先出生，那不是怪事吗？所以谁也不相信。主张星系演化方向是从不规则星系、旋涡星系到椭圆星系的人，其观点是为了迎合红巨星为老年星的理论，但他却违反了广义热力学第二定律，因为星系演化中出现了负熵。谁见过烧杯里一杯浅色的墨水，自动地浓缩为一滴浓墨水和一杯清水呢？没有人见过！因为这违反了热力学第二定律，所以不规则星系决不可能演化为椭圆星系。因此这种理论也没有被人全部接受。在这种争论不休的情况下，有些人干脆提出星系分类不代表演化序列，星系的具体形态是由角动量决定的。

造成星系演化这种混乱局面的还是把红巨星定为老年星。如果我们把红巨星定为幼年星的话，一切矛盾都可以迎刃而解。就是把星系的演化方向定为从椭圆星系到旋涡星系，再到不规则星系。因为椭圆星系是刚形成的，所以质量大，内部的恒星都是年幼的红巨星；又因为红巨星还没有向外抛射很多气体，所以椭圆星系内部星际气体少。后来由于时间增加，椭圆星系内部的熵逐渐增加，星系向旋涡星系演化，同时星系内部的恒星也向主序星演化。所以旋涡星系内部含主序星多，只留下部分还未演化到主序星的红巨星，因此旋涡星系内部既有主序星也有红巨星，而这部分红巨星也是在星系核内部刚形成的。红巨星演化到主序星时会大量抛射气体，所以旋涡星系内部含有大量的星际气体。由于旋涡星系外围会有不少恒星分散到宇宙空间，损失了大部分的质量，所以旋涡星系的质量一般都比椭圆星系小。旋涡星系进一步熵增，恒星数目越来越少，于是旋涡星系就演化为小质量的不规则星系。

按我们的理论，这种演化过程，第一熵是增加的，第二质量是不断减少的，第三恒星是从幼到老的。不存在任何矛盾，关键一条就是要把红巨星定为幼年星。

1.1.6 天体能量产生机制上的困难

如果认为太阳能是热核聚变能的话，很显然，这种机制的适应性太小。天文观测证明，星系核能量爆发是巨大的，其产能效率远远高于氢核聚变的产能效率，就是说氢核聚变理论不能用在星系核上。星系核内部主要也是氢元素，按理氢核聚变理论应该能适用，但聚变能效率太低，满足不了星系核爆发的能量需要，所以天文学家只好假定星系核爆发的能量是由正反粒子湮灭或黑洞提供的。

天文观测表明，所有行星，特别是质量比较大的行星，如木星和土星等都能自己发射能量，它们发射的能量比它们从太阳光中接收的能量多一到三倍，现在还弄不清楚行星放能的机制。它们虽然可以放出能量，但单位质量放能的效率和太阳相比又低得多。按当代理论，木星和土星内部还不能进行核反应，所以核聚变理论又不能解释行星内部的能量来源。

我们希望能找出一个能量来源机制，既适合恒星，也适合星系和行星，再不用去借助黑洞理论及放射性元素衰变理论。天体能量来源的另一种情况是，太阳中微子失踪案似乎表明太阳核心不存在氢核聚变反应，而且从太阳的日冕区反常升温、耀斑爆发、日冕瞬时现象等分析来看，太阳气体从内部发射到外部时就有能量放出，很像重原子核的放射性。特别重要的是，造父变星的光变曲线以及星系核能量爆发现象表明，它们的放能机制和重原子核的放能机制完全相同（即当气体从天体内部出射到外部时就有能量放出）。

根据天体的这种放能特性，我们只需假设天体的特性也像重原子核一样，即假定天体内部基本粒子的质量大于天体外部基本粒子的质量，所以当天体内部的气体跑到天体表面时，自然就会发生质能转换，放出能量。我们假定星系核内部基本粒子质量要比恒星内部的基本粒子质量大，恒星内都的基本粒子质量又比行星内部的基本粒子质量大。这样一来，星系核放能效率就会最高，恒星的放能效率第二，而行星的放能效率最低。如此这般，用一个统一的能源机制就可以了，星系核能源再也用不着去借助黑洞理论。

“太阳能是热核聚变反应产生的”假设，唯一的好处是它可以燃烧 100 亿年，这是一种糖衣，所以最初很多人愿意把它含在嘴里，等糖衣化了以后，才感觉到它是比黄连还要苦的苦果。事实已证明，这一理论误导了 20 世纪的天文学，浪费了许多天文学家宝贵的青春，只是以前人们还没有意识到而已。现在我们把这一问题提出来，希望引起 21 世纪天文学家的重视，免得他们再浪费大好的光阴。

§1.2 天体原子模型

大量的天文观测证实，行星、恒星、星系等天体，它们的特性都像一个放射性重元素。因此我们给天体(行星、恒星、星系、星系团及宇宙)建立一个天体原子模型。

A. 重原子的特性

1. 重原子核内，单个核子的质量（如质子或中子），大于其在自由空间中的质量。

2. 当重原子核内的核子发射到核外时，射出的粒子会把从核内带出来的多余质量按 $E=mc^2$ 的公式转换成能量，因此重原子核的放射性衰变可以放出能量。

3. 重原子或重原子核都有壳层结构，原子存在电子壳层，原子核存在核壳层。原子中的电子或原子核中的核子，从高能级跃迁到低能级时会放出能量，从低能级跃迁到高能级时会吸收能量。每个壳层对应着一个能级，电子壳层属于负能级，原子核壳层属于正能级。所以电子要从真空中的 0 能级跃迁到电子壳层的负能级就会放出能量，相反电子从负能壳层内跃迁到零能级的自由空间，也即发射电子，就要吸收能量，如图 10201 所示。

4. 原子核理论告诉我们，从重原子核内出射的粒子之所以会放出能量，是因为核内每个核子的质量都大于它在自由空间时的质量。所以当一个粒子从核内出射到核外时，该粒子就会把从核内带出来的多余的质量转换成能量。我们假设，某核子在核内时，其质量为 M_1，在核外时其质量为 M_2，而核内和核外的质量相差为 ΔM（即 $\Delta M=M_1-M_2$），所以该粒子从核内带出来的能量 $E=\Delta M\,C^2$。

我们在第一节中说过，大量的天文观测结果证实，一切天体都像一个重原子。因此我们就有必要在理论中给天体建立一个“原子模型”，在天体原子模型中把重原子的特性归纳到天体的特性中去。

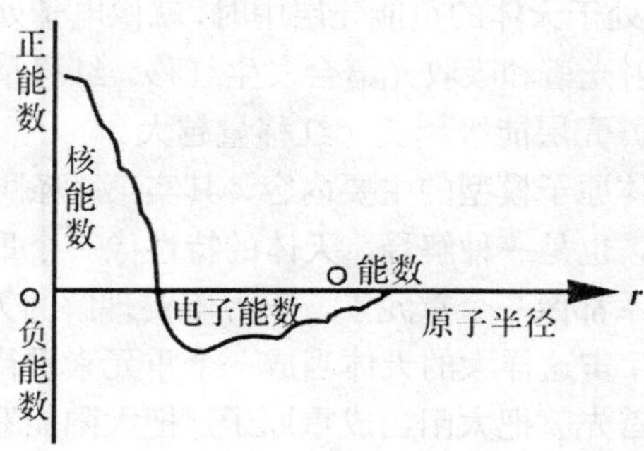

图 10201　原子能级示意图

B. **天体原子模型**：

1. 一切天体具有和重原子一样的基本特性。

2. 一切天体，其内部粒子的质量大于相同的粒子在自由空间时的质量。所谓自由空间是指远离天体的空间。可用公式表示：

$$M_i = K \cdot M \Big/ (A+R_i)$$

所谓粒子，对恒星来说就是恒星内部的某一个气体分子；对于星系来说，粒子是指星系内部的某一个恒星及星际气体；对于星系团，粒子是指星系团内部的某一星系、恒星及星际气体；对于宇宙来说，粒子是指宇宙内某一星系团、星系、恒星及星际气体。式中 M_i 代表某一粒子在天体内部不同的位置时的平均质量，M 代表同一个天体在自由空间时的平均质量，R_i 代表该客体在天体内部离天体中心的距离。

3. 一切天体，当气体从天体核心向天体表面跃迁时，都会放出能量。其放出能量的大小按下面公式计算

$$E = \Delta M C^2$$

式中 ΔM 为某一粒子从天体内部跃迁到天体外部时的质量差。

这一公式的具体含义是：对于恒星来说，其内部的气体向表面运动时就会有能量放出；对于星系来说，星系内部的恒星或气体向星系表面运动时也会有能量放出。

4. 一切天体都存在壳层结构，壳层和能级一一对应。天体能级和原子能级一

样有正有负。

5. 当气体的位置处于天体的负能壳层中时，就像电子处于原子的电子壳层内一样，这时原子的发射光谱和吸收光谱会发生红移。红移量的大小和负能级的壳层深度绝对值成正比。壳层能级越负，红移量越大。

以上5条就是天体原子模型的主要内容，其实第一条可以包括后面4条，后面4条仅是一个补充，也是一种解释。天体的特性像一个重元素，指的是整个天体，例如太阳或银河系都像一个重元素，千万不要理解为天体内部很多重元素。把太阳、星系及整个宇宙这样大的天体当成一个重元素看待，的确需要一定的勇气。我们在第二章中首先就把太阳当成重原子，把太阳能看成是能级跃迁能，而不是热核聚变能。读者将会发现，这理论和天文观测结果吻合得很好。这些都证明太阳确实像个重原子。

§1.3　负能壳层的本质

1. 反引力的形成

我们在第二节中，给天体建立了一个原子模型，通俗地说，就是一切天体都像一个重原子。我们从图10201已经看到，原子存在电子负能壳层。电子负能壳层大家已很熟悉了，不再多谈。但是，对于天体负能壳层，这概念对读者来说还是个新东西，完全有必要把它讲清楚，否则天体原子模型就很难被读者接受，这一部书也就毫无价值了。我们今后将会发现，负能壳层在天文学中占有很重要的地位。我们从大量的天文观测事实中发现，任何天体内部的微观粒子都会向天体表面跃迁，并在跃迁过程中放出能量。这就清楚地表明，天体内部的能级比天体表面高。因为宇宙也是天体之一，所以其中心的能级也比边缘高，这就导致星系会向宇宙边缘作加速运动。星系向外运动表现出不断加速的倾向，当代天文学家解释为宇宙加速膨胀，并认为它是宇宙中存在2/3暗能量的结果。

因为天体内部的能级高于天体表面，所以天体内部的微观粒子都要向天体表面跃迁。这就会产生一种向外膨胀的力，就像电影院散场的时候，观众对出口产生的冲力一样。这种膨胀力不是由热运动引起的，我们定义这种力为反引力。

图10301曲线1代表反引力曲线。为了讨论方便我们假定该天体是银河系。银晕的半径在相对坐标的3到4之间。因为银晕外面物质的密度很小，所以反引力也很小。但在银晕以内，反引力随半径减小而增加，在银心反引力最大。

2. **纯引力曲线**

所谓纯引力曲线，是指该力完全是由银河系物质引力场产生的。从图中曲线 2 可以看到，该曲线分为两段：在银晕内部，我们假定在银河系物质密度不变的情况下，引力随离天体中心距离 R 的减小而减小；在银晕外部随 $\frac{1}{R^2}$ 减小而减小，R 无穷远处引力为零。从曲线 2 可以看到银河系的“纯引力”在银晕附近 R(相对坐标)等于 4.5 的区域最大。

3. **混合引力曲线**

在天体内部某一位置的物体，它一方面受到向外膨胀的“反引力”的作用，另一方面又受到使天体收缩的“纯引力”的作用。“引力”和“反引力”方向正好相反，因此物体所受的“有效引力”，其曲线是“引力”加“反引力”的拟合曲线。如图中曲线 3 表示。

4. **负能壳层的本质**

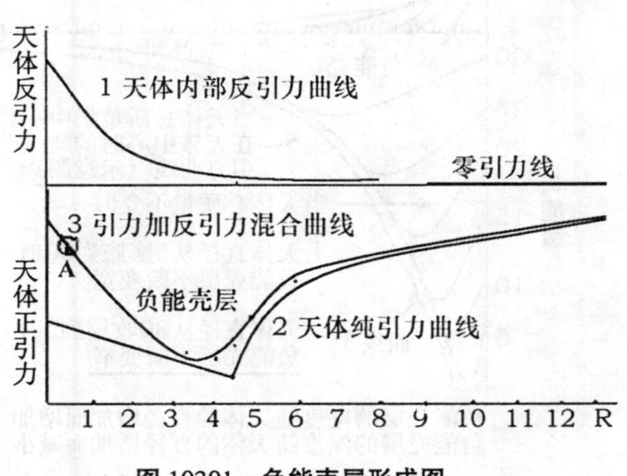

图 10301　负能壳层形成图

从曲线 3 可以看到，曲线 3 是被反引力改造了的有效引力曲线。曲线 3 表明，在银晕附近，有效引力最大。“有效引力”最大的区域，就叫“负能壳层”。负能壳层附近曲线比较平坦，存在一个“平原区”。这平原区很重要，对于红巨星来说，它们可以在平原区形成气体环并由气体环形成行星（这点在太阳系形成一章中常会用到）。对于星系核来说，平原区也可以形成气体环，并由气体环形成大量的恒星，而且气体的发射线和吸收线都是窄谱。这一点很重要，用它可以解释类星体红移的本质。类星体平原区的气体环，可以形成大量的恒星，所以类星体是恒星的母亲。对于星系来说平原区在星系晕附近，还可以存在伴星系及车轮星系中的恒星环，我们的银河系在负能壳层中也存在不明显的恒星环。因为负能壳层中有效引力最大，从而可以解释星系中恒星的旋转曲线平坦的原因，从而否定暗物质的存在。对于星系团来说可以形成大气泡结构。对于宇宙来说，可以形成宇宙空心大火球。所以负能壳层的概念很重要。

5. 负能壳层的宽度

从上面我们已经了解到当一个天体的纯引力曲线被天体的反引力曲线改造以后，拟合曲线 3 有了平原区，这平原区就是负能壳层。曲线 2 是当天体的质量完全集中在天体中心时按引力公式：

$$F=\mathrm{G}mM/R^2 \quad \cdots\cdots\cdots\cdots\cdots\cdots\cdots\cdots\cdots\cdots\cdots\cdots（1）$$

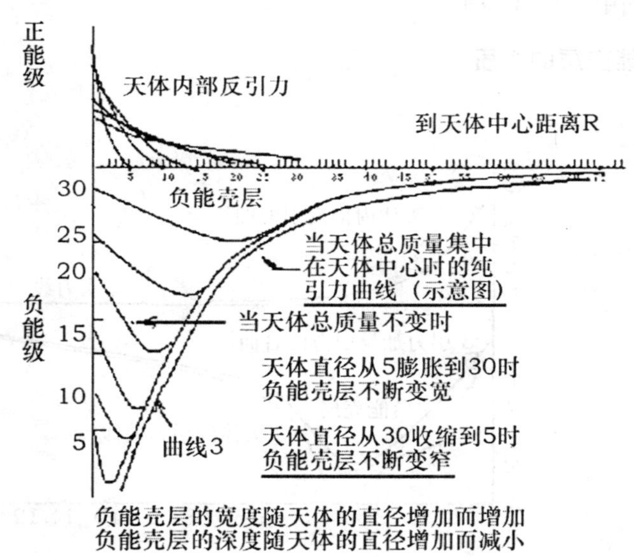

图 10302　负能壳层的宽度

计算出来的。如果天体存在一定体积的话，天体内部单位质量受到的引力可改写为：

$$F=\mathrm{K}R\rho \quad \cdots\cdots\cdots\cdots\cdots\cdots\cdots\cdots\cdots\cdots\cdots\cdots（2）$$

式中 $\mathrm{K}=\frac{3}{4}\pi\mathrm{G}$，$\rho$ 即半径为 R 的天体体积内物质的平均密度。从公式(2)可以看到，假如天体内部物质的密度不变，天体内部的引力随 R 增大而增大。到了天体

晕以后才随 $\frac{1}{R^2}$ 规律而减少。但因为天体反引力的存在，在天体晕附近就把 $\frac{1}{R^2}$ 规律破坏了，使有效引力曲线在天体晕附近变平坦了，形成了负能壳层。在负能壳层中物体所受的有效引力显不出 $\frac{1}{R^2}$ 引力规律，几乎不随 R 变化而变化。

离天体中心越远，有效引力常数就越大，如果在太阳系内发射宇宙飞船，当飞船远离太阳中心时，在离中心相同距离的情况下，飞船的飞行速度就会比用不变的引力常数计算出来的速度小。这点已被观测所证实。

另一方面，我们从图 10302 可以看到，负能壳层的宽度和深度，会随着天体体积的大小而变化。如果天体的质量不变时，随着天体的收缩，负能壳层的宽度会随之变窄，深度会加深。这一点读者在第三章太阳系的形成中将会发现，它有着特别重要的意义，因为按我们的理论，太阳系中九大行星是在红巨星不断收缩的过程中形成的，壳层的宽度和深度直接影响行星的形成。

6. 类星体之谜

如果该天体是星系核，其负能壳层变为图 10302 中起点坐标为 5 的曲线。因为星系核中物质密度很大，引力很强，所以负能壳层的深度很深，在负能壳层的平原区内可以形成大量的恒星。更为重要的是，气体在星系核平原区内，尽管受到很大的引力，产生很大的红移，但在平原区范围内引力大小几乎不变，不存在引力梯度，因此在星系核平原区内的气体不被压缩，气体的发射能谱及吸收能谱也保持窄谱。所以类星体的红移值虽然很大，但其吸收谱线及发射谱线都很窄。

因为当代天文学理论只有纯引力理论。图 10301 中曲线 2 和图 10302 曲线 3 就是按纯引力理论画出来的，它的负能壳层没有平原区，它的谷底像木楔一样，尖尖的。负能壳层中的气体，会被严重压缩在尖端上，使谱线变得非常宽，所以当代天文学家根据纯引力概念认为类星体的红移不可能是引力红移。在他们错误地把类星体的红移归结为多普勒速度红移以后，轰动天文学界的类星体之谜就诞生了。他们把类星体当成非常遥远的天体，体积非常小，发射的能量又非常大，所以，在当代天文学家眼里类星体成了最大的谜。但在我们的理论里，类星体和其他星系一样普通，这点留在今后专门论述。

7. 宇宙中不存在暗物质

我们从图 10303 可以看到，在银河系反引力的参与下，银河系内部的有效引力比纯引力小了。银河系内的恒星是在有效引力作用下运动的。从曲线 3 可以得出这样的结论，有效引力常数是可变的，越到银心有效引力常数越小。我们从曲线 3 可以看到大部分伴星系都在负能壳层中，伴星系中引力常数比太阳系大。而当代天文学家计算银河系质量时，用的是比较小的太阳系有效引力常数 G，于是就得出了一个荒谬的结论：宇宙中存在 90%以上的暗物质！害得世界上无数的天文学家和物理学家，到处都在寻找那种原来就不存在的物质。其实他们把太阳的质量少算了 10 倍左右，这点留在银河系一章中专门论述。

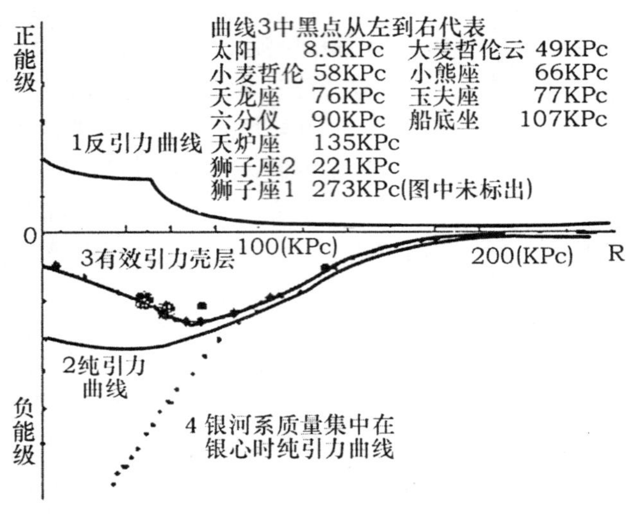

图 10303　银河系负能壳层

§1.4　角动量不再守恒

在当代物理学中，角动量守恒定律是一条很重要的定律。在地球实验室中，该定律被证明是正确的，但在天体物理中，这定律就不一定正确了。角动量要守恒必须在其所在的空间能级相同的情况下才能保证。天体原子模型表明，如图 10401 所示，天体中心的能级要比天体表面的能级高。所以天体中心的气体向天体表面跃迁时，就要放出能量，发生爆炸，就像日冕区的放能现象那样。但是反过来，如果气体落回天体表面，其行为是从低能级向高能级跃迁，这时气体的温度会降低，质量会增加，运动速度会减少，就像下落的日冕雨和收缩时的红巨星温度会降低一样。

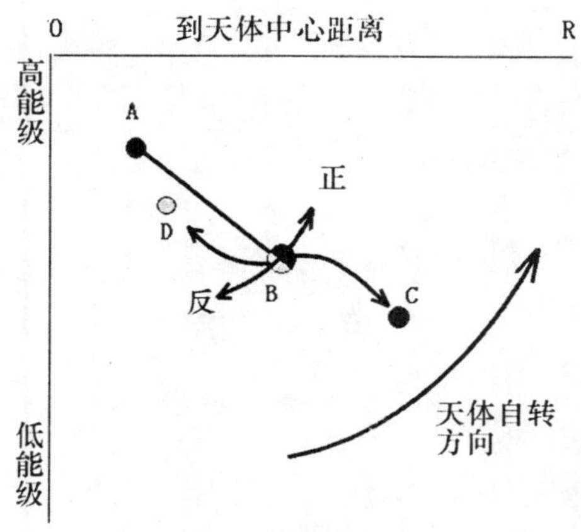

图 10401　角动量不守恒现象

如图 10401 所示，我们假定在 A 的区域有一团气体跃迁到 B 的区域，并在 B 的区域发生放能爆炸。假定爆炸使气体分成两部分，用黑色和灰色代表。黑色沿着天体自转方向运行，速度增加了，而灰色逆天体自转方向运行，速度减少了。很显然，黑色的运行轨道半径要增加到 C 的位置，而灰色的逆行轨道半径要减少到 D 的位置。

气体从 B 位置到 C 位置离天体中心远了，是从高能级跃迁到低能级，又会放出能量，使气体的速度进一步增加。这是一个速度不断放大的过程。相反，灰色气体从 B 的位置再到 D 的位置，离天体中心近了，是从低能级跃迁到高能级，这叫反跃迁。反跃迁过程中气体要损失动能，运动速度减小但质量却增加。运动速度减小了以后，又使 B 的轨道半径进一步减小。这是一个速度不断减小的过程，直到速度减小到零为止。

读者从这里可以看到，原来黑色物质和灰色物质在爆炸时的角动量是相等的，后来黑色物质的角动量不断增加，而灰色物质的角动量却减少到 0，最终结果是该天体产生了黑色物质 C 的角动量。

所以在天体原子模型理论里，角动量不再守恒，角动量可以产生也可以消灭。在天文学理论里角动量不守恒定律是一条很重要的新定律，用这定律可以解释太阳系角动量分布反常及星系角动量产生的问题。

第二章 太阳原子模型

引 言

在第一章中，我们已给天体建立了一个原子模型，太阳原子模型仅是天体原子模型的一部分。第二章中，我们首先把太阳当成重元素，接下来再看理论和天文观测结果是否相符合，因为只有和天文观测结果相符合的天文学理论才会有生命力。太阳原子模型是天体原子模型的一部分（就是把太阳看成一个超级大原子），这里请读者注意，我们说太阳像个超级重原子，不是说太阳内部有很多重原子，而是说太阳本身就和一个重原子类似。注意这“一个”的含义，因为过去从来没有人说过太阳像一个重原子，所以在此强调一下。

我们在第二章中准备用十节的内容来介绍太阳的特性。不过请读者千万不要用当代理论去衡量它，因为这本书不同于现在流行的天文学方面的著作。现在流行的几乎所有天文学著作，都是为了向读者阐明当代天文学理论对宇宙的解释。而我们现在的这本书，和 20 世纪天文学理论是完全对立的，因此我们的理论是不能用热核聚变能理论去衡量的。如果用热核聚变能理论去衡量，我们整部书都是错误的。

但是，当我们用太阳原子模型去解释太阳的行为时，太阳原子模型就像计算机的程序一样准确，它几乎可以预测太阳的一切行为。例如，太阳黑子的南来北往，黑子磁场的极性变化及太阳普遍磁场的极性变化，都是在程序控制下进行的。这一理论还能说清楚太阳普遍磁场为什么会在黑子周期中间，即黑子极盛时发生反转。同时又能说明为什么日冕区温度反常升高，黑子的温度为什么降低。这一切都表明太阳原子模型是正确的。

§ 2.1 太阳能是能级跃迁能

我们说太阳是像放射性元素那样进行能级跃迁放能的，太阳本身就像一个超级重原子。铀元素内部的基本粒子是质子和中子，而相应太阳内部的“基本粒子”就是组成太阳的所有元素，这些元素是门捷列夫化学元素周期表中所有的元素及它们的同位素。至于太阳的核心，估计是一颗白矮星，我们现在暂时不讨论，留在以后研究。在本书中所说的太阳放射性，是指太阳可以像重原子那样通过从核心向外发射气体而放出能量。太阳能是太阳本身的放射性能，而不是氢核聚变能。

我们对热核聚变能理论之所以产生怀疑，前面说过，主要是该理论没能拿出一个直接的证据。从热核聚变能理论推出的一系列理论，都是从计算机中得出的，而且得出的结论很多相互矛盾。很多天文学家也意识到该理论的缺陷，但在没有更好的理论以前，也只好硬着头皮去接受。

现在有了太阳原子模型以后，再去分析大量的天文观测结果，就可以看出，太阳（或其它恒星）的能量，是当太阳内部的气体出射到太阳表面后，才由气体本身以质能互变方式放出来的。

我们第一次了解到太阳存在放射性的现象是从日冕区的反常升温开始。当人们研究日冕光谱的时候，发现有一条最强的、波长为 5303 埃的发射线，最初人们以为是一种未知的新元素发射的，并把该元素取名为 miam，直到后来才发现，这条发射线是十三度电离的铁元素发射的。所谓十三度电离，就是把铁的外围电子剥去十三个！要把铁的外围电子剥去十三个可不是一件容易的事，只有铁元素之间或铁元素和其它元素互相高速碰撞，才能把十三个电子碰掉。这样高的速度必须要在 200 万度以上的高温条件下才能实现，因此人们断定日冕的温度高达200 万度。当这个数据一公布，很多人大吃一惊，同时也产生了一个大大的疑问。

这就奇怪了，光球上的气体只有五千多度，按通常的知识，气体离开光球越高，其温度应该越低，这主要考虑到势能和动能的转换，另一方面考虑到高空辐射了很多的热量。但现在却反过来，光球上 5000 多度的气体上升到日冕区时，温度却突然上升到 200 万度。这种奇怪的反常升温现象，很长时期使天文学家困惑难解。

后来有人提出，认为日冕区的高温是太阳对流层的声波传到日冕区，使日冕区的气体升温。这和海岸上发生的拍岸浪相似，海岸上的浪不断打在岸边的石头上，岸边的石头温度就会升高，石头的温度就会比海水还高。直到 1942 年，有位瑞典等离子体物理学家阿尔文又提出一种理论，认为磁流体波可以使日冕气体升温，因此磁流体波又称为阿尔文波。

不过天文观测事实证明，上面这两种理论也很少有说服力。从望远镜里经常可以看到，有些近日彗星在近日点时，它通过了日冕区，但彗星并没有受到拍岸浪或者阿尔文波的任何影响，安然无恙地通过了日冕区。就是说，拍岸浪或者阿尔文波都不冲击彗星。从来没有人听说过，“海浪只打岸边石，永远不湿过路人”。

有一个从悬崖上摔下来受伤的人问前来救他的医生：“你怎么没有受伤”？

医生说："我是走平路进来的"！

很显然太阳光球区能级高，日冕区能级低。所以光球上的气体到达日冕区时，已经进行了能级跃迁，就像刚才的伤员从悬崖上摔下来一样。而彗星进入日冕区就像医生走平路，所以安然无恙。因为人类的望远镜暂时还看不到这危险的悬崖，所以搞不清日冕区气体升温的原因，只好提出许多理论去解析。

空间探测卫星发现，不单太阳的日冕能够发射 x 射线，许多和太阳不同类型的恒星也发射 x 射线。例如，白矮星也发射 x 射线（白矮星就不存在对流区，因此白矮星不能产生声波）。这就可以断定，日冕区的反常升温，不是声波引起的。测量数据表明，声波没有那么大的能量。因此我们必须另外再找一种更好的物理机制去解释日冕区的反常升温现象。

以上说的是日冕区宁静状态时的情况。日冕区还有另一种情况，叫日冕瞬时现象，它是由"天空实验室"宇航员发现的，他们连续几个小时观测日冕，发现日冕有突如其来的物质抛射，一次抛射的物质可达 100 亿至 1000 亿吨，耗能约 10^{31} 尔格，抛出物质的速度高达 500 公里/秒。目前人们对日冕瞬时现象是怎样发生的，它的能量从何而来都茫然无知，所以日冕瞬时现象是日冕区的第二个谜。只有一点是可以肯定的，抛射出的 100 亿至 1000 亿吨的物质，必然是来自光球。

日冕区还有第三个谜，这就是太阳的耀斑活动。人们第一次看见耀斑是在 1859 年 9 月 1 日，是由两个英国天文学家分别发现的，那一次耀斑是特大的耀斑，释放的能量比普通耀斑大许多。现在的理论仍不能解释这一观测事实。

耀斑最突出的特点是来势猛，能量很大，在一二十分钟内可以释放 10^{32}～10^{33} 尔格的能量，抛射的物质肯定比 1000 亿吨多。而耀斑的辐射品种也繁多，除可见光外，有紫外线和红外线，有 x 射线、γ 射线和射电辐射，还有冲击波和高能粒子流，甚至还有宇宙射线。

对于耀斑成因的解释，阿尔文波肯定是无能为力的，所以美国天文学家斯塔拉克立即提出一种叫做磁力线再联结的理论来解释耀斑爆发现象，就是说，耀斑爆发是磁场释放的能量。至于磁力线再联结理论是否正确，在此可先不作讨论，有一点是可以肯定的，耀斑抛射的物质肯定也是来自光球。

日冕区的第四个谜，就是高速太阳风。高速太阳风是从太阳两极的冕洞中发射出来的。日冕在太阳的两极的气体温度比较低，因此显得比较暗，所以称为冕洞。虽然冕洞温度比较低，但发射的太阳风，速度可达 600～900 公里/秒。这肯定不是由热流加速的，因为日冕热流不可能把它加速到 500 公里/秒以上的速度。后来人们发现冕洞中存在单极磁场，该磁场的一极在光球下面，另一极伸展到星际空间。我们的科普漫画家完全可以把冕洞中的磁场画成二座通天的烟囱。太阳南极一座，太阳北极一座，而两座烟囱里冒出的浓烟就是高速太阳风。只要把高速太阳风和磁场联系起来，人们又认为太阳风是阿尔文波加速的，阿尔文波就是磁流体波。

当代天文学理论有一种普遍现象，凡是解决不了的现象都把磁场搬出来，把磁场的作用夸大到不应有的程度。太阳表面的反常升温现象如果还能勉强用阿尔文波解释的话，那么造父变星膨胀时的反常升温现象，靠阿尔文波显然是解释不了的，因为它需要的能量实在太大。

天文观测证实，当造父变星膨胀到中等体积时光的强度突然增加，温度猛然升高，膨胀速度也迅速增大。这是典型的高空爆炸现象，这很像节日放烟花爆竹的情况，当烟花上升到高空时，火药爆炸，放出耀眼的光辉。所以放烟花也是反常升温现象。

造父变星在中等体积的地方放出的能量是巨大的，因为这现象能在几百万光年以外还能被地球人观测到。对比起来，耀斑又算得了什么？但是应该认识到，日冕区的反常升温或耀斑活动现象和造父变星的反常升温的机制应该是一样的。

星系核也和恒星一样，会向宇宙空间抛射大量的物质和能量。例如，人们发现 M82 星系核在 150 万年前发生过一次规模巨大的爆炸，并以 1000 公里/秒的速度沿短轴方向抛射出了质量约等于 5.6×10^6 太阳质量的物质，其巨额能源从何而来不得而知。现在最热门的理论，就是认为星系核物质的抛射，能量来源于其内部的黑洞。

当我们分析了以上六种情况以后，读者可以发现，每当气体从天体内部跑到天体外部一定的区域时，就会发生放能现象。例如，太阳光球上的气体跑到日冕区时会发生放能现象；造父变星的气体膨胀到中等体积的区域时会发生放能现象；星系核的气体向外跑到一定的位置时也会发生放能现象。这些能量都不像是从天体中心放出来的，因为很多星系核喷射的气体都是离星系中心越远速度反而越快，温度也越高，如果天体的能量是从天体中心产生的话，气体的温度和运动速度应随高度增加而减少。不过，当代理论家认为星系核喷射物质仅仅是在很短时间内爆炸产生的，因为高温气体速度有一定的分布，所以速度大的气体离中心远，速度小的气体离中心近。当然星系核也可能从过去到现在是连续不断地喷出气体，只是气体离开星系核以后受到反引力场的加速，所以离星系核中心越远速度越快。不过，还有一点人们应该考虑，因为星系核中心能级高，所发之光红移小；远离中心的能级低，所发之光红移大。如果是用红移量去代表速度的话，也可能会出现离星系核越远而气体速度越大的假象。

所以当我们总结了这六种情况以后，发现天体有一个共性，就是凡是气体从内部发射到表面一定区域时，都会放出能量。

现在读者自己也一定想到了，这种现象和重原子核的放射性质一样。重原子核的放射性表现为，当 α 粒子从重原子核内跑出来时，就会把核内的能量带出来，原子核裂变时也一样。原子弹爆炸就是一个很好的例子。原子弹未引爆前是冷的，但引爆以后，大量的粒子从铀原子核或钚原子核内跑出来，原子弹周围温度才会升高。如果原子弹不引爆，人或任何物体靠近原子弹，温度都不会升高。对比起来，彗星运行到日冕区，不会受到任何伤害，也足以证明日冕区的反常升温不是什么阿尔文波造成的。

从我们的这部书出版开始，太阳能产生的机制就有两种说法了。前一种就是当代传统的热核聚变能理论；后一种就是我们现在提出的太阳能是放射性能或能级跃迁能的理论。在这里应该声明，我们不仅仅是看到太阳日冕区的几个放能爆炸的例子就贸然提出太阳像个重原子的模型，我们还有更多更详细的例子向读者交代。如果读者能耐心地读完这本书，将会发现整部书全是天体原子模型的例子，现在才刚刚开始。

读者如果要问，太阳内部的气体，为什么跑到表面后就会放出能量？第一章第二节天体原子模型第三条已提出：一切天体，其内部基本粒子的质量，大于该基本粒子在自由空间时的质量。太阳也是一样。至于太阳内部的基本粒子的质量为什么会比较大，这是一个很重要的问题，这个问题等后面再论述。后面第四章讲恒星回收能量机制，就是说，恒星可以从宇宙空间回收能量，把回收来的能量转换为恒星内部的基本粒子的质量。当基本粒子从恒星内部跑到外面时，又把质量变为能量向宇宙空间发射，从而实现宇宙中能量的循环。

太阳内部基本粒子的质量大于该基本粒子在自由空间时的质量，这一段文字用公式定量地表达为：

$$M_i = \mathrm{K} \cdot M / (\mathrm{A} + R_i) \tag{2-1}$$

式中 M_i 代表太阳内部某一基本粒子在某一壳层时具有的质量，其基本粒子的含义可以是太阳内部任何一种气体、质子或中子。M 为该基本粒子在自由空间时的质量。R_i 为该基本粒子所在壳层到太阳中心的距离。A 和 K 是常数，常数的选取必须使 M_i 大于 M。

式中 R_i 是分立的，越靠近太阳中心基本粒子质量越大，对应的能级越高。如图 20101 所示。

图中 K、L、M、N、O、P 代表每个能级的名称，也代表壳层名称。太阳内部的气体，从 K 壳层运动到 L 壳层时，就会发生能级跃迁，跃迁过程中，气体就会放出能量。同理从 L 到 M，从 M 到 N，从 N 到 O，从 O 到 P 都会发生能级跃迁而放出能量。

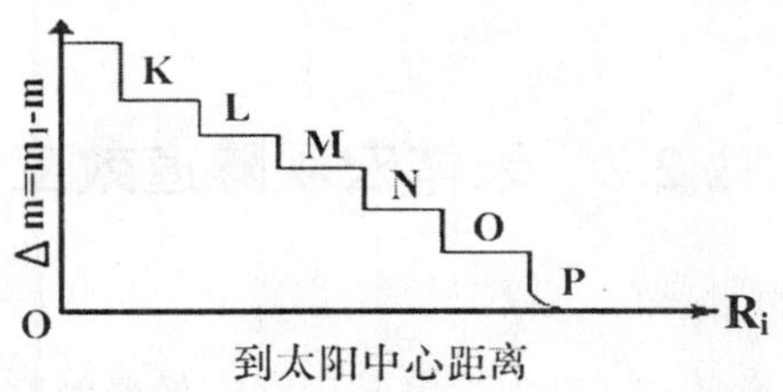

图 20101　太阳内部能级示意图

现在我们假定O壳层为光球所在壳层，P为日冕区所在壳层。虽然气体从O壳层跃迁到P壳层，会放出能量，但O壳层光球内的气体有一定的稳定性，不是随随便便就会跃迁到P壳层的。也正如电子壳层中的电子有一定的稳定性一样，不会随随便便掉进原子核中心去，也不会随随便便飞出原子外头，这都需要一定的条件。如果我们把M壳层、O壳层、P壳层放大，就成了图 20102。

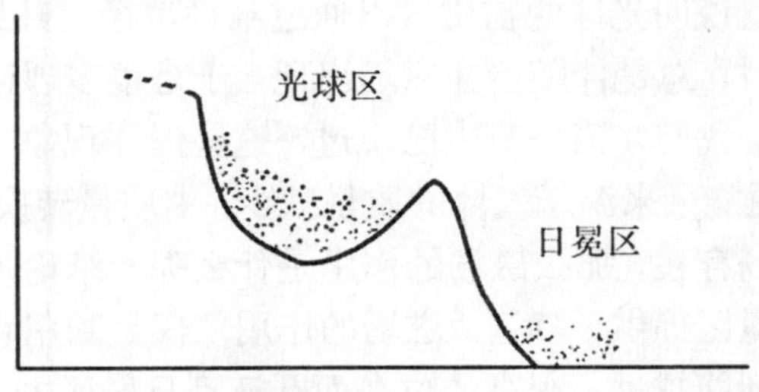

图 20102　O壳层和P壳层放大图

从图中可以看到，每个壳层的右边都有位垒，这位垒不完全是引力形成的，反引力起了很大的作用，关于壳层的形成第一章已谈过。所以光球上的气体一般不跑到日冕区。但是一旦跑到日冕区就会发生能级跃迁，表现出日冕瞬时现象和耀斑活动等。所以用太阳放射性来解释日冕区发生的各种现象，困难就少多了。用一句话就可以说清楚：“日冕区的各种放能现象是太阳表面发生的O壳层到P壳层的气体能级跃迁现象，正像原子弹爆炸是原子核内部核子进行能级跃迁的现象一样。”

§2.2 天体宏观隧道效应

微观粒子存在隧道效应，物理学家曾用隧道效应解释重原子核子衰变。而伽莫夫也用隧道效应来解释氢核的聚变反应。当然，在这里说的宏观隧道效应，仅仅是一个形象的比喻，其实和微观粒子隧道效应物理机制不同。从图 20202 可以看到，太阳光球上的壳层后方有一个高出来的位垒，就像原子中电子壳层有一个位垒一样，光球上的气体要上升到日冕区，必须要克服壳层位垒。从日冕区的位置来看，内冕离光球的高度有两三个太阳半径，而光球上的气体温度只有 5 千多度。在这样低的温度下，即使是质量最小的氢元素，要上升到日冕区都是困难的。比氢元素重的元素就更加困难。但是，日冕区发生的日冕瞬时现象及耀斑活动证明，它们往往一次就抛射出几百亿吨到二千亿吨的物质，而这些物质又肯定是由光球提供的。这就说明光球的物质可以通过某种途径上升到日冕区。人们发现，日冕区发生爆炸时，总是伴随着强磁场出现，于是很多理论家都认为爆炸的能量是由磁场提供的。我们在第一节中已说过，这些爆炸现象，能量来源于气体的能级跃迁，也就是说能量来源于气体的质量减少，由质量转换为能量。但观测证实，爆炸必须要有磁场存在，那么磁场的作用是什么呢？结论是磁场仅仅是为光球上的气体跃迁到日冕区提供了隧道。磁场的作用仅仅是利用它的阿尔文波把光球上的等离子体加速到能越过不很高的位垒而跃迁到日冕区去，而发生爆炸是气体本身发生质能互变的结果。所以磁场仅仅是一个运输工具，它有点像输油管道。再如高层楼顶上有甲和乙两人，甲用很小的力量把乙推出楼顶栏杆以外，结果使乙从高楼顶上掉到地面粉身碎骨，很显然使乙粉身碎骨的能量不是来自甲，而是来自乙本身的位能。就像战争一样，凡有大炮响的地方，就有运输兵，但大炮的爆炸来源于炮弹内的炸药，不是来源于运输兵心脏的跳动。广岛的原子弹爆炸，来源于原子弹内的铀和钚，不是来源于输送原子弹的那架飞机的发动机。这就提醒人们，在研究天文学时，应该把磁场放在适当的位置，我们既不能忽视磁场的作用，但也不能夸大磁场的作用。

§2.3 反跃迁和黑子降温

在原子中，如果电子从真空高能级跃迁到壳层低能级，原子就会放出能量，如果反过来，电子从壳层低能级跃迁到真空高能级，原子就要吸收能量。光电效应就是一个很好的例子。电子从高能级跃迁到低能级我们称之为正跃迁，从低能级跃迁到高能级就叫反跃迁。正跃迁会放出能量，反跃迁要吸收能量。在原子核物理中也一样，铀裂变会放出能量，相反要合成超铀原子就要提供能量。

如果一个天体（如太阳）确实像一个重原子的话，它应该有正跃迁放能，反跃迁吸能的特性。太阳能正跃迁放能的特性我们已介绍了很多。光球上的气体跃迁到日冕区时，温度上升到200万度就是一个很好的例子。在图20101中就显示出气体从O壳层跃迁到P壳层时温度升高，气体从N壳层跃迁到O壳层，或从O壳层跃迁到P壳层都叫正跃迁，都是放能跃迁。

如果把图20101和电子壳层相对比，那么当太阳气体从P壳层跃迁到O壳层，或者从O壳层跃迁到N壳层就叫反跃迁，并且这种反跃迁也会吸收能量。我们从望远镜中将会观测到日冕区的气体向太阳表面下落的过程中温度会降低而不是升高。如果按照当代理论，太阳气体下落的时候温度应该会升高，因为当代理论认为引力收缩会放出能量。同样，光球上的气体向太阳中心流进去的时候，温度也应该升高。但是按我们的理论，太阳气体从外向内流是反跃迁，气体的温度是要降低的。如果我们能观测到日冕区或光球上，当气体往内流时温度是降低而不是升高，就能证明我们的理论是正确的。就是说天体确实有重原子的特性。我们的理论归纳起来，就是天体膨胀时温度升高，收缩时温度降低。如果确实是这样的话，我们的天文学家就别指望恒星会因为引力收缩而放出引力能了（天文观测证明恒星收缩，温度反而会降低）。

天体收缩温度降低的例子比比皆是。例如，太阳日冕区中，下落的日冕雨温度降低了，从日冕中凝聚出来的日珥温度降低了。在光球上，比光球表面低几百公里的黑子温度降低了，造父变星收缩时温度也降低了，而且造父变星的光变曲线表明，气体收缩得越快，温度降低的速度也越快。这都表明恒星存在反跃迁现象，更重要的是有人观测到星系核周围的气体，当它落向星系核过程中能量不见了，就是说温度降低了。这说明星系核也存在反跃迁的情况。

对于以上这许许多多发生在天体表面的反常降温现象，我们只要把它们视为天体反跃迁现象，问题就很明白了。在日冕中下落的气体温度降低，运动速度减少了，被磁场收集到一起成为日珥。日珥中低温气体的质量比日冕中高温气体的质量大。下落的气体的温度之所以降低，是因为气体把动能按质能转换公式转变为气体的质量。如果日珥中的气体再一次被磁场的阿尔文波送到日冕区去的话，日珥中的气体又会再一次进行正跃迁，把自身多余的质量再一次转换成能量而发生爆炸，于是我们会观测到日冕区又发生一次日冕瞬时现象或一次大的耀斑活动，然后下落的气体又形成另外一个日珥。所以在天文学家眼里日珥是个怪物，什么日冕瞬时现象，什么耀斑都可以被日珥像魔术师一样弄出来。

其实，日珥不过是被太阳用来作质能转换的工具。当太阳利用磁场把日珥中的气体送到日冕区时，气体把多余的质量变为能量。当太阳利用引力把日冕区的高温气体往回拉的时候，气体又把能量转换为质量，从而实现质量和能量的循环。

利用物质作能量循环的例子日常生活中也不少。例如钟摆，就是人们用来作为势能和动能转换的工具。钟摆也像日珥中的气体一样，一上一下来回运动从而完成它的能量转换事业。还有日光灯上的电子，也在原子壳层之间，一上一下跳来跳去，完成自己的发光事业。这三种现象的转换原理不同。日珥中的气体是进行质能转换事业。钟摆进行的是动能和势能转换事业。而日光灯上的电子是进行电磁场转换事业，它们都要有独特的条件。日珥中的气体要进行质能互变必须有天体的壳层存在，钟摆的来回运动必须要有引力场存在，日光灯上电子发光必须要有电场存在。引力场、电磁场现在人们已很熟悉了，唯有天体的壳层或者说天体的能级人们还没认识到。于是当代天文学家只能用五花八门的理论来解释天体表面出现的反常升温和反常降温现象。当代理论大体上是说，磁场把日珥包围起来，起到隔热作用，而黑子降温时又反过来说磁场把热量从黑子气体中带走了。在当代天文学理论中，磁场经常是扮演着“成也萧何，败也萧何”的角色。

其实，在黑子中正跃迁和反跃迁，也始终进行着激烈的斗争，向内流的气体和向外流的气体不断发生冲突。正跃迁要使黑子温度升高，反跃迁要使黑子温度降低。反跃迁占优势时，黑子变黑；正跃迁占优势时，黑子几乎消失。当正跃迁和反跃迁进行拉锯战的时候，我们可以看到黑子里头有许多发亮的本影点、本影闪耀、半影波及光桥等现象，这都是正跃迁和反跃迁在黑子中对抗的表现。有时候正跃迁气体会从本影中间向外直冲，把一个黑子分成两半，所以我们常会发现在黑子里头有一个光桥把黑子分成两半的现象。在天体原子模型看来，这些现象是很好理解的，当黑子中不存在向内流的气体时，黑子也就消失了。造父变星收缩温度降低现象及星系核周围气体下落时温度降低现象也是一样，只要我们能认识到天体像一个重原子，天体膨胀时温度升高，收缩时温度降低，问题就全部解决了。

今后我们将会看到，无论是星系还是星系团，中心的温度总是比较低，外围的温度总是比较高。按这理论推测，我们的宇宙边缘必然是个大火球，而银河系是处于火球的中央，因为我们周围的背景辐射只有 3K。作为天文学家的思想应该灵活一点，不要钻到大爆炸的牛角尖里出不来。我们的天体原子模型是总结了大量的天文观测事实后提出来的。在我们的理论里，天体自身的引力收缩温度是不会升高的，因为天体把引力收缩的能量用来增大气体的质量了。当然两个天体之间的高速碰撞还是会产生高温的，因为它们不是同一个封闭系统，不属于自身的收缩，壳层不能完全吸收外来的能量，所以读者千万不要用彗木相撞产生高温的现象来反驳我们的理论。

§2.4　黑子磁场是可控的

黑子总是和磁场紧密地联系在一起。到底是磁场产生黑子还是黑子产生磁场，对于这个问题众说纷纭，就像到底是先有鸡还是先有蛋的问题那样令人深思。在 1961 年，美国天文学家巴布柯克提出了一种太阳磁场模型来解释太阳黑子的产生及其周期性现象，并建立了一个经验公式，即 $\sin\phi=1.5/(n+3)$ 描述黑子所在的纬度和黑子在某一周期中的年份 n 之间的关系。设黑子周期开始时 n=0，结束时 n=11。他的理论认为黑子是磁力线上升到光球表面时，由磁场形成的，所以从 1961 年以后就有了磁场形成黑子的理论。

我们的理论和巴布柯克的理论正好相反，认为磁场是由黑子形成的，我们也是从天体原子模型统一理论出发，得出黑子产生磁场的结论的。

天文观测证实，黑子比光球表面低几百公里，发现有物质从外面水平向黑子流进，也有物质从黑子中水平流出。这都表明黑子是一个对流洞。我们的理论认为气体从太阳光球表面流进太阳内部，温度就要降低；气体从太阳内部流到太阳光球表面，温度就要升高。在太阳黑子存活期间，进和出的气流始终在相互抗争，只不过在黑子存活期间，往太阳内部流进的气体占上风。黑子内部一切光变现象，都是由进和出的气流相互抗争形成的，黑子是正跃迁和反跃迁激烈抗争的场所。

现在我们就来研究，黑子磁场是如何形成的。上面说过黑子中的气体主要是向内流的，是从低能级反跃迁到高能级，所以黑子的温度降低了。反跃迁过程中，气体的动能变为气体的质量，所以黑子中气体的质量肯定比光球表面上的大，只是我们从望远镜上无法发现其质量增大的信息。由于太阳在自转，特别是存在较差自转，北半球的黑子会产生反时针方向旋转的旋涡。因为太阳光球上的气体是等离子体状态，最初正负离子数目相等，所以黑子形成初期，黑子中是没有磁场的，就像水的旋涡中不存在磁场一样，旋涡仅仅是一个动力源（就像水轮发电机，旋转的涡轮是动力的源泉）。发电机内的电磁场是涡轮旋转产生的，所以讨论黑子的磁场首先要提出黑子的能源问题。因为黑子的旋涡是太阳中的气体能级跃迁产生的，所以黑子的能源也是来自能级跃迁。

虽然黑子的旋涡最初可能是中性的，没有磁场。但是，如果我们在北半球反时针方向旋转的黑子中加上一个很小的 N 极磁场，并定义这磁场为激发磁场，就像自激发发电机中的激发磁场一样，并使该磁场 S 极在太阳光球内部，N 极在太阳表面（就是说该磁场穿过黑子中心）。根据左手定则，正离子会受到指向旋涡中心的力的作用，在该力的作用下，正离子会向旋涡中心运动，相反，负离子会向旋涡边缘运动。这样，在N极磁场作用下，黑子中正负离子就发生分离。因为负离子在旋涡边缘，运动速度小，其等效电流强度也就小，而正离子在旋涡中心，运动速度大，等效电流强度就大。所以在分析黑子磁场时只需考虑黑子中心的电流就行了。因为正离子旋涡向内流动，相当于螺线管电流，会产生磁场。该磁场的极性如何呢？因为北半球正离子电流是反时针方向旋转，用环形电流磁场右手定则判断，该磁场的极性，也是S极在太阳内部，N极在太阳表面，它和激发磁场的极性一致，这样一来，黑子就把激发磁场放大了，黑子成了一个磁场放大器。放大器的能源来自于气体的能级跃迁，也就是来源于旋涡的能量。

如果我们在反时针方向旋转的等离子体上不是加N极磁场，而是加 S 极磁场，这时负离子会反过来向旋涡中心运动，正离子向边沿运动。因而旋涡中心的负离子电流产生的磁场是S极，所以黑子放大的还是S极磁场。

从这分析中，读者可以看到，黑子本身并没有磁场，而仅是一个磁场放大器，输入的是N极磁场，被放大输出的也是N极磁场。输入的是S极磁场，被放大输出的也是S极磁场。所以可以说黑子磁场的极性是可控的。如图 20401 所示。

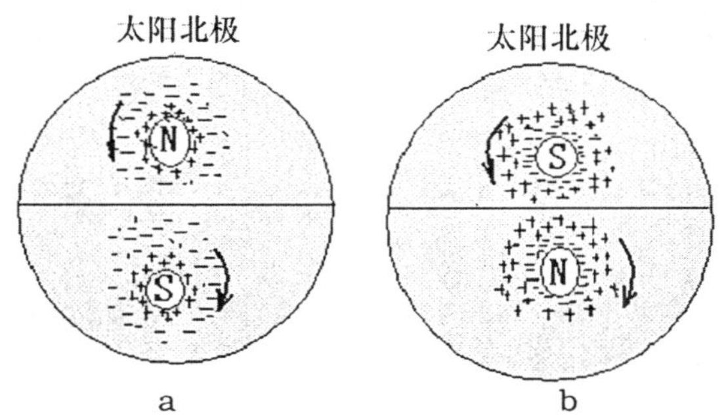

a. 北半球先导黑子为N极，南半球为S极时，正离子集中在黑子中心。

b. 北半球先导黑子为S极，南半球为N极时，负离子集中在黑子中心。

图 20401　黑子磁场正负离子分布

所以我们现在说：黑子产生磁场，而黑子磁场又是可控的。黑子又是一个磁场放大器，它可以把微弱的控制磁场按相同极性放大成很强的磁场。这就是我们和巴布柯克不同的结论。从原理上来看，黑子磁场产生的机制是非常简单的，只要知道了黑子中的气体是从太阳表面向太阳中心流去，用中学的物理知识就可以证明黑子磁场产生的原因。但在此我们还没有把黑子的特性完全说完，下一节我们将讨论，太阳黑子迁移的本质。

§2.5　黑子迁移的本质

太阳所辐射的光和热，绝大部分来自太阳的光球上，日冕区尽管也发生惊天动地的放能爆炸，但从太阳能的角度来看，日冕区提供的能量是很少的。所以我们先要讨论整个太阳的能量是如何产生的。

前面说过，当代天文学理论认为太阳能是太阳核心进行氢核聚变产生的，然后中心的能量通过对流方式输送到光球上。因为太阳中心人们看不见摸不着，仪器又不能放到那里去测量，这就使人对这一理论很不放心。唯一的希望就是让中微子出来作证，但不争气的中微子却逃之夭夭，这对太阳能来源于热核聚变能的理论来说是一个很大的打击。尽管很多有远见的天文学家对聚变能理论产生怀疑，但在绝大多数的天文学家都“公认”情况下也只好随大流。

因为我们的本职工作不是研究天文学而是研究核物理的。相对来说受当代天文学理论的框框束缚就少一些，但也有“弱点”，总是想把别的领域的科学引进自己研究的框架之内。把太阳、星系甚至宇宙这么大的庞然大物也当成一个超铀原子就是一个很好的例子。这是一个疯子的思想，正统的天文学家，无论如何都不会疯到这种程度的。

我们现在提出另外一种太阳能理论，认为太阳核心是相对冷的，就像原子弹爆炸以前是相对冷的一样。当然不是说冷到像冰一样，而只是说不会有上千万度。我们已拿出很多的证据证明太阳气体从光球上跃迁到日冕区时会放能，这是从望远镜里能看到的现象。对于光球以内，我们的理论认为应该还有好几个壳层，太阳能主要是光球内部的气体通过壳层跃迁产生的。因为光球以内和太阳中心一样，人们仍然看不见摸不着。如果拿不出证据证明自己的理论的正确性的话，我们就成了自己打自己的嘴巴，因为我们多次抱怨热核聚变能理论拿不出证据。

幸而我们初步找到的证据还不少，这些证据也是在望远镜里能看到的。其中证据之一就是太阳黑子从高纬度向低纬度的迁移；证据之二就是太阳的较差自转；证据之三是太阳表面转速比内部快等等。本节只讲黑子迁移本质，其余的下一节再谈。

黑子迁移特性是指黑子出现的地点，其在太阳表面上定期南来北往，就像候鸟一样。意思是说：黑子周期刚开始时，黑子首先出现在南纬和北纬 45° 左右，然后黑子出现的地点逐渐向太阳赤道迁移，等到 11 年黑子周期快结束时，黑子出现的地点已迁移到了赤道附近南纬和北纬 5° 左右的地区。赤道上很少出现黑子。

当某一周期结束时，在南纬或北纬 45° 的地区又开始出现新的黑子，这表明新的一个黑子周期又开始了。在新的黑子周期里，黑子磁场的极性和上一周期完全相反，如果上一周期前导黑子为 N 极，后随黑子为 S 极，而新的周期里，前导黑子变为 S 极，后随黑子变为 N 极。而且南北半球的黑子的极性总是相反，就是说如果南半球前导黑子为 N 极的话，北半球前导黑子的极性肯定是 S 极。

上面已说过，美国天文学家已提出过一个太阳黑子磁场模型，认为是磁场产生黑子，这里不再重复。现在我们主要用天体原子模型，来解释黑子的迁移特性。在本章第一节中提到：太阳内部基本粒子的质量大于其在自由空间时的质量。考虑到壳层结构后，有公式为 M_i=K・M ╱ （A+Ri），和公式相对应的能级图如图 20501 所示，该图表示太阳中心的能级最高，从中心向外假定有 K、L、M、N、O、P 等六个能级。能级高低也表示太阳中心的基本粒子质量的大小，越到表面质量越小，越到中心质量越大。从能级图可以看到，当气体从太阳中心跃迁到 K 能级时，会放出能量。同理，从 K 到 L，从 L 到 M，从 M 到 N，从 N 到 O，从 O 到 P 都会放出能量。

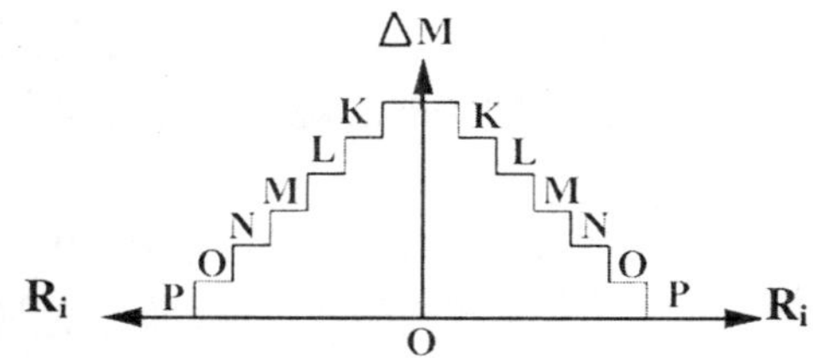

图 20501　太阳内部能级示意图

注：图中 $\Delta M=M_i-M$

从图 20502 可以看到，当气体从太阳核心跃迁到 K 壳层时，会在 K 壳层发生一次比耀斑更为强烈的爆炸，放出的能量也要大得多。因为太阳中心气体密度比较大，一次跃迁要有很多气体参加。爆炸产生的冲击波，相当于原子弹爆炸的蘑菇云，沿着立体角为 $2\Phi_1$ 的锥体向外传播。当冲击波传到光球表面时，即相当于蘑菇云的顶部上升到光球上。冲击波在南纬 Φ_1 和北纬 Φ_1 之间的圆面积内，出现激烈的太阳活动现象，主要表现为米粒和超米粒活动。在蘑菇云体积锥体内的气流是向外运动的。由于爆炸点在 K 壳层，爆炸后 K 壳层的气体密度减小，这当然要有新的气体去补充。因为在冲击波锥体内，气流是向上运动的，所以补充的气体只能从蘑菇云锥体以外得到。这样一来气体的流动方向就出现两种倾向：锥体内往外流，锥体外往内流，这和原子弹爆炸后气体流动方向差不多；蘑菇云内的气体向上，蘑菇云周围气体向爆炸中心流进，以填补爆炸后出现的“真空”。

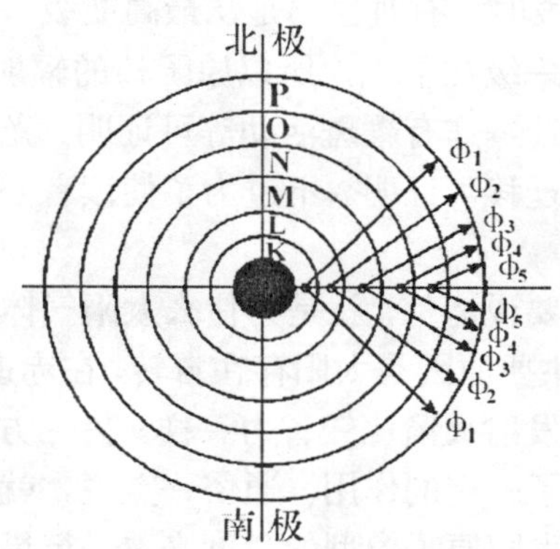

图 20502　太阳壳层剖面及黑子迁移示意图

但是，由于太阳有较差自转，高纬度的气体角动量比较小，离心力也较小。自然，K 壳层爆炸后出现的真空就由比 Φ_1 纬度大的区域里的气体流进去补充。前面说过，向内流的气体温度会降低，自然这时候在高纬度 Φ_1 的边沿就会出现黑子。这表明新的一个黑子周期开始了，所以黑子周期开始，象征着太阳内部 K 壳层发生了能级跃迁。

K 壳层爆炸，一方面会产生冲击波向太阳表面传播。另一方面 K 壳层的物质流也会向 L 壳层运动。当 K 壳层的气体流到 L 壳层后，这些气体同样又要发生一次从 K 能级跃迁到 L 能级的放能反应，同样发生了爆炸。从图可以看到，L 壳层发生的爆炸，冲击波出现在太阳表面时，出现的范围小了一些。局限在南纬 Φ_2 和北纬 Φ_2 的范围内。同理，黑子出现的纬度也小了一些，黑子向赤道方向迁移了一段距离。

按以上的分析方法，当太阳中心的气体从中心向太阳表面迁移的过程中，会引起一系列能级跃迁，先后引起了 K 壳层、L 壳层、直到 P 壳层的爆炸。相应地引起在纬度上从 Φ_1 到 Φ_2 出现黑子。因为 Φ_1 是高纬度，Φ_5 是低纬度，在天文望远镜里看来，黑子是从高纬度向低纬度迁移，这就是黑子迁移的本质。

现在读者可以看到，在太阳赤道上为什么没有黑子出现，因为赤道上总是冲击波的顶端，其气体永远是向外流的，没有向内流的机会，当然赤道上就不可能产生黑子。只要我们把黑子成因的秘密找到了，道理就变得非常简单。

现在我们把黑子从高纬度迁移到低纬度的秘密找到了，这就是黑子是在太阳内部的气体从高能级到低能级跃迁的过程中产生的。黑子的跃迁现象也为天体原子模型找到了证据，证明太阳气体，不单从光球运动到日冕区会放能，从核心往表面运动也会放出能量，而且是多次进行能级跃迁。这样一来，我们把太阳看成是一个放射性原子的证据就非常多了。读者有时间的话可以找到原子核能谱看一下，就会发现原核退激发时，有时也不是从最高能级一次向最低能级跃迁的，而是像下楼梯一样，一级一级往下跳，所以原子核的辐射谱就分裂为许多条。

光球以外的能级跃迁爆炸有耀斑活动等可证明，光球以内的能级跃迁爆炸有黑子从高纬度向低纬度迁移可证明。不过为了使读者心服口服，我们在后面还会拿出更多的证据。

现在还有一些问题要说清楚，就是为什么太阳气体从中心向表面迁移的时候会选取在赤道平面上。主要原因是太阳存在自转，在赤道平面上比较容易向外流，就像人类在赤道平面上发射火箭比较省力一样。另一方面，九大行星也在赤道上空，行星的引力也起到了一定的作用。通俗一点说，就是行星的引力有从太阳内部吸出物质的倾向。从太阳原子模型的角度来看，行星的引力可以激发太阳气体从高能级到低能级的跃迁，所以我们研究日地关系时，不单要研究黑子对地球的影响，而且也要研究行星对黑子兴衰的影响。

至于黑子的周期为什么是 11 年，这个问题以后重点论述，最大的可能是太阳核心是一颗白矮星，因为白矮星的活动周期也是 11 年左右，是白矮星的活动周期控制了太阳的黑子周期。我们以后将会证明太阳自己可以从宇宙空间回收能量并把它存贮在中心，使其中心的能级越来越高。能级高到一定程度以后，太阳中心的气体就会向外跃迁，从而形成黑子。太阳中心的气体向外跃迁后，能量被带走了，使太阳中心的能级降低下来，于是太阳又开始在中心积累能量。能量从积累到放出大约需要 11 年，从而形成 11 年的黑子周期。这很像一群小孩在沙滩上玩沙堆，辛辛苦苦把沙子堆到一定的高度以后，沙堆塌了下来，贪玩的孩子接着又向上堆，不过其周期比 11 年小得多。

§2.6　南北半球黑子磁场极性相反的原因

上一节我们已谈过黑子迁移的本质。这一节我们一起来研究黑子磁场的极性，其表现为南北半球极性总是相反。从图 20401 可以看出，当北半球先导黑子为 N 极时，南半球先导黑子为 S 极；当北半球先导黑子为 S 极时，南半球先导黑子为 N 极。从图 20601 可以看出，黑子内部像一根螺线管，从 N 极进到爆炸点 a 后，转了一个弯又从 S 极出来。不过，南北半球的黑子磁场也许根本就没有相连接，很有可能先导黑子的磁场深入到太阳表面一定的深度以后又从后随黑子中走出来。也许两种方式同时存在。

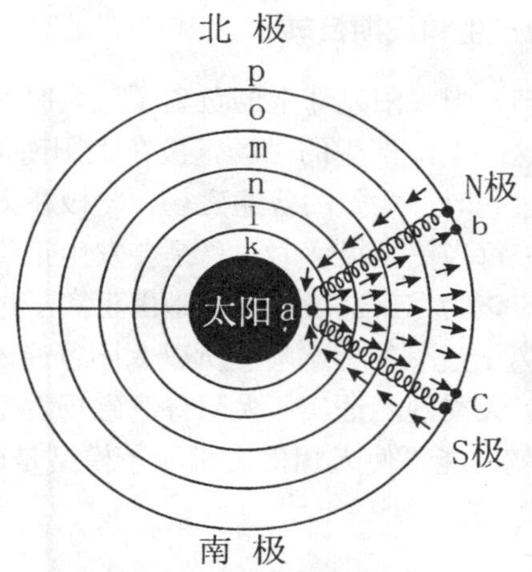

图 20601　太阳黑子产生原理图

先导黑子旋涡旋转方向，总是北半球反时针方向旋转，南半球顺时针方向旋转。而后随黑子的旋涡旋转方向则总是北半球顺时针方向旋转，南半球反时针方向旋转。同时黑子内部的气流，无论是先导黑子还是后随黑子，以及无论是南半球还是北半球，气体都是向内流的。

又因为北半球的正离子在先导黑子 N 极磁场作用下向黑子中心集中，所以北半球的正离子会被先导黑子的旋涡带到光球内部，同样的道理，后随黑子的旋涡也会把正离子带进光球内部，两者同心同德。不过，因为先导黑子磁场强，旋涡的功率也远比后随黑子大，所以讨论问题时只需考虑先导黑子的作用就行了。

同样南半球的正离子在先导黑子 S 极磁场作用下也是向黑子中心集中。

正离子在向内流的旋涡带动下必然会流进光球内部，这样一来不管是南半球还是北半球，正离子都会不断从光球表面流进内部。

如果我们假定，在这一黑子周期开始的时候太阳表面是正离子过剩，由于这时黑子不断把正离子输送到太阳内部去了，结果光球表面负离子就慢慢多起来。在一个黑子周期的中间，也就是在黑子极盛时，正负离子之和数量就会相等。这时太阳表面正负离子的平均结果就会出现电中性。不过电中性的时间不会很长，当正离子继续流进太阳内部以后，太阳表面就出现负离子过剩，正离子变得缺少。而高纬度地区，南纬或北纬 50° 以上的太阳表面正负离子仍然是相等的，对太阳普遍磁场没有贡献。所以太阳普遍磁场是太阳纬度 50° 内黑子能扫过的太阳表面的电流环产生的，牵涉不到太阳核心内部。当然读者也许会说，如果太阳表面正离子过剩的话，太阳内部也必然负离子过剩，而负离子也会在太阳内部产生反向磁场。这是很有可能的，问题是太阳内部自转线速度小，产生的反向磁场也小。

A. 太阳普遍磁场的产生和周期反转

由于太阳表面在自转，当太阳光球上的负离子过剩时，负离子相当于顺时针方向流动的环形电流，这时电流产生的磁场N极在太阳南极，S极在太阳北极。同理，当光球上正离子过剩时，太阳的普遍磁场，N极在太阳北极，S极在太阳南极。又因为太阳光球上每当黑子极盛时，总是会发生正负离子平均值为零的情况，这时太阳普遍磁场应该为零。这段时间，是由正离子过剩变为负离子过剩或者由负离子过剩变为正离子过剩的分水岭。所以太阳普遍磁场的改变，总是发生在太阳黑子极盛的时期。天文观测证实，太阳普遍磁场发生极性反转的时期确实是在黑子极盛时期。这就不能不使人相信太阳原子模型是成功的理论。

B. 黑子磁场的极性

如果某个黑子周期结束以后，在光球上负离子过剩的情况下，太阳的高纬度出现了黑子。由于北半球的黑子旋涡始终是反时针方向旋转，这时太阳表面充满了负离子，旋涡中心自然形成负离子流，北半球负离子产生的初级磁场，S极向外，N极向内，所以北半球初级激发磁场表现为S极。同理，南半球的负离子产生的激发磁场的方向是N极在外、S极在内，表现为N极。前面说过黑子是磁场放大器，黑子就把自身原来的初级激发磁场按原有的极性放大了。我们观测到的磁场极性北半球为S极，南半球为N极，南北半球磁场极性正好相反。

读者可以看到这一周期中，光球上的负离子是向内流的，当这一黑子周期中期过后，虽然光球上的正离子又过剩了，但黑子磁场在整个周期中间并不改变，而且继续把负离子输送到光球内部去，导致光球上的正离子越来越多，直到这一次黑子周期结束。所以当这一次黑子周期结束时，太阳光球上的正离子已相当丰富了，出现了正离子过剩。读者可以看到，在这一次黑子周期开始时，太阳表面是负离子过剩，到黑子周期结束时已变为正离子过剩了。太阳普遍磁场在黑子周期结束时应该最强。

C. 黑子磁场的反转

当上一周期结束时，光球上的正离子过剩很多，所以当下一个黑子周期开始时，北半球反时针方向旋转的旋涡产生的磁场N极向外、S极向内。同理，南半球的黑子磁场S极向外、N极向内，和上一周期的磁场方向刚好相反（见图20602）。太阳表面正负离子交替过剩才是黑子磁场交替反转的真正原因。

D. 太阳黑子像一个电荷泵

黑子可以把正离子或负离子轮流向太阳内部输送，使光球上的正离子或负离子交替过剩，这就造成黑子的磁场极性交替变化。我们可以把黑子看成一个电荷泵，泵工作的动力取自于旋涡的能量，而旋涡的能量则来自于太阳气体的能级跃迁能。

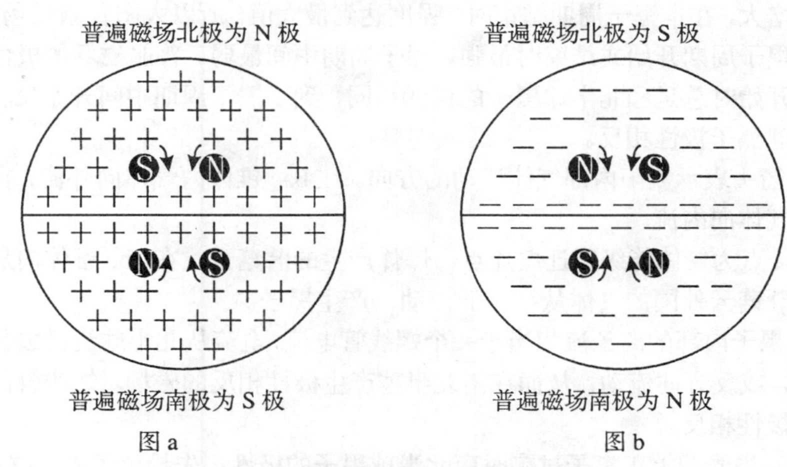

图 20602　黑子磁场极性反转原理图

在黑子从高纬度移动到低纬度的过程中，黑子电荷泵就把该区域内的电荷极性完全改变过来了。假如原来光球表面是正离子过剩的话，被黑子从高纬度扫到低纬度以后，整个太阳的表面，就变为负离子过剩了。这就为下一个黑子周期磁场极性改变打好了基础。

E. 后随黑子磁场极性

在流体中，任何一个主旋涡都会激发出副旋涡，副旋涡的旋转方向总是和主旋涡的方向相反。先导黑子是主旋涡产生的，后随黑子是副旋涡产生的。所以先导黑子和后随黑子的磁场极性总是相反。又由于副旋涡是主旋涡激发出来的，当主旋涡能量不足时就没能力去激发出一个副旋涡，所以后随黑子总是后出现先消失。从以上可以看出，只要用太阳原子模型，黑子的特性就很好解释了。

F. 太阳普遍磁场反转规律

假设在某个黑子周期开始时太阳表面是正离子过剩，因为太阳是反时针旋转，正离子电流产生的太阳普遍磁场应该N极在太阳北极，S极在太阳南极。这时黑子磁场应该是北半球为N极，南半球为S极。不过，因为黑子是个电荷泵，虽然黑子周期刚开始时太阳表面正离子或负离子过剩最多，但随着时间增加，正离子过剩会减少，太阳普遍磁场也跟着减弱。估计在黑子周期时间的中间，即在黑子最多的年份，太阳表面正负离子之和呈中性，这时候太阳普遍磁场为零，此后太阳普遍磁场开始反转，变为S极在太阳北极，N极在太阳南极，并且磁场强度不断增大，在本黑子周期结束时，强度达到最大值。所以太阳普遍磁场的强度，总是当黑子周期开始或结束时最强，黑子周期中间最弱。普遍磁场的极性在黑子周期刚开始时总是和北半球黑子的极性相同，到了黑子周期中间开始反转，变为和北半球黑子极性相反。

1. 箭头表示太阳内部气体流动的方向。在bac锥体内气体向外流，在锥体外高纬度气体向内流。

2. a点为气体能级跃迁爆炸点，爆炸产生的蘑菇云，在abc锥体内从低到高上升。蘑菇云外围的气体从高到低流动，产生黑子。

3. 黑子内部的离子流相当于一个螺线管电流，电流从北半球流进去再从南半球流出，或反方向流动，从而在南北半球产生极性相反的磁场。螺线管两端的磁场总是极性相反。

图a 当光球上正离子过剩时南北半球黑子的极性：先导黑子磁场(右)北半球为N极南半球为S极，太阳普遍磁场在黑子周期开始时仍为北半球N极南半球S极。在黑子周期的中间当太阳表面的平均电荷发生极性变化时，太阳普遍磁场开始发生极性反转，磁场强度由弱到强，黑子周期结束时太阳普遍磁场达到极大值。图中标的普遍磁场的极性是黑子周期刚开始时的极性，黑子周期中间时，普遍磁场已开始反转了。

图b 当光球上负离子过剩时南北半球黑子的极性：先导黑子(右)北半球为S极南半球为N极，普遍磁场为北半球S极南半球为N极。黑子周期开始时，普遍磁场北半球为S极，南半球为N极，并在黑子周期中间开始反转。

我们假定，黑子周期刚开始时，太阳表面是正离子过剩，这时太阳普遍磁场最强，而且磁场的极性太阳北极为N南极为S。因为太阳黑子是一台电荷泵（等离子体流），它能不断把太阳表面的正离子输送到太阳内部去，然后又使太阳表面凡是黑子扫过的区域出现负离子过剩。在黑子周期中间，这时黑子出现地点大约在南纬或北纬25°左右，这时候太阳表面离子分布状态是，南纬或北纬25度以外已变为负离子过剩，而25°以内仍然是像黑子周期开始时那样，是正离子过剩。这时候，当太阳自转时，正负离子产生的磁场极性刚好相反，互相抵消，太阳普遍磁场为0。如图20603所示：

从图可以看到，太阳表面的离子分布，相当于三个通电线圈。线圈的交界处就会产生四极以上的磁场，多极磁场的极性也会随黑子周期变化而变化，所以太阳磁场是很复杂的。从图中可以看出多极磁场发展的方向。当这一次黑子周期结束时，太阳表面全部变为负离子过剩，相当于三个导电线圈变成一个，这时只存在太阳普遍磁场，太阳北极为 S，南极为 N，而多极磁场几乎消失。这就是普遍磁场和多极磁场的相互关系。

黑子极盛时太阳普遍磁场强度平均为 0

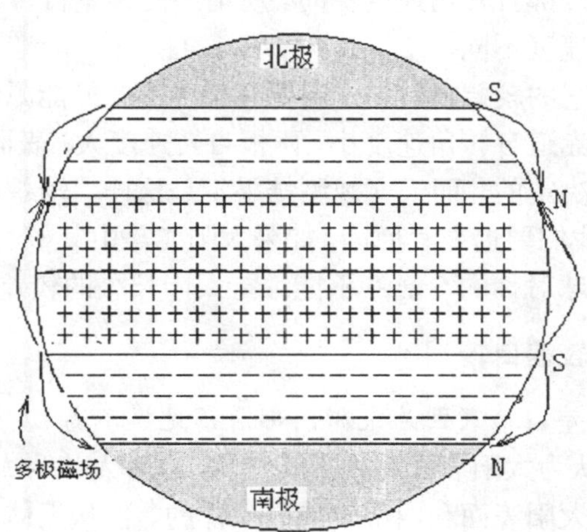

图 20603 黑子极盛时太阳表面正负离子过剩分布图

上面说过，黑子周期开始时太阳普遍磁场最强，而且北极为 N。现在到黑子极盛时减小到 0，所以从黑子周期开始到黑子极盛时，这段时间是太阳普遍磁场从强到弱的变化期。

当太阳黑子从极盛期再往赤道迁移时，太阳表面负离子过剩的区域也向赤道扩展，平均结果是太阳表面呈现负离子过剩，太阳北极的普遍磁场从 N 极变为 S 极。当这一次黑子周期时，太阳表面全部变为负离子过剩。这时太阳普遍磁场变为最强，极性是太阳北极为 S 极，南极为 N 极，和黑子周期开始时正好相反。

天文学家 1998 年发现，太阳黑子的下层，存在一股向太阳内部方向运动的等离子体流。这一等离子流先以较慢的速度运动，当到达距表面 4800 公里处时，运动的速度突然加快。显然，该等离子体流，在磁场中所带的正负离子是不相等的，这就足以引起太阳表面正离子或负离子过剩。天文学家的这个发现，证明我们的黑子理论是正确的。

§2.7 太阳较差自转的原因

太阳较差自转，可分为径向较差自转和纬向较差自转。所谓径向较差自转，是指太阳内部和外部自转角速度不同。所谓纬向较差自转是指太阳表面不同纬度的区域，自转角速度不同。

太阳要维持它的较差自转，一定要有某种形式的能源供给，否则太阳的自转就会反过来——赤道自转角速度小，两极自转速度大；表面转速小，内部转速大。这是角动量守恒决定的。而天文观测结果不是这样，较差自转完全违反了角动量守恒定律，所以我们要追究其原因。如果太阳能是由其核心的热核反应产生的话，其对流的方式是球对称的，显然不能维持太阳长久的较差自转。

2.7.1 径向较差自转

对于径向较差自转（因为太阳内部看不见摸不着），只能通过间接观测来判断。历史上有人认为太阳表面比内部转速快，也有人认为太阳内部比表面转速快，也许还有人认为太阳表面和内部转速是一样的。但从天体原子模型看来，太阳表面（光球）上的转速应该比内部快。

太阳原子模型认为，太阳内部的气体向太阳表面迁移时，会在不同的能级发生放能爆炸，而且能级跃迁主要发生在赤道表面上。太阳内部的能级跃迁，有点像人类在赤道上发射多级火箭，每上升一定的高度点燃一节，每点燃一节，我们就说它发生了一次能级跃迁。

我们之所以在赤道上发射火箭，最初是想利用地球的自转速度，使人造卫星顺着地球自转方向运行，这样发射就变得容易一些。当火箭上升到预定的高度以后，要使人造卫星进入轨道，这时火箭要转一定的角度后再点燃末级火箭，使人造卫星顺着地球自转方向运行，而末级运载火箭逆着地球自转方向运行。

如果顺着地球的自转方向，人造卫星具有的角动量为正，运载火箭和地球自转方向相反，则运载火箭具有的角动量为负。如果人造卫星和运载火箭都不落回地面的话，地球的转速不会受到影响。但是人造卫星永久停留在天上，而运载火箭落回了地面。由于运载火箭是带着负角动量落回地面的，所以运载火箭落回地面后，就使地球损失了人造卫星带走的角动量。这时地球的转速就要减慢。如果人类在赤道上大量发射人造卫星，比如发射一个像月亮那样大的人造卫星，结果是地球的转速变得非常慢。也许到那时一天等于 20 年，甚至地球会反转。所以发射人造卫星可以实现角动量分离。我们第三章中将论述行星的形成，就是太阳通过发射人造卫星的方式进行的。行星形成后，太阳把大量的角动量都转移到行星上去了。这就造成今天的太阳系角动量分布的反常现象。

不过我们在第一章中已提出一个重要的原理：天体在向外发射气体时可以产生角动量，反跃迁可以消灭角动量，在天体原子模型中角动量是不守恒的。我们以后将会用大量的天文观测资料证实，无论在星系内部、星系团内部及整个宇宙内部，角动量都不是守恒的。天体的正能级跃迁可以使角动量增加，反跃迁可以使角动量减少。

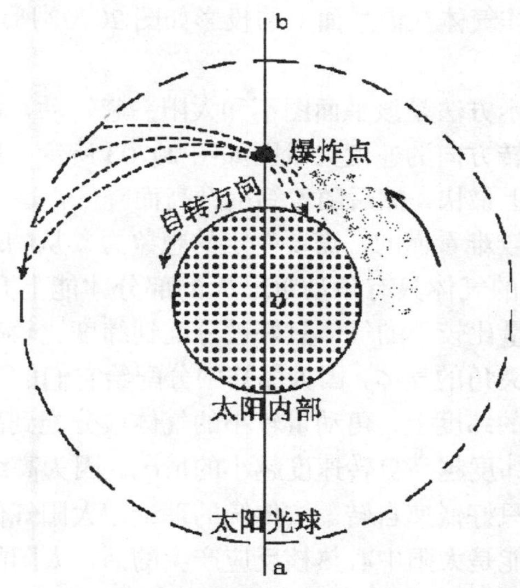

图 20701　径向较差自转的形成

我们从图 20701 可以看到，太阳光球的转速必然比内部快。从图可以看到，光球内部的爆炸使气体在赤道平面上分成两部分：一部分顺着太阳自转方向，上升到光球表面，所以光球表面自转速度快。另一部分气体逆着自转方向运动，这一部分顺时针方向运行的气体会迎头碰上反时针运行的气体(图中小黑点表示)，碰撞的结果使速度很快减小，最后落入太阳内部。这部分下落的气体，使太阳内部转速变慢。这就是我们断定太阳内部转速比光球表面慢的原因。这个结论，和美国国家太阳天文台全球日震观测网（GOGN）观测的结果一致。他们发现太阳内部 0.4 太阳半径之外的自转速度比表面至少慢 10%以上。

2.7.2　纬向较差自转

上面我们是用赤道上的能级跃迁得出太阳内部转速慢的结论。读者一定要理解，在太阳原子模型中，只要气体从内部向外部跃迁，就会发生爆炸。下面我们仍然用太阳赤道上的能级跃迁爆炸来说明产生太阳表面纬向较差自转的原因。

图 20701 是太阳赤道剖面图。爆炸点 1 爆炸的原因，应该理解为太阳内部的气体运动到爆炸点 1 时，发生了能级跃迁的现象。在和太阳一起转动的坐标系中，爆炸气体运动的情况，应该是以爆炸点为中心向四周辐射的。但在赤道上的投影，我们只能看到一半气体沿着太阳自转方向运动，一半气体逆着地球自转方向运动。而且顺着太阳自转方向运动的气体上升到光球表面，而逆太阳自转方向运动的气体很快落向光球的底部。在图 20701 里，我们看不到爆炸气体的运动速度在纬向的分布情况。我们有必要再画一个平面，使该平面通过太阳南北极并和太阳一起转动。这时爆炸气体在该平面上的投影如图 20702 所示，是一个以爆炸点为中心的一个圆。

图的第二种表示方法是该平面图不和太阳一起转动，而是静止的。这时候，爆炸气体沿太阳自转方向的速度矢量图如图 20703 所示。从图中可以看到，光球表面的转速，赤道上最快，然后随着纬度升高而降低，这正是今天太阳表面自转的情况。该图是比较难看懂的，需要一定的想象力，从物理概念上很容易理解，在赤道平面上爆炸的气体只有角动量最大的部分才能上升到与赤道平面平行的光球上，那些角动量比较小的气体只好被分配到纬度比较高的光球上。而速度矢量和赤道平面存在夹角的气体，因为爆炸中分配给它们的气体按角动量大小被分配到赤道两边不同的纬度上，角动量较小的气体被分配到高纬度上，这就造成赤道上自转速度大、纬度越高自转速度越小的情况。因为高纬度地区它得不到角动量大的气体，所以只好低速自转。按传统的理论，太阳气体收缩，自转角速度应该增大，如果太阳能是太阳中心热核反应产生的话，太阳的膨胀和收缩都应该以太阳中心为核心，其自转速度也应该和传统理论一样，表面小，内部快，而纬向较差自转的速度分布也和现在绝然不同。

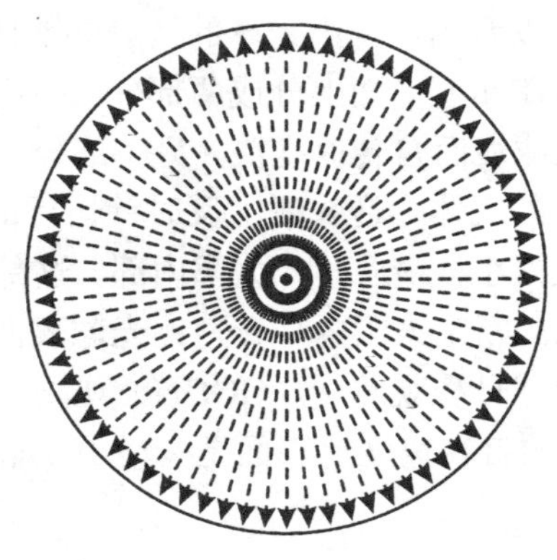

图 20702　在转动坐标中爆炸是球形发射

所以太阳今天的径向较差自转形式和纬向较差自转形式，证明太阳能不是由太阳中心提供的，也反过来证明太阳能不是热核反应产生的。只有天体原子模型才能很好地解释现在太阳的自转特性。

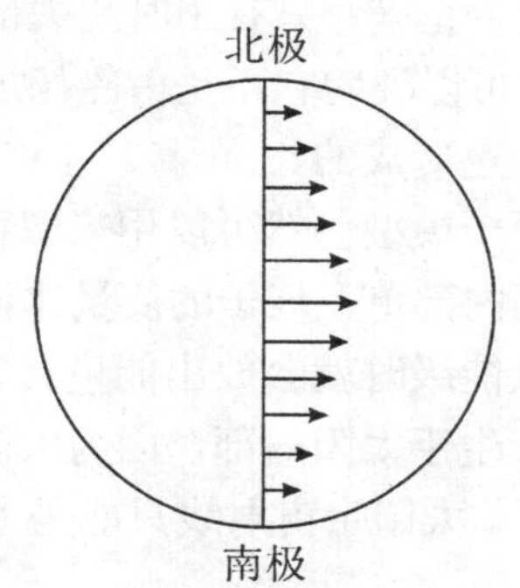

图 20703　纬向较差自转速度分布图

§2.8　太阳宇宙射线的起源

天文观测资料表明，太阳耀斑活动，在短短的一二十分钟内，可以释放 10^{32}～10^{33} 尔格的巨额能量。如果这能量是由氢弹爆炸提供的话，那颗氢弹必须含有 1.5 万吨的氢。但是在日冕区的温度还远远达不到热核反应的条件。第一，日冕区的温度只有两百万度，达不到氢弹的点火温度。第二，气体的密度不够大，也就是压力不够大，氢原子之间相距很远，很少相碰在一起，也就谈不上发生聚变反应的问题。结论是耀斑能量不是氢核聚变提供的。

这能量也不可能靠重原子裂变来提供，因为太阳气体中，重原子很少。如果太阳中心确实存在热核反应的话，那耀斑的能量也不可能由太阳中心提供，这叫远火烧不了近楼，所以当代天文学家只好把能量来源寄托在磁场身上。这是当代理论家们的一个通病，凡是解决不了的问题，就把磁场推到舞台上来表演。如果单从耀斑的能量来看，也许磁场能担当此任，但是在耀斑内一个很小的区域内，磁场要想把带电粒子加速成宇宙射线，看来是不现实的。

除了耀斑能发射宇宙射线以外，太阳两极区的冕洞中也能发射宇宙射线。冕洞中从来没有发生像耀斑那样的激烈爆炸，温度比日冕低，磁场也很弱（但磁场是开放型的）。显然，宇宙射线不是由于高温或磁场强大而产生的。虽然当代天文学理论中，有人提出银河系宇宙射线或河外星系产生的宇宙射线是由于星际磁场加速形成的，提出该理论的天文学家认为，星际磁场虽然很弱，但它的体积很大，几百光年、几千光年甚至几亿光年，所以星际磁场可以把带电粒子的速度加速到很高。当然这种理论是否正确，只有用时间去证明。但是，对于太阳表面发射出来的宇宙射线，今天就可以证明它不是由磁场加速的，虽然能量比较低的射线仍有可能是由阿尔文波加速造成的。

令人高兴的是，天体原子模型仍然可以用来解释太阳宇宙射线产生的机制。我们的理论核心是说，太阳内部单个核子的质量比该核子在自由空间的质量大，太阳气体从高能级跃迁到低能级时就会放出能量。

太阳宇宙线，不可能产生于太阳内部，因为太阳内部即使产生了宇宙射线，也会被光球上的气体吸收了。太阳宇宙射线只能是太阳光球上的气体跃迁到日冕区时产生的。

现在我们就一起来讨论为什么太阳气体从高能级跃迁到低能级时会产生宇宙射线，大家注意到，太阳大气中，既有轻元素，如氢、氦等元素；也有重元素，如铀、钍等。氢元素只有一个核子，而铀 235 内部有两百三十五个核子。我们假定光球上一个核子的质量比日冕区一个核子的质量大 ΔM，按质能转换公式，一个核子从光球高能级跃迁到日冕区低能级时，放出的能量 $E_1=\Delta MC^2$。但是对于铀 235 来说，就不一样了，因为铀 235 内部有 235 个核子，所以在光球上的铀 235 的质量，就应该比它在日冕区时大 $235\Delta M$。而当铀 235 从光球跃迁到日冕区时，铀 235 就要放出能量 $E_{235}=235\Delta MC^2$。

氢元素跃迁，因为它只有一个核子（这核子是质子）。它放出的能量是 $E_1=\Delta MC^2$。

现在我们再来讨论铀 235 的跃迁，它放出的能量总共为 $235\Delta MC^2$。这样多的能量，集中在一个铀原子核内部，使铀原子处于高度的激发态，处于激发态的原子要退激发。原子退激发的方式不是把 $235\Delta MC^2$ 的能量平均分配给每个核子，让每个核子都得到 ΔMC^2 的能量放射到原子核外头去，从来没有发现过一个铀原子核分裂成 235 个质子和中子的事。通常一个原子核退激发有几种方式：第一种方式，发射一组 γ 射线。所谓一组是说它可以是一种 γ 射线，或两种、三种 γ 射线，每种能量各不相同。第二种方式是发射一个 α 粒子和一组 γ 射线。第三种方式是发生裂变，裂变后再放出一些中子、β 射线及一些 γ 射线。第四种方式是发射一两个中子，因为中子在从太阳到地球的路途中绝大多数衰变为质子了，地球上测到的只是质子，但仪器分辨不出这质子是否由中子衰变而来。最后第五种方式是直接发射一个质子，这种方式很少见到，也许会有。所以在原子核理论中都没提到质子放射性。

从重原子核的退激发方式可以看到：原子核退激发时通常可以放出一到四种射线。对于铀 235 来说，它的跃迁激发能有 $235\Delta MC^2$ 之高。它发射的粒子能量

最大可达 $235\Delta MC^2$，最小可以到可见光的能量。射线种类可以是α粒子、x 射线、γ射线、裂变碎片、质子、β射线、中子，直至可见光。

日冕区的温度 200 万度，主要是质子从光球跃迁到日冕区时放出的。一个质子放出的能量为ΔMC^2。如果我们假定，铀 235 退激发时，在极端情况下，把 $235\Delta MC^2$ 的能量全部交给一个质子或中子，那么该质子或中子的温度应该是 $235\bullet 200$万度，即 47000 万度。当然这是极端的情况。通常情况下，把四分之一的能量交给一个核子是完全没问题的，这时该核子的温度也有 40000 万度。温度这样高的核子，是典型的宇宙射线了。

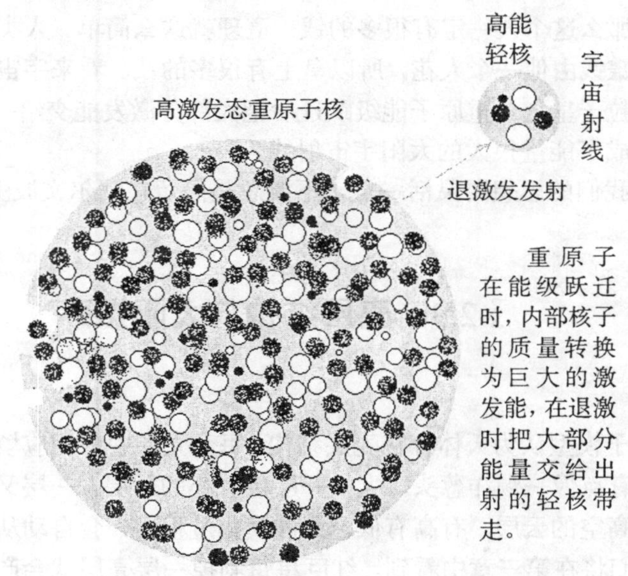

图 20801　太阳宇宙射线产生原理图

应当指出，当铀 235 原子在从光球跃迁到日冕区时，单个铀原子裂变放出的能量要比铀原子在地球上由慢中子引起的裂变能量大得多。另一方面在地球上表现为稳定的原子，如铅和铁等，在能级跃迁中也可能表现为放射性的。因为这些原来稳定的原子在能级跃迁时受了激发，就像一个原来不该碎的花瓶，从高空掉下来后会碎裂一样。很显然，宇宙射线的成分，不完全和光球时一样，因为宇宙射线中有很多是跃迁时裂变的碎片，而不是光球上的气体由磁场加速而成。至于宇宙射线到底是哪些原子在跃迁中放出的，这只有通过认真的分析才能得出结论。核裂变肯定是存在的，例如有一些特大的耀斑中已检测到一些γ射线，如 0.511MeV、2.23 MeV、4.43 MeV 和 6.14 MeV 等。这些γ射线通常是在核反应中才能放出的。所以现在原子核裂变，除了自发裂变、射线激发裂变以外，加上现在所说的一种叫“天体能级跃迁裂变”，这有点像从楼顶上往下扔花瓶。天体能级跃迁裂变的特点是，原来在地球上稳定的原子核，在天体能级跃迁时，也可能变为具有放射性，并发射高能粒子。

因为星系核也存在能级和壳层，所以星系核也肯定能发射宇宙射线。又因为星系核的能级差比恒星大，所以星系核发射的宇宙射线能量肯定会大得多。这就是宇宙射线产生的另一种原因。所以归纳起来说，太阳宇宙射线是由于重元素在天体壳层之间跃迁产生的。要点是把整个原子核的激发能，交给一两个核子占有，这一两个核子具有的能量就大了，成为宇宙射线。如果有一个家庭，大家赚钱一人花的话，那么这个人一定有很多的钱。道理就这么简单。人类中的皇帝就是这样，全国人赚钱由他一个人花，所以皇上有很多的钱。看来宇宙射线是占据别人所有金钱的粒子皇上。重原子能级跃迁后把大部分激发能交给一两个粒子带走，因此该粒子成了能量很大的太阳宇宙射线。

总之，我们的思想要灵活一点，不要总是停留在阿尔文波上。

§2.9　壳层结构与太阳振荡

天体原子模型认为天体存在壳层结构，每个壳层中都相应填装着一定量的气体物质。它有点像一颗洋葱头，大的一层包着小的一层，一层又一层地包着。也有点像地球高空的云层，有高有低。天体演化过程中，会自动从外层一层又一层地剥掉。我们将在第三章中看到，红巨星每剥掉一层壳层就会产生一群彗星或一颗行星，一直剥到现在的太阳为止。现在的太阳再不能产生行星了，原因是太阳现在的负能壳层太窄，不允许再产生一个行星。不过太阳内部的壳层结构依然存在，如图 20901 所示。

从图可以看出，太阳内部气体并不是连续分布的，而是分成了一层又一层，层与层之间有一定的距离。太阳内部气体的密度分布，存在着正弦关系曲线，就像地球天空中的云一样，可以分层存在。图 20901 也很像原子电子壳层结构中的电子云。读者可以想象，这种大球套小球的结构是最容易发生振荡的，而且层与层之间的振荡可以相互干扰。这就决定了太阳表面的振荡有好几个周期，除 5 分钟振荡外还存在 7 至 50 分钟几个周期，最长的有 2 小时 40 分钟的周期。产生振荡的能源就是气体的壳层跃迁。可以想象，当 K 壳层的气体振荡时，有一部分气体就会跃迁到 L 壳层，由于气体从 K 壳层跃迁到 L 壳层会放出能量，使 L 壳层气体受到扰动而振荡起来，振荡的能量来源于气体的能级跃迁。同样 L 壳层振荡又会引起N壳层振荡，直到引起光球振荡。光球振荡过程中既有本征振荡也有受迫振荡。

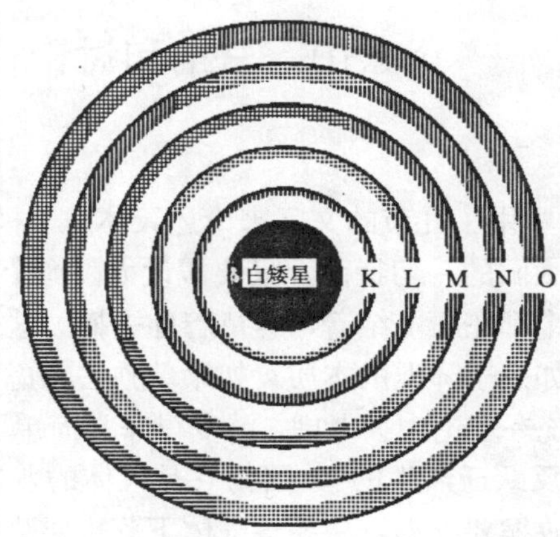

图 20901 太阳内部物质分布存在壳层结构，从而使太阳产生振荡

如果现在有人要问，太阳核心的物理状态如何，我们只能说要靠大家今后共同进行研究。如果按照天体原子模型，应该由白矮星组成，类似于原子核，而光球类似于核外的电子云。从太阳的活动周期和白矮星爆发周期都在 10 年左右看来，完全有可能是白矮星所为，就是说，太阳的黑子周期是由太阳内部的白矮星控制的。大质量恒星内部有可能就是中子星，大质量恒星的活动是由中子星控制的。

在此，我们要告诉读者一个不很乐观的消息，按我们的理论，太阳会一天天缩小。因为按我们的理论，太阳有壳层结构，而且它会像剥洋葱一样，自动一层又一层地剥去，直到露出白矮星。剥去一层要多少亿年我们不知道。

从图 20901 我们可以看到，如果太阳再剥去一层外层，它的体积就会小很多。如果那时太阳单位面积所发射的能量还和现在一样的话，地球的温度一下就会降下来，人类的生存就会受到威胁。这消息不比聚变理论认为的 50 亿年后地球会被红巨星烧化好多少，甚至更坏。唯一的希望就是太阳体积减小了以后，表面的温度会升高，使其发射到地球的能量保持现在的水平。太阳几十亿年来不知是否是靠体积缩小温度升高来调节供给地球恒定能量的。但有一点可以肯定，太阳剥去一个壳层，质量损失不会很多。如果太阳发射能量的总数严格和质量成正比，且比例常数也不变的话，那太阳的体积缩小就不会影响到地球的温度。这种想法可能过于乐观了。

从图 20901 可以看到，当太阳最后把 K 壳层气体剥掉以后，太阳就正式露出白矮星了。目前，因为白矮星外围还存在好几层气体球壳，当白矮星进行 11 年一次的能量爆发时，太阳表面就出现 11 年的黑子周期。

§2.10 总结和讨论

我们在第二章中用了九节的文字来论述天体原子模型。读者可以看到，天体原子模型可以解释太阳的一切特征。只要假设太阳像个重元素，然后顺藤摸瓜，太阳的特征，每一个都在藤上结着，等待着你去摘。这样就给我们写这本书带来了很大的方便。例如黑子降温的本质，如果单独去考虑，它的降温原理是很难搞清楚的，但是放在统一理论中去考虑，就变得非常简单了。我们只用一句话："黑子降温是太阳气体反跃迁产生的"，因为它是天体的普遍现象之一，日冕雨下落会降温，造父变星收缩要降温，星系核气体下落也要降温。当然黑子气体从光球下落几百公里后也要降温，它是一种规律性的现象，没有什么神秘的。

对于太阳的耀斑爆发，用统一理论来看，也只要一句话就可以说清：耀斑爆发是太阳内部气体从光球壳层跃迁到日冕壳层时的放能现象。这也是普遍的现象，例如，造父变星膨胀时会发射能量，星系核的气体从内部出射到外部时也要喷射能量。星冕温度高达一两百万度，星系冕温度也高达一两百万度，星系团外围的温度也远高于星系团中心的温度。

太阳能聚变理论适应性很差。第一，它的产能地点只能在恒星核心高温的地方。第二，它的产能效率是固定的，大约是氢原子质量的 0.7%左右。所以当它遇到温度低的行星放能现象时就无法解释，遇到星系核放出巨额的能量时，也无法解释。星系核的气体放能效率远远大于 10%，这就迫使当代天文学家只好假设星系核的能源是黑洞所为。如果星系核放能是黑洞所为的话，那么从星系核喷射出来的气体速度应该越来越慢，温度应该越来越低，而天文观测结果表明，事实正好相反，喷射出来的气体速度越来越快，所以星系核喷射气体的现象就不一定能用来证明黑洞的存在。

天体原子模型的适应性就强多了。第一，它的放能地点，从太阳核心到表面都可以。因为太阳中心的能级最高，然后一级一级降低，所以太阳气体从核心往外流的过程中每经过一个能级都要进行一次能级跃迁，发生一次放能，一直放到日冕区。这有点像红楼梦里的贾迎春出嫁一路放炮，更像多级火箭。

天体原子模型的第二个好处是，它在产能效率上比较宽，该理论认为，天体内部基本粒子的质量比在自由空间时大。但是，不同的天体，它内部基本粒子的质量大小可以不同。恒星内部基本粒子质量可以比行星大，而星系核内部基本粒子质量又可以比恒星大。例如，也许星系核内部基本粒子可以比自由空间的基本粒子质量大两倍或三倍。这样大质量的粒子跑到表面时，其放能效率就可以比正反粒子湮灭还要大。从宇宙射线的能量来看，星系核内部的基本粒子的质量是很大的。

重原子核内部的质子或中子的质量，比它们在原子核外单独存在时大，这一点大家是相信的。现在我们第一次提出，天体内部的基本粒子质量也比自由空间时大，大家肯定不能马上接受，这是一个正常的现象。又因为目前聚变能理论正是春风得意的时候，要想提出一个新的理论取代聚变能理论，就要花费很大的精力。如果原子模型先于聚变模型提出的话，肯定很快就会被人接受，而且没有任何阻力。

现在我们的理论已在太阳表面占领了阵地，全部用可以看得见的现象来证明太阳像个重原子，总结起来有以下几点：

1. 日冕区反常升温、日冕瞬时现象、耀斑爆发都是太阳气体从光球壳层跃迁到日冕壳层时的放能现象，这是正跃迁现象。

2. 日珥降温、日冕雨降温、黑子降温都是太阳气体在进行反跃迁，从低能级跃迁到高能级，把温度转变为气体自身的质量，这是反跃迁现象。

3. 太阳的宇宙射线是重原子正跃迁时产生的。

4. 黑子是太阳表面向内流的气体旋涡，旋涡产生了黑子磁场，黑子磁场可以帮助光球上的气体流到日冕区去。

5. 太阳黑子像一个电荷泵，可以把正离子从太阳表面输送到太阳内部去，也可以把负离子送到太阳内部去，从而引起太阳表面正负离子过剩现象，即负离子多，或正离子多。

(在我们的书即将付印时，网上报导：天文学家发现黑子中有一股等离子流向太阳内部流去。这说明我们的理论得到了天文观测的证实。)

6. 当太阳表面正离子过剩时，由于太阳的自转，正离子相当于反时针方向流动的环形电流，它产生的太阳普遍磁场N极在太阳北极，S极在太阳南极。并且在这一次黑子周期中，北半球先导黑子的极性为N极、南半球为S极。下一次黑子周期开始时由于太阳表面变为负离子过剩，磁场的极性则全部反转。

7. 黑子从太阳高纬度向低纬度迁移，是太阳内部的气体从高能级跃迁到低能级的表现（也就是爆炸产生的蘑菇云从内部不断向表面上升）。赤道线上之所以不出现黑子，是因为其上的气体没有机会向内部流动。

8. 黑子磁场是可控的，黑子可以把磁场放大，黑子是磁场放大器。

9. 太阳表面的正负离子过剩控制黑子磁场及太阳普遍磁场的极性。因为在黑子周期中间，太阳表面正负离子从过剩降低到最小，所以在黑子极盛时太阳普遍磁场发生反转。

10. 因为太阳有壳层结构，壳层和壳层之间的气体不是连续分布，而是有一段空间间隔，这种结构容易发生壳层气体振荡。太阳演化的历史证明，太阳会像剥洋葱头那样，把最外壳层的气体一层层分别剥去。这样，太阳的体积会逐渐缩小，供给地球的热量也会不断减少。这消息不比当代理论认为 50 亿年后太阳会变为红巨星对人类有利。

11. 太阳的径向较差自转和纬向较差自转证明，太阳光球以下，赤道平面上，确实发生了放能反应。

12. 恒星中心会自然形成白矮星和中子星。它们相当于原子中的原子核，小质量恒星内部是白矮星，大质量恒星内部是中子星。太阳黑子周期是由太阳内部的白矮星控制的。

我们之所以断定太阳内部有一颗白矮星，原因是白矮星爆发新星的周期约 11 年左右，一次新星爆发放出的能量约为太阳 11 年放出的能量总和。而太阳黑子周期也是 11 年左右。

13. 太阳宇宙射线是重元素从光球表面跃迁到日冕区后，重元素退激发发射出来的轻粒子。

14. 因为太阳中心能级高，地球上的氢弹拿到太阳中心去引爆后不单没有能量放出，反而会从空间吸收能量，使周围温度降低。也就是说太阳中心的核聚变相对于地球上的标准看来是吸能反应，因为太阳中心氦元素的质量远大于太阳表面氦元素的质量，所以我们也就不要指望太阳中心的氢核聚变反应可能产生太阳能。

以上 14 条就是太阳原子模型得到的主要结论。这 14 条结论紧密相连，已包含了太阳的主要特性。从这可以看出太阳原子模型是很成功的。一种理论能在这么多场合被证实，也是很少有的，况且我们还要举出更多的例子。读者看完这一章以后，可能相信太阳确实像一个重原子。二十多年前，核物理学家掀起了寻找超重元素岛的热潮，当然天体不是他们要找的超重岛。

我们接着还要讨论以下几个问题。

1. 天体原子模型和星前物质理论的区别

20 世纪中叶，前苏联一批天文学家根据星协的扩张、正能态星系、金牛座 T 型星的发亮、日冕上的各种放能爆炸等许多天文现象，大胆提出天体内部存在星前物质。他们认为天体表面的一切爆发活动、扩张现象等都是天体内部的星前物质跑到天体表面来放能的，并断言天体起源于超密物质，宇宙的演化方向是从密到稀。他们这种理论后来和宇宙大爆炸理论就很难分开，已经融合在一起了。他们不同意星云学说。说实话，前苏联天文学家看到的和我们看到的是同一个现象。

对于太阳表面的放能现象，他们认为是星前物质，星前物质是什么，我们没有找到解释的资料，但肯定不是质子或中子之类的物质。我们认为太阳表面放能的粒子还是质子和中子，或由它们组成的原子，只不过太阳内部的质子或中子的质量比太阳表面大一点而已，就像重原子核内部质子或中子的质量比核外大一样。

2. 完成恩格斯的课题

因为我们仍然相信星云学说，认为太阳或其他恒星都是星云收缩形成的，这就出现了基本粒子质量上的矛盾。星云原来是在自由空间中，按我们的理论，星云中的基本粒子质量比较小（太阳内部的物质是由星云物质组成的）。现在太阳内部的基本粒子的质量，却比星云中的基本粒子的质量大了。所以读者肯定要问，为什么星云中质量比较小的基本粒子到了太阳内部后，其质量突然变大了？只有一种答案，就是太阳内部的基本粒子，靠集体的力量可以从宇宙空间吸取能量，也就是相当于太阳可以从宇宙空间吸取能量。读者现在就会发现：假如太阳能从宇宙空间吸收能量的话，太阳就成了一个能量循环机，它一方面用光和热向宇宙空间发射能量，另一方面又用我们现在还不知道的机制从宇宙空间回收能量，使太阳内部的基本粒子质量变大。

太阳回收能量的机制还需要我们来寻找，这是恩格斯给后人留下的课题。但是过去的太阳能源机制把门关得死死的，聚变理论是使宇宙一直往黑暗里走，等到整个宇宙的氢都变为铁以后，宇宙只能漆黑一团，为热寂论打开了大门。星前物质理论也一样，星前物质用完了以后宇宙照样热寂。热寂论虽然一直受到批评，但喊口号的批评是无力的批评，很难驳到热寂论。如果我们把天体回收能源的机制找到了，所有天体都变成一部能量循环机。我们就可以向人们宣布：只要有物质存在，宇宙永远是光明的。这样一来热寂论自然不攻自破。

3. 恒星的演化方向是从红巨星到主序星

我们今后的任务就是寻找使太阳内部的基本粒子质量变大的机制，不过这要留到第五章以后，工作得一步步的做。我们现在还要证明，恒星的演化方向是从红巨星演化到主序星，因为太阳能是热核能理论认为恒星的演化方向是从主序星到红巨星，如果我们能证明恒星演化方向是从红巨星到主序星的话，热核能理论就再也站不住脚了。

当我们证明恒星的演化方向是从红巨星到主序星以后，红巨星就是幼年星，而不再是垂死的老龄星了。同理，如果我们证明了红巨星是幼年星以后，球状星团就是幼年星团。星团的演化方向就是从球状星团到疏散星团、再后演化到星协，最后演化为普遍星场。星系的演化方向只能是从椭圆星系到旋涡星系、再到不规则星系。再也用不着去争论不休。

相应地，球状星团在赫罗图中的转折点代表星团年龄的说法，刚好反了过来，英仙星团年龄比昴星团大，而昴星团比毕星团年龄大等等。在天体原子模型看来，恒星的质量小演化速度快（即从红巨星演化到主序星速度快），因为它是剥洋葱头方式的演化。我们如何才能证明红巨星是幼年星呢？那很好办，只要证明红巨星是地球的母亲就行了，也就是证明太阳的前身是一颗红巨星。这颗红巨星我们给它一个专有名词，叫太阳红巨星或太阳变星等。只要能证明太阳系的九大行星、小行星及卫星都是在太阳从红巨星演化到现在的太阳的过程中形成的，就能充分说明恒星的演化方向是从红巨星到主序星。这种工作的工作量是很大的，但我们必须这样做，因为我们要切断聚变理论的退路，必须拿出丰富的证据才行。请读者看第三章：太阳系的形成。

第三章　太阳系的形成

引　言

当代天文学理论认为，恒星的演化方向是从主序星到红巨星。该理论认为，再过 50 亿年，太阳把氢烧完了以后，就会燃烧氦，那时太阳中心的温度会进一步升高，太阳会因体积的膨胀而成为红巨星，到那时，地球和地球上的一切生命都会化为乌有。所有的教科书上都是这么说的，而且断言红巨星是老年星。

大家都很清楚，把红巨星说成是老年恒星，完全是“太阳能是氢核聚变反应产生的”这一理论推理的结果，并没有相应的天文观测事实作证明。如果某一颗恒星从主序星不断增大为红巨星，按理是能够观测得到的。下面我们将说明，把红巨星说成是老年星，在天文学上已造成了很多不良的影响。

第一个不良影响是，原来罗素认为恒星的演化方向，是从红巨星到主序星，罗素的理论现在看来是正确的，但自从太阳能是热核聚变能提出以后，罗素的理论就被否定了，从此大家一致公认恒星的演化方向是从主序星到红巨星。在这种理论要求下，谁也不会去考虑太阳系是在其从前身太阳红巨星演化到现在的太阳的过程中形成的，这就给太阳系形成理论设下了一只拦路虎，使太阳系形成理论走了不少弯路。我们现在将拿出大量的事实证明：太阳的前身是一颗红巨星，太阳系的九大行星、彗星、小行星及卫星都是在太阳从红巨星演化到今天的太阳这一过程中产生的。

第二个不良影响是，当代理论把球状星团说成是老年星团。球状星团内部大部分是红巨星，红巨星被说成是老年星，当然球状星团肯定是老年星团了，而且认为球状星团已有上百亿年，有的比宇宙的年龄还大。这样一来，球状星团就成了怪物，一百多亿年了，还能保持球状结构，说明它非常稳定。广义热力学第二定律对它不起作用，时间箭头对它也不起作用。

第三个不良影响是，很多天文学家不能很好地看出星系是如何演化的。

但是，如果我们的天文学家愿意把红巨星看成是刚形成的幼年星的话，天文学上很多的矛盾都可以得到解决。

第一，红巨星如果是幼年星的话，恒星的演化方向是从红巨星到主序星，太阳系是在其从红巨星演化到今天的太阳的过程中形成的。

第二，红巨星如果是幼年星的话，球状星团就是刚形成不久的幼年星团。球状星团在热力学第二定律和时间箭头的共同作用下，演化方向必然是从球状星团到疏散星团再到星协，最后演化到普遍星场。球状星团在演化过程中，星团内的恒星也从红巨星演化到主序星。

第三，如果红巨星是幼年星的话，椭圆星系就肯定是年幼的星系。那星系的演化方向必然是从椭圆星系到旋涡星系再到不规则星系。如果星系的演化方向是这种路线的话，星系在演化过程中，质量是不断减少的，广义熵也是不断增加的，恒星的年龄也是不断增加的。这就完全符合广义热力学第二定律及时间箭头的方向，不出现任何佯谬。

读者从这里可以看到，从宇宙的整体来看，红巨星应该是充当幼年星的角色。把红巨星当成幼年星以后，天文学上很多矛盾就解决了，不像把红巨星当成老年星时那样，矛盾百出。

当代天文学家之所以把主序星看成是刚形成不久的恒星，主要是他们发现银河系旋臂里，气体丰富，星族Ⅰ多。因此断定，旋臂里的恒星是那里的气体形成的。但是我们也可以反过来说，恒星在演化过程中会向周围空间放出大量的气体，旋臂中的气体是旋臂中众多的恒星在从红巨星演化到主序星的过程中放出来的。应该把旋臂中的气体看成是“城市垃圾”，城市里的垃圾是人生活过程中丢弃的，显然城市里的人不是从垃圾里长出来的。当然，也不能完全否定，旋臂中的气体也许可以产生少量的新的恒星，但几率很少，也许根本没有过。

以上我们已经从整体方面阐明：应该把红巨星排在幼年星里才能符合广义热力学第二定律，才能看出时间箭头的方向。这就表明恒星的演化方向只能是从红巨星到主序星才是合理的，我们不能因为要照顾热核聚变能理论而造成整个天文学矛盾百出。

如果恒星的演化方向确实是从红巨星到主序星的话，那么太阳的前身也必然是红巨星，就是说太阳也是从红巨星演化而来的。现在有一个很合理的推论就是，我们太阳系中的九大行星、彗星、小行星及所有行星的卫星都是在太阳从红巨星演化到今天的太阳的过程中形成的。可以说红巨星是地球的母亲，因为我们人类从产生时间上看就夹在红巨星和太阳之间。现在的问题是，我们必须搞清楚红巨星是如何产生太阳系的。

天文观测早已证明，红巨星唯一的行为就是会脉动，一时膨胀，一时收缩。也许太阳系九大行星就是通过红巨星脉动产生的，所以我们首先分析红巨星脉动的后果。

因为红巨星膨胀时会向高空发射大量的气体。我们在天体原子模型中说过，天体上空存在一个负能壳层，负能壳层有点像护城河，里面能级最低。很显然，红巨星发射的气体都会落到负能壳层中被贮存起来。红巨星年复一年在脉动，负能壳层中就会贮存大量的气体而形成气体环，然后由气体环形成行星。

以前，拉普拉斯也提出过星云收缩时会产生气体环而形成行星的理论，但他没有提出用负能壳层束缚气体环的概念，所以大家认为气体环会很快散开而不能形成行星，所以这理论被否定了。

这一章我们主要用红巨星脉动的观点去研究太阳系的形成。我们将向读者献出太阳系形成的“DNA”。

§3.1　太阳系概述

要研究太阳系的形成，首先要了解太阳系的概况，然后用一个统一的理论，把太阳系主要的特征都解释清楚。归纳起来，太阳系有如下特征：

1. 行星绕太阳运行的方向和太阳自转方向一致，从太阳北极看去，都是反时针方向，这叫同向性。

2. 行星的公转轨道几乎都在一个不变的平面上，这叫共面性。

3. 行星公转轨道都接近正圆，这叫近圆性。

4. 在太阳系众多的卫星中绝大多数卫星和它们所在的行星轨道运动有同向性、共面性和近圆性，只有个别卫星逆行和偏心率较大。

5. 九个行星中有七个顺向自转，金星逆向自转，天王星躺着自转。一般来说，行星的质量越大，自转越快。

6. 在太阳系的角动量分布中，太阳的角动量只占 0.6%，行星的角动量占 99.4%，行星的角动量密度比太阳大五个数量级，这是有名的太阳系角动量分布异常。

对于卫星系统（地月系统除外），情况各不一样。卫星绕行星运行的角动量比行星自转角动量小 10 倍到 100 倍。对于火卫系统是小了 32 万倍。卫星的角动量密度只比行星大一、二个数量级。

7. 行星离太阳的平均距离，有一定的规律，大致有 $\dfrac{a_{n+1}}{a_n}=1.7$ 左右。

对于规则卫星也有类似规律。

8. 九大行星在质量和体积方面都是中间大两头小（木星质量和体积都最大）。

9. 在火星轨道和木星轨道之间没有大的行星，却有无数的小行星，小行星都顺行。

10. 彗星公转轨道在半长径、偏心率和倾角这三个方面的分布范围都很大。

11. 陨星有陨铁、陨石、陨铁石三类，陨石又分为球粒陨石和无粒陨石，有些陨石还含有钻石、水、有机物及氨基酸等。

12. 九大行星中只有火星和金星没有磁场。而地球的磁场，有时极性会反转。

13. 太阳系中存在高级生命，特别是存在人类。

14. 地球上会出现冰期。

上面摘录了太阳系存在的主要特征。这些特征，是任何一个太阳系形成理论都必须解决的，否则就不是一个好的太阳系形成理论。当代太阳系形成理论众多，但没有一种能够解释清楚太阳系的所有特性，最使当代天文学家头痛的事是搞不清楚上帝是通过什么方法使角动量和质量产生分离的。但是对于X—D理论来说，天体原子模型能很好地解释角动量和质量的分离过程，并且以此为突破口，势如破竹地解释了太阳系的形成问题，把太阳系存在的一切特性都圆满解释清楚了，不存在任何佯谬。可以说我们发现了太阳系形成的“DNA”。

§3.2　经典太阳系形成理论简介

人类关于太阳系起源的探索，从17世纪笛卡儿提出涡流学说起，已有三百多年历史了，这三百多年里至少提出过四十多种学说，我们把这些学说统称为经典理论。

太阳系起源理论，基本上可分为三大类：星云说、俘获说和灾变说。

星云说的老祖宗是康德，他于1755年提出星云学说。他认为太阳系是由星云靠万有引力收缩形成的，但他没有考虑角动量守恒的问题，初始条件里没有提出星云原先就是旋转的，而是认为星云是在收缩下落过程中，才转了起来，所以形成的行星才绕太阳公转。这样，在经典理论看来，他的理论违反了角动量守恒定律，当时人们以为角动量是不能无中生有的。

拉普拉斯也提出了一个星云学说，他熟悉角动量守恒原理，他正是利用角动量守恒来论证行星和卫星的形成。他提出：由于星云内的收缩，星云的旋转速度会越来越快，最后在赤道上会抛出一个气体环。后来由这气体环形成一颗行星和卫星。星云在收缩过程中反复抛射气体环，最后形成了九大行星。后来人们经过计算，认为如果太阳系星云的角动量和现在的太阳系总角动量一样大的话，不足以引起在赤道上抛出一个圆环。另一方面又有人提出，星云环即使抛出来了，它也不可能凝聚形成行星。所以拉普拉斯的学说存在的第一个问题还是角动量问题，另一个问题就是气体环只会扩散在宇宙空间而不会凝聚成行星。

后来人们考虑的问题是，如何才能使星云在赤道上的转动速度加快，使形成的行星能绕太阳公转，于是就出现了近代星云学说，因为后来人们又用了一门叫磁场的知识。阿尔文和沙兹曼先后提出，是磁场使赤道上的星云越转越快并把太阳核心的角动量不断供给外围的气体，使赤道外围的气体绕太阳作轨道运行。这样外围的气体环形成行星后，该行星自然绕太阳公转了。

太阳系形成的第二种理论是俘获说，认为太阳在绕银河系运行路途中俘获了一团星云，后来这星云在太阳周围形成了行星。

太阳形成的第三种理论是灾变说。它的内容还是比较丰富的，分类学说有十种之多，共同的特点是太阳发生了灾变。有的人认为太阳受到了另一个天体的碰撞，碰出的物质形成了行星，至于是什么天体碰撞，有的提出是彗星，也有人提出是恒星。也有人提出，外来恒星并没有直接和太阳碰撞，仅仅是擦肩而过。起潮力在太阳表面拉出一些物质形成行星。也有人提出太阳原来是一对双星中的一员。太阳的伴星被第三个恒星碰了一下，伴星飞走了，留下的物质形成行星等等。

经典太阳系形成理论，尽管是丰富多彩，但是要真正能说明太阳系形成细节的理论还没有。很多仅仅是一种简单的假设，并没有认真论证。有的仅仅是在给朋友的一封信中提出的。这些内容大家都很熟悉，在此不再多谈。

§3.3 红巨星是地球的母亲

我们从这一节开始，就要用天体原子模型讲述太阳系形成的故事了，上面说过，要证明恒星的演化方向是从红巨星演化到主序星，最好的方法就是证明太阳系的九大行星及其卫星和小行星是红巨星在演化到现在的太阳的过程中形成的。因为我们的太阳系是专有名词，所以形成我们太阳系的红巨星也称为“太阳变星”或“太阳红巨星”。所以我们称太阳变星是地球的母亲，其实也是太阳系所有行星和卫星的母亲。

要讲述太阳变星产生太阳系之前，我们还得先讲一下人类自已。人类在 20 世纪，已掌握了利用火箭发射人造卫星，从角动量密度来说，人造卫星的角动量密度远大于地球本身。地球的角动量密度很小，为什么角动量密度较小的地球发射的卫星角动量密度这么大？其关键的原因是人造卫星进入轨道以前，末级火箭又点了一次火，发生了一次爆炸，把人造卫星送入运行轨道。末级火箭的爆炸实现了角动量分离，人造卫星得到了和地球运转方向相同的正角动量，而运载火箭喷出的气体得到了和地球运转方向相反的负角动量。运载火箭喷出的气体落回地面后，使地球的自转速度减慢（虽然减慢很小）。这样，地球的角动量就转移到人造卫星上去了。如果人类发射的卫星质量累计起来像月亮这么大的话，相信地球的自转方向不反转的话，转速也会慢得一天等于 20 年。如果读者有兴趣，自己可以去计算一下就知道会不会反转，或者一天等于现在的多少年。

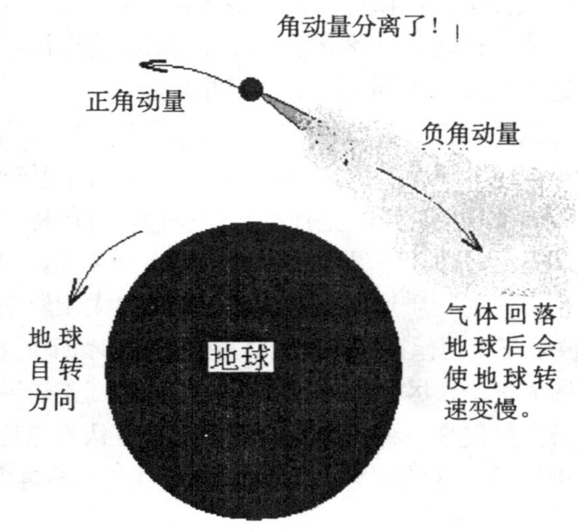

附图：人类发射人造卫星

这故事告诉我们，如果太阳变星当初产生九大行星的时候，是通过像人类今天发射人造卫星的方式产生的话，那么九大行星的角动量就可以远远大于太阳本身的角动量。现在关键的问题是要研究一下，太阳以前会不会，或者能不能像人类那样聪明，懂得发射太阳“人造”卫星。因为今天的行星实质是太阳的卫星。

不过请读者注意，现在请暂时先放弃太阳能是热核反应产生的理论，因为这种理论会妨碍自己对新理论的探讨。等到你看完这部书以后，如果读者仍旧要坚持旧的理论，这是读者的自由。你仍然可以坚持太阳能是氢核聚变能的理论。不过我们相信，你会放弃旧理论的。

现在我们很愿意和读者一起来探讨一下，天上那么多的红巨星，一时膨胀，一时收缩，它们这种行为，有没有可能在发射自己的卫星？我们曾经问过它们，它们回答说：“是！我们都是在产生你们所说的行星。”当然，红巨星是不会说话的，我们只是把它们人格化了而已。意思是说，我们研究过红巨星的行为，认为它们一时膨胀，一时收缩，是在产生行星。

我们先看一下人类自己发射人造卫星的过程。上面说过，人类发射人造卫星主要用多级火箭，一般用三级。火箭在地面上时，先点燃第一级火箭，使火箭垂直上升；等第一级火箭烧完以后，第一级火箭脱落，并点燃第二级火箭，仍然是使火箭上升；等到火箭上升到预定高度以后，火箭改变了角度，使火箭头朝地球旋转方向运行。这时点燃末级火箭，使卫星进入绕地球运行的轨道，而运载火箭喷出的气体沿反方向落回地球。

这是发射一枚火箭的情况，现在我们假定地球人要发射无数的卫星。在赤道上密密麻麻地摆满火箭。一声令下，把所有的火箭同时点燃。这样所有的火箭会同时升空。这种情景在外星人看来，他们肯定会说："地球膨胀了。"

当所有火箭上升到预定高度时，比如说高度为h时，所有火箭的末级火箭同时点燃，那时候在h的高度上空温度突然升高，光度突然增大，外星人得出的结论是地球上空反常升温。如果外星人的天文著作中说，这种升温是阿尔文波加热的，那地球人肯定会笑外星人愚蠢，因为地球人清楚，在h的高度上升温，是由于燃料爆炸造成的，并不是阿尔文波的结果。

火箭把卫星送入运行轨道以后，所有运载火箭及其喷出的气体落回地球，外星人看来，这是地球在收缩。如果地球人反复这样发射人造卫星，外星人的天文学著作上就会写上地球在脉动。

很显然，如果地球人确实这样发射人造卫星的话，那么地球赤道上空就会形成一个卫星环，而地球的转动速度就会越来越慢，因为地球的角动量转移到人造卫星上去了。

请原谅，我们把文章写得那么通俗，像小人书似的，我们有自己的考虑，我们希望我们的理论能在青少年中开花结果。真要能这样，也就谢天谢地了。

现在言归正题，我们研究的结果，所有变星在膨胀时，温度的确会升高，光度也都增大，就是说都是反常升温，反常变亮。我们现在分别把长周期变星、天琴座RR型变星、造父变星等的情况介绍如下。

1. 长周期变星

长周期变星的光变幅度约为5个星等，比造父变星大得多。观察表明，长周期变星，体积极大时的亮度为体积极小时亮度的100倍，亮度极大时温度为3400开，而亮度极小时只有 1700 开。长周期变星的光谱，在光度极大时附近常出现明线，明线随光度下降而减弱。当代天文学理论中有人认为，这些明线可能是由于变星中心向外发出的许多激波所引起的，激波所携带的能量，就产生氢光谱的明线，这种说法和解释日冕反常升温是同一种理论。

读者自己可以对以上的说法进行理论分析，试设想一下，变星温度从 1700

开升高到3400开，亮度要增加100倍，需要供给多大的能量才能出现这种情况？这决不是一般激波能达到的，就像节日的烟花，在高空突然变亮，决不是由地面上一个什么波就可以达到的一样。烟花在高空变亮是因为烟花在高空时炸药爆炸。所以唯一的可能是长周期变星在膨胀到某一区域时也发生了爆炸，这和人类使末级火箭点火时温度升高的情况一样。关键是我们必须搞清楚，变星膨胀时气体为什么会发生爆炸。我们在第二章已给天体建立了一个原子模型，指出恒星膨胀实际是气体从高能级跃迁到低能级的现象，能级跃迁使气体的质量转换为能量，爆炸使温度升高，使光度变大，使膨胀速度加快。只有能级跃迁的质能转换才能提供这样大的能量。

2. 天琴座RR型变星

天文观察证明，多数天琴座RR型变星在亮度极大时属于早A型，在亮度极小时则变为早F型，而且在光变周期某相位上观测到了双重氢谱线。

天文学上把恒星按温度从高到低分为不同的光谱型，它们是O、B、A、F、G、K、M、R、N、S。所以天琴座RR型变星也是在亮度极大时温度最高（早A型），在亮度极小时温度降低（早F型）。A型星大约是9500开，F型星大约是6600开，上面给出的是平均值。所以恒星从A型变到F型，其温度变化约3000开。因此，这也不是什么激波可以引起的，在光变周期某相位出现双谱氢谱线，显然是由于爆炸使一部分气体离开恒星，一部分气体落回恒星，从而出现了多普勒效应紫移和红移造成的。外面看去就像一层外壳膨胀，一层外壳收缩，而实际上我们看到的就是恒星表面的一种爆炸场面。

3. 造父变星

造父变星在天文学上是一类很重要的变星，因为它们常被当作量天尺，可以使我们了解某些恒星集团离地球有多远。现在又加上我们的说法，造父变星可以产生行星。当然，产生太阳系的是哪一类变星，我们不作定论，由天文学家决定。对于后来演化为太阳的那颗太阳变星来说，它是地球的母亲。造父变星肯定能产生行星，这样一来，造父变星就显得格外重要。

图30301是造父一的光变曲线和速度曲线图。这颗变星肉眼都能看到。其极大亮度时约为其极小亮度时的2倍，造父一的光变周期接近5天半。为了研究其光度变化和膨胀之间的关系，天文学家把光变曲线和速度曲线放在同一时间坐标上。如果把坐标原点放在造父一上，那么当速度为正时（即气体离开时），代表变星收缩；速度为负时，代表变星膨胀。

从图中可以看到，当变星在(1)点膨胀的速度最大时，其光度也达到最大。这意味着，膨胀速度最大时，变星表面发生了爆炸。爆炸使气体迅速膨胀，温度升高，光度变大。这表明三种现象都是由于能级跃迁爆炸放能造成的。因为谁也不会相信，那么大的能量可能由阿尔文波产生，也不相信变星表面能发生氢核聚变核反应。因为表面温度远达不到氢核聚变的点火温度。

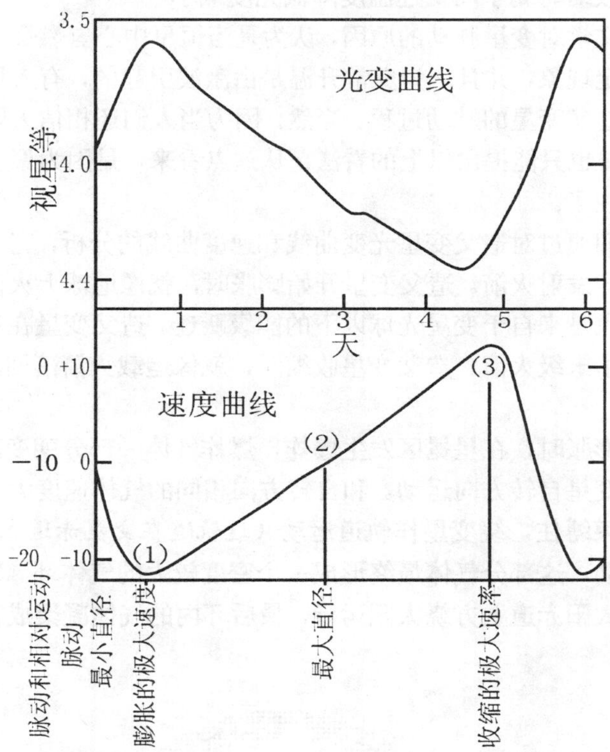

图 30301　造父一的光变曲线(上)和速度曲线(下)

变星爆炸使气体膨胀后，如果没有能量补充，气体膨胀时，一方面动能转换为势能。另一方面由于热辐射，气体的温度必然会随着膨胀时间增长而降低或者随体积增大而降低。所以变星在(1)点以后温度不断降低。

当体积膨胀到最大时，变星必须要开始进行引力收缩。从速度曲线上看到的(1)是膨胀速度最大时的一个点，(3)是收缩的极大速度时一个点。但从体积来说，和这两个点相对应的变星的体积是一样大的，也就是同一个区域。我们把这区域取名为星冕区。它和日冕区的性质是一样的，也就是说当气体从核心膨胀到星冕区时，气体要从高能级向低能级跃迁，所以这时候变星放出很大的能量。但反过来，气体从体积最大收缩到星冕区时，这时是进行了反跃迁，像黑子一样温度会降低很多。由于温度降低，相应的收缩也会增大，所以我们在图中可以看到，在速度曲线上，变星收缩的速度最大时，而光度最小。

这样，我们就揭示出造父一光变曲线和膨胀速度曲线之间相互关系的本质。就是说，造父变星像重原子核一样，向外发射气体时放出能量，使温度升高光度变大。变星收缩时属于反跃迁温度降低光度减小。

当代天文学对变星脉动的原因，认为是当恒星中心氢燃烧完后继续燃烧氦时产生的不稳定现象，并且认为反常升温是由激波引起的，有人用造父变星的箱式模型来描述造父变星的脉动过程。当然，因为当人们还相信太阳能是热核反应产生的理论时，也只能提出以上的看法，从这点看来，是因为聚变能理论把天文学家的手脚捆住了。

现在我们通过对造父变星光变曲线和速度曲线的分析，完全清楚造父变星也在像人类那样发射火箭。造父变星开始膨胀时，就像地球上火箭正在升空。变星膨胀的动力也是来自于变星光球以下的能级跃迁。造父变星在星冕区爆炸时，就像人类燃烧了末级火箭。造父变星收缩时，就像运载火箭落回地球，如图 30302 所示。

当变星膨胀时，在星冕区发生爆炸，爆炸气体一部分朝变星自转方向运动，另一部分逆变星自转方向运动。和自转方向相同的气体速度大，落到负能壳层中被负能壳层束缚住，绕变星作轨道运动（这轨道在变星赤道上方）。因变星年复一年地在脉动，这部分气体最终形成一个密度较大的气体环。对于太阳系而言，这气体环在太阳赤道上方绕太阳运行，最后环内的气体凝聚成行星和彗星、小行星及卫星等。

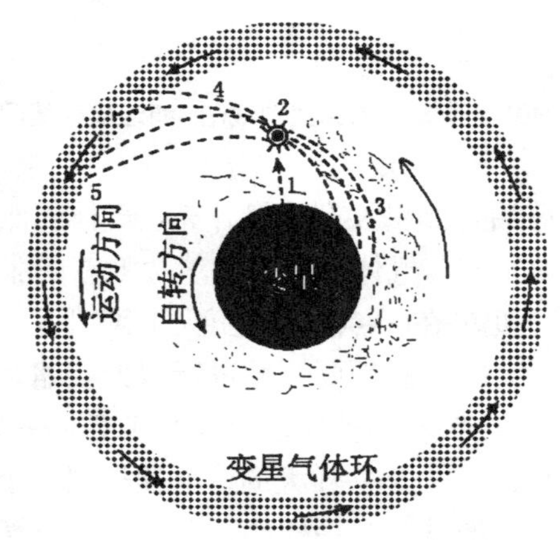

图 30302 变星气体环形成过程

1.变星膨胀　　2.气体能级跃迁爆炸　　3.反向气体下落

4.正向气体上升　　5.正向气体在负能壳层中形成气体环

与此同时，和变星自转方向相反的气体，肯定会和自转方向相同的气体迎头相撞，碰撞后因速度变小达不到轨道运行速度，因此落回变星表面，使变星的自转速度减慢。当变星自转速度减慢到一定程度以后，变星进行整体收缩，半径约收缩到原来的一半，接着变星又在较小的半径内重新脉动，同时也在较小的半径上产生另外一颗行星。彗星、行星、小行星就是在变星不断收缩的过程中形成的。

因为在我们的理论里把恒星也当成一个重原子，大家都知道原子有电子壳层，电子壳层能级是负的，因此恒星表面也有负能壳层。负能壳层是如何产生的，第一章已有初步介绍，以后还会作详细说明（简单地说，负能壳层是引力场和反引力场共同作用形成的）。

红巨星上空存在一个负能壳层，就像原子核外存在一个电子壳层一样，电子壳层允许电子稳定在原子核外，同样红巨星的负能壳层允许气体环稳定在红巨星赤道上空绕其运行。这是天体原子模型中一个很重要的概念，如果一颗恒星不存在负能壳层，行星就无法形成。拉普拉斯虽然也提出过星云环形成行星的学说，就是因为他没有发现负能壳层的存在，气体环在平坦的空间中很快就会消散，没有机会聚合形成行星，所以拉普拉斯的行星形成理论没有被多数人接受。

爱因斯坦广义相对论提出，天体上空的时空会弯曲，我们现在提出：天体上空的空间有一个陷阱（陷阱里面的气体，无论是发射线还是吸收线，都会产生红移）。红巨星上空的气体环，产生的发射线和吸收线都会发生红移，但因为红移量很小，不一定有人注意到。不过星系核上空的负能壳层，天文学家早就注意到了，而且星系核负能壳层中也存在气体环。类星体的高红移发射线及吸收线就是在负能壳层中的气体环内产生的。类星体的红移本来是很简单的事情。

变星膨胀时通过气体跃迁放能爆炸，把角动量转移到气体环上，因此红巨星每形成一颗行星，角动量就损失一部分。红巨星的体积也只有通过不断损失角动量才能缩小，这也是恒星演化过程需要的。在太阳系，等到九大行星形成以后，太阳才缩小到现在的样子，而角动量也几乎全部转移到行星身上，这就是目前所说的太阳系角动量分布异常的原因。太阳系角动量不是通过磁场转移到行星身上，而是通过红巨星脉动转移到行星身上的。现在天上有无数的脉动变星，所以证据是充分的。

因为太阳变星的半径每收缩 0.43 左右形成一颗行星，即：

$$a_{n+1}/a_n = 1/(1-0.43) \approx 1.75$$

所以现在的行星距离分布才有一定的规律，这就是比得定则的本质。如果按当代所谓星云盘的理论，行星的距离分布肯定会杂乱无章。

这里应该强调解释的是，因为我们提出的是天体原子模型。原子模型有壳层结构，所以电子能稳定在电子壳层中。天体也有壳层结构，所以变星气体环也是稳定在变星壳层中，如果没有变星壳层，气体环会很快扩散到宇宙空间，形成不了行星。现在，我们的理论已经解释了太阳系存在的五个特征。

1. 解释了行星的同向性，即行星绕太阳运行的方向都一样，这方向和太阳自转方向一致。

2. 解释了行星的公转轨道几乎都在一个不变的平面上。

3. 解释了行星的公转轨道接近正圆。

4. 解释了太阳系角动量分布反常的问题，这是最重要的成果，因为当代很多太阳系形成理论都不能很好地解释这一问题。我们用变星壳层跃迁放能爆炸来解释太阳系角动量分离的问题，证据就是现在天上所有的变星都是反常升温，都是膨胀到一定程度以后发生放能跃迁，这也是天体原子模型的成功之处。我们的证据都是在天文望远镜上能看到的。

5. 从理论上解释了提丢斯—比得定则的本质问题，也就是每当太阳变星形成一颗行星以后，由于把大部分角动量转移给了行星，太阳变星本身必然会进行收缩，收缩的规律是其半径大致收缩 43%左右。

因为太阳变星每形成一颗行星以后就要收缩一次，这样，离太阳中心从远到近就有九大行星和无数的小行星和彗星。所以，太阳红巨星是九大行星的母亲，更是地球的母亲。

我们在下面进一步把红巨星产生彗星的过程，产生九大行星和小行星的过程，产生卫星的过程，产生有机物、生命及石油的过程，一一向读者详细地介绍，希望读者看完我们的介绍以后，再不要说：50 亿年后，红巨星会成为人类的杀手。20 世纪强加给红巨星的罪名应该澄清。红巨星是幼龄星，太阳红巨星是地球的母亲！

§3.4 太阳变星质谱仪

人类为了研究各种元素的同位素，在研究所里建立了许多的质谱仪。所谓同位素是指一种元素，在其原子内有相同的质子数（就是在元素周期表内它们在同一个位置），但中子数不同，因此该元素就有不同的质量数。如我们熟悉的氧元素，它的质量数就有 16、17、18 三种。铀元素的质量数就有 235 和 238 两种，要用化学方法把同位素分开是不可能的，因为同位素的化学性质都相同。于是人们想到一种方法：先把某元素加热成气体后电离，然后把离子通过电场进行加速，让速度很快的离子通过一个磁场。高速离子在磁场中就会偏移。由于各同位素的质量不同，质量大的离子惯性大偏转角度小，质量小的惯性小偏转角度大。如果我们在离子的输出端放一个灵敏探测器，测得角度最大的其质量就最小。这样探测器就可以测出该元素的质量谱，就可以知道氧元素里，质量为 16、17 和 18 的各占了多少百分比，这个仪器就叫做质谱仪。后来为了制造原子弹，最初把这种质谱仪也用上了，改名为分离器。因为铀元素里绝大多数是铀 238，铀 235 只占 0.72%左右，而偏偏只有铀 235 才能作原子弹用，这就要求把铀 238 和铀 235 分开。但是这种分离器的效率很低，不能满足制造原子弹的要求，于是人们想出了一个速度分离法。

速度分离法的原理是，先把铀元素加热成高温气体，铀元素在系统内就互相碰撞，就是说铀 235 和铀 238 两种同位素会在加热系统里互相碰撞。碰撞过程中角动量必须守恒，即 $m_1v_1=m_2v_2$。从这等式中可以看到，铀 235 的速度就会比铀 238 的速度大 0.0127 左右。然后让这混合气体通过一层又一层微孔膜。这高温气体就会在微孔膜之间扩散，速度快的气体扩散速度快，所以在最后一个微孔膜后面，肯定是铀 235 比较多，这就实现了铀 238 和铀 235 的分离。通常这个方法叫扩散法。铀的分离还有其他方法，不再介绍。因为我们的目的不是为了介绍铀的分离方法。

虽然自然界不会自己制造微孔膜，但它可以在引力场中用高度法进行分离。例如，地球的大气层就是一个很好的质谱仪。地球大气的低层重元素的含量高，分子量大的含量高；大气的高层轻元素含量高，分子量小的含量高。这就是说，天体的重力场本身就是一个质谱仪，它能根据气体元素质量的大小将其按不同高度排列，重者在下面，轻者在上面。

我们之所以要在太阳系形成的书里讨论质谱仪的问题，并不是心血来潮东拉西扯，而是因为地球形成的理论里要用到，更重要的是九大行星的形成、小行星的形成、彗星的形成及卫星的形成章节里都要用到质谱仪的问题。

大家都知道，地球的核心是由铁和镍组成的。当代天文理论认为：地球形成的时候，各种元素及矿物是混合在一起的。然后由于放射性的热使地球熔化，因为铁比较重，所以铁水就往中心沉，这叫做铁灾，所以地球的核心就是铁和镍。但是，我们完全可以证明，地球的形成过程完全不是这样，在地球还没有形成以前，太阳变星已先把化学元素按质量大小一一分离出来了。也用不着靠放射性元素加温地球，因为形成地球的气体在红巨星的上空，原来的温度就非常高。

一颗红巨星，居然有本事把化学元素按质量大小分开，其作用就像人类实验室中的质谱仪。说穿了道理是非常简单的。

我们现在来讨论一下，太阳变星为什么能有质谱仪的功能，可以把化学元素按质量大小分开。请读者翻开图 30302，当太阳变星膨胀到（2）的位置时，气体发生能级跃迁爆炸，爆炸产生两部分气体。气体（4）沿着太阳自转方向以$+V_{1i}$的速度运动，气体（3）以$-V_{2i}$的速度落回变星表面。下标 i 代表不同质量的气体。$V_{1i}=V+V_i$。$V_2=V_i-V$。V 为变星自转线速度。很显然，$V_{1i}>V_{2i}$。这样，V_{1i}就有可能达到了环绕变星运行的速度，这些气体就会绕变星运行而形成一个气体环，V_{2i} 可能达不到环绕速度，仍旧落回变星表面。

因为气体团（2）是一个混合气体，各种元素都有，气体团（2）内的气体在小空间范围内基本遵守角动量守恒定律，即 $m_1v_1=m_2v_2$。这就造成重元素速度小，轻元素速度大。

气体绕恒星作轨道运动有一个规律，轨道半径和气体的运行速度成正比，重元素质量重，它环绕变星的运行轨道半径小，轻元素速度大，它环绕变星运行的轨道半径大。这样气体环内的气体，就会按质量的大小进行排列，重元素轨道半径小，轻元素轨道半径大。这样气体环内就形成一个质量谱，如同唱片一样由一个环一个环环绕组成。唱片的中心是太阳变星。小环内的气体质量大，大环内的气体质量轻。如果换成高度计算，离变星表面低的是重元素，离变星表面高的为轻元素。气体环质量谱会像唱片一样，绕变星旋转，如图 30401 所示。

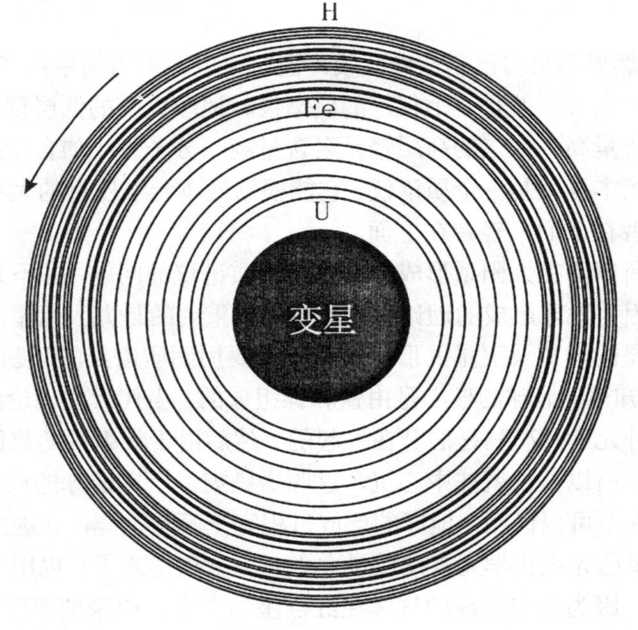

图 30401　变星气体环质量谱示意图

重元素在内环，轻元素在外环，粗纹代表该元素宇宙丰度大

表 30401　变星环质量谱

A	元 素	A	元 素	A	元 素	A	元 素
1	H	31	P	60	Ni	89	Y
2	H	32	S	61	Ni	90	Zr
3	H　He	33	S	62	Ni	91	Zr
4	He	34	S	63	Cu	92	Zr、Mo
6	Li	35	Cl	64	Ni、Zn	93	Nb
7	Li	36	Ar	65	Cu	94	Zr、Nb
		37	Cl	66	Zn	95	Mo
9	Be	38	Ar	67	Zn	96	Zr、Mo、Ru
10	B	39	K	68	Zn	97	Mo
11	B	40	K、Ar、Ca	69	Ga	98	Mo、Ru
12	C	41	K	70	Zn、Ge	99	Ru
13	C	42	Ca	71	Ga	100	Mo、Ru
14	N	43	Ca	72	Ge	101	Ru
15	N	44	Ca	73	Ge	102	Ru、Pd
16	O	45	Sc	74	Ge、Se	103	Rh
17	O	46	Ca、Ti	75	As	104	Ru、Pd
18	O	47	Ti	76	Ge、Se	105	Pd
19	F	48	Ca 、Ti	77	Se	106	Pd、Cd
20	Ne	49	Ti	78	Se、Kr	107	Ag
21	Ne	50	Ti 、V、 Cr	79	Br	108	Pd、Cd
22	Ne	51	V	80	Se、Kr	109	Ag
23	Na	52	Cr	81	Br	110	Pd、Cd
24	Mg	53	Cr	82	Se、Kr	111	Cd
25	Mg	54	Cr 、Fe	83	Kr	112	Cd、Sn
26	Mg	55	Mn	84	Kr、Sr	113	Cd、In
27	Al	56	Fe	85	Rb	114	Cd、Sn
28	Si	57	Fe	86	Kr、Sr	115	In、Sn
29	Si	58	Fe、Ni	87	Rb、Sr	116	Cd、Sn
30	Si	59	Co	88	Sr	117	Sn

表 30401 变星环质量谱续

A	元 素	A	元 素	A	元 素	A	元 素
118	Sn	149	Sm	180	Ta、W、Hf	211	
119	Sn	150	Sm、Nd	181	Ta	212	
120	Sn、Te	151	Eu	182	W	213	
121	Sb	152	Sm、Gd	183	W	214	
122	Sn、Te	153	Eu	184	W、Os	215	
123	Sb	154	Gd	185	Re	216	
124	Xe、Sn、Te	155	Gd	186	W、Os	217	
125	Te	156	Gd、Dy	187	Re、Os	218	
126	Xe、Te	157	Gd	188	Os	219	
127	I	158	Gd、Dy	189	Os	220	
128	Xe、Te	159	Tb	190	Os、Pt	221	
129	Xe	160	Gd、Dy	191	Ir	222	Rn
130	Ba、Xe、Te	161	Dy	192	Os、Pt	223	Fr
131	Xe	162	Dy、Er	193	Ir	224	
132	Ba、Xe	163	Dy	194	Pt	225	
133	Cs	164	Dy、Er	195	Pt	226	Ra
134	Ba、Xe	165	Ho	196	Hg、Pt	227	Ac
135	Ba	166	Er	197	Au	228	
136	Ba、Ce、Xe	167	Er	198	Hg、Pt	229	
137	Ba	168	Yb	199	Hg	230	
138	Ba、La、Ce	169	Tm	200	Hg	231	Pa
139	La	170	Yb、Er	201	Hg	232	Th
140	Ce	171	Yb	202	Hg	233	
141	Pr	172	Yb	203	Tl	234	
142	Ce、Nd	173	Yb	204	Hg、Pb	235	U
143	Nd	174	Yb、Hf	205	Tl	236	
144	Sm、Nd	175	Lu	206	Pb	237	Np
145	Nd	176	Lu、Yb、Hf	207	Pb	238	U
146	Nd	177	Hf	208	Pb		
147	Pm、Sm	178	Hf	209	Bi、Po		
148	Sm、Nd	179	Hf	210	At		

因为我们现在是讨论太阳系的形成，所以变星气体环的旋转方向，从太阳北极看来，是反时针方向旋转，和太阳的自转方向一致。当然，变星气体环内的质量谱，分辨率没有实验室中的那样好，元素之间的交叉污染是存在的。

从这里可以看到，在地球形成以前，太阳变星确实是把各种元素都分开来了。所以当代地球形成理论，说地球的铁核是铁灾形成的就错了。变星质量谱由表 30401 所示。

在表 30401 中，我们把相同质量数 A 的元素列为一栏并归为一条谱，每个质量数 A 的谱线中，有的只有一种元素，如质量数为 1 的氢谱线，谱线上只有一种 H 元素。也有的谱线上包含了两种或三种以上的元素。如质量数为 128 的谱线上有 54Xe 和 52Te 两种元素，在质量数为 138 时该谱线上就含有 56Ba、57La、58Ce 三种元素。

质量谱，在太阳系形成理论中十分重要，大行星的起源、小行星的起源、彗星的起源、卫星的起源研究中都要提到它。在同位素断代研究中也有参考价值。所有红巨星脉动都会产生一个质量谱，因此所有红巨星都像一台质谱仪，所以说所有恒星都有可能有行星。

§3.5　太阳系形成总则

我们在前面多次提到，太阳红巨星在脉动时，可以在赤道上空形成一个气体环。这气体环从太阳变星北极看去，就像一个反时针方向旋转的巨型唱片（所谓太阳变星，是指太阳的前身红巨星）。气体环之所以在赤道上空，是因为能级跃迁发生在赤道平面上。因为恒星存在壳层，气体环受到变星负能壳层的约束，气体不容易散失到太空去，所以气体环中的气体有机会凝聚成行星。这些气体就像电子被约束在电子壳层内一样。大家知道很多绝缘体之所以没有电流流动，就是因为电子壳层内的电子被牢牢约束在电子壳层中。

因为气体环是通过太阳变星像发射人造卫星那样的方式形成的，气体环的角动量密度可以远远大于变星本身，所以太阳系形成以后，行星的角动量就可以远大于太阳的角动量。因而可以断定，太阳系角动量分布反常不是磁场造成的。

由于太阳变星脉动时，发射气体环要损失大量的角动量，导致红巨星自己自转速度变慢。这样，角动量减少就为太阳变星体积收缩创造了良好的条件，所以太阳变星每形成一颗行星，其半径都有规律地收缩 0.43 左右。这就造成了目前行星和太阳的距离很有规律，这是比得定则形成的本质原因。

在这里明显地可以看到，当红巨星演化到现在的太阳时，体积是由大到小，因此行星的产生也是分先后的，在太阳系外围的行星先产生（如冥王星），靠内侧的行星后产生（如水星）。至于它们之间的年龄相差多少，是可以估计的。当然，这得由有经验的天文学家做出结论。

当初太阳变星的体积肯定没有现在太阳系范围大。我们应考虑太阳红巨星在演化到现在时质量的损失，质量小了，引力就会减小，引力减小行星的轨道半径就会增大。所以当初冥王星形成时，它和太阳中心的距离肯定没有现在这样远。当初太阳变星每产生一个行星，半径实际上收缩多少才能符合现在 $\frac{A_{n+1}}{A_n}=1.7$ 左右的经验公式，还得以后认真研究。也许比例不变。

现在再回答行星绕太阳转动的同向性、共面性和近圆性的问题。第一，因为太阳变星发射气体环时，都是利用了变星的自转速度，把变星的角动量转移到气体环上，使气体环运行方向和变星自转方向一致。所以由气体环形成的行星运行的方向必然要和太阳的自转方向一致，这就是同向性。第二，因为每一个变星气体环都产生在变星的赤道上空，所以由气体环形成的行星基本上在不变平面附近，这就形成行星的共面性。第三，因为太阳变星的气体环基本上是圆的，所以所有行星绕太阳公转的轨道接近正圆，这就形成行星轨道的近圆性。

太阳系行星除了有以上共同性以外，每一个行星都有它自己的个性。例如，有的行星自转方向顺转，有的逆转，有的躺着自转；有的体积大，有的体积小；有的密度大，有的密度小；有的有磁场，有的没有磁场；有的有生命，有的没有；甚至有的行星已四分五裂为小行星。这些表明行星都有自己的个性。

一个比较好的太阳系形成理论，应该能在统一的理论框架下，解释这些行星个性的形成，不要头痛医头脚痛医脚。也不要借助外来的力量，更不要借助外星人。例如，当代天文学理论中有种说法，说天王星躺着自转是被别的天体碰了一下。小行星是外星人核大战形成的，月亮是外星人的宇宙飞船，地球上的生命是外星人送来的等等。

幸好，天体原子模型，能用统一的理论解释行星个性的形成。但是，因为行星的个性差别很大，所以只好分开章节把这些行星及卫星的形成分别说明。虽然篇幅大了一些，但作为一个完整的太阳系形成理论，我们这样做是必要的。其实道理很简单，上过中学的人都能理解，一点就破。我们的目的是想让青少年都能看得懂我们的理论，像看图识字那样一看就明白。我们多数采用图解法。

现在我们还是先简单用图解法来说明行星为什么会出现有些顺转、有些反转、有些躺着转，而卫星为什么会有些顺行、有些逆行的问题。道理是非常简单的。

不过，这里先要向读者说明一个问题，要形成行星，一定要有形成行星的物质元素，也就是说，那些形成行星的元素，其宇宙丰度要比较大，宇宙丰度很小的元素是形成不了行星的。第二个问题是，行星胎在气体环中形成时，形成行星胎的物质元素在当时的温度下，必须是液体或固体状态，气体是不行的。任何行星形成的时候，都要先形成行星的核心，这核心就叫行星胎，叫行星核心也可以，不过前人已取了行星胎这个名字了。行星胎形成以后，再由行星胎吸收周围的物质形成行星。在质量谱中，各种元素都有，那些含量比较丰富而其沸点又相对较高的元素，就有可能形成行星胎。这样一来，我们就必须先向读者介绍各种化学元素的宇宙丰度和沸点。因为温度降低到沸点以下时，该元素肯定就变成了液体，在液体状态下，也就有资格形成行星胎。见表 30501。

变星气体环是在壳层跃迁爆炸中形成的。爆炸时温度很高，例如，日冕的温度就达到二百万度，所以变星气体环的温度最初肯定要有上万度的高温，然后慢慢冷却。另一方面，变星气体环，就在变星光球上面，变星的热辐射也会对气体环起到加热作用，只有等到变星体积缩小后，光球表面离气体环远了，热辐射减少了，气体环才能进一步冷却。所以行星形成过程中，温度是从高到低。行星最初的高温，也用不着借助放射物的热量，行星形成时自己的温度就很高。

我们研究行星的形成过程，首先要研究质量谱中哪一种元素可以先形成行星胎，例如我们研究地球形成时，可先查看一下表 30501，看一看哪些元素的宇宙丰度比较大，另一方面又要看哪些丰度比较大的元素谁先变成液体。我们从表中可以看到，Fe 的丰度为 7.42，其沸点为 2900℃，有条件形成地球的行星胎，因此我们就可以断定地球的核心主要是由铁元素组成。另一方面镍元素的丰度为 6.18，其沸点为 2850℃。铁谱线和镍谱线只相隔一个 Co 元素，而且沸点只相差 50℃，可以说铁和镍几乎是同时由气体变为液体的。这样一来，铁形成行星胎的过程中肯定就把镍和钴也拉了过来，这样地球的核心就成了铁钴镍合金。

现在讲一讲，为什么地球形成的时候，Si 元素和 Mg 元素不能成为地球的行星胎（从表中可以看到，这两种元素的宇宙丰度都比铁元素的大）。原因还要从 Si、Mg 二元素的沸点去分析。Si 元素的沸点为 2480℃，和铁元素的沸点 2900℃相差 420℃。当铁元素在低于 2900℃凝聚成液体时，Si 元素还是气体，所以必然先形成由液体铁组成的行星胎。当气体环的温度下降到 2480℃时，Si 元素已由气态转变为液态，这时铁行星胎的引力已足够大，可以吸收由 Si 元素及其矿化物形成的液滴了。Mg 等元素的情况也是一样。所以地球的核心只能是铁，表面只能是 Si、Mg 等元素及其氧化物组成的矿物质。元素化合物的沸点我们没有考虑，这要由矿物专家进一步完善。

表 30501 化学元素宇宙丰度和沸点

Z	元素	丰度	沸点℃	Z	元素	丰度	沸点℃	Z	元素	丰度	沸点℃
1	H	12.0	−252.7	32	Ge	3.56	2700	63	Eu	0.43	1439
2	He	10.84	−269.9	33	As	2.36	613	64	Gd	0.97	3000
3	Li	3.19	1317	34	Se	3.33	684	65	Tb	0.24	2800
4	Be	1.41	2507	35	Br	2.63	59	66	Dy	1.05	2600
5	B	4.40	2550	36	Kr	3.71	−153.8	67	Ho	0.40	2600
6	C	8.57	3700	37	Rb	2.27	688	68	Er	0.85	2900
7	N	8.07	−195.8	38	Sr	2.93	1380	69	Tm	0.03	1727
8	O	8.83	−183.0	39	Y	2.18	2927	70	Yb	0.83	1427
9	F	4.84	−188.4	40	Zr	2.95	4400	71	Lu	0.05	3327
10	Ne	8.04	−246.1	41	Nb	1.64	4470	72	Hf	0.82	5400
11	Na	6.28	890	42	Mo	2.10	5560	73	Ta	−0.2	6100
12	Mg	7.52	1120	43	Tc			74	W	0.70	5500
13	Al	6.43	2450	44	Rn	1.78	4900	75	Re	0.22	5600
14	Si	7.50	2480	45	Rh	1.10	4500	76	Os	1.37	5500
15	P	5.48	280	46	Pd	1.61	3980	77	Ir	1.35	5300
16	S	7.20	444.6	47	Ag	1.15	2190	78	Pt	1.64	4530
17	Cl	5.25	−34.1	48	Cd	1.67	767	79	An	0.80	2700
18	Ar	6.57	−185.9	49	In	0.78	2075	80	Hg	1.10	356.2
19	K	5.12	766	50	Sn	2.05	2600	81	Tl	0.78	1457
20	Ca	6.36	1482	51	Sb	1.00	1630	82	Pb	2.10	1757
21	Sc	3.04	2700	52	Te	2.23	990	83	Bi	0.65	1627
22	Ti	4.94	3300	53	I	1.09	183	84	Po		
23	V	3.92	3400	54	Xe	2.23	−108.6	85	At		
24	Cr	5.60	2640	55	Cs	1.09	705	86	Rn		
25	Mn	5.47	2050	56	Ba	2.18	1500	87	Fr		
26	Fe	7.42	2900	57	La	1.15	3470	88	Ra		
27	Co	4.84	3100	58	Ce	1.57	3468	89	Ac		
28	Ni	6.18	2850	59	Pr	0.67	3127	90	Th	0.26	4250
29	Cu	4.23	2580	60	Nd	1.39	3027	91	Pa		
30	Zn	4.59	908	61	Pm			92	U	−0.08	4000
31	Ga	3.18	1983	62	Sm	0.85	1900				

现在我们再来讨论，为什么行星的自转方向不同，有的正转，有的反转，有的躺着转。原因是这样的，一般来说，气体环质量谱中外环气体比内环气体的角动量密度大，如果行星胎形成以后吸收外环物质的角动量比吸收内环物质的角动量多，形成的行星自然就正转。如果吸收内环物质的角动量比外环物质的角动量多，形成的行星自然逆转。如果吸收内环物质的角动量和吸收外环物质的角动量一样多，那么形成的行星自然就没有自转。如果一个行星胎，它在气体环的南边或北边形成，它吸收的主要是北边的物质或南边的物质，那形成的行星就不是正转或反转的问题，而是会像天王星那样躺着转。

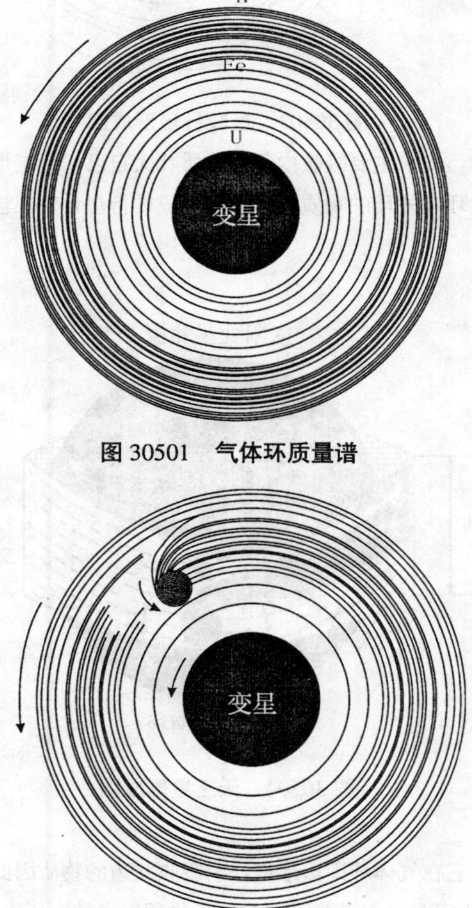

图 30501　气体环质量谱

图 30502　正转行星形成图

气体环反时针方向运行　如果行星胎形成以后，它吸收的是外环的物质，成长起来的行星必然正转，如地球，木星等。

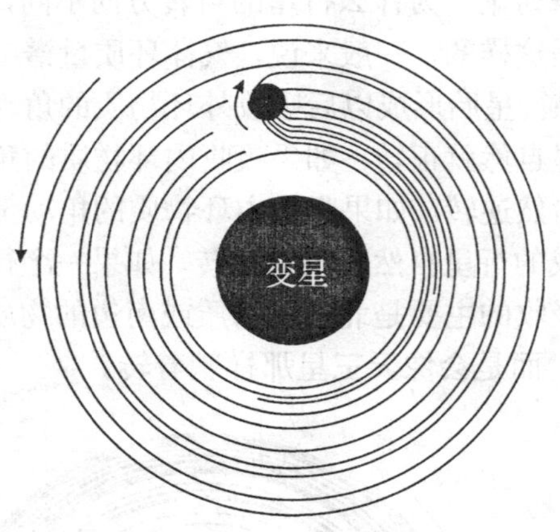

图 30503　反转行星形成图

行星胎形成以后，如果主要吸收内环的物质壮大自己，行星形成以后则反转。

如果吸收内环和外环的物质基本相等形成的行星自转很慢，如金星。

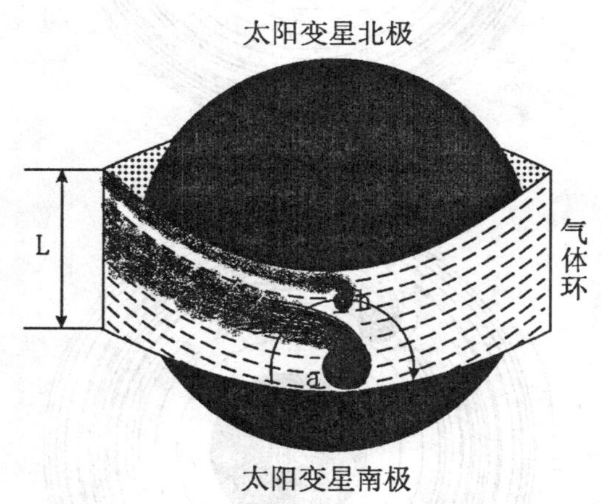

图 30504　天王星形成图

图中 a 为行星胎，它在气体环南边形成，它吸收北边的物质因此天王星躺着自转。

图中 b 为天卫之一，天卫是由天王星吸引北边的物质形成的，所以天卫运行方向和天王星自转方向一致。由于气体环纬向宽度远比径向宽度小，所以天卫的轨道半径都比较小。

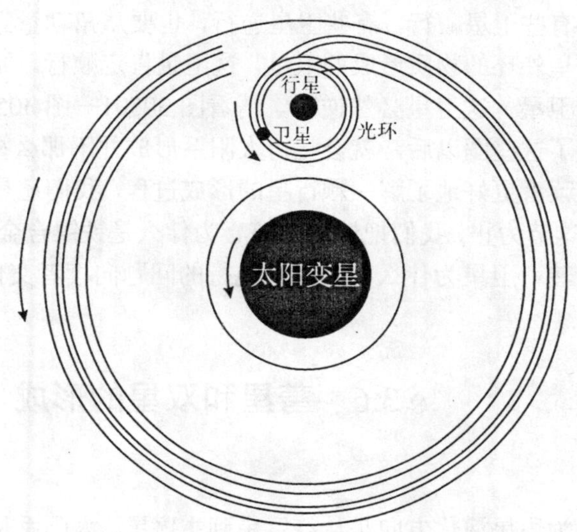

图 30505　顺行卫星形成图

如果行星吸引外环的物质形成顺行的光环，由顺行光环形成的卫星也顺行。

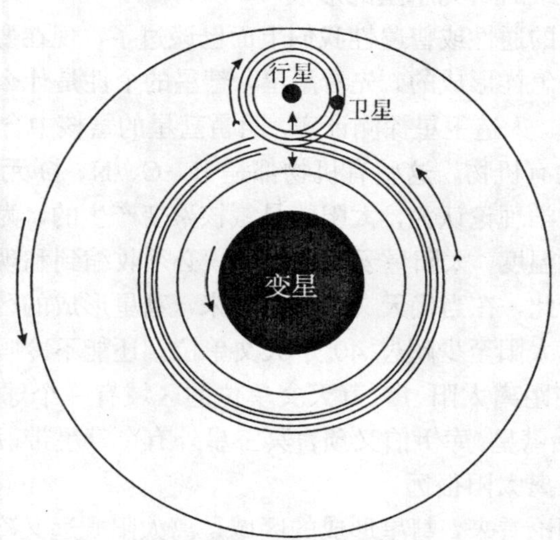

图 30506　逆行卫星形成图

行星吸收内环的物质形成的卫星必然逆行，因为变星的引力和行星的引力作用在内环物质上时，方向正好相反。所以只有质量大的木星和土星才能吸引到内环的物质形成逆行卫星，小质量行星没有逆行卫星

为什么有些卫星顺行，有些卫星逆行，也要从角动量守恒去考虑。显然，如果是吸收行星外环的物质形成的卫星，这卫星肯定顺行。如果是吸收行星内环的物质形成的卫星，这卫星必然逆行。请看图 30501—图 30506。

我们看了这些图以后，就会觉得太阳系形成并不那么神秘，是很好理解的。但是为了使读者更好地了解一颗行星的形成过程，我们还是进一步把它们分章节说清楚。到这节为止，我们把地球的核心为什么是铁镍合金，行星为什么有正转、反转和躺着转，卫星为什么有顺行和逆行的问题向读者交代清楚了。

§3.6　彗星和双星的形成

我们认为恒星演化方向是从红巨星到主序星，太阳系是在太阳变星从红巨星演化到现在的太阳的过程中形成的。现在我们就用这一理论来论述彗星、行星及卫星的形成。

因为彗星的轨道半径最大，显然是最先形成的，是行星中的老大，从广义来说，彗星也是太阳系的行星。为了系统论述，我们先研究彗星的形成，接着讨论双星的形成，最后研究水星的形成。

行星形成的通性或普遍性我们上面已谈过了，现在要研究行星的个性，研究行星的个性是怎样形成的。先看慧星，彗星的个性是什么呢？现在普遍认为彗星是一个脏雪球。人造卫星探测证实，哈雷彗星的彗核中含有冰、固态 CO_2 和 CO，并且含 25%的有机物，这些有机物都是 H、C、N、O 元素的化合物。

当代天文学理论认为，太阳能是氢核聚变产生的，为了使恒星的核心达到热核反应的点火温度，太阳星云的核心体积必须收缩到和现在的太阳差不多大小时才会发亮。因此，在当代天文学理论看来，彗星形成的区域是非常冷的，因为彗星形成区域离太阳至少超过 40 个天文单位，还能不冷吗！荷兰天文学家简奥尔特甚至提出在距离太阳 15 万天文单位的区域有一个球层，在球层内分布着约 1000 亿颗原始彗星。库伊伯又预言冥王星外有个彗星带，那里存在 100 亿颗彗星。这都说明彗星离太阳很远。

在当代理论看来，彗星形成的区域是离太阳既远又冷的地方，而在彗核中竟然发现了有机物，这是一个很矛盾的现象。按一般理论来说，这么冷的区域单质气体是不可能互相化合为复杂的有机分子的。所以一些天文学家猜测可能在很久以前，在太阳附近有一颗超新星爆发，一些彗星受到了强烈的辐射，使彗星温度上升，彗核熔化，而且长期不会冻结。于是彗星体内的气体、尘埃、岩石和水在某些金属的催化作用下，形成了有机分子。这种复杂性也是由太阳能热核聚变能理论造成的，使天文学家不得不把超新星也请了出来。就是说领头的理论（或者说基础理论）错了，就会给后面的研究带来无穷的麻烦。

自从发现了彗星中存在有机物和水以后，当代许多理论家又提出，地球上的水是彗星带来的，地球上的生命也是彗星带来的。好像地球形成的时候，就不能产生水和生命似的。其实地球上的水和生命都是在地球形成的过程中产生的。这点，我们将在后面相关的章节中论述。这一节我们先论证彗星上的有机物是在彗星形成的过程中产生的，绝对用不着超新星参加。不过在这里重申我们的观点，天文学的出路在于必须彻底抛弃太阳能氢核聚变能理论。

我们第四章将论证，任何天体都会从宇宙空间回收能量，因此红巨星也会回收能量。红巨星把回收来的能量积聚在星体内部，使星体内部的能级升高，气体的质量增大。当星体内部的能量积累得足够多时，星体内部的气体就要向外跃迁，这时反引力就会大于引力，于是红巨星就开始膨胀。

红巨星膨胀后会损失内部的质量或能量，使内部能级降低，导致反引力减少，反引力减少以后引力又占了上风，于是红巨星收缩。这种过程不断反复，于是红巨星就脉动起来了。红巨星脉动的原因是红巨星吸收能量和放出能量的行为，就像我们的呼吸一样。现在读者只需先记住这样一个新概念：**“一切天体都会回收及放出能量。”**

红巨星体积膨胀到星冕区或负能壳层时又会进行一次能级跃迁，从而在赤道上空形成一个气体环，所以红巨星的脉动，会产生二种效果：如果星云质量比较大，红巨星脉动可能会在气体环中产生质量较小的恒星，从而形成双星系统；如果星云质量比较小，红巨星的脉动可以在气体环中形成长周期彗星、短周期彗星或形成行星。因此，这节的内容附带加上一个双星形成的内容。

一、双星的形成

当代天文学家，曾对一团星云坍缩过程在计算机上作过模拟，计算结果表明：当一团自转着的星云坍缩时，先是形成一个圆盘。后来这个圆盘演变为一个圆环，圆环的中心一点物质也没有。后来这个圆环相对的地方形成两颗恒星，可想而知这一对恒星不可能是密近双星（所谓相对的地方，就是通过圆环中心的一条直线和圆环的两个交点）。当代理论，在计算机上算不出太阳系的形成过程，因为当代理论弄不清，为什么自然过程会把质量集中到太阳上，而把角动量大部分分给行星，搞不清这种分离过程到底是怎么发生的。

在天体模型看来，双星、彗星、行星的形成过程都是一样，都是通过中央红巨星的脉动，把角动量转移到外围天体上。

双星形成是这样的。

如果一个体积和质量都比较大的星云，由于收缩不平衡，星云中心已经收缩形成了红巨星（红巨星形成后就开始发射能量并脉动起来），而这时候，星云的外围还有大量的残余物质，它们在中心红巨星引力的作用下仍然要向中心坍缩。但另一方面，中心红巨星的反引力及光压，加上红巨星膨胀时气体的巨大排斥力，这些力联合起来，企图把周围的星云往外推。红巨星实际上干了两件相互矛盾的事：第一继续用引力吸收外围的星云；第二用反引力及膨胀时发射的气体排斥周围的星云，防止其进入红巨星内部，就好像外围的星云要攻城，而红巨星要守城一样。这样一来，就在两军相争的区域，即负能壳层形成一个气体球壳层。红巨星被外围的星云包围了起来，如图 30601。

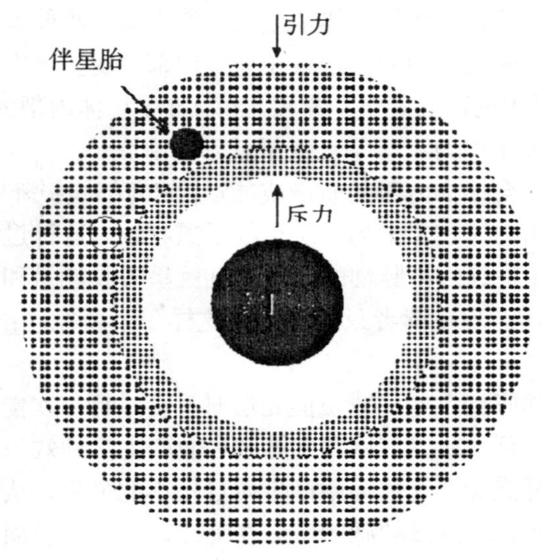

图 30601 双星形成

红巨星赤道上空被星云环包围了，如果星云环质量比较大，在气体环中可以形成一颗小质量恒星，使之形成密近双星。如果质量比较小，则可以形成无数彗星。

中央红巨星虽然尽力防守，但它的防线只限于赤道上空，两极地区就是一个薄弱环节，所以外围星云就从两极攻入红巨星内部。

人类之间的战争会有解决的方法，天体之间的冲突也会有解决的办法，于是内部的红巨星和外部的星云就进行“谈判”。下面是“谈判”的实况转播：

红巨星：你们为什么非侵略我们不可？你温柔点不行吗？

外星云：你能怪我们吗？是你自己产生的引力把我们吸引来的呀，并不是我们自作多情，牛顿可以作证。

红巨星：那请原谅，错怪你们了！可是现在我们的人员都足了，你们就在我们国家的外围建立一个附属伴星吧，不过条件是必须围绕着我们旋转。

外星云：这是一个解决冲突的好办法，不过我们的角动量不够，要想叫我们围绕你们旋转确实有困难，为了生存我们只能继续攻城。

红巨星：你说什么？你说你们缺少角动量，那太好了，我们可以给你们提供。角动量这鬼东西，老是妨碍我们收缩，留着它我永远演化不到主序星，甚至有变成空心圆环的危险。我总觉得我的转动速度越来越快。

外星云：你真会说大话，要实现角动量分离不是件容易的事，有人提出用磁场可以分离，而你的磁场也太小了。

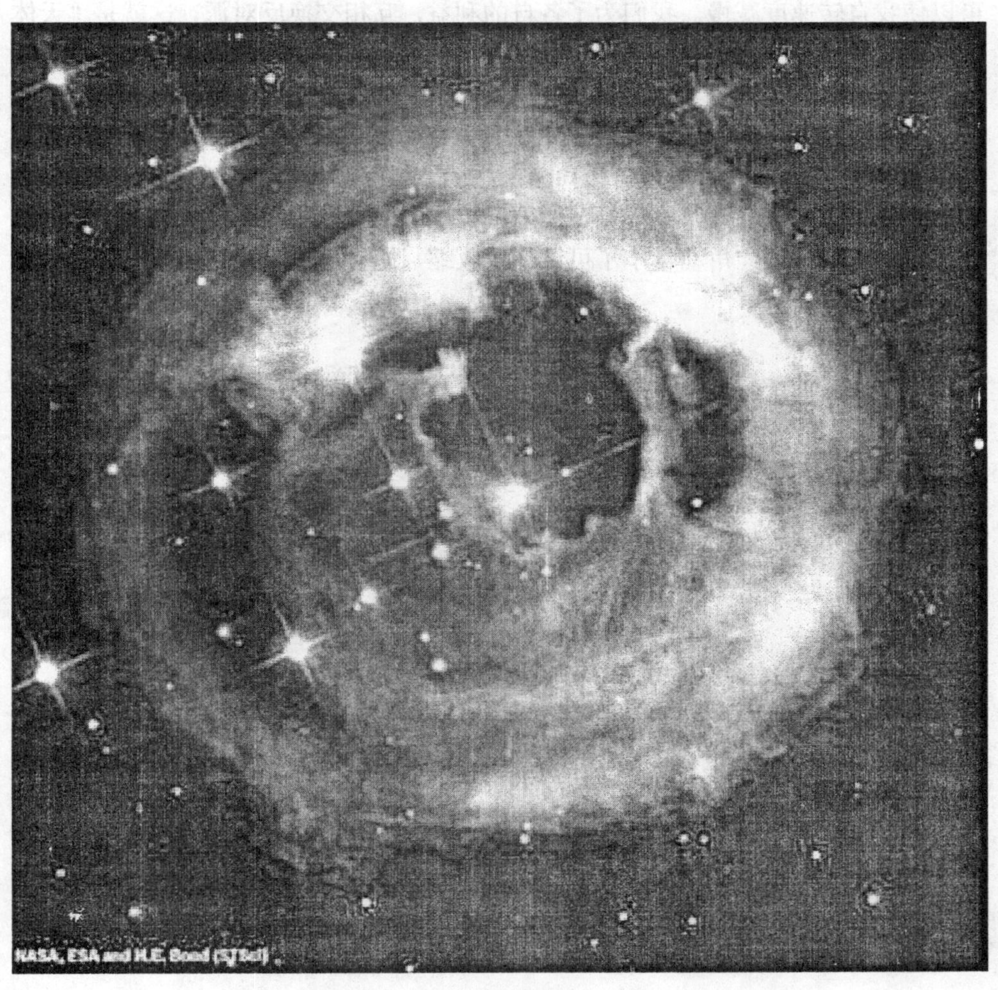

附图：红巨星膨胀形成的星云环

红巨星：老弟呀，我现在已经把重原子核的本领学到手了，我可以在我们之间的边界上制造一系列的放能爆炸。气体爆炸时自然分成两部分，一部分顺着我的自转方向前进，一部分逆着我的自转方向后退。前一种气体就归你去指挥，后一种气体归我调用。因为前一种气体带的是正角动量，正是你需要的，而后一种气体带的是负角动量会使我的自转速度减慢，从而帮助我收缩，使我能实现演化到主序星的目标。这对我们双方都有好处。

外星云：你也许不知道，在我们外围星云中，也有反对派，老反对我们围着你们转，主张攻打你。

红巨星：你就把你的反对派给我们，它们到我们这里来不算侵略，因为它们可以使我自转速度减慢。我们为了各自的利益，互相交换反对派，这就是“天体政治”。

外星云：对，我们天体之间也有政治，不要总以为人类才有！而且我们还解决了人类解决不了的问题，实现了角动量分离。如图 30602。

谈判结束了，一场天体之间的冲突解决了。红巨星一次又一次地膨胀和收缩，为的是把正角动量输送给气体环，使外星云能围绕自己旋转。另一方面，红巨星自己也得到了好处，角动量小了可以加快收缩，使自己早点演化到主序星，修成正果。

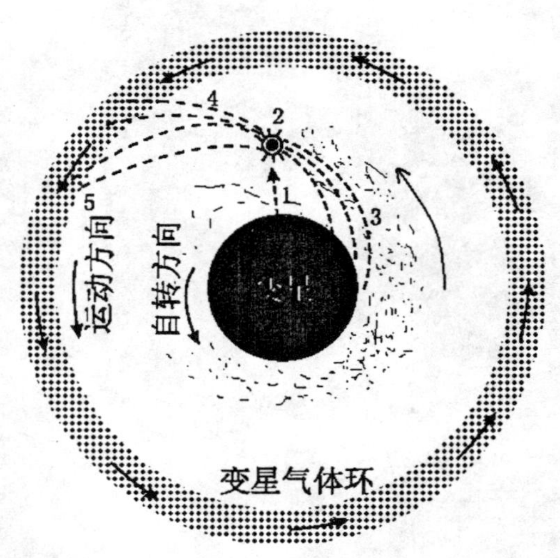

图 30602　红巨星角动量分离机制

红巨星通过能级跃迁爆炸，把气体分解为正角动量和负角动量两部分，正角动量归气体环使用，负角动量回收自己使用，实现了角动量分离。这就是天体之间的政治。

时间也许过了几亿年，红巨星外围的星云终于形成了一个绕红巨星旋转的质量很大的气体环。后来这气体环自己也凝聚成一颗恒星，于是天上又多了一个双星系统。双星系统是天体间互相合作友谊的结晶。

这种方式形成的双星，一般是星云本身的质量比较大而角动量比较小，而且双星之间距离比较小，叫密近双星。角动量比较大的星云形成的双星，它可能是按当代天文学理论所说的先形成一个环，然后在环的相对两头分别形成一颗恒星。这个在本节开头的时候提到。因为星云的角动量比较大，星云中心还来不及形成红巨星就已经变成了星云盘，然后由星云盘演变为一个环，再由环演变为双星。这样方式形成的双星，它们之间距离比较大，这是由角动量大决定的。

按天体原子模型形成的双星，一般中央恒星的质量比较大，附属伴星质量比较小。因为中央恒星总是先形成，附属伴星总是后形成，所以有些中央恒星已演化到主序星了，而外围的气体环还没有演化为恒星。这时候就会出现这样一种恒星系统：一颗主序星外带一个气体环，但它不是行星状星云。也有这种情况，气体环已演化为红巨星了，这时候就会出现一颗质量较大的主序星伴随一颗质量较小的红巨星。从天体原子模型看来，质量小的恒星演化快，当质量大的中央星还是主序星时，质量小的附属星已演化了三个阶段，从红巨星到主序星又到白矮星。所以我们在望远镜上总能观测到一颗大质量主序星，即其伴星总是质量小的红巨星、主序星或白矮星。在天体原子模型理论看来，这三种情况都是正常的。

在当代天文学理论里，中央星和它的伴星都处于主序星时，看不出有什么矛盾。但是像大陵五那样，中央星是一颗质量较大的主序星，而伴星是一颗质量小的红巨星。还有天狼星，也是质量较大的主序星，而其伴星却是质量较小的白矮星。类似的情况在双星系统里还有很多很多。在当代天文学理论里，大陵五和天狼星都出现了佯谬。

之所以出现了佯谬，主要还是当代天文学理论错误造成的。当代天文学理论认为，质量大的恒星演化得快，质量小的恒星演化得慢。第二个错误是把红巨星当成老年星，认为恒星的演化方向是从主序星演化到红巨星，而其错误的根源又是太阳能是氢核聚变能的理论。在当代理论看来，大陵五的主星质量比较大，应当先演化为红巨星，其伴星质量比较小，应该还在主序星阶段，而实际上，大陵五质量大的星是主序星，质量小的伴星是红巨星，因此就出现了佯谬。

天狼星的情况也是一样，因为当代理论认为质量小的恒星演化到白矮星时，质量大的恒星决不可能停留在主序星阶段，所以天狼星也是佯谬。

在这种情况下，天文学家仍然不愿意怀疑当代恒星演化理论，而是通过一种假设去解释造成大陵五和天狼星佯谬的原因。他们说，大陵五的主星原来是质量比较小的，而其伴星质量比较大，所以伴星先演化到红巨星，在膨胀过程中红巨星把物质交给处于主序星的大陵五，于是大陵五主星的质量就比伴星大，伴星质量变得比主星小，而且又处于红巨星阶段。他们认为天狼星的情况也是这种质量转移造成的。

当代天文学就是这种风格，当一种现象不符合热核聚变能理论时，总是提出一种修正理论去解释观测到的反常现象。这也是不得已的办法。

二、长周期彗星的形成

上面说过，当星云质量比较大，星云中心已形成红巨星以后其外围还有质量比较大的星云时就会形成双星。现在我们要讨论的是，当星云质量比较小，即中央的星云形成红巨星以后，外围的星云气体已不多了，这时候就会形成长周期彗星。

在双星的形成那一部分讲过，中央的星云一旦形成红巨星，就开始发光和脉动，这时恒星就会阻止外来的星云进入红巨星内部，这样红巨星周围就会形成一个气体环。因为现在讲的是外围的星云质量比较小的情况，所以形成的气体环质量就比较小，这一部分气体就成为无数的彗星。在太阳系，这些彗星因为离太阳中心比较远，所以是长周期的，这就是奥尔特彗星星云形成的原因。

现在我们来讨论一下长周期彗星气体的成分，天文观测知道，红巨星的金属成分比较少，也就是红巨星表面重元素比宇宙丰度少得多。红巨星表面金属含量少不等于内部金属含量也少，红巨星表面金属含量少的原因是因为它在脉动。因为在一个系统里，在相同的温度下，重元素的运动速度小，所以当红巨星脉动时，重元素就很快被脉动筛进恒星内部。如果恒星没有脉动，恒星表面和恒星内部的金属性应该是一样的。当代天文学理论认为红巨星表面金属含量少，证明红巨星是宇宙形成之初形成的，因为宇宙形成之初还没有重元素。

现在我们不去争论红巨星表面金属含量少的原因，只先承认这是事实。因为红巨星表面金属含量少，它脉动形成的质量谱里重元素必然少。如果仅仅按这种事实推断，长周期彗星是不会含多少重元素的（这里的重元素是指比 C、N、O 重的元素）。在长周期彗星里应该含有原始星云气体，因为在上面所说的气体环里就包含了企图进入红巨星内部的星际原始星云，如图 30603 所示。

因为星际气体里，应该含有从氢元素到铀元素的一切元素。从化合物上来看，星际气体里还会有太阳系内部不存在的天然有机物分子，如 CH_3CN、HCN 等。所以在长周期彗星里，应该含有一些重元素和一些只在星际气体中才存在的化合物以及在变星气体环内形成的有机物等。因此，长周期彗星是宇宙星云和红巨星脉动喷射的气体相结合产生的混血儿，长周期彗星里会有红巨星产生的大量水和有机物。

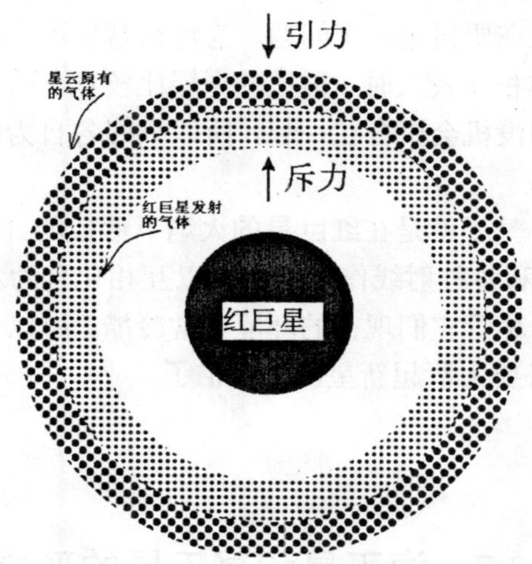

图 30603 长周期彗星气体来源

外环粗点代表红巨星引力作用下从宇宙空间来的气体，内环小点代表从红巨星内部跃迁发射来的气体，因此长周期彗星气体有两个来源。

三、短周期彗星的形成

短周期彗星形成的时候，红巨星的体积相对来说是很小了，这时星际气体也很少了，所以原生短周期彗星里应该含星际气体少。

上面说了长周期彗星形成的过程，但对彗星中存在大量有机物及水还没有进行很好的说明。红巨星脉动时，在膨胀过程中气体实际上是能级跃迁，能级跃迁会产生气体放能爆炸，产生的气体环温度也很高。当气体环的温度下降到某一范围时，对于 H、C、N、O 来说，在一起形成化合物的条件已足够了，有各种射线，还有少量的催化元素，所以在气体环内就形成了大量的有机物和水。等到红巨星收缩以后，这些物质冷却了，然后再由这些有机分子、水和其它化合物凝聚成彗星。从这里可以看出，彗星中的有机物和水不是在很冷的区域形成，虽然它们现在的环境是很冷的，但是它们有过温暖的童年。

短周期彗星和长周期彗星没有什么本质上的区别。只是在短周期彗星形成的时候，红巨星的体积已缩小了，产生的质量谱中也只有 H、He、N、C、O 等轻元素，而 Si、Mg 等重元素相对来说很少。另一方面，这时候，原始星云的气体都被奥尔特星云挡住了，所以应该没有多少星际气体。这完全可以断定，在短周期彗星中原始星云物质的含量远远少于长周期彗星。

另一方面，由于红巨星的体积的缩小，自转速度增加，短周期彗星会局限于太阳赤道平面上。虽然其倾角会比一般行星大，但不会像长周期彗星那样，运行轨道完全没有规律。现在要讨论一个问题，为什么彗星不会凝聚成一颗行星，主要的原因是当红巨星体积比较大时，恒星的壳层比较宽，质量谱中的气体分布在很宽的空间范围，它们没机会聚合在一起，所以只好各自为政，形成无数的小天体。

现在大家明白了，彗星就是在红巨星的火焰下形成的。彗星云中的气体 H、C、N、O 等，在高温和各种射线作用下，可以互相化合为水及各种有机分子，彗星有过温暖的童年，尽管它们现在的环境非常冷酷。所以当我们发现彗星中存在有机物时，再没有必要去请超新星出来帮忙了。

§3.7 海王星和冥王星的形成

上面说过短周期彗星的形成过程。如果我们定义红巨星在某一半径上脉动形成一个彗星环，那么此后红巨星半径可能会发生几次收缩，产生几个彗星环，最后的彗星环中也许会有过渡性天体，既像彗星又像行星。所以冥王星外肯定还有小天体，你说它是冥外行星或彗星都可以，但冥外行星既远又小，寻找起来不太容易，在这里不作讨论。

当太阳红巨星的体积收缩到 30 个天文单位时(那时的天文单位长度可能没有现在长)，红巨星又在那个地区脉动。这时候，太阳红巨星的脉动周期减小很多，我们认为它已演化到形成行星的阶段了。

我们之所以把海王星和冥王星放在同一节，是因为我们的理论认为，它们是在同一个质量谱中形成的。冥王星原来是在海王星气体环内形成的，后来被海王星引力抛到 39 个天文单位的轨道上去了。由于这个过程比较复杂，所以这一节文字会长一些。

天文观测证实，变星的脉动范围，是其半径的 10%。很显然，变星半径越大，脉动范围越大，因为脉动是在变星壳层内进行的。也可以这样说，变星的半径越大，其负能壳层越宽。我们在第一章中也谈到，恒星的体积越大负能壳层的宽度也越大，见图 10301。

海王星形成的时候，太阳变星的半径应该在 30 个天文单位左右，而它最外层的负能壳层宽度应该有一个天文单位。所以这时候，太阳变星脉动产生的气体环质量谱比较宽。如果从氢元素到铀元素共有 238 条谱线的话，则每条谱线占的空间都比较宽，很像一个粗纹唱片。如图 30701 所示。

图中的谱线分为五组，最外环为 H 环，它代表 H 和 He 元素谱线，因为这两种元素宇宙丰度最大，分别为 12.00 和 10.84，所以谱线最粗，称为第一组。第二组 D 环为 C、N、O 元素谱线，其宇宙丰度分别为 8.57、8.07 和 8.83，所以谱线第二粗。第三组 C 环代表 Mg、Al、Si 谱线，其丰度为 7.52、6.43 和 7.50，丰度总和属第三。第四组 B 环代表 S 和 Ca 谱线，其丰度分别为 7.20 和 6.36。第五组为 A 环，是 Fe 和 Ni 谱线。第四组和第五组丰度基本差不多，谱线属于第四粗。由于其它元素丰度很小，对形成行星没有什么贡献，所以不再画出。

上面说过，由于负能壳层比较宽，气体环有足够的空间，所以这五组谱线的元素离得比较远，互相干扰比较少，它们之间形成的化合物也分离得比较远。它们有条件各自为政，总共形成四颗行星，但形成行星以后，四兄弟就开始"明争暗斗"，争夺王位的战争就开始了。

下面我们就来向读者介绍他们的斗争史。

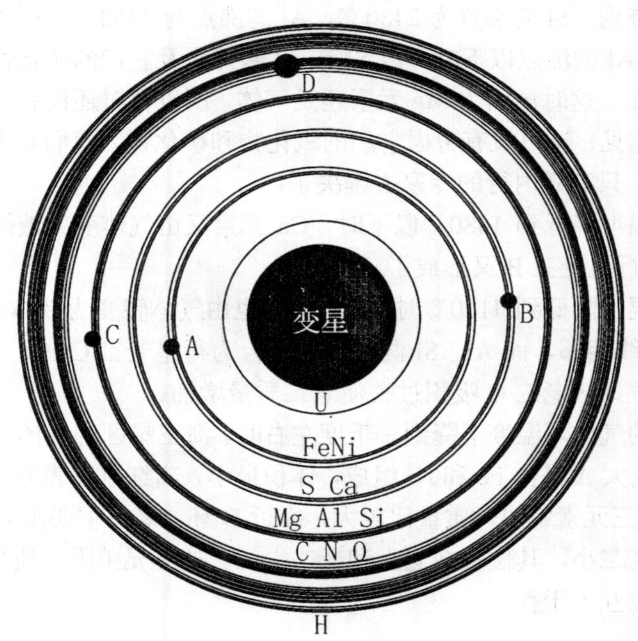

图 30701　海王星气体环

海王星气体环共生成四颗行星，因为海王星气体环比较宽，元素谱线之间距离很远，不能形成单一的行星，最初共形成四颗行星。

3.7.1　三兄弟的诞生

现在请读者翻到前面的表 30501，可以看到在图 30701 中，第五组谱线中铁和镍的沸点最高，Fe 为 2900℃，Ni 为 2850℃，两者只相差 50℃。

由于变星质量谱是在能级跃迁爆炸中形成的，它的温度可以高于变星表面的平均温度，就像日冕的温度可以高于太阳光球的温度一样。所以可以肯定，变星气体的温度原来是很高的。当变星半径收缩，气体环远离了变星表面以后，气体环的温度才会逐步下降。当温度下降到铁和镍的沸点以下时，铁和镍就从气体变为液体。经过一段时间后，铁和镍的谱线第五组 A 就形成一颗以铁和镍为主的行星。这样海王星区的老大 A 诞生了。不过老大 A 诞生后，过的是苦日子，因为在铁谱线前后的元素丰度很低，吸收不了多少物质来壮大自己，而 Si、Mg 元素又离自己太远，所以老大的质量增大得非常缓慢。但是 Fe 谱线的外环，也就是老大 A 的外环，有许多金属元素绕变星运行，老大虽然不能大量吸收这些元素，可还能吸收一些外环的元素成为绕自己旋转的光环。因为这些金属元素在高温下都是正离子，相当于正电流，所以老大 A 有了磁场。

从表中可以查到，Si 的沸点为 2480℃，Al 的沸点为 2450℃。所以当气体环温度降低到 Si 和 Al 的沸点以下时，以 Si 和 Al 两元素及它们的矿化物为核心的行星老二 C 诞生了。这时候因为 Mg 元素还是气体，所以暂时还没有参与老二的形成，为了简化起见，这里没有考虑它们的氧化物和矿化物。我们对于矿物质的性质也不大了解，只有靠内行的专家去解决了。

等到气体环温度降低到 1480℃以下时，Ca 元素又由气体变为液体，这时以 Ca 元素为核心的行星老三 B 又形成了。

当气体环的温度降低到 1120℃时，Mg 元素也由气体转变为液体。因为 Mg 谱线和 Al、Si 谱线相邻，而 Al、Si 两元素已聚合为行星老二 C 了，所以当 Mg 元素变为液体时立即被老二 C 吸积过去使老二质量增加。

当海王星区的气体环温度下降到一千度左右时，海王星区的气体环内已形成了三颗行星了。老大 A 是由 Fe 和 Ni 组成，体积最小，离红巨星表面最近。老二 C 由 Mg、Al、Si 三元素组成，质量比较大，靠近 D 环。老三主要由 Ca、S 两元素组成，质量比老二小，其位置在老大和老二中间。这三兄弟因为质量都不大，距离又很远，所以互不干扰。

3.7.2 海王星的形成

现在就让我们一起来分析老四的形成过程。图 30701 中的 D 谱线，它是由 C、N、O 三种元素组成，但因为它靠近 H 谱线，H 的宇宙丰度为 12，是 C、N、O 元素丰度总和的一千倍，所以氢元素会大量混合到 C、N、O 谱线中去，D 谱线实际上是由 H、C、N、O 四种元素组成。变星气体环是从高温慢慢冷却到低温，各种温度条件都有。另一方面，在变星上空，各种射线都很丰富，如 γ 射线、β 射线、紫外线等都有，而且还有少量催化元素。在这良好的条件下，H、N、C、

O 四种元素，肯定会生成大量的水和各种化合物以及比较复杂的有机分子。如 H_2O、CO_2、CO、NH_3、CH_4 等。

当气体环温度下降到100℃以下时，水蒸气开始凝为水，老四核心开始形成。随着气体环的温度继续下降，会有更多的化合物凝聚为液体，当温度下降到零下200℃时，连 N 和氧都变成液体时，老四的质量就变得非常大了，这老四就是现在称为海王星的行星。海王星现在的质量是地球的 17 倍，当时也许比现在还大。

3.7.3　海卫一的形成

人一富就财大气粗，天体一大就体胖引力强。在这种情况下，老四想当王了。它的目标首先看中了老二 C，因为老二离海王星最近，运行周期比海王星短，因此老二 C 会经常从背后追上老四。老四趁这机会把老二往自已身边拉一拉，拉的次数多了，老二运行轨道偏心率就逐渐增大，二者之间的距离也越来越小。老四的质量那么大，要俘获老二应该是不费劲的，所以当老二和老四的距离小于老四的洛希体积时，老四就把老二俘获过去充当自己的卫星。这样一来，老二 C 的身份变了，从行星老二变为海王星的卫星，这卫星就是现在我们称之为海卫一的那一颗。如图 30702 所示。

老二刚变为海卫一身份时，离海王星的距离还比较远，质量也没有现在大。不过自从成了海王星的卫星以后，它逆向绕海王星运行，成为逆行卫星。从图 30702 可以看到，当海卫一运行到外环时，外环有海王星吸引不到的冰物质，而且非常丰富，海卫一每运行到外环时都饱餐一顿。于是海卫一的身体就逐渐胖了起来，质量增大了。这就是海卫一质量比较大的原因。

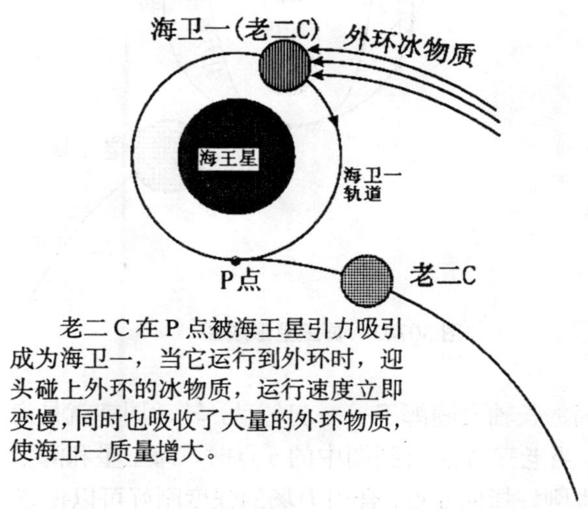

图 30702　海王星俘获海卫一

不过海王星供给海卫一的食品并不是白给的，而是有条件的。从图 30702 可以看到，海卫一相对于海王星，角动量是负的（顺时针方向），而外环的物质其角动量是正的（反时针方向）。这样一来，海卫一吸收外环的物质越多，其运行速度就会变得越小。轨道速度小了，轨道半径也会缩小，所以现在海卫一和海王星之间的距离，肯定比以前小许多。现在天文观测表明海卫一确实不断以螺旋运动方式往海王星中心靠近，过不了几亿年海卫一就会被海王星吃掉。海王星和人类一样聪明，养羊原来是为了吃羊。看来人为财死鸟为食亡的句子也可以用在海卫一身上。

3.7.4 冥王星的形成

现在我们来讨论冥王星的形成，自从海王星老四把老二 C 俘获过去当卫星以后，野心更大了，因为海卫一成了它的得力的助手。它的目标又盯上了老三 B。它仍然采用对老二相同的手法，不断用引力把老三 B 拉向自己的身边。老三 B 是以钙元素为核心形成的。不过这时候，作用在老三身上的引力是海王星和海卫一的合引力。海王星和海卫一形成的合引力场等强面不再是一个圆球面，而是有点像鸡蛋那样的椭球面，如图 30703 所示。

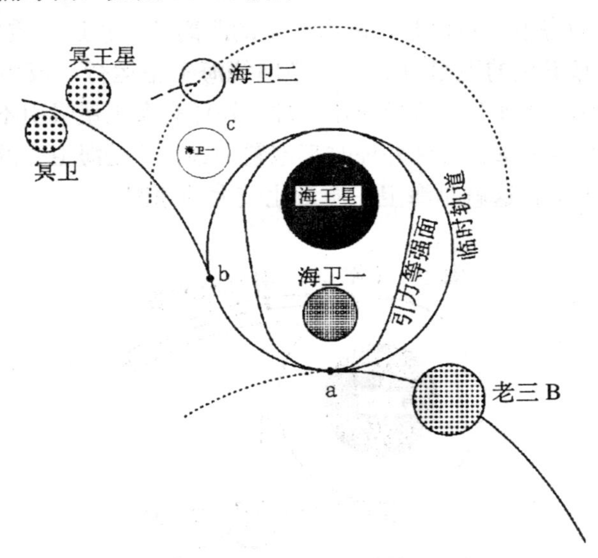

图 30703 冥王星形成图

这鸡蛋形椭球面的长轴会随海卫一一起转动，转动周期就是海卫一的运行周期。现在我们假定，当老三 B 运行到图中的 a 点时，海王星和海卫一合引力场的蛋形椭球面的长轴也刚好指向 a 点，合引力场的强度刚好可以把老三 B 俘获到绕海王星运行，而其运行轨道应该是如图中的圆。

海王星和海卫一合作把老三 B 俘获后，老三 B 就暂时成了海王星的卫星。由于老三 B 的运行轨道半径比海卫一大，所以运行周期肯定比海卫一长。这样，海卫一和海王星合作把老三 B 俘获以后，海卫一就再也不顾老三 B 了，而她并没有全局观念，自己向前跑，当老三 B 运行到 b 的位置时，海卫一已跑到 C 的位置去了。由于等强曲面的长轴是跟着海卫一旋转的，这样一来，长轴的指向就逐渐脱离老三 B。过一段时间以后，等强曲面就把短轴指向老三 B 了，短轴表示海王星对老三 B 的吸引力减弱，于是老三在运行到 b 点时由于引力减弱，再也不绕海王星运行了，摆脱海王星的控制，奔向更遥远的天边。但由于海王星的起潮力，使老三 B 分裂成两部分，这两部分互相绕转，一个叫冥王星，一个叫冥卫。当它们运行轨道稳定下来以后，运行轨道的半长轴已变为 39.44 天文单位，而其自转轴的指向也和原来老三 B 的指向相差很远，它们把过去的事早已忘光了。不过海卫二可没有忘记这次宫廷政变，海卫二肯定是受这一事件的影响，所以偏心率才变得那么大。很可能，是老三 B 要逃离海王星时，拉了海卫二一把，使海卫二轨道偏心率变得很大。

3.7.5 冥王星传

太阳之前身，谓之为太阳红巨星，初胎生四子，老大曰 A 行星，老二曰 C 行星，老三曰 B 行星，老四曰 D 行星。四胞胎，独老四 D 成年后体强力壮，欲当王。先强老二 C 为奴；后又主奴合作，欲迫老三为仆。老三不服，乃乘机奋力逃出，才保住了行星的地位，不像老二，永为人奴，甘为海卫一。

后人称老四为海王星，老二为海卫一，老三为冥王星。海王星者，其名甚美。海卫一者，是不反抗者之下场。冥王星者，其名太屈，其反抗精神胜似孙大圣，可将其名冥王星改为猴王星，以表彰其不为人奴，固守天疆之高贵品质也！

3.7.6 海王星磁场的形成

海王星在俘获老二成卫星，又迫老三逃走成了冥王星以后，它的野心未死，又看中了离它更远的老大 A。老大 A 是由铁镍合金形成的，具有磁场，磁场似乎是一个天体的灵魂，没有磁场的天体是低人一等的。因为在当时，海王星的核心不是由磁性物质，而是由冰物质组成的，有点像超级大彗星，当然不可能有磁场。

海王星没有什么别的本领，它的本钱就是强大的引力。在它的引力作用下，也许老大 A 的运行周期会和海王星运行周期发生共振，这样老大 A 的轨道偏心率加大，半长径变长，在会合时和海王星的距离越来越近。最后老大 A 落入海王星的引力范围，最初也许一度成为海王星的一颗卫星，但最终还是掉到海王星的内部，被海王星吃掉了。因为老大是铁镍合金形成的，不容易分裂，所以它完整地落入海王星南半球内部，离中心 0.55 倍海王星半径的地方。看来海王星中心也是固体核心。老大 A 才没有沉到中心去。老大 A 原来的磁轴是垂直于运行轨道的，但在被海王星吞食的过程中磁轴的方向偏斜了，所以造成海王星的磁轴对自转轴倾角为 47°，磁轴中心偏离海王星中心以南 0.55 倍海王星半径的结果。如图 30704。

从这一情况可以看到，壳层太宽了，才会出现这种复杂的局面，只有天体原子模型才能找到这种原因，搞清海王星宫廷政变的秘史。以此可将海王星送上宇宙法庭，其罪名是：为当王，强老二为奴，迫老三出逃，吞老大为食。

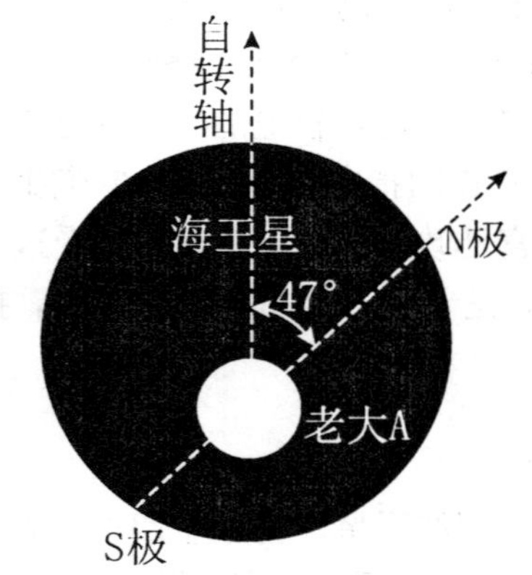

图 30704　海王星的磁场证明它吞食了老大 A

§3.8　天王星的形成

太阳变星在形成海王星的过程中，由于把很大一部分角动量交给了海王星，变星本身的角动量减小了，因此变星的自转速度就慢了下来，为变星实现收缩创造了条件。于是变星的半径就从原来的 30 个天文单位，收缩到 19 个天文单位。并且又在 19 个天文单位的区域内脉动起来，脉动的结果，同样产生了一个气体环质量谱，由质量谱产生一颗行星，这行星就是天王星。

现在已经了解到，天王星的主要特征是：它的轨道半长径 a 等于 19.18 天文单位，绕太阳运行的周期是 84.01 年；偏心率 e 等于 0.0472；轨道面对黄道面的倾角 0° 46′，对不变平面的倾角 1° 06′；行星平均半径 24 540 公里；平均密度为 1.41；自转周期为 10 小时 48 分，自转轴对公转轴的倾角 97° 55′，相当于躺在公转平面上自转。

天王星共有 15 颗卫星，也有光环，光环由黑黑的岩石块和小固体组成，反照率只有 2%，比煤还黑。天王星也有磁场，强度为地球的 1%，磁轴对自转轴的倾角大到 59°，磁轴中心偏离其质心 7500 千米，约为 1/3 天王星半径。

从以上看到的天王星特征，除了躺着自转差别比较大以外，很多方面和海王星相同。太阳变星在 19 个天文单位上脉动，脉动范围大约 2 个天文单位，因此其壳层宽度还是比较宽的，质量谱的谱线相互之间距离也比较大，这就决定 Fe 元素，Ca 元素，Mg、Si 元素，H、N、C、O 元素，会和海王星区一样，独立地形成四颗行星。而质量最大的仍然是 H、N、C、O 元素组成的行星，这就是天王星。看来天王星和海王星不一样，因为壳层宽度比海王星区窄了一些，它有机会把老大，老二和老三全都食掉了。因为老大有磁场，现在仍然还在离天王星中心 1/3 的地方。海王星的磁轴和自转轴倾角为 47°，天王星的磁轴对自转轴的倾角则为 59°。这表明海王星和天王星都把以铁元素为主形成的行星吞食到自己内部去了。天王星还吞食了老二和老三等，所以天王星内部应该还有好几个小行星。因为这些小行星掉到天王星表面时，属于软着陆，所以这些小行星不一定会完全瓦解。老大肯定没有瓦解，因为它是由铁镍合金构成，比较坚硬，现在还保留着偶极磁场就是它没有破碎的证明。当代天文学理论认为海王星和天王星磁轴和自转轴倾角这样大，可能是这两颗行星的磁极正在反转。过一段时间磁轴可能还会和自转轴重合。

天王星为什么会躺着自转呢？曾经有人提出，过去天王星可能被别的什么天体碰了一下，造成天王星从站着自转变为躺着自转，而且碰出的物质就在新的赤道上空形成了十来颗卫星。

从力学上去分析，碰撞的说法是不可取的。因为要使天王星从站着自转变为躺着自转，外来天体必须从原来天王星站着自转时的两极切线方向撞击天王星，天王星受撞击以后，它的运行轨道参数就会起很大的变化。比如，偏心率会比其他行星的偏心率大，轨道面对黄道面的倾角也会比其他行星的大。现在这两个参数差异都很小，说明没有被碰撞过。

另一方面，因为天王星的质量为地球的 14.6 倍，要把它碰到躺着自转的天体质量必须很大。还有一点，天王星不是一个固体行星，它不容易吸收别的天体的角动量。综合这几种原因，得出结论是天王星不可能被别的天体碰成躺着自转，唯一的可能它是天生就躺着自转，叫天生的懒汉。从天王星主要是由 H、N、C、O 冰物质组成看来，天王星和海王星一样是在 H、N、C、O 质量谱中形成的，也就是说天王星是在外环形成的，如果我们从变星的赤道方向看去，H、N、C、O 组成的物质环就如图 30801 所示。

我们只要假定天王星的行星胎是在气体环的南边形成，然后行星胎吸收北边的物质壮大了自己，由于角动量守恒，天王星形成后必然躺着自转。天王星形成后仍然吸收更北方的物质形成卫星，它的卫星也必然会在天王星赤道平面上绕天王星运行。这就合理得多了。

天王星行星胎在气体环的南边形成看来是可以肯定的，至于行星胎为什么会首先在南边形成，第一种情况可能是偶然性，因为当气体环的温度下降到 0℃以下时，气体环的任何地方都可以形成冰块发展为行星胎。第二种情况可能由于形成天王星时，太阳红巨星磁场比较强(因为气体环本身可以产生很强的磁场)，磁场把一些金属正离子气体赶到冰物质环的南边，使之成为结晶核，造成在南边形成了行星胎。这些都不作为定论，因为这是枝节问题。

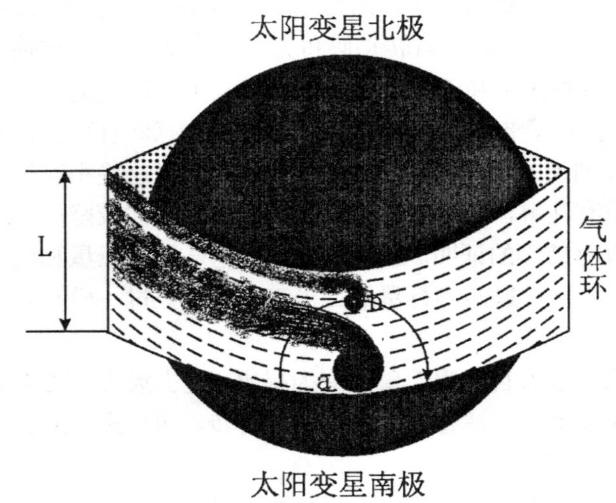

图 30801　天王星形成图

我们从图 30801 可以看到，气体环从南边到北边，宽度 L 是有限的，气体环 L 外边是没有或很少有物质，这就造成天王星的卫星局限于比较小的范围。如天卫四的轨道半长径在所有天卫中最大，只有 586 千公里。而海卫二半长径有 5 562 千公里，土卫九的半长径 12 950 千公里，木卫九的半长径为 23 600 千公里。从这些对比可以断定，气体环的径向宽度比纬向宽度要宽很多。天王星光环比煤还黑，表明天王星内部肯定含有大量的有机物和碳元素，因为天王星是吸收光环和卫星而长大的，如果光环或卫星含有有机物，那行星内部肯定也含有有机物，这些有机物是在质量谱 H、N、C、O 中形成的。

无论是哪一种变星，它会干的事并不多，就是在某一个区域内进行脉动，然后就在那个区域产生一个气体环质量谱。这个质量谱的最外环，总是要产生大量的水和有机物，其中包括氨基酸。以后我们将会看到，无论是土星、木星、小行星还是地球，都有大量的有机物和水。火星也应该有大量有机物和水，所以密度才很小。

现在提出一个有趣的问题，海王星的磁轴中心偏离海王星中心 0.55 海王星半径，而天王星的磁轴中心偏离天王星中心 0.33 天王星半径。如果我们没有理解错的话，这表明海王星和天王星都把由铁和镍聚合而成的行星老大吃到肚子里去了。把一个铁的行星吃进肚子里，不沉到行星中心去，这表明海王星的核心和天王星的核心都是固态的。而且对于海王星来说，在 0.55 半径的地方温度低于铁的居里点，因为两个老大的磁场并没有在海王星和天王星内部消失。这都表明天体原子模型是正确的。天体原子模型最大胆的假设之一是，天体并不是越到中心温度越高，而当代天文学理论却认为是这样。

在我们的理论看来，天体内部存在反引力场，天体用不着全靠热运动和简并压去抗衡引力的压缩，所以天体中心的温度用不着特别高，这个理论也将在下一章介绍。

§3.9　土星的形成

太阳变星形成天王星以后，角动量又损失了一部分，自转速度又减慢了。这就导致太阳变星的半径又一次收缩，其半径收缩到九个天文单位左右的区域，并且后来又开始在那个区域脉动。

从上面多次类似的论述，我们应该可以总结出一个规律，就是说，太阳变星每产生一颗行星以后它的半径就要缩小 40%～50%左右。用公式表示为 a_{n+1}/a_n=1.7 左右。这就是提丢斯—彼得定则的物理意义，其实是红巨星有规律收缩造成的。

现在我们必须考虑一个问题，当太阳变星形成了某一颗行星以后，它的体积要收缩，在收缩过程中肯定有一段时间不能有规律地脉动，甚至完全停止脉动。如果这种现象存在的话，应该能被天文学家观测到。很幸运，天文学家已观测到一颗造父变星停止脉动的事例。这颗造父变星是大家熟悉的鹿豹座 RV。这颗变星的光变现象于 1907 年首次被发现，其周期约为 22 天，其光变幅度为 8.2 至 9.1 视星等之间，在 1961 年与 1962 年，这颗星的变化是正常的，但到 1963 年其变化程度有所下降，这种趋势在 1964 年仍然继续，一直到 1965 年脉动才基本停止。此后，它仅发生过轻微的脉动变化(小于 0.04 星等)并且是不规则的。这是关于一颗规则变星发生脉动中断现象的唯一资料，已得到若干天文台的证实。

这颗变星停止脉动以后，光度是不是更小了呢？资料上没有介绍，我们也不能轻易把这仅有的一次现象拿来作为天体原子模型理论的证据，但认为它值得研究。我们可以探讨一下那些不规则脉动的恒星，看看它们的体积是否在大范围地收缩。其表现为周期变小，星等变化范围也变小，但恒星的平均温度升高。

3.9.1 土星的形成

太阳变星在 9 个天文单位的区域内脉动，脉动范围在 0.9 个天文单位左右，壳层宽度比天王星壳层来说小多了。因为半径缩小到只有天王星时的一半，所以气体环内的气体受到引力的约束力就比天王星时大 4 倍，也就是说负能壳层加深了，这就有效地防止气体环内的气体跑到壳层以外去。这样一来，气体环内的气体含量就多了。另一方面由于壳层宽度减小，质量谱中元素和元素之间的相对距离也小了，这是很好理解的。比如说同样的一百个人，如果把他们平均分布在大草原上，人与人之间距离就很远，可能几个月见不上一次面。如果把这一百人，聚合在室内，人与人之间就碰撞在一起了。很显然在土星的气体环中，就不会出现四兄弟并存的情况，只能产生一颗完整的行星。

图 30901　土星气体环质量谱

图 30901 是土星气体环质量谱。它和海王星气体环质量谱图 30701 完全不同，谱线中元素和元素之间离得很近，不允许产生四兄弟的情况。土星的形成过程是这样的，当变星气体环的温度下降到 2900℃时，铁元素由气体变为液体，接着温度下降到 2850℃时，镍元素又由气体变为液体。这样铁镍元素的液体就混合在一起，在变星轨道上空形成一个铁镍合金液滴环，这红色的铁水环绕变星运行。后

来气体环中的铁液滴逐渐聚合为一个铁镍液体球，这铁镍液体球就是土星的行星胎。

土星的行星胎，从元素组成上来看，和海王星区以及天王星区的老大 A 是一样的，都是铁镍合金组成。但因为海王星负能壳层及天王星负能壳层比较宽，质量谱中元素和元素之间离得比较远，所以老大形成以后，吸引不到附近的元素，所以老大的质量始终不能增大。土星胎的命运就好得多。质量谱中元素和元素之间的距离比较小，所以土星行星胎，在形成以后立即就可以吸引到外环的元素，如 Cr、Ti、S 等以壮大自己。

当温度下降到 2480℃时，Si、Al 等元素又由气体变为液体。但这时 Si、Al 元素已不可能独立地形成一颗行星，因为当它们及其化合物变为液体时，立即被土星行星胎吸引过去壮大自己了。等到温度下降到 N、C、O 组成的化合物也变为液体时，土星行星胎又进一步加大。也许这时候土星胎的质量已大到几十个地球质量了。等到气体环的温度下降到零下 200℃时，氮气、氧气也变为液体。这时，土星表面就下了一场液氧雨和液氮雨，这样一来，土星的质量又增大了许多。土星又乘机把氢气和氮气也大量吸收到自己的表面，在当时土星的质量可能大于现在的质量，就是说土星的质量形成初期可能有一百多个地球质量，后来因为液氧和液氮吸收了土星核心的温度后又汽化了一部分。这时土星的体积膨胀，损失了部分质量，所以土星才减少到现在的 95 个地球质量，密度才只有 $0.7g/cm^3$。但是如果没有液氮雨和液氧雨下落到土星表面上，土星的质量会比现在小得多。因为只靠土星胎的引力不可能有效地吸收那么多的气体，因此土星的质量就没有现在大。

3.9.2 土星的卫星和光环的形成

土星还有一个特点，就是卫星最多，光环最美，所以就把行星、卫星的形成和光环的形成放到这一节来讲。因为土星有代表性。

其实在天体原子模型的理论里，卫星和光环是行星成长过程的食品，行星是靠食卫星和光环长大的。现在土星的 23 颗卫星和那美丽的光环，其实都是土星来不及吃下去的东西。当然，太阳系其他行星的卫星及光环的性质也是一样。因为太阳系所有行星和卫星都是从质量谱中产生的，质量谱是太阳系行星系统产生的摇篮，也如人类母亲的胎盘。其实读者自己用质量谱，也可以写出太阳系的形成史，甚至比我们写得更好，我们不过是抛砖引玉而已。希望我们的读者，能写出更美的篇章。

我们必须记住，在质量谱中所有的气体或液滴，都是朝一个反时针方向绕变星运行，有点像列队的士兵通过检阅台前一样。当这些士兵要通过圆形广场时，这士兵的队形就变成大小不同的圆圈了。行星胎吸收气体环中的物质时，就首先形成半径大小不同的光环。如图 30902 所示。

应当指出，图 30902 中的五个光环的直径不是永远不变的。因为土星胎的质量会不断增大，从而引起对光环的引力也加大，光环的直径也就会相应慢慢地缩小。五个光环之间的距离同样也越来越小，最后合并形成一个卫星 P，如图 30903 所示。

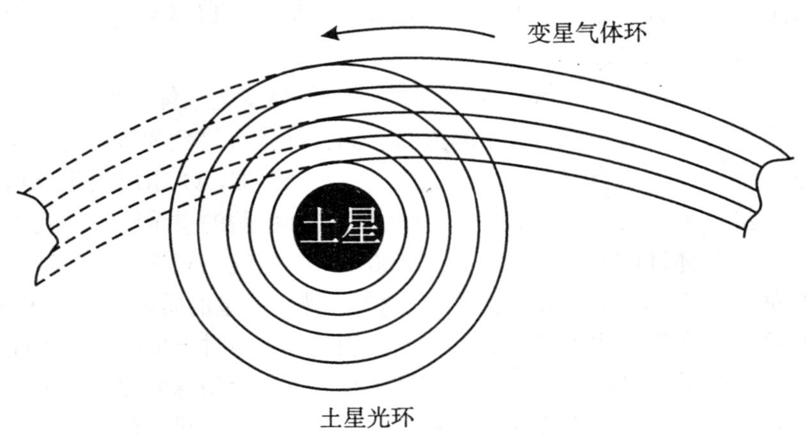

图 30902　**行星光环的形成**

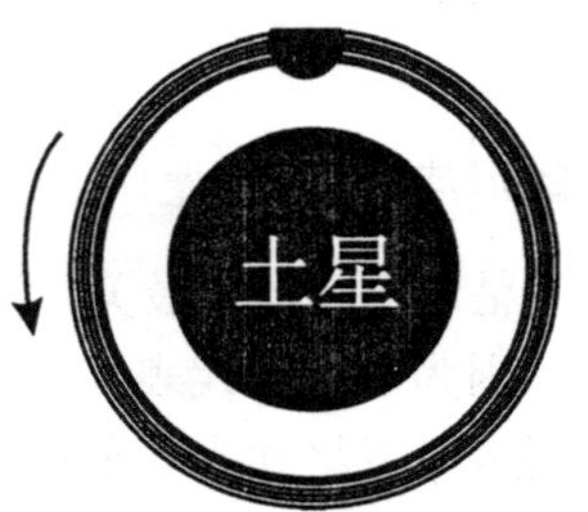

图 30903　**卫星的形成**

由于行星胎质量不断增大，引力也不断增大，图 30902 五条光环合并为一条粗光环，再由粗光环形成卫星。如果卫星形成以后，土星胎的质量继续增加的话，卫星的轨道半径就会渐渐变小，最后卫星就有可能掉到行星胎表面，被行星胎吃掉。事实上，行星的形成过程，几乎都是先把变星气体环中的物质吸引过来变为自己的光环，然后通过行星质量的增大，把许多条相邻的光环合并为一条光环，再由这一条光环形成一颗卫星，最后再把卫星吃掉。估计在土星的成长过程中至少也吃掉了上千颗卫星和无数未能成为卫星的分散光环。图 30903 仅仅是用五条光环作为例子，实际上，在土星形成的过程中，是一次形成许多光环和卫星，在土星成长过程中，很多卫星排着队给土星胎吃。土星胎总是先食掉离自己最近的卫星，吃完了一颗以后，最外环的地方又形成一颗新的卫星去补充，所以土星赤道上空总是会有一定数量的卫星存在。

人无千日好，花无百日红。土星也一样，不能总是有那么多的卫星供它食用。当质量谱中的元素及化合物基本上被土星吸收完了以后，再也没有物质供应了，土星质量再也不能增加，就从这个时刻开始，土星的日子就不好过了。因为土星的质量不再增加，引力也就不再增加；引力不增加，赤道上空的卫星和光环的轨道半径也就不再缩小，土星就再也不能把它们当美食了。于是这时候在土星赤道上空的卫星和光环自由了，被保留到今天。所以今天土星的卫星和光环，都是历史上的幸存者。它们又是化石，特别是那两颗牧羊卫星 S26 和 S27，明显表现出这一点，如果土星的质量继续增加的话，肯定再过一段时间，F 光环就和 S27 卫星聚合在一起了。

现在进一步讨论以下问题：

1. 为什么土卫九全黑，土卫八朝外一边黑，朝里一边白？

从质量谱可以看到，土卫九的位置在 C、N、O 谱线附近，因为在这个位置上气体环产生的化合物都是 H_2O、CO_2、CO 等及许多有机物，其中包括沥青、石油和氨基酸，肯定还有游离碳，这些有机物都是黑色的。因为土卫九逆行，所以土卫九是土星吸收内环的重元素为核心形成的卫星，轨道半径最大，在绕土星运行时，它的运行轨道要经过有机物组成的外环。外环是有机物组成的黑色染缸，土卫九一头钻进去，当然外表是黑的，道理就这么简单。

从卫星的质量来看，土卫六、土卫五和土卫八比较大，它们应该是吸收 C、N、O 环内的物质形成的，因为在质量谱中，只有 C、N、O 环内的物质比较丰富，才能形成像土卫六那样大的卫星，所以我们断定土卫六、土卫五和土卫八的内部应该含有丰富的有机物，土卫六内部可能有大油田，因此这三颗卫星的内部肯定都是黑的。但现在为什么土卫五和土卫六都不是黑的呢？第一个原因是，虽然它们在外环形成，但形成以后由于土星胎的质量增加导致这两颗卫星的轨道半径缩小很多，进而使它们逃出了外环黑色的染缸。第二个原因是，因为这两颗卫星主要由冰物质组成，含有大量的水分，水分跑到表面结成白色的冰把黑色的有机物埋在卫星内部。至于土卫八为什么半白半黑，我们猜想，白色的半面和土卫六、土卫五变白的原因是一样的，但是因为朝外的半面是朝向 N、C、O 谱线一边，它经常吸收外环的有机物，所以朝外的半面是黑的。这是一个形成速度的问题，就是形成黑色物质的速度比形成白色物质的速度快，是一种动态平衡的结果。土卫九也有这种动态平衡的因素。

土卫七的密度为 4.9，按天体原子模型的理论是很反常的。它的物质来源不可能在外环，应该是铁谱线附近内环的物质，可能是被土星的引力抛到现在的轨道上运行的重元素，其原理也很简单。见图 30904。

2. 土卫四和土卫十二公用一个轨道，土卫三和土卫十六、土卫十七公用一个轨道，土卫十和土卫十一公用一个轨道，这都说明卫星是由光环形成的。因为按常识，公用一个轨道的几率太大了。另一方面在 F 环内外各有一个牧羊卫星 S26 和 S27，这也能说明卫星是通过许多光环不断收缩后合并形成的。如果我们设想，土星的质量再大一点，F 光环就会和 S26 和 S27 合并在一起，这样一来，S26 和 S27 又变成共轨卫星了。但现在不能再出现这情况，因为土星的质量不可能再增大了。

现在我们讨论一下土星光环，土星光环显然是土星形成过程中留下的遗产。原来的光环，纬向宽度肯定比较宽，但因为土星的引力场是个中心广场，不允许光环的宽度太大，所以经过几十亿年的演化后，纬向宽度就只有 150 米了。土星光环，总有一天会消失的。例如，离土星远的地方，卫星之间的光环现在就完全消失了。

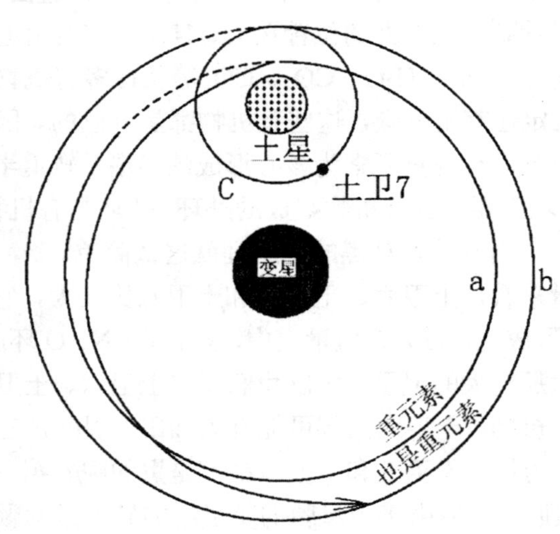

图 30904　土卫七重元素的来源

a 环是原有的含重元素的气体环；b 环是在土星形成过程中，从 a 环抛到外环的重元素物质。由 b 环的物质形成土卫 7 。

a 环应该是组成土星核心的物质，可是它一部分被抛出去了，从图 30904 可以看到，土星胎把变星气体环中离自己比较近的重元素，大部分吸引到土星的表面或形成光环。对于离土星远一点的气体环，在变星引力帮助下，被抛到离行星胎更远的轨道上运行，形成 b 环。这 b 环后来又形成一颗卫星，这就是远离土星的轨道上能形成密度为 4.7 的土卫七的原因，造成卫星密度分布的异常。土卫七是从核心逃出来的卫星，叫死里逃生的卫星。

如果我们把太阳变星产生的气体环，看成是变星的光环的话。那么行星胎为了自己能长大，首先化公为私，把变星气体环，即质量谱中的气体环，变为自己的光环，然后把无数条光环合并为一颗卫星。最后又把卫星拉到自己的身边，撕碎吃下去！行星是靠吃卫星长大的，卫星是靠吃光环长大的，天体之间也是大鱼食小鱼！

§ 3.10　木星的形成

太阳变星形成土星以后，又进一步收缩到半径为 5.2 个天文单位的地区，在那个地区又开始脉动起来，并产生了一颗木星。由于木星有很多特殊性，所以这一节篇幅会长一些。

3.10.1 木星质量最大的原因

木星最显著的特点就是质量大，我们必须给予说明。按我们的理论，太阳系是在红巨星收缩过程中形成的。现在设想，原来红巨星的半径是几百个天文单位，密度也很小，现在已收缩到半径为 5 个天文单位了，密度也升高了许多。因为太阳原始星云是自转的，有固定的角动量（很显然，由于半径的收缩，赤道上空的气体角动量密度就会越来越大），所以当太阳变星的半径收缩到 5 个天文单位的木星区时，赤道上的气体自转得很快，就是说赤道上的气体角动量密度很大，当然还没有大到像拉普拉斯气体那样，可以在赤道上空绕变星作轨道运行。只有在变星因脉动而发生能级跃迁爆炸，实现角动量分离后，变星气体环的速度才能达到绕变星运行的速度。所以要形成行星，变星必须是存在自转，没有自转的恒星即使有脉动，也不能形成行星。木星的质量为什么这样大，是因为木星区变星赤道上的气体有丰富的角动量。

木星质量大的第二个条件是木星区的变星壳层宽度合适。天文观测证实，造父变星的脉动范围是半径的 10%，所以木星区的脉动范围应该在 0.5 天文单位左右，而土星区的脉动范围却有一个天文单位宽。负能壳层的宽度肯定比脉动范围小，因为气体环的气体是分布在负能壳层内部的，负能壳层宽度小了以后，行星胎要收集气体环内的气体就容易得多了，收集气体的效率也高得多。

木星质量大的第三个条件是，变星的半径变小了以后，引力增加了，负能壳层的深度增加。负能壳层加深了以后，能有效约束变星环内的气体不跑到宇宙空间去。

木星质量大的第四个原因是，它的运行轨道半径比土星小许多，为了达到运行速度，角动量密度只需土星的角动量密度的 0.74。

木星质量大的第五个原因是太阳变星体积比土星小了以后表面温度增加了，这表明能级跃迁放出的能量也增加，因此能提供更多的角动量。

读者也许还能找到更多的条件。

由于木星区有这五个条件，所以木星质量谱中的气体含量比土星质量谱中的含量要多三至四倍。所以木星形成后，其质量为地球的三百多倍。当然里头也存在马太效应，一个天体质量越大，它吸积周围的气体也就越容易，跑掉的气体也就越少。

3.10.2 木星的形成过程

木星的形成过程和土星一样，不再重复论述。简单地说，就是以铁镍合金为主的木星胎形成以后，由于壳层宽度合适，木星胎就能很顺利地吸收外环的物质而成长壮大。木星的形成过程和土星也有不同之处，土星吸收了大量的液氧和液氮，其中一部分液氧和液氮吸收了木星胎内部的热量以后，然后又汽化了，所以土星是一个气态行星。木星就不一样了，当木星气体环的温度下降到零下 200℃时，氮和氧由气体变为液体。木星胎吸收液氮和液氧以后，质量和引力马上都大起来，并立即吸收大量氢和氦元素。这是一个正反馈的过程，也可以说是马太效应。木星的质量越大，吸收的氢元素也就越多；吸收氢元素越多，木星的质量就越大。直到木星周围所有元素被吸收完为止。这时木星内部的压力已大到可以使所有气体元素都成为液体的程度了，即使是温度升高到氢元素、氦元素和氮元素的汽化点以上也不能汽化。所以木星内部的氮仍然保持液态，虽然木星内部的温度远高于零下 200℃。

虽然 N 元素的宇宙丰度只有 H 元素宇宙丰度的万分之一，它在木星内部的比例又实在少得可怜，但它在木星的成长过程中却立过汗马功劳。现在的木星是一个以液氢为主的液态行星，它的质量为地球的 317.89 倍，是行星中的太上皇了。

3.10.3 木卫的形成

木星的卫星内容比较丰富，有顺行卫星，有逆行卫星，还有拉格朗日卫星（即现在称之为希腊群和脱罗央群小行星的）。

1. 顺行卫星形成

顺行卫星的形成问题，在土星的形成一节中谈过。在卫星的形成过程中，行星胎先把变星气体环变为自己的光环。假定最初行星胎的质量比较小时光环径向宽度有 100 公里的话，那么当行星胎的质量增大 10 倍时，该光环的径向宽度就会从原来的 100 公里缩小为 10 公里。这是把光环气体压缩的过程，径向宽度缩小以后，光环内部的物质密度就会增加，于是光环内部的物质就会相互吸引形成卫星。

当行星胎的质量进一步增大时，以前形成的卫星也会进一步向行星胎靠近，当某个卫星落进行星胎的洛希极限时，行星胎又会反过来把卫星吃掉。这个在土星形成时已讲过。

为什么规则卫星相距行星中心越近，两颗相邻卫星之间的距离也越近呢？这是因为离行星中心近的卫星先形成，离行星中心远的后形成。我们假定，有一个行星胎，当它的质量为 $1M$ 时，在离中心 10 000 公里的高度产生一颗卫星 A，在 11 000 公里的高度产生一颗卫星 B，这时卫星 A 和卫星 B 相距 1 000 公里。后来行星胎的质量增大到 $10M$。这时卫星 A 到行星中心的距离变为 1 000 公里，卫星 B 变为 1 100 公里，卫星 A 和卫星 B 的轨道相距变为 100 公里。这就很清楚地说明：离行星中心远的两颗卫星之间距离远，离行星中心近的两颗卫星距离近。虽然它和太阳系行星分布规律相似，但形成的机制实质不一样。

我们应该把行星胎的质量看成是可变的，把卫星之间的距离也看成是可变的。所以离行星中心远的卫星，两相邻卫星之间距离远；离行星中心近的卫星，它们之间距离近。

行星形成过程都是这样，行星胎不断把身边的卫星吃下去，而在远处又不断产生新卫星，如果用动画片的话就更形象了。

当行星胎把变星气体环中的气体快吃光了的时候，行星胎再也没有物质来源。这时候外环的物质也缺少了，再也不能形成大的卫星，所以行星形成的晚期，外边的卫星个头小，而靠近身边的卫星是在气体环物质相对丰富的区域形成的，所以质量比较大。

当行星胎再也得不到食物时，行星胎质量不再增加，引力也不再增加。要知道行星胎是依靠质量的增加去夺取上空的卫星作食品的，现在引力不再增加了，木星上空的卫星只好稳定在原来的轨道上，像化石一样一直留到现在，让人类看一看木星当年的风采，以及让人们了解木星形成的晚期食物短缺的情况。所以离木星远的卫星质量比较小。至于木卫十四、木卫十五及木卫十六，它们原来可能是一颗大卫星，被木星撕碎成了几颗小卫星，正要吃的时候木星停止了生长，这最后的晚餐也就没吃上。这几颗卫星也就死里逃生。

现在再谈，为什么顺行卫星的轨道半径小，而逆行卫星的轨道半径总是比较大。这有两种原因。第一，因为变星气体环外环的物质比较丰富，行星胎一般在铁谱线的位置形成，所以行星胎在变星引力的帮助下，总是先吸引外环物质形成卫星，然后再把身边的卫星吃掉使自己长大。因为吸收外环的物质形成的卫星总是顺行的，所以吃顺行卫星长大的行星自己的自转方向也是正转。

因为外环物质元素的宇宙丰度比内环物质元素的宇宙丰度要大得多，即使行星胎在吸收外环物质的同时也吸收内环物质，少量的内环物质也被大量的外环物质淹没了。所以在行星形成的初期，内环的物质没有机会形成逆行卫星。这就造成离行星中心近的卫星中没有逆行卫星。

只有当行星形成的晚期，行星胎把外环的物质基本上吸收完了之后，外环的物质再也不能淹没内环的物质时，才允许行星胎吸收内环的物质形成逆行的卫星。但这时内环的物质只有在离行星中心很远的地方才存在，离行星中心近的内环气体早已被外环气体打扫干净了，所以形成的逆行卫星离行星中心都很远。

到此我们已讲清楚，顺行卫星的三个特性：第一个特性是离行星中心近，两相邻卫星距离小；离行星中心远，两相邻卫星距离大。第二个特征是离行星近卫星的密度比较大。第三个特性是顺行卫星总是在逆行卫星内部。在这里应当指出，海卫一不能算是海王星的逆行卫星，海卫一和海王星的关系应算作相互绕转的双行星。因为海卫一形成时，不是通过海王星的引力先形成光环，然后由光环形成海卫一。海卫一原先是一颗行星，后来被海王星俘获过去的。严格地说，冥卫也不能算是卫星，冥王星系统应算是绕转双行星。小行星的卫星也不能看作是卫星，它们应当是绕转双小行星系统。它们都是兄弟关系。

2. 逆行卫星的形成

真正的逆行卫星只有土星和木星才有，海卫一不是卫星，而是双行星系统中的伴星。为什么只有质量比较大的行星才会有逆行卫星呢？这是因为在内环变星的引力刚好和行星的引力方向相反，所以变星的引力妨碍行星从内环吸收物质形成顺时针运行的光环，因此对于小质量行星来说是没有可能形成逆行卫星的。但对大质量行星就不一样了，行星的引力大到可以克服“太阳变星”引力的干扰以后，就可以形成逆行卫星。行星的质量达到较大水平时，也只有在行星形成的后期，因此逆行卫星都比顺行卫星离行星中心远，而且都是不规则卫星。这是“太阳变星”引力干扰与行星引力反干扰造成的。另一方面，当逆行卫星运行到外环时，外环反方向来的冰物质也会和逆行卫星相碰，因为逆行卫星是由内环的物质形成的，内环的质量谱表明，原子量比较大的元素的宇宙丰度很小，这就决定逆行卫星密度较顺行卫星的大，而卫星质量又远比顺行卫星的小。质量小的逆行卫星经不住干扰，当它逆行到内环，碰上顺行的一些小星子时，轨道很容易发生改变，造成逆行卫星轨道偏离行星的赤道平面，成为不规则卫星。

行星的质量越大，越有利于形成逆行卫星，木星的质量比土星大，所以木星的逆行卫星就比土星多。土星只有一颗逆行卫星，而木星有四颗，从空间范围来看木星形成逆行卫星的范围也大得多，土卫九的半长径只有 12 950 千公里，而木卫九的轨道半长径却有 23 600 千公里。两者半径相差 1.8 倍。

3. 拉格朗日卫星的形成

在木星的轨道上，有两群小天体。它们和太阳、木星之间的力学关系呈现拉格朗日三体问题的特殊解中的两个点 L_1 和 L_2。这两个点都在木星的轨道上，且和太阳与木星的中心点组成两个等边三角形。如图 31001 所示：

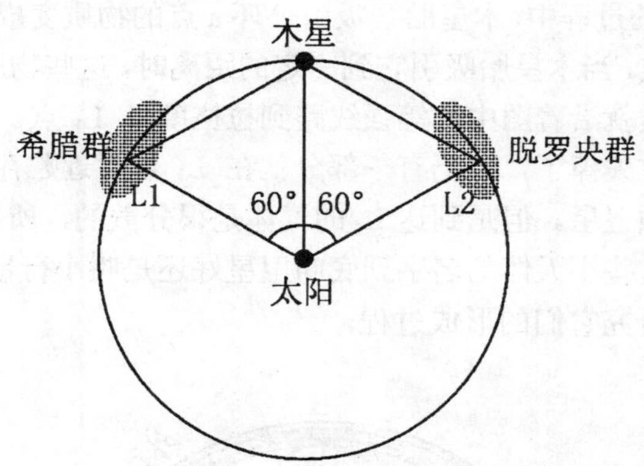

图 31001　拉格朗日三体问题的特殊解

天文观测证实， 在拉格朗日点 L_1 和 L_2 附近，的确发现不少小天体，这是拉格朗日的数学成就。但是关于这些小天体的归属问题，当代天文学家把它当成小行星。认为是拉格朗日先盖了两间别墅，等着小行星后来搬进去住的。天文学家把 L_1 点附近的小天体命名为“希腊群”小行星，L_2 点附近的命名为“脱罗央群”小行星。

但是，令人不解的是，大多数小行星是在主行星带 2.7 天文单位的地方，为什么这两群小行星却要从自己的家乡千里迢迢搬到 5.2 天文单位的轨道上去，难道是为了给拉格朗日一点面子，特地搬到这两所别墅去的？而且数量还不少，有一千多颗。另一个不知什么原因引起的，就是希腊群的小天体数目至少两倍于脱罗央群的数目，从力学观点来看，这两个点的性质是一样的，一个点在木星前方 60°，一个点在木星后方 60°。

光谱分析表明这两群小天体是所有小行星当中最暗的。它们的物质来源在什么地方，没有人能解答，只能说可能是由木星形成后的残余物质形成的，也可能是吸收星际物质形成的，或者说是从小行星区跑去的小行星。这三种来源中，到底是哪一种谁也不能肯定。

天体原子模型能给读者满意的答复，可以肯定这两群小天体的物质是来源于木星质量谱中的 H、C、N、O 环中。因为只有在 H、C、N、O 环中才有大量的有机物，才能使这些小天体身黑如沥青。请看图 31002。木星形成以后，太阳和木星就组成一个引力系统。双星组成的引力系统，它的引力等强面不再是一个圆形的球。在海王星形成的那节中讲过，海王星和海卫一系统形成的引力场的等强面像一个鸡蛋。现在太阳和木星组成的系统里，在系统外看来也像一个鸡蛋。它在一个球面上的引力强度最强点是图中的 a 点，次强点是图中的 b 点，这两点是在太阳和木星的中心连线上。

在木星形成的过程中，木星胎会吸引外环 a 点的物质变成自己的光环。但是，有一些外环的物质，当木星胎吸引它到一定的距离时，这些物质超过了环绕速度。于是有一部分物质就沿着图中的等强线路到拉格朗日 L_1 点。这部分气体或液体物质虽然大部分散失掉了，但仍有一部分就在 L_1 点附近贮存起来，等密度达到一定时就形成一颗卫星。但是到达 L_1 的气体是很分散的，所以 L_1 附近就形成很多小卫星。当然这些小天体的名字到底叫卫星好还是叫小行星好是无关紧要的，我们的目的只是研究它们的形成过程。

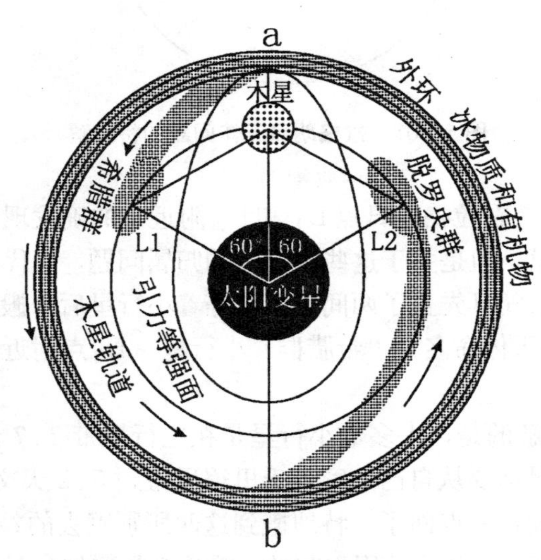

图 31002　拉格朗日卫星形成图

从图中看到，b 点的引力也比较强，因此气体环中的气体，运行到 b 点时，也会改变轨道，沿着图中所画的路线运行到 L_2 点，同时也在 L_2 附近形成一组卫星。但是，我们上面说过，b 点的引力比 a 点弱，所以 b 点被吸引的物质应该比 a 点少。另一方面，b 点到 L_2 点比 a 点到 L_1 点路程至少长两叁倍。路程长的，气体在路途中损失就多。这两种原因，决定在 L_2 点形成的卫星要比在 L_1 点形成的卫星少一半。因为这两群卫星，其物质来源于质量谱的外环有机物质最丰富的地方，所以颜色全是黑的。到此，我们已把这两组小天体如何形成的问题及 L_1 点卫星多、L_2 点卫星少的问题，以及为什么这些小天体都这么黑的问题说清楚了。至于到底叫小行星还是叫木卫星，还是由德高望重的天文学家去决定吧！

3.10.4　木星的大红斑

因为木星的大红斑很出名，所以这一节必须把大红斑问题说清楚。宇宙飞船观测证实，木星的大红斑位于其南纬 23° 的地方，东西长 4 万公里，南北宽 1.3 万公里，是一团激烈上升的气流，呈深褐色，气旋以逆时针方向转动。我们在太阳黑子一文中说过，太阳南半球的黑子是向内流的气体，其旋涡的旋转方向是顺时针。海王星、天王星及土星也都有各种颜色的斑块。海王星的斑块是黑色的，土星的斑块是白色的，天王星的斑块还未见报导，但我们相信肯定有，而且这些斑块肯定和木星的大红斑块性质是一样的。

海王星、天王星、土星和木星都能自己发射能量。对于木星和土星来说，它们辐射的能量比它们从太阳那里吸收来的能量大 2.5 倍。

我们的天体原子模型理论中的天体，是包括行星在内的。就是说，该理论认为行星也会通过向外发射气体而放出能量，就是说木星中心的能级比较高，因此木星中心的气体会向表面跃迁并放出能量。不过因为木星中心气体的质量和木星表面气体的质量（指基本粒子的质量）相比大不了很多，所以放出的能量较少。现在天文观测证实，木星有自己的能源，而且木星的大气也是从里向外流的，特别是大红斑中的气流向外流动得特别激烈。虽然木星是个液体行星，外表被一层厚厚的大气盖住了，我们不能直接看到液体表面，但是从大红斑中的气体激烈向外流的程度看来，大红斑底下的液体表面一定是一个火山的出口，也可以说是长期喷发的火山口。由于气体向外发射放出能量，火山本身就是一个能量源，所以大红斑可以长期维持下去。我们的理论跟当代理论不同之处在于，当代理论认为，行星内部热了就会喷发火山，而我们的理论却反过来，冷的气体往外喷射时温度就会升高，从而变成“火山”，很像原来冷的原子弹核子从原子核内部跑出来后温度就升高。所以大红斑底下，有一个能级跃迁的点，它喷射的气流被地球上观测到了。海王星、天王星、土星的大红斑性质也是一样，不再重复，它们都是能级跃迁造成的。

木星的大红斑是长期爆发的“活火山”口，这就是我们的结论，当然严格地说应该是“火海口”，因为木星内部全是海没有山。

3.10.5 木星的磁场

木星的磁场比地球强得多，而极性却和地球相反。相反的原因是因为木星有逆行卫星的存在，是顺时针运行的正离子造成的。因为要牵涉到行星磁场的起源问题，而我们的理论又和当代理论相差太远，就像我们把大红斑说成是火海口一样，跟当代理论相距万里，所以关于行星磁场问题，以后专门用一节来讨论。本节就到这里结束。

综合起来说，木星的质量大是太阳变量角动量较大等多种原因造成的，顺行卫星是木星吸引外环物质形成的，逆行卫星是木星吸引内环物质形成的，只有质量较大的行星才有资格形成逆行卫星。拉格朗日卫星是太阳与木星的合力共同吸引外环的有机物形成的。木星的磁场之所以和地球极性相反，是因为木星吸引了内环的正离子气体的结果。大红斑是木星壳层跃迁形成的火海口。

§3.11 小行星的形成

声声慢

宽宽窄窄，高高低低，圆圆扁扁仄仄。
木星形成以后，特权谋杀。
亲娘腹里有喜，奈何它，岂能容得？
引力刀，刺娘身，胎逝分崩离析。

谢提丢斯比得，二点七，从此有人寻觅。
血染长空，蓝白紫红加黑。
碳石铁星列队，绕日奔，缓缓急急。
仔细听，数千行星同哭泣。

这首词，是小行星状告木星谋杀它的状子，这是四五十亿年前的案件了，看来有必要向读者讲清楚。不过要判木星有罪那是不可能的事，但是，小行星被弄成今天这个样子，罪魁祸首确实是木星，许多当代天文学家都这么认为，不过也有些天文学家不这样看。有人说，小行星原来是完整的一颗大行星，很久以前，这颗行星上的居民科学已非常发达了，后来发生了一次核大战，把该行星海里的氢气都点燃了，于是整个行星被炸成四分五裂。他们还把战争时间定在四亿年前，根据是他们发现有些陨石的年龄只有四亿年。在他们看来，在常温常压下的海水也可以实现核聚变，像火柴点汽油那样，用氢弹就可以点燃海水。今天看来这理论是不大可能。

现在我们就来研究一下，木星为什么能导致 2.7 天文单位的地区不能形成单一的大行星，而只能形成许多质量很小的小行星，我们必须找出它的必然性和规律性，这是天文学家的责任。

3.11.1　第一个原因

小行星区不能形成大行星的第一个原因是，气体得不到充足的角动量。这是因为太阳变星在形成木星时把大部分角动量都交给木星了。木星形成以后，太阳变星自己自转就很慢了；另一方面变星体积小了以后，表面平均温度升高了，它可以靠热运动对抗引力的收缩，不一定全靠自转。当太阳变星收缩到 2.7 天文单位时，变星自己的角动量剩下只占整个太阳系总角动量的 0.00158。可以想象，那时变星自转速度有多慢。

变星发射气体环，要借助变星赤道上的自转线速度，现在线速度很小，发射气体环的效率就很低。因为可利用的角动量不多，发射上去的气体正反方向的速度相差很小，不能形成高度差。所谓高度差，是指沿自转方向运行的气体，其轨道半径与反方向运行的气体轨道半径之间的差。如果正反方向运行的气体轨道半径一样高，大部分气体必然相碰后又落回变星表面。这样形成的气体环，其内部的气体总质量必然很小，最多也只有地球质量的百分之一左右。我们还是把这个数据估计得大了一些，因为现在有人计算过，全部小行星的质量总和也只有地球质量的千分之一。这就表明变星质量谱上的气体元素非常稀少，相应的铁元素也很少。天体原子模型理论认为：行星形成时，先在铁谱线中形成一个铁元素组成的行星胎，然后由行星胎的引力去吸收外环的 Si、Mg 等元素及其矿化物，最后吸收由 H、N、C、O 及其化合物。现在因为铁元素的质量总和很少，形成的行星胎的质量也很小。小质量行星胎的引力也很小，不可能有效地吸收外环的物质来壮大自己，于是行星胎就永远不能长大，因此就形成不了单一的行星。我们现在还不能断定，当时的质量够不够形成单一行星的条件，我们只能提出两种可能：即在没有木星引力干扰的情况下，有可能形成一颗质量很小的单一行星，也可能形成几十颗小行星。

3.11.2　第二个原因

小行星不能形成单一行星的第二个原因是木星强大引力的干扰。为了讨论方便，我们假定小行星区中的质量谱已经有条件形成单一的行星了，就是说假定质量谱中的质量已足够多，甚至有比地球还多的质量。那么在质量已足够多的情况下，被木星引力干扰时，是形成无数的小行星还是形成单一的大行星呢？答案是形成许多小行星。

为了讲清这个问题，我们还是要重新讲一讲质量谱，就是说太阳变星脉动时，如果不存在木星引力的干扰，它形成的质量谱，是一条很细的线。为了讨论方便，我们只画出一条铁元素的铁谱线，如图 31101 所示。铁谱线宽度很小，当气体环温度下降到铁元素的沸点以下时，铁元素液化为许许多多铁水球粒组成的一条圆形的红色环，是非常好看的，这是太阳变星的光环。这样一来这些铁水珠子在绕变星运行的过程中互相碰撞和吸收，逐渐形成一个单一的行星胎。

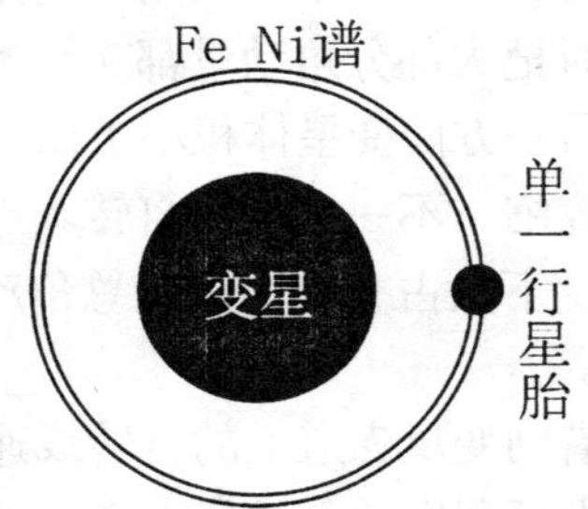

图 31101　铁谱线细时形成单一行星胎

以上 Fe、Ni 质量谱只有在没有外来强引力干扰的情况下才能形成单一的行星胎。在小行星区因为有木星强引力的干扰，所以形成的铁谱线，在径向方向就会变得非常宽，如图 31102 所示。

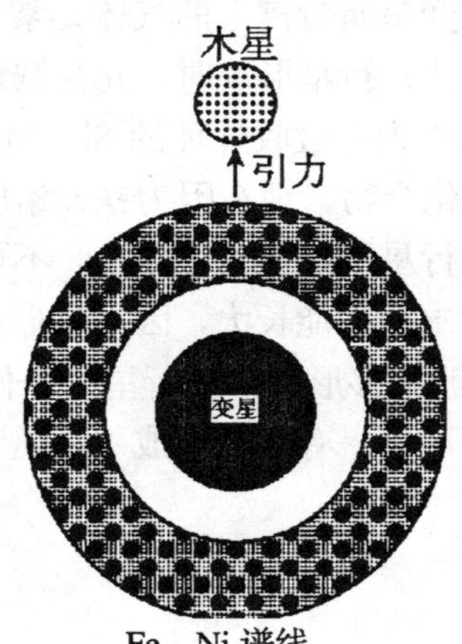

图 31102　在木星引力干扰下铁谱线变得很宽

道理是很明白的，因为木星的引力要把铁谱线中的铁元素往木星方向拉，被拉以后，它的运行轨道就不再是一个正圆了，变成了椭圆，而且椭圆轨道的偏心率会随着时间的增长越来越大。总的效果是使铁谱线变得越来越宽，原来是一条线的铁谱线，后来变成一个环面了，就像聚焦不好的扫描线。

铁谱线是一条线时，铁水珠子在运行过程中抬头不见低头见，可以互相碰撞形成一个更大的液体球。现在铁谱线变得很宽，这些铁水珠子完全可以各自为政。你走你的阳关道，我走我的独木桥，老死不相往来，只能三三两两聚在一起形成许多小行星胎。因为这许多小行星胎，各自的引力都很小，不能主动地吸收周围的物质壮大自己，只好靠几率碰运气，把随机运行到自己身边的物质吸引过来，更远一点的就无能为力了。

当然，铁谱线一变宽，它就侵占了其它元素的轨道，所以很多元素就混合在一起了。这时铁谱线中形成的行星胎，不再是纯的铁元素了，而是以铁为主，其它元素或化合物为辅的小天体，这就是铁质小行星。

上面仅仅是为了讨论方便，只举了铁谱线例子，事实上质量谱中还有许多丰度比较大的元素，如 Ca、Si、Mg、C、N、O、H 等元素，它们的谱线也变宽，同样形成许多行星胎。在质量谱中，宇宙丰度比较大的元素可以分为三组。第一组以铁、镍为主，第二组以硅、镁为主，第三组以氢、碳、氮、氧为主。所以小行星也分三组：以铁、镍为主的小行星是铁质小行星，因为铁镍元素的丰度最小，所以铁质小行星的体积、质量都很小，个数也少。从质量谱中可以看到，铁质量谱运行轨道最小，所以铁质小行星离太阳最近。第二组是以硅镁为主，因为硅和镁容易化合为石质矿物，所以第二组小行星是石质小行星。因为在质量谱中，硅和镁元素运行轨道的半径比铁元素的大，所以石质小行星运行轨道的半径比铁质小行星的大。第三组是在 H、C、N、O 化合物中形成，因为 H、C、N、O 能生成水和许多有机物，所以第三组是碳质小行星，因为 H、C、N、O 在质量谱中的最外环，它们的运行轨道半径最大，所以碳质小行星也离太阳最远。如图 31103 所示。

因为 H、N、C、O 元素丰度大，形成的化合物也多，所以碳质小行星的体积和质量都较大，同时碳质小行星的个数也较多。碳质小行星含有机物比较多，水分也较大。例如，有人测定谷神星上的水含量竟达 10%~15%。当然，小行星形成初期，轨道偏心率没有现在大，在木星引力的作用下，经过几十亿年的运行，偏心率才不断增加。

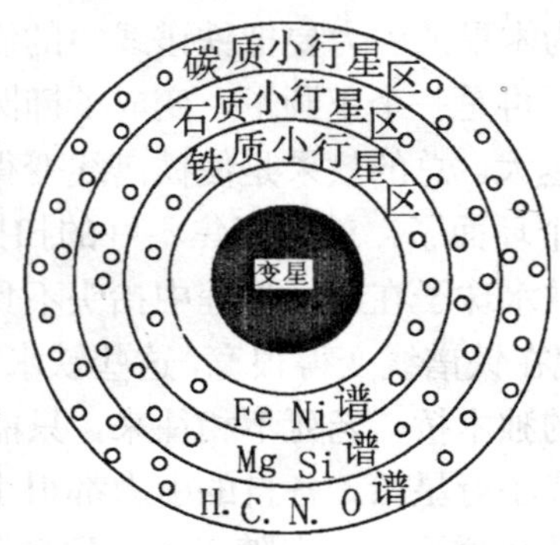

图 31103　小行星分区图和质量谱元素分布完全一样

在本节里，我们没有提到脱罗央群小行星，是因为我们把它们归到木星的家族里头去了。它们不属于小行星群。

读者从这一节可以看到，太阳系行星的特性，是由统一规律支配的，木星本身也不是自己愿意长得那么胖，它想减肥也没办法。当然，小行星是因为木星强大引力的存在才四分五裂。其实小行星在太阳系中是一群很可爱的姑娘小伙，它们宽宽窄窄、圆圆扁扁体现出小行星形态之美。它们高高低低、缓缓急急更显出小行星在太空中阅历之广，这有什么不好呢？同时作者在此还要特别感谢小行星，因为小行星的分布是铁质小行星离太阳近，碳质小行星离太阳远，石质小行星在二者的中间。这完全和质量谱的排列一致，更证明行星是在质量谱中形成的，它们是天体原子模型的见证人。不过反过来说，也只有天体原子模型中的质量谱理论，才能讲清楚小行星形成的原因，这也是天体原子模型的成功之处。

上面讲的是，我们假定质量谱中气体足够多时，在木星引力的干扰下，必然形成许多小行星。现在气体环中气体的总量又很少，所以小行星区形成小行星，是太阳系进化的必然结果。

§ 3.12　火星的形成

天文学上也是无奇不有，有人把小行星比喻为流产的胎儿，也有人把火星看作是已没有生命的死尸，并且认为是被谋杀致死的。不过状告木星的人没有了，只有我们现在还要把它牵扯进去，下面将会讲明我们的理由。

因为我们研究的主要内容是火星的形成，对于火星上的生命是否进化到了高级阶段，我们很少关注，更不会像科幻小说家们那样杜撰出火星人和地球人谈情说爱的故事。过去很多人认为火星上有运河，有运河当然就有人类。后来经过宇宙飞船的考察，才发现火星上满目荒凉，连细菌都不能生长，哪里还有人类的影子？于是一些人就称火星是死了的行星，是行星的尸体。

从宇宙飞船拍回来的照片上看去，火星上确实存在过丰富的液态水，火星表面上的河床和地球上的河床相比有过之而无不及。不过，有些看来像金字塔和人面像的东西是否真的是火星人的作品我们无法肯定，反正有英国汉卡克等人写了一本二十多万字的巨著去论述这个问题了，我们何必“看蛇添足”。人类虽然对火星有点失望，但也只能承认事实，我们现在的任务就是找出火星过去有水而现在没有的原因。

我们认为火星之所以成为现在这个样子，根源仍然在木星上面，但不会去控告木星，因为这是自然规律。在天体原子模型理论看来，一切都是必然的，就像数控机床在计算机程序控制下进行产品加工一样准确无误。我们的目的就是破译太阳系的加工程序，揭示天机。

前面一节说过，小行星区因为角动量不足造成气体环质量很小，又加上木星的引力干扰，所以小行星区只能形成无数小行星。不过应当承认，在当代天文学家看来，小行星区的角动量和木星的角动量之间是没有必然的联系的。他们认为，行星的角动量是通过磁场从太阳上输进去的，小行星区比木星区离太阳近，小行星区是没有理由得不到角动量的。其气体的密度也应该比木星区大，当代理论认为星云气体盘的密度是内部密外面稀。只有天体原子模型理论，才能找出小行星区因角动量不足，形成不了大行星的原因，加上木星引力的干扰就只能形成无数的小行星了。

现在我们进一步来讨论火星的形成。当太阳变星形成了许多小行星以后，半径收缩到 1.5 天文单位时，又在那个区域脉动，并且也形成一个质量谱。原来小行星区是 2.7 天文单位，现在是 1.5 天文单位，轨道半径比小行星区小了一些，因而物质绕变星运行的轨道角动量密度可以小一些（地球上发射卫星也一样，发射高轨道的卫星要比发射低轨道的卫星花的能量多），所以在火星区质量谱中的气体的总质量肯定会比小行星区大一些，但也多不了多少，总质量最多也只能有地球质量的百分之二三十左右（这是参考了现在火星的质量是地球质量的 10%后提出来的，因为考虑到形成火星的过程中，气体环内的物质会损失一部分）。

变星在火星区脉动，其脉动范围大约是 0.15 个天文单位，其质量谱的范围要小于这个数量。设想一下，质量只有地球 20%左右的物质散布在这样大的区域内，密度肯定是大不了的。

木星的引力仍然会对火星的质量谱进行干扰，虽然干扰程度比小行星区小得多，但谱线一定也变宽了，所以火星区质量谱中仍然不可能形成单一的行星。铁镍元素不可能成为统帅。所谓统帅，就是指以铁镍元素为核心，形成单一的行星胎，再由行星胎吸引其他元素组成单一的行星。

我们从表 30501 中可以看到，Si、Mg、O、C 的元素宇宙丰度加起来，远远超过铁元素宇宙丰度的百倍，它们之间谱线又相邻，在木星引力的干扰下，这些元素之间几乎混合在一起了，它们之间可以形成很多矿物质。对比起铁元素丰度，Mg、Si 谱线中的物质丰度就非常大了。这样一来由 Si、Mg 元素组成的氧化物及其他矿物质，就可能聚合成火星的行星胎，成为火星的核心物质。火星和地球不同，地球是铁心，火星是石心，所以地球有磁场，而火星则没有。

我们再从表 30501 可以看到，Si、Mg 元素，离 C、N、O 谱线很近。C、N、O 这三种元素，很容易和 H 元素化合成水及多种有机物，其中包括氨基酸，所以当气体环的温度降低到 100℃以下时，外环的水蒸气凝固为水。从这时候起，火星胎必然要吸收大量水和其他有机物。这样，火星的质量，初期可能比现在大得多，那时候火星表面很大部分是水和有机物组成的海洋，它比地球含水的百分比要多得多，真可谓是近水楼台。因为水中含有丰富的有机物，特别是氨基酸，所以火星形成初期肯定有利于生命的演化，后来生命到底演化到什么程度，我们没有研究，但绝对没有演化到高级人类。

火星吸收了大量水分以后，它的质量大了，引力也增大，这时候它会反过来吸收内环的物质。但是火星的引力方向和太阳的引力方向刚好相反，所以火星要吸引内环的物质是不容易的。铁谱线处于火星的内环，所以火星只能吸收少量的铁元素散布在它的表面，就像穿上了一件很薄的铁元素衣裳，打扮成红色的行星。其实它内部的重元素是很少的，所以现在火星的密度只有 3.94，这和地球表面的岩石密度相当。但是应当肯定，火星形成初期，它的平均密度也许只有 3 左右，因为那时它含有大量的水。

现在再来讨论关于火星的一个非常关键的问题，那就是火星形成初期的自转速度，有人参考了外行星的自转速度，认为现在火星自转一周等于 24 小时 37.4 分是太慢了。相反，我们认为火星形成的初期，它的自转速度应该更慢，有可能自转一周要几十天，就像金星那样。又因为形成火星的行星胎靠近外环，所以火星当然应该顺转。

行星自转的快慢，要看行星胎形成的地点。拿地球来说吧，地球的行星胎形成在铁谱线上，地球行星胎形成以后它主要吸收外环的物质，如 Si、Mg 及其矿化物和更远的冰物质。外环的物质角动量密度比较大，当行星胎把外环的物质吸收到自己表面上来时，自转速度就很大了，所以地球的自转速度就比较快。但是火星就不一样了，火星胎形成在 Si、Mg 谱线上，以它为中心，一方面吸收外环的水和有机物，另一方面也吸收内环的 P、S、Ca、Cr、Fe 等元素。吸收外环的物质使火星自转速度加快，吸收内环的物质使火星自转速度减慢，二者相互抵消。所以火星形成初期的自转速度比地球自转速度慢得多，也许自转一周需要几十天。

我们是从火星胎形成的地点，得出火星形成初期自转速度是很慢的，如果确实如此，下面就有文章可做了。火星表面有大量的水，如果火星的自转速度像现在那样快的话，由于表面每次受阳光照射时间不长，当温度要升高到冰的融化点时，天又黑了。到了晚上，表面的温度又下降了，所以火星表面的温度永远在冰点以下，即使表面有水，也不可能形成河流。

如果火星的自转速度很慢的话，情况就不一样了，我们假定 20 天自转一周，那么它白天的时间有 10 天，晚上的时间也有 10 天。火星表面就可以连续受太阳的照射 10 天，相当于 240 小时，那时其表面温度可以升高到水的冰点以上，甚至升到汽化点（那时火星的气压不会有地球大，因为它的引力比地球小，所以汽化点不会到达 100℃）。意思是说，如果火星表面在晚上都结成冰的话，那白天在太阳光下连续照射 240 个小时，冰就大部分融化了，就会在火星表面形成大洪水。不过理论上要求，这些水必须大部分汽化，汽化后变成云。因为只有云才能在火星高空实现循环，水可以从天上落下，又从高地流到低地，才能造成火星表面无数的河床。另外，云又能从白天的天空对流到晚上的天空，使火星晚上下起大雪，使火星黑暗一面形成无数的雪山。这些雪山一到了白天，被太阳一晒又化成了水，形成大的洪水冲刷地面形成了无数的河床。

如果火星表面长期冰冻，再多的水也不可能形成河床。当然，火星表面也可能有这种情景，南北两极永远结着冰，像地球那样，只在赤道附近才有液态水和水汽出现。这都是由火星自转速度来决定。

现在至少可以肯定，当初火星赤道附近，白天总是倾盆大雨，雨水、雪水相加，造成洪水滔滔，遍地汪洋大海。一到晚上，从白天那一半球吹过来的水汽，立即结成大雪和冰雹，像是天塌下来一样，大量的冰和雪落到地上。如果火星自转速度足够慢，太阳晒得南北两极的冰也融化了的话，就连两极也是这样的天气。请读者不要以为我们是在写科幻小说，当时火星上只能是这样，才能形成火星表面无数的河床，而且这种天气不是一天两天的事，至少也有几亿年的时光。如果当初火星上有居民的话，那他们是早上看雪山，中午看洪水，下午看天旱，晚上看下雪。那不是很有诗意的吗？

在这种天气下，也许两极地区附近的温泉中，生命可以生存和进化。

火星上这种下雨的天气能持续多长时间，这是很难估计的，要等将来到火星上去实地考查才能知道。火星开始下雨的时间是知道的，就是在火星基本形成后，火星胎开始吸收外环水分的时候就开始了。也就是外环的温度下降到 100℃以下的时候。

因为火星的引力小，水分汽化后，会有一部分逃到太空去。但是在火星形成初期，N、C、O 外环是个大水源，就像沿海山区的植物叶子，白天叶面上的水珠被晒干了，第二天早晨叶子上面又沾满了露珠，天天如此。因为空气中有大量水分，供给叶子在晚上吸收。所以对于火星来说，只要外环天空还有大量的水分，它表面的水分就不会干枯。其实火星表面上的水，原本就是从外环吸收来的。那时候火星区的外环是一个云和雾组成的变星光环，火星就运行在这云和雾之中。要知道火星刚形成时，太阳变星的半径比现在太阳的半径大得多，火星接收阳光的热量也比现在大得多，所以早期火星上的冰要液化和汽化也比现在容易得多。

当变星的半径收缩到地球区以后，太阳变星再也不能通过脉动供给火星区气体了，所以变星气体环中的水分会慢慢消失。变星气体环水分消失以后，火星表面就再也得不到气体环水分来补充自身的水分损失。这时候，火星就开始走向衰落的道路了。因为这时候，火星照样白天会在太阳光照射之下把大量水分蒸发到空中，并且一部分水分会损失在太空，于是火星就慢慢失去它的水分，时间长了，就变成了现在那个样子。现在我们无法估计变星气体环的气体要多长时间才完全消失掉，也无法估计火星在失去气体环的水分补充以后，火星靠自己表面的水分能维持多久。

但是，火星的自转速度后来显然加快了，其自转速度加快的原因，显然是受到了外来天体的撞击。撞击火星的天体有三种，一种是外来的小行星，一种是火星自己的卫星，第三种是在火星质量谱外环冰物质中和火星一起形成的火星的兄弟行星（我们在本节开头的时候说过，在木星引力干扰下，火星区可能形成几颗独立的行星）。这三种来源的天体都可能碰到火星，不过有一点是可以肯定，要使火星自转速度加快，外来的天体是从反时针方向碰上火星的。火卫一和火卫二也许是碰撞后的产物。碰撞的方式有多种多样，这一点前人已作过许多的研究。我们如果也参加讨论的话，决不会比他们更正确，所以就不提什么意见了。我们只承认碰撞后的事实，碰撞后自转速度增加了，偏心率增加了。

我们现在关心的是外来天体和火星碰撞的时间。有两种可能，第一种可能是早期碰撞，所谓早期碰撞是指在火星表面还存在大量水的时候发生的碰撞。第二种可能是晚期碰撞，是指碰撞发生时火星的水分基本上已蒸发干了。第一种可能性大一些。

如果是第一种碰撞（指碰撞发生在火星表面还有大量水的时候），火星表面底下应该还存有大量的冰。理由是这样的，碰撞以后，火星的自转速度加快了，一天只有 24 小时，火星表面的水很快结成冰，因为火星的一面最多只让太阳照射 12 小时，不能使冰融化为水，这就为火星保存水分创造了良好的条件。最初火星表面就被一层冰覆盖着，但由于冰层暴露在地表，时间长了就升华完了。火星每年都要运行到近日点，在近日点火星表面温度会升高，冰会融化升华，但是火星地表下深处的水却可以很好地保存下来。而且我们可以肯定，火星地下含有丰富的石油，因为火星形成时是把外环的水和有机物一起吸收过来的。如果我们的理论是正确的话，移民火星是可行的，能源和水都不成问题。

火星的运行轨道偏心率增大以后，从图 31201 可以看到，火星的轨道就要通过质量谱中所有元素的运行轨道。因此火星后来有机会吸收到质量谱中的各种元素，不过这些元素的宇宙丰度很小。内环物质丰度比较大的是铁元素，因此当火星运行到铁谱线上时，顺便吸收一些铁元素及其氧化物并散布在整个表面，使得火星变为红色。

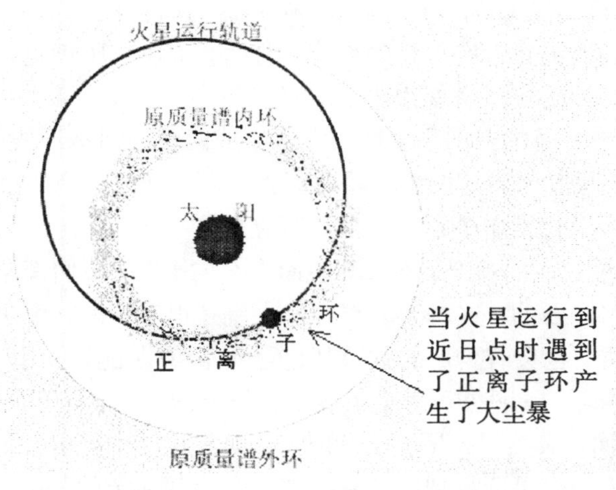

图 31201　火星尘暴的起因

另一个值得注意的是什么原因引起了火星的尘暴？因为在内环运行的很多是放射性重元素，放射性重元素分布在火星近日点附近。放射性元素衰变后变为正负离子，由于自由电子能被太阳风吹走，所以内环留下不少正离子绕太阳运行。这些正离子贡献了黄道光，也贡献了正电场，所以每当火星的夏天运行到近日点时，就进入了正电场内，火星表面的灰尘在静电场感应下，自己也带了电，于是带了电的灰尘，在高空正电场吸引下，离开地面飞了起来，这就是尘暴的原因。尘暴的起因不能用温度升高来解释，因为地球离太阳更近，温度比火星更高，都不会引起全球性的尘暴。尘暴的发生只能在火星运行轨道的空间特性中找原因。

正像彗星的尾巴是太阳风所造成的一样（因为离太阳近空间温度高，太阳风强就造成彗星产生了彗尾），火星的尘暴，也向我们揭示了质量谱过去确实存在过，而且现在在重元素谱线的位置上仍然残存着正离子气体环。这些正离子是放射性元素衰变的产物，所以火星一旦运行到近日点时就起尘暴，空中正电场是引起尘暴的原因。

火卫一和火卫二是如何形成的呢？应该有三种可能的方式。

第一种方式是它们原先就是由吸收外环的物质形成的卫星。因为该卫星的物质来自于C、N、O谱线，必然含大量水分和有机物，像二块吸足了水分的海绵。后来水分蒸发干了，就成了无水海绵，密度小，颜色深。

第二种形成方式是，外来天体和火星相碰，外来天体破裂后留下两块碎片绕火星运行。外来天体含水和有机物都很丰富，因此留下的碎片也像吸足了水分的海绵，干了以后就成了两块无水海绵。

第三种形成方式是，外来天体和火星碰撞时，把火星表面的物质碰出两块，而这时火星表面仍然含有大量的水分。因此这两块物质仍然是像两块吸足了水分的海绵，干了以后成了密度很小的卫星。

总的说来火星的卫星是由两块泥水浆或两块脏雪球形成的。火星的偏心率变大了以后，火星就带着这两颗卫星运行到内环。内环会有很多的重元素组成的碎块，可以把火卫打得千疮百孔，成了现在的样子。

对于火星现在的情况，不管其表面多么的干旱，我们都倾向于火星地底下还会有大量的水和石油。这对于人类开发火星是很有利的，解决了能源和用水的问题。火星表面上也会有少量的铁及其它重元素可供工业之用，因为火星运行到内环时会吸收内环的一些重元素。虽然不会很丰富，但很好开采，大多数是露天的。

另一方面，人类在火星上活动时，如何防止空中静电场的破坏作用，也必须预先研究。因为火星运行到内环时，空中会出现一定的静电场。这种宇宙电场，除了产生火星尘暴以外，还有可能产生激光。很显然，我们过去接触的多数是宇宙磁场，宇宙空间范围大的电场是没有接触过的。所以当火星运行到内环的电场中的时候，电场本身要做出什么反应，火星自己要做出什么反应，或者火星和电场合作起来共同会做出什么反应，这些都必须要研究清楚。电场是一种能量，我们也可以研究如何利用这种宇宙电场能。这种能量的来源是内环中的放射性元素所提供的。

火星上现在肯定还存在生命的种子，生命的出现在天体原子模型看来是一个必然的过程，对于变星来说，它没有把生成氨基酸看作比形成二氧化碳更重要，它是一视同仁的，因为每个质量谱的外环都有 H、C、N、O 元素。这些元素在一起，成了一个独立王国，不会受到其他有害元素的干扰，因为其他元素都比它们重，上不了这样的高度。所以以上这四种元素就在外环形成了多种氨基酸（氨基酸是组成蛋白质的单元，被看作是生命的种子）。太阳系从彗星到各种行星，它们内部的氨基酸都是从质量谱中产生出来的。这些质量谱都含有H、C、N、O，都能生成大量的有机物，所以我们说彗星、各种行星和大多数卫星上都含有生命的种子。只是存在生命的种子不一定就能演化为高级生命，因为生命要演化，需要的条件太苛刻了，所以地球以外的行星和卫星都没有演化出高级生命。火星上的生命肯定演化到了某一阶段，至于演化到了哪一个阶段，我们不作评论。因为这不是我们的研究范围，我们的责任只是和读者一起讨论火星是如何形成的。

最后我们要和读者一起讨论火星上奥林匹斯火山的形成问题。它是太阳系里最大的火山，高出周围地区 25 公里，是地球上珠穆朗玛峰高度的两倍半，这是很反常的，它可能不是地球上那种性质的火山。

从照片上看来，奥林匹斯火山不像是高温熔岩喷发形成的，倒像是泥水浆的流出口，即烂泥浆的流出口，温度并不高。

这完全是可能的，按我们的理论，火星形成的初期表面有丰富的水，但到了后期，火星表面干涸，地表发生收缩，使地下水承受了巨大的压力，于是地下水找到一个突破口喷出地表，形成巨大的泥浆喷泉。地球上的火山，要隔很长时间才喷一次，但泥浆喷泉却可日以继夜地连续喷出，只要地下水的压力足够大。地表的收缩是长期的，它可以维持地下水长期保持高压状态，这样泥浆喷泉就可以长期喷下去，也许可以喷上几万年，这样喷泉口的泥浆就越积越高，最后形成奥林匹斯山。当然，也不可否认，火星上的火山，有一部分是像地球上的那样由高温熔岩喷发而成。

这里要提醒读者注意的是，因为火星的质量只有地球的十分之一，火星表面的引力为地球的 0.38 倍。如果用重量的标准去衡量奥林匹斯山的话，它的压强只相当于地球 9.5 公里的高度，和珠穆朗玛峰相差无几。我们不要被 25 公里这个数字所迷惑。

关于到火星上移民的问题

我们主张尽快开发火星，把一部分居民移到火星上去。我们倒不是从地球人的经济利益出发，而是从保存人类种子的角度去考虑问题，不管移民到月球也好还是移民到火星也好。

20 世纪末的彗木相撞事件很多人已经了解，如果发生在地球上的话，人类也许就全部消失。我们很难预测到哪一天会有彗星或小行星落到地球上来，也许一万年以后，也许过三五百年，所以地球人还是早点预防好。

人类在宇宙中可以说是最宝贵的生命，如果人类被一颗无知的彗星消灭了的话那不太可惜了，所以我们主张国际间的合作。

如果有一天地球人确实被彗星灭绝了的话，如果火星或月球上还保存了部分人类，那么他们还可以回来重建家园，因为地球决不会被毁灭。灾难过了后，人类还可以继续居住。但是，如果月亮上和火星上没有留下人种，那事情就不好办了。

从我们的理论看来，火星虽然比月球远一点，但就人类迁居而言，火星比月球有利。火星内部的含油量和含水量应该比月球多得多，火星上的能源和水，要比月亮上好解决，而且火星上的石油应该比月球上的好开采，火星的外壳没有月球厚。虽然月球上也有矿床，如月亮质瘤就是矿床，但总量和丰度都比不上火星。火星运行轨道的偏心率大，它每年一次都要运行到内环，根据我们的理论，变星质量谱都把重元素安排在内环，所以当火星运行到内环时，火星的引力就会把内环的重元素吸收到火星表面。现在天文观测已证实，火星表面到处都是陨石坑，环形山多得很，环形山脚下肯定就是很好的金属矿床。火星上有很好的发展重工业的条件，因为它有丰富的石油和水，又有丰富的金属矿床，其中包括铀矿。地球上的铁元素集中在地核，而火星上的铁元素却分布在表面，所以火星像是穿上了一件红色衣裳的姑娘。

§3.13　地球的形成

太阳变星产生了火星以后，半径收缩到一个天文单位，并在那一区域内产生脉动，脉动幅度在 0.1 天文单位左右。形成地球的负能壳层肯定比火星区负能壳层窄而深，质量谱线中，元素和元素之间距离就近得多了。这是很好理解的，正如一幅棋盘，棋盘大，棋子之间的距离就大；棋盘小，棋子之间的距离就小。

由于太阳变星角动量不足，不能有效地产生气体环，质量谱中的气体总质量肯定不会很大，但它一定会比火星的大，原因是地球的轨道半径比火星小了以后，为了达到绕太阳运行，角动量密度可以比火星角动量密度小很多。另一方面，由于变星从火星区收缩到地球区，变星赤道上的角动量密度增加了。最后一个原因，在地球区的太阳引力比火星区大，有利于保存气体环中的气体，所以在地球区的气体环总质量会比火星区大，这也决定了地球的质量会比火星大。

从这里也可以看出，地球的质量是来之不易的。当代天文学理论认为，内行星质量小是因为内行星形成在温度比较高的区域，气物质和冰物质都跑掉了。如果按这个理论，火星的体积就应该比地球大才对。其实按我们的理论，太阳系的所有行星都是在红巨星表面高温下形成的，行星的大小应该从该行星形成的时候太阳变星能提供多少角动量去考虑。没有自转的恒星肯定形成不了行星，不过这也许是坏事变成了好事，如果地球的质量比现在的地球大好几倍的话，地球上的生物也就无法站起来走动了，也就不可能有人类！所以地球上形成高级生命的条件实在是来之不易。如果不是木星把大部分角动量用完了的话，地球的质量就会比现在大得多，地球上的动物就永远站不起来，所以我们应该感谢木星。

3.13.1 气体环质量谱

气体环质量谱产生的原理，已在本章第四节中介绍过，太阳变星就像一台质谱仪，它会把气体环中的气体按其元素质量的大小安排在负能壳层中。如果从太阳北极看去，气体环质量谱就像放在太阳变星赤道上的一个大唱盘，唱盘的转动方向是逆时针方向旋转。如图 31301 所示。

因为在一个天文单位的区域，离木星比较远了，木星的引力不再严重干扰质量谱，所以地球的质量谱，谱线和谱线之间分得比较清楚。

天文观测证实造父变星脉动范围是变星半径的 10%，所以太阳变星在地球区的脉动幅度约 0.1 个天文单位，其负能壳层的宽度假定在 100 万公里左右，地球气体环质量谱就摆在变星赤道上空 100 万公里的范围内。因为化学元素的质量数最大为 238，所以质量谱的谱线共 238 条，每条谱线所占空间径向宽度为 4000 公里左右。

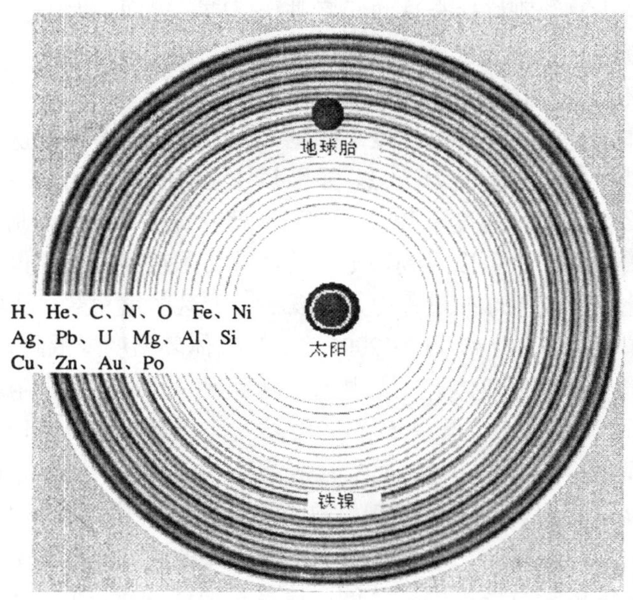

图 31301　地球质量谱的形成

例如，铁元素在质量谱中占的宽度大约是 4000 公里左右。从太阳变星北极看去，地球气体环质量谱，就像套在变星赤道上空的反时针旋转的粗纹唱盘，其一条声纹的宽度就有 4000 公里。

3.13.2 地球行星胎的形成

地球虽然这样大，但最初也是从小小的行星胎开始成长的，这一小节就向大家介绍地球行星胎的形成过程。

因为变星气体环是在变星脉动过程中形成的，能级跃迁爆炸产生了质量谱，所以最初气体环的温度很高，也许达到几万度，就像现在的日冕区，温度达到两百万度一样。总之气体环内的气体，最初是以等离子体状态存在。

太阳变星由于发射气体环，角动量损失很大，变星的自转速度，再也不能维持在一个天文单位范围内脉动了，于是太阳变星收缩到金星区的范围，而把气体环留在一个天文单位上。这样，气体环离变星表面就有 0.28 个天文单位了。

当气体环远离变星表面以后，气体环得不到变星表面的能量去有效地加热，于是气体环的温度开始下降，温度下降有两个作用。

第一个作用是外环的 H、C、N、O 元素，温度高时它们以等离子体形式存在，无法反应生成各种化合物，但当温度降低到一定程度时，这些元素就会互相反应生成各种化合物。当然还有一种情况，因为 H、C、N、O 所处的位置最高，温度可能不会太高，刚好适合这些元素进行反应。这样，太阳变星还在一个天文单位地区脉动时，这些元素已开始形成各种化合物了。总之不管什么样的情况，气体环的外环都会存在丰富的有机物和水。

第二个作用是当气体环的温度下降到某元素或某化合物的沸点以下时，该元素或化合物就会由气态转变为液态。如果某种元素的沸点比较高，而且宇宙丰度比较大，那么在气体环温度下降时，该元素就有资格形成行星胎。

我们从表 30501 中可以看到，比镍元素重的元素宇宙丰度很小，提供不了很多质量，因此在形成地球的过程中，可以不考虑这些重元素。从表中可以看到铁元素的宇宙丰度为 7.42，沸点为 2900℃。当气体环温度降低到 2900℃以下时，铁元素就由气体转变为液体。从表中也可以看到镍元素的宇宙丰度为 6.18，沸点为 2850℃。铁和镍的沸点只差 50℃，可以说铁和镍几乎是同时由气体转变为液体的。铁和镍之间只隔了一个钴元素，钴元素的沸点为 3100℃，比较高。所以当气体环的温度下降到 2800℃时铁镍钴这三种元素都转化为液态了。液态的物质总喜欢聚合在一起，因此这三种液体珠子在环绕变星运行的过程中，时间长了就聚合成了一个单一的通红的高温液体球。这就是地球的行星胎。

当然，地球的行星胎不可能把轨道上的所有的铁镍钴成分都吸收干净，还会留下不少碎块在轨道附近运行，等到地球形成很久以后这些残留碎块才以陨石的形式落到地上。新疆的陨铁化验的结果是：铁 88.67%、镍 9.27%、钴 0.65%，和其宇宙丰度分布一样。当代天文学家认为小行星是由一颗大行星爆炸产生的，陨铁是爆炸后的碎片。读者从这里可以看到我们的理论和当代理论完全不同，我们的理论认为陨铁是在铁镍谱线中形成的，在行星未形成以前就形成了。

3.13.3　地球的成长过程

在铁钴镍谱线上形成以铁元素为主的行星胎以后，很长时间得不到充足的物质供应而在饿肚子，因此很长时间不能发育长大。其原因主要是地球行星胎形成的初期，气体环的温度还在 2800℃左右，这时候宇宙丰度比较大的元素都还处于气体状态，不能被行星胎吸积。另一方面因为刚形成的行星胎引力比较小，它绝对不能吸积内环的物质，因为对于作用在内环物质的引力，除了行星胎的引力以外还有太阳变星的引力，两者的引力方向正好相反，所以行星胎不能吸收内环的物质壮大自己。另一方面因为比镍重的元素丰度很小，即使把重元素全部收集起来也增加不了多少地球的质量，所以下面在考虑地球成长时不考虑内环的物质，只考虑外环的物质。

从表 30501 可以看到，钒的沸点是 3400℃，钛的沸点为 3300℃。它们虽然比铁先变为液态，但因为它们的丰度很小，不能形成行星胎，只能成为铁行星胎的少量食品。大量的钒和钛可能都被地球行星胎吃光了，但也有一些钒和钛会被行星胎抛到内环去，很显然钛和钒也可以形成一些含钛和钒纯度比较高的陨石。

自从有了行星胎以后，质量谱就受到了行星胎引力的干扰，于是谱线中元素和元素之间互相混合在一起，在高温下各种元素之间就互相化合为各种矿物质。形成矿物质的详细过程只有专家才能说清楚，我们只能定性地说离外环远的矿物质绝对不含水，只有离冰物质近的矿物质才会含有水分。陨硫铁就是在远离外环缺水的环境中形成的，因而不含水。

现在我们确实用不着去搞清哪一种矿物质在多高的温度下会从气态转变为液态。地球形成的理论中可以跳过这一节，我们只知道铁镍元素成为行星胎的主角就够了。当气体环温度不断下降时，肯定先后会有一些元素和化合物从气态转变为液态。例如，当气体环温度下降到 2480℃时，硅元素就会从气态转变为液态；当温度下降到 1482℃时，Ca 元素就会转变为液态；当气体环温度下降到 100℃以下时，水就会从气态转变为液态等等。它们的化合物也会先后从气态变为液态。

很显然，地球行星胎采取的是守株待兔的方法，只要有某种元素或化合物由气态变为液态，行星胎就会用引力把这液态物质，变为自己的光环，然后把光环变为卫星，最后又把卫星吃掉，从而使地球一步一步地长大。这就决定了地球内部的物质分布结构。

由于地球形成初期的质量比较小，吸引不到内环的重元素，这就决定地球核心不会有铀和钍，所以考虑地球内部的能量时不要考虑铀和钍的放射性能。因为钾元素是和钙元素一起排在行星胎之外，所以地球铁核外围地幔部分肯定存在放射性钾。另一方面地球行星胎，最初都是先吸收高温矿物质，所以地球深处的地幔物质原先肯定不含水。

3.13.4 地球形成的后期

1. 水和有机物的形成

我们从图 31301 可以看到 H、C、N、O 等元素在质量谱中的最外环，也可以说它们的位置在最高的空中。那里的环境良好，重元素混不进来，但它们却可以混到 Ca、S、P、Si、Al、Mg 等质量谱线中去。质量比较大的元素运动速度小，达不到这样的高度，所以高层的 H、C、N、O 元素不受重元素的污染。但它们在从变星表面上升到外环时却要经过 Ca 等元素的谱线，所以轻元素 H、N、C、O 反过来可以污染相对较重的 Ca、Mg 等元素。

当代天文学有一种理论提出，彗星上之所以会产生有机物，是因为彗星受到超新星的照射。当代天文学理论认为彗星形成在很冷的区域，因而必须假设一个超新星为 H、C、N、O 气体提供热能，使这些气体互相化合为有机分子。这是被迫提出来的假设。

在我们的理论中，没有这个热能的困难。因为气体环就在红巨星的上空，有足够高的温度使 H、N、C、O 气体产生化合反应，特别是在变星膨胀时，能级跃迁还发射出 γ 射线、X 射线、紫外线及宇宙射线等，聚合反应条件比人类的实验室还要好。而且它们有足够长的宇宙时间，即使反应的效率很低，时间长了也能产生出丰富的有机物。这就使我们的理论敢于断定气体环的外环 H、N、C、O 谱中存在大量的水和有机物(其中包括石油和氨基酸)。前人已把这些物质通称为冰物质。

目前有天文学家利用卫星观测资料证明，在一颗名为 CW Leonis 的红巨星上，发现了比应该有的多 10 000 倍的水分。不过他们用了传统的恒星演化理论解释这一发现，认为这些水分是主序星演化到红巨星时，把以前主序星时期存在的 10 亿颗彗星同时蒸发了而形成的。我们的理论正好相反，认为红巨星上空先形成水分，以后才由这些水分形成彗星，这就表明以不同的理论为基础就会有不同的解释。

2. 冰物质外环

地球形成的晚期，高温矿物质已基本上被地球行星胎吸收干净了，这时地球的温度还很高，仍然是熔岩状态。由于太阳变星已收缩到金星区去了，不再像过去那样加热气体环，所以气体环温度下降得比地球胎快。当气体环外环的温度下降到 100℃以下时，外环的水蒸气由气态转变为液态。这时候外环还存在很多没有被地球胎吸收完的低温矿物质，所以当水汽变为液态时，液态水和外环的低温矿物质就混合为泥水浆。这泥水浆仍然环绕太阳运行。

读者现在可以想象地球形成晚期的情况：一颗通红的地球在环绕太阳变星运行。在地球轨道运行的还有一个泥水浆环，这泥水浆环中也形成了几颗冰物质行星。地球就在泥水浆环的底下滚动，地球和泥水浆环的关系是一个大环和一个小球的关系。如图 31302 所示。

现在读者可以靠自己的科学想象，判断一下当时地球表面会出现什么情况了，我们想应该是英雄所见略同吧。

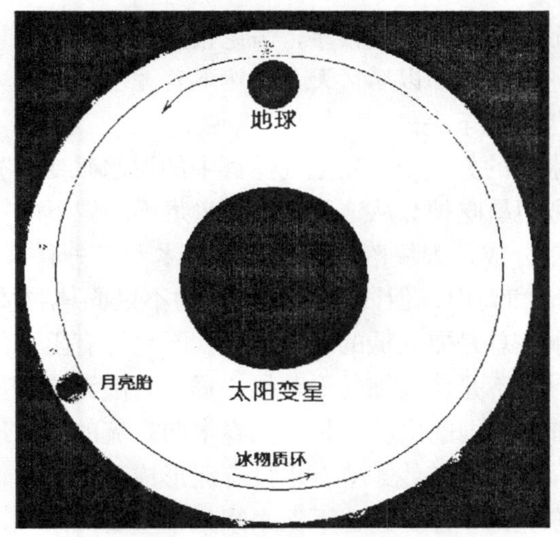

图 31302　地球外环的泥水浆和月亮胎

3. 地球表面的冷却

那时地球的天上满是泥水浆，这些泥水浆在地球引力的吸引下，先会成为地球的光环，然后由光环聚合成为地球的卫星，最后地球又把这些卫星撕碎吃掉。我们就从天上下的是泥水浆上做文章。

因为当时的地球还是高温通红的，突然天上不断落下泥水浆，可以想象高温的地球表面会不断受到冷却。又因为泥水浆中的水冷却地球表面的时候，液态水会重新化为水蒸气上升到高空。水蒸气在高空散热比较快，当水蒸气重新冷凝为水以后又落回地表。所以这时候天上下的雨有两个来源，第一个是泥水浆上的水，第二个是从地球表面汽化后再冷却循环落下的水。由于水的作用，地表的冷却速度比自然冷却就快得多了，也许会快上万倍。当地表的温度下降到 100℃以下时，地球表面终于有了液态水。

读者现在可以考虑一下地球最初的岩石性质

a. 当地球表面还是高温通红时，突然受到泥水浆冷却，这时地球表面原来的物质会组成一种水冷却岩石。

b. 泥水浆中的矿物质落到地球表面后，突然受到地球表面的加热，又会形成另一种冷泥浆被加热后的岩石。

c. 当地球表面冷却到常温时，天上仍然落下泥水浆，后来的泥水浆也会变成类似于水成岩一样的第三种岩石。

至于这些岩石的性质只有由专家介绍了，我们确实不是内行。

4. 山脉的形成

关于山脉的形成，现在学说很多，争论很激烈，我们不想评述。我们只谈自己的理论。当地球表面冷却以后，天上仍然下着泥水浆，因为地球轨道上空都是泥水浆，不是几年就能下完的。

地球吸收泥水浆的方式是，先把气体环中的泥水浆变为光环，然后把光环变为卫星，最后又把卫星吃掉。从这可知，泥水浆不是像下雨一样平均落到地球表面，卫星的碎片是分成几大块落下的（就像彗木相碰一样），泥水浆落下比较多的地方就成为陆地和高山。但因为天上落下的不是固体物质而是能流动的泥水浆，高山上的泥水浆总是要向低的地方流去，不允许有阻塞的情况。这就决定了整个地球上的山脉，不是像收缩的干苹果一样，杂乱无章的排列，而是具有一定的构造方向。例如，中国的山脉就是一江春水向东流的构造地形。这应该说是地球形成之初泥水浆流动的路线。单有水没有泥形成不了高山，单有泥没有水形成不了一江春水向东流的秩序。天上下泥水浆是个重要的条件，河床应该是地球形成之初就基本确定了的，地球形成之初水就找到了出路。地球上各大陆的尖突形状，也表明大陆当初是由泥石流形成的。

当然我们所说的情况，都是指地球刚形成时的情况。地球形成以后由于板块运动形成的高山不包括在内。

5. 关于石油和煤的形成

当代理论认为地球上的石油和煤是由古代生物的尸体形成的，我们在此提出一个石油和煤形成的新理论。

上面说过气体环的外环在温度下降的时候，在不同的温度下可以形成大量的水和各种有机物（因此气体环的外环，水和有机物是相当丰富的）。到了地球形成的后期地球上空就下起了泥水浆，这泥水浆中肯定含有大量的有机物。

因为有机物大多数不溶于水，而凝固点又远比水低，密度也比水小。这就决定混在泥水浆中的有机物，落到地面以后，很快就会从泥水浆中分离出来，浮到水面上。

有机物随着水流有两个去处：第一个去处是流到古大陆架上，聚集在一起。第二个去处是流到古大陆湖中。这些有机物后来被埋在地下形成了今天的石油。这就是我们的石油形成理论。从泥水浆中形成的石油，地理位置上比较分散，多分布在古大陆架上及内陆古凹地上。可能含重油比较多，天然气比较少，而且这种油田产的天然气中含氦元素可能会少些，轻质油及氦元素在长期露天环境中已挥发完了。

当地球基本形成以后，外环的温度已降低到零下 182.5 度以下时，土物质已很少了，但冰物质还相当丰富，这时侯连甲烷都结冰了，因此这时候形成的地球卫星温度都是很低的，其有机物中含有大量的冰态甲烷，和彗星的性质差不多。这时候的地表还没有完全固化，当冰卫星的碎片落到地表软着陆时，立即陷入到地表深处，被埋了起来。冰卫星中的有机物就成了现在的石油和天然气。

含油冰卫星落地形成的石油，成分可能会有以下特点：第一，轻质油含量较多；第二，天然气含量较多；第三，氦元素的含量较高；第四，如果有一颗含油冰卫星的质量比较大的话，这卫星在落地以前，地球的引力会把它撕裂为许多小块，就像彗木相撞时一样。因为卫星的运行轨道是在白道上，这些碎片落地的地点，在地表分布上有一个特点，它们在地表的联线会和地球赤道线相交 20 度角左右。在这种思想指导下，我们把南美洲移回到大陆漂移前的非洲老家，把主要的石油输出国的地理位置，中东其它产油国的地理位置，中国北方油田及加拿大新发现的油田的地理位置，用线连接起来。读者可以看到这条连线基本上和赤道相交 20 度角。（本章第十九节有专门的论述，请参见图 31901。）

当代研究煤形成的理论家们，发现煤里面有很多植物的遗体（化石），看来植物可以变煤这是事实。古代的生物可以变石油也可能是事实，关键是生物形成石油和煤的数量不可能有这样多，所以我们主张地球上的石油和煤有一小部分由生物形成，而大部分由宇宙形成。

石油的宇宙形成理论上面已经说过了，现在简单谈一下煤的宇宙形成理论。煤的特点是单质碳，而单质碳可以有两个来源：第一个来源是气体环中 H、N、C、O 谱线中的碳元素没有完全和 H 元素及 O 元素化合干净，留下一部分单质碳元素。因为碳元素没有液态，它在 3700℃时就由气态转变为固态粉末。这些固体粉末最后和冰物质一起落到地面，被水流带到低处聚集起来就形成煤矿。也许在某种情况下形成了石墨矿。

煤的第二种来源也可能是长期暴露在地表的石油经长期风化和细菌的分解失去了氢元素而成了单质碳——煤。

6. 金属矿床的形成

重金属元素都在质量谱中的内环，内环的元素宇宙丰度小，只能形成许多小星子。在地球形成的过程中，当行星胎质量比较小时，虽然其引力也会加在运动到行星胎附近的内环星子上，但由于内环星子同时又受太阳变星反方向的引力作用，所以地球行星胎很难把内环的重金属元素吸引过来。即使有少量的重金属星子被吸引过来，也会因行星胎还处于高温融熔状态而立即沉到地球内部去了。只有等到地球质量比较大了以后，吸引内环的引力也大了，再加上月亮引力的帮助，才能有效地吸引内环的重金属元素。而且地球表面固化以后，重金属星子落到地面，能停留在地表而不沉到地球内部去，这时候从天上落下的重金属星子就成了矿床。例如，加拿大的镍矿床就是在镍谱线中形成的星子落到地球表面形成的。当然也有一些重金属星子在地球表面还没有完全固化以前落到地面而被埋到地下，然后又被上升的岩浆带回地表形成矿床。这种例子很多，不一一列举。

3.13.5 地球轨道运行参数解释

地球的运动有好几个参数，如地球自转为顺转，偏心率为 0.0167，轨道面对不变面的倾角为 1° 37′，自转轴对平转轴的倾角为 23° 27′，扁率为 0.003。

1. 地球顺转的原因

变星气体环是绕变星反时针方向转，而地球的行星胎又是在铁谱线上形成，在其形成的过程中主要吸收外环的物质。外环的物质角动量密度比较大，所以地球形成后必然顺转。如图 31304 所示。

2. 地球轨道偏心率的形成

地球行星胎在铁谱线上形成，最初行星胎的运行轨道是正圆。长半轴为 a，短半轴也为 a。因为行星胎吸引外环的物质，把外环的物质拉向自己，实际上吸引是相互的，在行星胎把外环的物质吸向自己时，外环的物质也把行星胎往外环拉，这样一来地球行星胎也就不断向外环运动，在向外运动过程中不少原来属于外环的气体就变为内环了(这些变为内环的物质后来就被月亮吸收形成月壳)。这种效应也更方便行星胎去吸收外环的物质。于是地球的运行轨道半长径就逐渐从 a 到 b、从 b 到 c、从 c 到 d、又从 d 到 e 不断增大，而半短轴基本不变，仍为 a。当外环的物质吸收完后，地球停止向外环移动，于是半长径也就在 g 位置固定下来。从这里可以看出，太阳系行星的运行轨道为什么偏心率有一定的范围，这是质量谱限制了的，所以行星不会像彗星那样乱跑。偏心率大约等于气体环宽度除以变星气体环当时的直径。正因为地球自己不断向外环运动，才能不断接近外环的月亮胎，最后才有机会把月亮吸引过来。我们从图 31305 可以看到，地球形成的后期，地球的运行轨道和月亮胎的运行轨道已很接近了，运行速度也相差很小，这时地球很容易把月亮胎吸引过来。读者从这里可看到地球有月亮也是必然的。

图 31304　地球顺转的原因

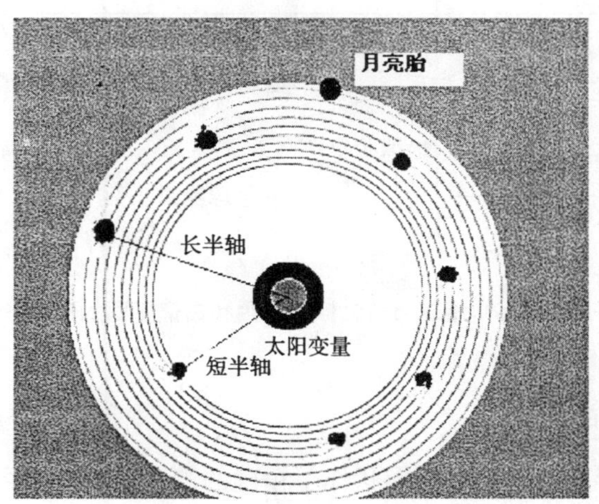

图 31305　地球轨道偏心率的形成

行星胎从内环到外环偏号为 a、b、c、d、e、f、g。

3. 地球的自转轴

我们说过，行星自转轴的取向，和行星胎在质量谱中形成的位置有关，天王星躺着自转是因为行星胎形成在质量谱的南边。现在地球的自转轴对公转轴的倾角为 23° 27′，所以地球的行星胎必然形成在铁谱线的偏南方。如图 31306 所示。图中四边形 abcd 表示变星气体环的左边截面，即把气体环从太阳变星的北极到南极一起切下来的截面。bc 代表铁谱线，表示内环；ad 代表外环 H、C、N、O 谱线，气体环气流的方向从书面向我们吹来。M 代表气体环在截面中的质量中心，把气体环截面上的质量全部集中到 M 点上。O 点代表地球胎形成的位置，那么当行星胎把 M 点的物质全部吸引到自己身上后，可以肯定行星会自转，而且是顺转，而其赤道面也必然通过 M、O 两点且和四边形 abcd 相交成直角，自转轴指向太阳北极上空。读者从这里可以看到，地球的运动参数完全是由地球行星胎的形成地点决定的，有其规律性，幸运的是现在我们已找到这种规律性了。有人提出，地球自转轴不和轨道面垂直，是月亮引力造成的。这可能是对月亮会引起自转轴进动的误解，以为没有月亮，自转轴就会和黄道面垂直，于是有人提出要把月亮炸掉，以为把月亮炸掉以后地球的自转轴就会和轨道面垂直了。

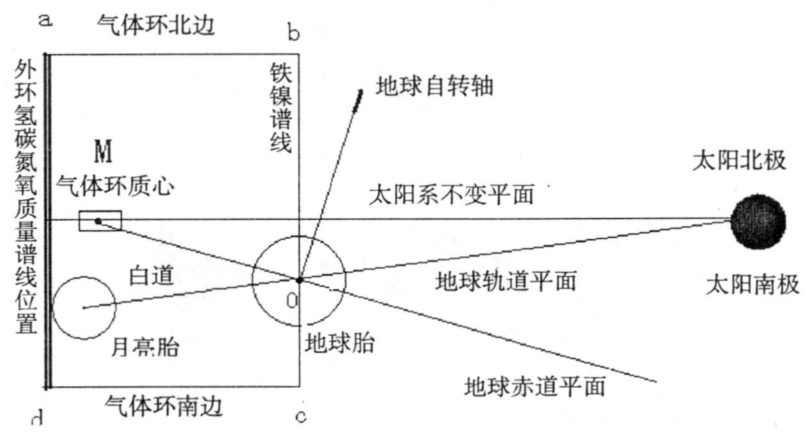

图 31306　地球自转轴倾斜原因和白道平面的形成

3.13.6　地球的形状

人们利用人造卫星已对地球形状作了精确的测量。赤道半径为 6378.14 公里，极半径为 6356.76 公里，极半径小 21.38 公里。赤道周长为 40075 公里，子午线方向周长为 39941 公里，相差 134 公里。北极地区比标准球体高出 18.9 米，南极地区则低下 24~30 米。

造成这种形状的原因需要分两个阶段来分析，第一阶段是当地球还未固化时，因为是熔融的液体，这时候由于地球自转，赤道上会隆起，两极会扁平，这时的地球形状应该像橘子。

在本节地球形成晚期中讲到，当质量谱的温度下降到 100℃以下时，下了一场泥浆雨，把地球表面冷却了下来，地球表面固化了。这时候地球的形状应该保持橘子的形状。不过我们从图 31306 可以看到，因为行星胎在气体环的南面，这时候对于地球来说，北面的物质比较丰富，而南面的物质比较缺少，所以地球形成的晚期，落到北半球的物质总量就比落到南半球的物质总量要多。这时候地球吸收的物质都是从外环来的，是泥水加冰块，当这些物质落到北半球，冰融化为水以后，水流到南半球，而土留在北半球，所以今天的陆地在北半球多。特别是北极还高出十多米，而南半球则海洋多，南极还低了二十来米。由于后来南极基本上得不到物质的供应，所以现在地球就成了梨的样子。

说实话，如果地球没有这种物质来源不均匀的话，人类还没有陆地可住呢！当然也就没有人类了，地球上会全是鱼。鱼会不会进化到鱼人也很难说。

3.13.7 古大陆和海洋的形成

前面说过，地球行星胎原来是个高温的熔融球体，后来被水冷却后，表面形成一个很薄的固体壳层，因为该壳层原来是高温熔岩，所以固化后密度大，硬度高，称为古地层。那时地球还是个橘子形，当然这只是一个夸大的说法，实际上地球那时候还是很圆的。

古地层形成以后，地球继续吸收外环的物质壮大自己，吸收的方式仍然是先把外环的物质变成光环，然后把光环变为卫星，最后把卫星拉向身边吃掉。那时外环的物质是个混合物，主要由低温矿物、水和有机物三种成分组成，基本上像个慧核，也像碳质球粒陨石，所以称为碳质卫星，那时卫星的温度是很低的。

卫星落到地面以后，冰融化为水后流到低处去了，土物质则留在原地，成为新地层。因为北半球的物质来源丰富，自然北半球接收的卫星也就多一些，卫星落下比较集中的地方就形成了陆地，最后成了大陆。在大陆形成过程中会引起三种效应，第一个效应就是在大陆上积存了原来的一层土物质，称为新地层，这种重量压在古地层上面，古地层自然就会凹下去。地壳在大陆的厚度是两种岩层的相加，即古地层和新地层相加，这样就造成海底地壳薄，只有五六公里，而陆地地壳厚，可达五六十公里。这就是地壳厚薄不一的原因。

第二个效应是，卫星落下后，土物质留在原地，而水必然往低处流，北半球的固体表面高出来了，所以水就往南半球流。古代的地球肯定是赤道以北陆地多，而赤道以南海洋多。

第三个效应是，分子量比较大的有机物，粘性比较大，但又能流动，它又完全不溶于水而又能浮到固体表面，这样一来，就决定有机物在内陆低洼地区积存起来。后来由于地壳的变动把有机物埋在底下后就成为今天的石油和煤。另一方面，这些有机物也会流到大陆的边沿，大陆边沿就是海，和海相接的地方就是大陆架，所以有些大陆架上也能找到石油。

现在有个问题，那些低洼地区的有机物，如果被埋在很深的地下当然就成了石油。但是，如果这些有机物没有被埋在地层而是长期曝晒在阳光下，那些有机物会演变成什么物质？石墨还是煤，我们不能断定，我们缺少煤和石油的专业知识，但估计很多读者会知道。不过，大部分石油肯定是天上掉下来的，因为石油中含有氦元素，质量谱中氢、氦、氧中生成的有机物肯定混有很多的氦。有人说石油是古代微生物变成的，煤是古代森林变成的。也许两种说法都对，就说有些石油是天上掉下来的，有些石油是由微生物变来的；有些煤是从天上掉下来的，有些煤是由森林变成的。它们生成后混在一起，难以分辨，煤田和天然气中不知有无氦元素存在。请专家测量一下就知道了，这样就能断定煤是不是也是天上掉下来的。

有机物中含有丰富的氨基酸，氨基酸被水带到海洋上，最后演化出生命。现在我们知道，地球上的石油含量是很丰富的，那时候的氨基酸的含量即使是石油含量的万分之一，数量也是可观的。这么多的氨基酸在水中，相信读者也不会看上彗星带给地球的那一点礼物了吧！所以地球上的生命来自于地球自己的天上，成长于地球自己的海上和陆上。我们人类都是地球之子，绝不是外星人。

3.13.8　月亮是地球的亲妹妹

我们称月亮是地球的亲妹妹，为什么不说她是地球的卫星呢？这是有原因的，因为不管月亮是怎么形成的，现在事实上已成了地球的卫星，用不着我们再说。当代天文学家也有些人不敢相信月亮原来就是地球的卫星，因为月亮太复杂了，有的人提出月亮是外星人的宇宙飞船，有的人说月亮是后来被地球俘获过来的，有的人说月亮是从地球上分裂出去的。而我们有充分证据说明月亮是地球通过引力从外环吸引来的亲妹妹。请参看图 31302。

从月亮的平均密度可以断定，月亮的核心应该是密度很小的冰物质（当然不能像前苏联天文学家那样认为月亮是中间空的飞船）。因为在地球形成过程中地球外环丰富的冰物质完全有可能形成独立的、质量比一般卫星相对较大的行星。目前月亮的质量偏大就是一个很好的证据。图 31302 外环这一小行星就是月亮的前身。我们以前说过，海卫一的前身也是行星，因此海卫一的质量比较大。

月亮前身形成之初其轨道半径也离地球胎轨道比较远。但是随着地球胎不断吸收外环的物质，地球胎自己不断向外环运动，一方面使地球胎质量增加引力增加，运行轨道半径不断增大，就会逐渐接近月亮胎轨道。当距离足够小，月亮胎和地球胎在相当于现在满月的位置上会合时，在太阳变星引力的帮助下，地球终于把妹妹拉到身边作为自己的卫星。因为地球是在太阳变星引力帮助下把妹妹拉过来的，所以月亮的轨道平面只能在白道平面上。

当地球刚把月亮从外环拉过来时，月亮长得非常难看，和木星轨道上的脱罗央群小行星一样黑，因为她们的物质都是来源于外环。这么一个黑妹妹似乎太丢地球的脸，于是地球花了不少精力，把月亮打扮成现在美若天仙的姑娘。不过月亮也是知恩必报之人，她也帮了地球哥哥不少的忙。她帮地球从外环吸引更多的水，她又帮地球从内环吸引了不少的重元素，这些重元素成了今天的金属矿山。

3.13.9　地球表面的放射性元素

当代天文学理论认为，地球形成时所有元素都是均匀混合在一起的，所以当代地球物理学家就必须解决混合在一起的物质，后来在地球内部是如何分开的问题。多数天文学家认为，地球内部有丰富的放射性元素铀、钍和钾，以至放射出的能量把整个地球熔化了。地球熔化以后，重元素沉到地球核心，轻的矿物浮到地球表面，铀和钍自己也部分浮到地球表面。

我们的理论不同之处，是认为在地球形成以前，太阳变星已把元素按质量大小分开来了，元素不再是均匀混合在一起的。在天体原子模型理论看来，地球内部很少铀和钍。我们从质量谱中或者从元素周期表中看到，铁的原子序数为 26，铀的原子序数为 92，钍的原子序数为 90。铀和钍在质量谱中为最内环。如果用质量谱线计算，铁谱线离铀谱线相距 182 条谱线。

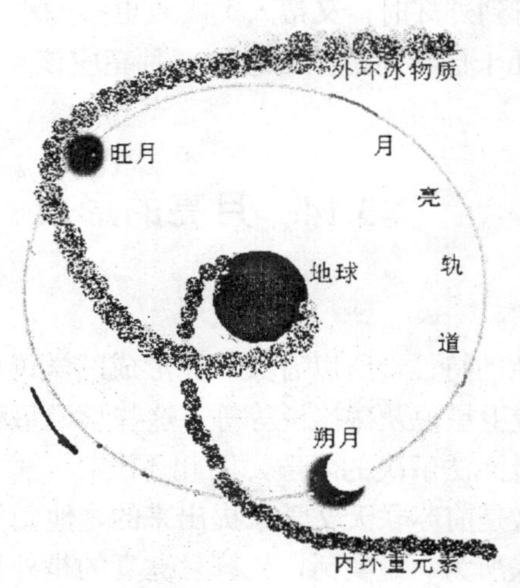

图 31307　月亮帮助地球吸引铀和水

而铁谱线相距硅谱线只有 28 条谱线，相距碳谱线也只有 44 条。所以当以铁元素为主的行星胎形成以后，它要吸收外环的物质时，有太阳变星的引力帮助；而当它想吸引铀和钍时，太阳变星的引力却极力反对。所以地球形成过程中主要吸引 Si、Mg、C、N、O 谱线的物质，地球内部根本就没有吸收到铀和钍。

行星胎为什么不去吸收铀和钍呢？第一，它离铀谱线太远，引力达不到这样远的范围；第二，太阳变星的引力方向和行星胎的引力方向相反，似乎太阳是反对地球吸收放射性铀的，所以从质量谱上去考虑，地球内部绝对没有铀和钍。我们从大部分行星没有，而只有土星和木星这两颗大质量行星有逆行卫星的情况来看，行星想要吸引内环的物质是很困难的。逆行卫星的物质来源于内环，只有土星和木星才有逆行卫星。

可是事实上地球存在铀和钍，至少是地球表面存在铀和钍，要不就不会有原子弹了。那么现在就要问，地球又是如何取得铀和钍的？答案是在月亮的帮助下取得的。因为月亮是绕地球运行的，它的轨道半长径为 384.4 千公里，当它运行到地球和太阳变星之间时，月亮就靠近到铀和钍谱线附近了。这样，地球和月亮的合引力作用在铀和钍的谱线上，就有可能比太阳变星的引力作用在铀和钍谱线上的引力强，在这种情况下，铀谱线上的铀和钍元素及已形成的星子就会被吸引向地球，然后落到地球上，使地球表面形成铀矿和钍矿。如图 31307 所示。从图中也可以看到，月亮运动到外环时，它也帮助地球吸收外环的冰物质。事实证明，月亮在帮助地球取得放射性元素时，自己表面也吸收了不少放射性元素。

月亮对人类是很有功的，当它运行到内环时，帮助人类得到了铀和钍及许多重金属。当月亮运行到外环时，又帮人类吸收更多的水和有机物，所以人类会这么喜欢月亮，这是几十亿年前建立的感情。月亮应该是人类的姑妈。

§3.14　月亮的形成

因为月亮有复杂的特性，所以有关月亮形成的学说就特别多，有同源说、分裂说、俘获说、人造卫星说及碰撞说等等。这些学说每种都只能说对月亮的一部分特征，而存在大量无法解决的矛盾，因此还没有一种学说能得到大家的公认。至于人造卫星说，这是前苏联天文学家提出来的，他们把月亮的一切无法解决的问题都归结为外星人所为。说实话，就算月亮真的是外星人的宇宙飞船，也不会有很多人相信，因为这和神话差不了多少。目前大碰撞理论比较流行，该理论能解释月球上富含钨、锆、钛、铁、铀等高温元素而缺少钠、钾、铝、铋等易挥发性元素，据说宇宙飞船 150 多万张雷达照片的判断，都不能动摇大碰撞的观点。

因为我们是要提出一种新的月亮形成理论，所以就不方便去评论别人的是非，我们对当代天文学的理论只是点到为止，没有详细介绍，更不会去过多地批评。相信有兴趣看这本书的读者，对当代天文学家的理论是相当了解的，甚至他本人就是天文学家，如果是这样，那就太好了，我们的理论就可以得到当代天文学家的指正。

现在我们还是言归正传，继续讲月亮形成的问题，我们已在地球的形成一节中，用类似于亲子鉴定的方法论证月亮是地球的妹妹，并且指出月亮帮地球吸取了不少放射性重元素，但因为月亮还有很多特殊性没有讲，所以只好用专门的一节来讨论。

3.14.1　最后的晚餐

我们说的不是欧洲的名画“最后的晚餐”，而是说月亮是地球希望吃到的最后的晚餐。我们在前面多次说过，行星的形成是靠吃光环和卫星长大的，卫星是许多光环合并而成的。当行星质量增大后，行星就把绕自己运行的光环和卫星逐渐拉向自己，由近至远一个又一个地吃掉。当外环的物质比较丰富的时候，行星吃掉一颗卫星后，又在最外层产生一个光环，得到动态平衡，一般大的行星周围始终能保持十来颗卫星。较小的行星其卫星的数量会少一些。地球在成长阶段估计也会有四五颗卫星伴随着。

看来月亮不是通过地球的光环形成的，因为通过光环形成的卫星质量比较小，月亮应该是在外环独立地形成的行星。当月亮形成的时候，已接近地球形成的晚期，月亮胎是由最外环物质形成的。前面说过，外环是 H、C、N、O 相互化合的冰物质，含水和有机物相当丰富，因此由外环冰物质为主形成一颗冰行星。冰行星最初和地球一样，绕太阳变星运行，其轨道半径比地球的轨道半径大一些。因为冰物质丰富，所以冰行星质量也比较大。尤其是作为卫星，月亮的质量就显得更大了。

最初冰卫星离地球比较远，所以它们能互不干扰地绕太阳变星运行。但后来地球行星胎不断吸积外环的泥水浆，质量不断加大，运行轨道也不断接近冰行星的轨道。由于地球引力增加及运行轨道向外延伸，终于有一天当地球和冰行星会合时，即地球也运行到白道平面时，冰行星落入到地球的引力作用范围内，同时在变星引力的帮助下，地球终于把冰行星吸引过来充当自己的卫星，这卫星就是月亮胎。

前面说过，行星要成长就要不断吃卫星，它吃掉的卫星和新产生的卫星之间要有一个动态平衡，就是说每吃完一颗卫星后，外环需要产生一颗新的卫星来补充。当外环的物质比较丰富时，卫星能源源不断地产生出来，供行星食用。但在地球形成的后期，外环的物质少了，卫星的数量不能维持地球成长过程中的那种动态平衡关系，地球有一天吃完最后一颗卫星后，质量再不能增加了，因此月亮的运行轨道再也不缩小，这样地球也就不能把月亮胎拉到自己身边把它吃掉了。谢天谢地，月亮胎死里逃生，眼看要被地球引力拉去吃掉的时候，突然地球的质量停止增大，于是月亮胎也就不会靠近地球了。地球也许还想吃月亮胎那块肥肉，只是鞭长莫及无可奈何。

事实上地球形成晚期吃的那些卫星差不多也是从冰物质中形成的，含有机物特别丰富，落到地表以下后就成了石油。今天人类开采石油，实质就是叫地球把吃进肚子里的食物吐出来。

3.14.2 月亮的核心——油田

月亮胎是由外环的冰物质和硅镁谱线上形成的低温矿石混合形成的，因此，月亮核心最初的含水量至少有50%，有机物的含量也许有10%。我们之所以提出月亮核心含水50%以上，并含有丰富的有机物，主要是参考了脱罗央群“小行星”全是黑的。之所以黑是因为含大量有机物，而脱罗央群“小行星”是木星的外环物质形成的。土卫九也是黑的，因为土卫九经过土星的外环。还有天王星的光环也都是黑的，这充分说明每个质量谱的外环都会含有大量有机物。小行星也一样，轨道半径大的小行星含碳量和含水量都很大，甚至有些小行星和彗星不能分开。最典型的彗星也含大量的有机物和水。

最初的月亮胎，也是在外环中形成的，所以肯定含有大量的水和有机物，从现在月亮的平均密度只有 3.34 即可推论出这点。因为月亮的表面含有重元素矿物，这说明月亮核心的物质，在标准大气压下其密度远远小于它的平均值。要不前苏联的天文学家就不会提出月亮是中空的人造卫星的学说了。我们不认为月亮是中空的，只认为月亮的核心是由水、有机物及低温矿物混合而成的，所以密度很小。后来月亮被厚厚的高温岩石包住了，我们看不到其核心是黑色的，但从理论上判断，月亮核心是个大油田。月亮内部有油有水的观点前面已经说过。这对人类来说是个大喜事。因为将来人类迁移到月亮后，能源有了，水也有了，我们这本书真正有价值的就是这一点。至于太阳系到底是怎样形成的，一般人可不管这么多，大众只要知道月亮内部是个大油田就足够了。

3.14.3 月亮的外壳

现在，通过登月宇航员已查明，月球被厚度为五六十公里的斜长岩包住。斜长岩是高温岩石，由它构成了坚硬的月亮外壳。因为斜长岩只能在熔融的岩浆冷却过程中通过结晶分异作用而形成，要形成五六十公里厚的斜长岩，当代天文学家只能断定，月球历史的早期整个月球熔化过，熔化时使得月球成为高温熔岩的大海，表面冷却后就成为斜长岩构成的月壳。至于月球为什么会整个熔化，当代理论认为是内部放射性能或陨石撞击的能量使月球熔化。当代天文学理论总是念念不忘放射性或者超新星，其根源还是在于认为太阳能是氢核聚变能。

月球对着地球的一面叫正面，眼睛就可以看到月面上有许多暗区，天文学上把这些暗区称之为月海。月球背面东边缘还有一个直径为 1000 公里的东海。月海由玄武岩构成，月海中心还包含质瘤。和地球岩石相比，月球上的玄武岩严重缺少易挥发性的元素钠、钾、铝和铋。大碰撞理论正是从月面上富含钙、铅、钛、铁、铀等元素而缺少钠、钾、铝、铋等元素而提出来的。我们的理论也必须能讲清楚这个问题，否则就站不住脚。我们先已提出月亮胎是在外环冰物质中形成的，外环冰物质中显然是不存在高温熔岩的，因此就必须解答构成月亮的高温溶岩是从哪里来的，只有这样才能自圆其说，否则就自相矛盾。

月球表面还存在一种叫苏长岩的岩石，该岩石是夹在斜长岩的上面和玄武岩的下面，它是低熔点的矿物。非常令人不解的是这种岩石内部含有丰富的钾、磷、钡、稀土元素、铀和钍。这些微量元素的含量比月球斜长岩中的含量高 50 至 100 倍。人们解释，这些元素是从斜长岩结晶过程中被分离到上面来的。

当然，目前对于月面的了解是较全面的，资料也相当丰富，但当代天文学理论仍然不能用它们来很好地解答月亮的起源问题。相反，对于天体原子模型来说，这些资料恰恰能证明用质量谱来解释月亮的形成，所得到的结果和月亮自身显示出的特性完全一致，没有大的矛盾。请读者耐心地看我们一步一步的解释清楚，看一看月亮是如何形成的。

3.14.4　花花公子地球胎

上面说过月亮的外壳是由 50 公里厚的斜长岩组成，斜长岩上面又有苏长岩和玄武岩，这三种岩石都是火成岩，成岩以前必须是熔融的高温液体。人们不知道这些熔岩物质以及熔化熔岩的能量都是从哪里来的。还有，为什么月亮岩石中钛含量会特别高、放射性元素会高度浓缩在苏长岩上？还有月海为什么多数出现在月球正面，而月球背面的物质密度总是比正面小？为什么环形山的深度到处一样……这一切看起来很神秘，但是说穿了，道理非常简单，一点即破，根本没有什么神秘可言。

为了解答以上的一些问题，我们还是看一看地球行星胎这位花花公子的所作所为。

我们在地球的形成那一节中说过，地球行星胎形成在质量谱中的铁谱线上，其成长过程主要是吸积外环的元素，因为外环的元素宇宙丰度大，而且又得到了太阳变星引力的帮忙。对内环的物质地球行星胎却吸引不了多少，一来因为内环的元素宇宙丰度小，二来太阳变星的引力阻止行星胎吸引内环的物质。所以在地球成长过程中内环的物质为其提供不了多少质量，地球的成长主要是吸积外环物质。但行星胎在吸积外环物质的时候，不是把外环的物质充分利用起来，而是像个花花公子一样，吃一半丢一半。也可以说像三岁小孩自己吃饭，吃一半撒一半。如图 31401 所示。

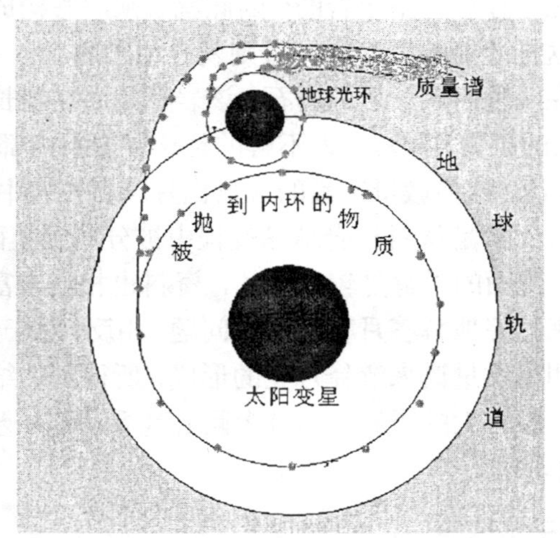

图 31401　花花公子吃一半丢一半

行星胎把靠近自己的物质变为自己的光环，把远离自己的物质抛向内环，使内环具有外环的物质，包括 Fe、Ca、Ni、Ti 等元素。

从图可以看出，行星胎的引力，可以把离自己比较近的质量谱中的物质吸引到自己的周围，成为自己的光环，然后再把光环变为卫星后吃掉。但是，对于离行星胎更远的质量谱中的物质，行星胎的引力不够大，不能把这一部分物质变为自己的光环，仅仅能使这一部分物质偏离原来的轨道。从图可以看到，在变星引力作用下这部分物质偏离原来的轨道后就跑到内环去了，因为内环是质量谱中重元素所在的区域，这样一来外环的较轻元素和内环的重元素就混在一起了。因为外环的元素宇宙丰度大，所以行星胎只要把少量的外环元素抛到内环去也比内环的重元素多得多。

地球形成过程中还有一件更重要的情况发生，从图 31305 可以看到，地球胎原来是在铁谱线上产生的，那时从锰谱线到氢谱线都属于外环。但地球胎在吸收外环物质的过程中，自己也向外环运动。当地球能够吸引月亮胎的时候，地球自己的半长径至少已移动到硅谱线上了，这时候质量大于磷的谱线反而成为地球的内环。

事实上，在整个行星形成过程中，行星胎都是吃一半丢一半，土卫七就是由被丢弃的部分物质形成的，这是物理规律。说实话我们不应该给地球行星胎取个花花公子的外号，我们的目的仅仅是为了加深读者的印象——所有行星的形成过程几乎一样，都是吃一半丢一半。被丢到内环的物质可能是气体，也可能是液体或固体。可能是单质元素也可能是多种矿石化合物。被丢弃的物质可分为两部分，一部分绕行星运行，一部分绕变星运行。

我们应该看到，变星质量谱，因为重元素谱线离变星近，轻元素谱线离变星远，所以质量谱存在温度梯度，内环温度高外环温度低。被地球抛到内环的物质被地球搅拌后已不存在谱线了，我们称被抛到内环的谱线为混合谱线。

行星在成长过程中丢掉的物质，就像泼出去的水，是很难收回的。混合谱线在内环，地球的引力不足以克服太阳变星反向的引力，所以地球不能从混合谱线中吸积物质变成自己的光环。只有像土星和木星这两颗质量很大的行星才有可能吸积混合谱线中的物质或者将其变成逆行卫星，土星和木星的逆行卫星也是被它们抛到内环的物质形成的。这些逆行卫星质量很小，轨道也很不规则，成为不规则卫星。读者可以想象，混合谱线中的气体是被行星胎从外环抛射过来的，它们的运行轨道对黄道面的夹角就会各不相同。从这些气体中凝聚形成的卫星我们有理由要求它们是规则卫星吗？所以逆行卫星不规则的根子就在这里，当然逆行卫星受到外环气体的碰撞也会改变路线。

我们应该记住，地球没有能力形成逆行卫星，所以就只好把丢掉的物质留在内环。因此，地球形成以后，在内环混合谱线上还存在着丰富的以下元素：镍、钴、铁、锰、铬、钒、钛、钙、钾、氩、氯、硫、磷、硅、铝、镁、钠、氟、氧、氮、碳等以及它们的高温化合物。

这些物质本来也可以形成地球的，可是它们被地球行星胎抛到内环去了，它们只好等待另一个主人的来临，它就是我们本节要谈的主人公月亮。对月亮来说，这也是谢天谢地的事，月亮正好利用这些物质来加固自己的外壳，打扮一下自己。月亮胎原来因为含有机物多，完全就是脱罗央群小行星那样的黑包公。男孩子黑一点没关系，女孩这么黑就没有人喜欢了。打扮一下效果是很好的，要不现在人类就不会那样喜欢月亮姑姑了。因为人类和月亮辈份不同，人类是地球的儿女，所以月亮是人类的姑姑。被地球胎抛到内环的混合谱线正好成为月亮的化妆品。

3.14.5　爱打扮的月亮

上面说过，月亮胎核心的物质来自外环，外环有丰富的水和有机物，所以月亮形成初期又黑又胖。当然，太阳系像月亮这样黑的卫星多的是，如土卫九及脱罗央群小行星全身都是黑的。这些行星上没有人类，它们丑一点黑一点没有人看。月亮就不一样了，她知道地球将来会出现人类，不打扮一下自己有何面目去见人类呢？于是到处寻找化妆品。

大家都知道月亮后来是绕地球运行，其轨道通过外环和内环。上面说过，内环存在被地球胎抛弃的大量物质，月亮要穿过这个混合物质环。最初内环的温度还没有降下来，图 31401 中的混合谱线中的物质还处于高温气体或液体状态。

月亮是如何被地球俘获的呢？

最初月亮胎和地球同时绕太阳变星运行，月亮运行的轨道半径和地球运行的轨道半径之差相当于现在的地月距离，地球的运行速度比月亮的运行速度快不了多少。当地球运行到月亮胎和太阳变星之间并且落到月亮胎和太阳变星中心连线上时，地球和太阳变星的合引力就把月亮胎俘获过来了。

从动力学角度来说，当月亮胎第一次绕地球运行并到达地球和太阳变星之间的内环时，月亮胎在变星引力的作用下，有可能摆脱地球的引力跑到别处去。太阳变星就是这个性格，成也萧何败也萧何。半个月前是太阳变星的引力帮助地球把月亮胎抓住作为自己的卫星，可当月亮胎第一次从外环运行到内环时，变星的引力又反过来要帮助月亮胎逃走，这是典型的两面派。要不是混合气体环把月亮胎留住的话，我们今天也就没有月亮了。

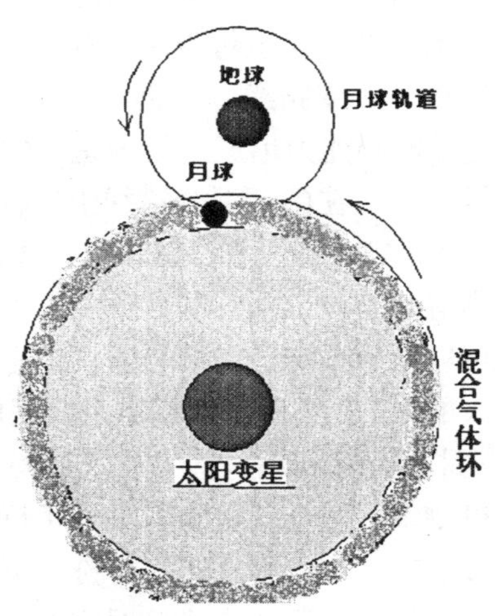

附图 a　混合气体环运行方向和月球的运行方向相反，产生的阻力使月球的运行速度减慢留住了月亮。

为什么混合气体环能把月亮胎留下呢？原因是这样的，月亮胎第一次环绕地球的时候是顺行，当其运行到内环时，迎头碰上了内环运行的混合气体。混和气体运行方向刚好和月亮胎相反，这种情况下月亮胎绕地球运行的速度受到了强烈的制动作用，立即慢了下来，地球终于永远地把月亮留下来了！在这一过程中，混合气体环立下了汗马功劳。见附图 a。

月亮胎安心作为地球的卫星以后，开始化妆自己来了。月亮胎从外环出来的第一天，以卫星的身份出现，初为人妹，黑不溜球，与作为地球妹妹的千金小姐身份实在不相称。也许是月亮的运气好，把她挽留下来的混合气体环中有一种叫做斜长岩的矿物质，还处于高温液体状态，月亮胎每月运行到内环的时候，斜长岩液体总是热情地挽留，使月亮的运行轨道越来越小。另一方面月亮胎发现斜长岩是很好的化妆品，于是每次运行到内环时总是拼命地吸收斜长岩岩浆。斜长岩的分子结构可能是($CaAl_2Si_2O_8$)，由于组成该矿物的元素宇宙丰度比较大，所以在混合谱线中斜长岩非常丰富。

说实话月亮胎在化妆过程中是非常痛苦的。斜长岩是高温岩石，它的熔点为1400℃以上，可以想象温度为 1400℃的岩浆落到一个冰卫星的表面会是什么情况。地球初形成时，是泥水浆落到高温的表面，现在是高温熔岩浆落到冰卫星表面。高温斜长岩浆落下来后，会在冰卫星表面形成一个冷却的斜长岩壳层，把冰卫星包起来，就像鸡蛋壳把蛋清包起来一样。冰物质对高温斜长岩的迅速冷却使斜长岩能浮在冰物质上面而不是沉到月亮中心去，这很像铁板做的船能浮到水面上一样。时间长了月亮表面就形成了厚度为 50 公里的斜长岩壳层。这时候的月亮已变得白玉无瑕，表面形成了单一的高温斜长岩，厚度达五六十公里，亮度比现在大得多。可以想象，月亮在吸收斜长岩的过程中，离地球会越来越近，相反它运行到内环时离太阳变星表面就会越来越远，温度也会越来越低。混合气体环在温度较低的区域，较低熔点的岩浆玄武岩、苏长岩肯定也从气态变为液态了。它们先后落到半凝固状态的斜长岩表面，因为这时斜长岩的温度还足够高，低熔点岩浆仍旧会像水一样在斜长岩表面流动而在低地形成月海。我们从元素周期表中可以看到，磷、钾、钛等元素正好在硅和铁之间混在混合谱线中，这些元素会混在低熔点岩浆上而富集。在地球形成后期，这些元素已成为地球的内环，地球自己吸收不到它们，所以地球表面不能富集这些元素。

月亮表面形成了一层苏长岩，矿物专家说，苏长岩可能是从斜长岩结晶过程中，从斜长岩内部分离出来的，同时从斜长岩中分离出来的还有钾、磷、钡、铀、钍及其它稀有元素。这些元素混在苏长岩中，苏长岩的熔点比较低，所以它浮在斜长岩上面。

资料表明，月球表面缺少挥发性元素。因为月岩中，斜长岩、苏长岩、玄武岩都是火成岩，当这三种岩浆还在熔融状态时温度都很高，把挥发性元素都蒸发掉了，所以月球表面缺少挥发性元素，这是温度选择的结果。

3.14.6　月海和月背

上面说过月海的熔岩玄武岩岩浆也是从天上掉下来的，不是从月球内部流出去的。月球表面的玄武岩岩浆雨并不是只下了一两天，也许下了一两千年，因此月海也是经过很长时间才形成的。读者应该明白，一切天文过程都不是一两天的事。

现在就要提出一个疑问，为什么月海大部分出现在月球的正面，而背面只存在一个东海而且东海也是和正面相连？东海的位置在月球背面的东边，只有宇宙飞船才能看到。为了讲这个问题，请看图 31402。

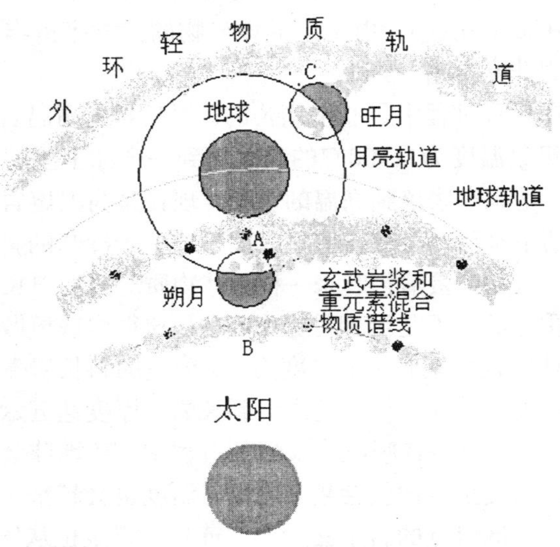

图 31402　月海形成及月背形成图

旺月时月亮运行到外环，吸收的是外环的低温轻元素，所以月背的密度小。在外环月亮的运行速度方向和气体环的运动方向相同速度差小，所以陨石坑浅，深度基本一样。朔月时月亮运行到玄武岩、斜长岩、苏长岩及重元素组成的混合谱线中。

因此，月球正面形成了高温物质组成的月海，质瘤就是图中黑点代表的重元素组成的小星子。

我们假定，斜长岩月壳形成以后，月亮绕地球自转，一直是正面对着地球。当月亮运行到内环时，迎面碰上了混合谱线，混合谱线里还混有由重元素凝聚而成的星子。因为重元素熔点高，当玄武岩岩浆还是半熔融态时，它们已是固态了。当月亮运行到混合谱线上时，如果重元素星子刚好也运行到地球和月亮之间 a 位置上时，星子在月亮和变星的合引力作用下就会落到月亮正面，在月亮正面形成环形山和质瘤。玄武岩岩浆因为是液态，被月亮和变星的合力吸到月亮正面后，就会把环形山填平，于是就形成了中心存在有质瘤的月海。玄武岩本身不会形成月亮环形山，低温岩浆流进月海后形成一个像镜面那样平的月海表面。读者可以在月圆的时候用小型天文望远镜观察月亮，可以发现月亮东边比较黑，西边比较白，就是说月海东区多西区少，而且卫星照片证明月亮背面也是只在东边有月海。

这都证明月亮当时运行的过程中确实是在东面迎头碰上了黑色的玄武岩浆的喷洒。

从图中可以看到，玄武岩的岩浆和星子也可能运行到月亮和变星之间 b 的位置上，但因为 b 点所受的太阳变星的引力和月亮的引力刚好相反，所以 b 点的星子或玄武岩岩浆都不会太多地落到月亮背面，这就决定月球背面西边月海少。

从图可以看出，因为外环的轻物质是反时针运行，月亮也是反时针运行，所以，外环的轻物质是从月亮后面追上去落到月亮西边的，内环的混合谱线中的重物质是迎面落到月球的东面的。如果没有太阳引力的干扰月亮应该是东半球黑西半球亮，在太阳变星引力参与下月亮才成了今天的样子。因此，月球背面密度小正面密度大，正面月海多背面月海少。

原来，月球的高温熔岩从天上来！

现在我们再来讨论月球背面的情况，资料表明月球背面的物质密度较小，但月壳比较厚，同时环形山的深度都一样，而且很浅。这和地球上的环形山不同，地球上的环形山是越大深度越深，越小深度越浅。

造成以上这些情况的原因也很简单，从图可以看到，当月亮运行到外环时，处于 c 点的外环物质会在月亮、地球、变星三者引力共同作用下落向月亮背面。外环的物质都是由冰物质和低温矿石组成，所以当水分蒸发完后密度还是比较低。又由于外环的物质比内环丰富，所以在斜长岩凝固以后所吸收的物质量会比正面多，因此月亮背面月壳厚。另一方面由于斜长岩月壳很坚硬，而外环的物质离月亮不远且同向运行物质落到月亮表面时动能不大，加上外环的星子可能是像彗核一样的很松的物质，所以当外环的星子落到月球背面时造成的陨石坑会很浅，并且深度与落到月球背面的星子质量大小无关，因此不管环形山大小其深度都一样。

从图可以看到，外环的物质也可以运行到 D 点，但因为 D 点所受月亮的引力和地球及变星的引力方向相反，显然 D 点的物质不会落到月亮正面。同理 b 点的重物质也不会落到月球反面，这样就造成月亮的正面和反面物质密度完全不一样。

应该肯定，月球背面表面上原来是有水分的，后来蒸发干了。

3.14.7　月球的开发和利用

我们的研究结果表明，月球的核心是个大油田，那里有比世界石油总量还大的石油资源，并有比石油含量更丰富的水。石油和水资源埋在几百公里厚的月壳下面。请开发者注意开发技术的困难，我们建议从月球背面打井，月球背面月壳密度小一些，且油层可能离月面浅，放射性污染也比正面少。另一方面，月球背面肯定含有丰富的锂、铍、硼矿（因为月球要经过外环，月球背面的物质是从外环来的）。请专家研究一下，金刚石能不能在质量谱外环碳谱线中形成。当前有一种理论认为金刚石是红巨星表面高温碳元素冷却结晶形成的。在我们的理论中外环的碳谱线最初也是高温，而且有复杂的各种射线，温度冷却速度又很慢，也许几百年或上千年才下降1℃。在这种条件下碳能否结晶为金刚石我们不得而知。如果能生成金刚石的话，月球背面是会有很多金刚石的；如果不能生成金刚石，那就找不到了。但找不到也没关系，至少月球背面可以开采石油，解决了月球移民中的水和能源问题。至于氧气可以用太阳能分解水得到，副产品氢是很好的化工原料。

对开发有色金属和稀有元素的老板，请到月球正面去。因月球经过内环时，可以收集到很多重元素，而且纯度有些会很高，如高纯度的铁、高纯度的硅。请不要放过每一个陨石坑，因为每一个陨石坑的中心就有一块纯度很高的稀有金属。有的可能是黄金，有的是铂金，也有的是铱金，当然还有别的。不过请他们注意，开采前必须要进行放射性测量，特别是要对质瘤所在地进行测量，因为那里可能藏着一个大铀矿，盲目前去的话就会有生命危险。当然，碰上了几千亿吨的狗头金也是件好事。我们希望所有参与月球开发的国家不要因争夺月球资源而引起战争。

对于珠宝商和旅游者，最好到月球正面去，那里会有地球上没有的各种宝石。不过含铀的夜明珠千万别去捡，因为月球正面放射性元素特别多，放射性混在荧光晶体里晚上就会发出荧光，这样，夜明珠就成了杀人珠。

现在总结一下月亮的形成过程：

月亮胎是在外环由冰物质形成的，它原来是一颗冰物质行星，体积也许比现在的月亮大，它绕太阳变星运行的轨道半径比地球绕太阳变星运行的轨道半径只大一点，后来在太阳变星引力帮助下地球把月亮胎吸引过来成为卫星。按动量关系来说，当月亮第一次运行到内环时，月亮胎在太阳变星引力的作用下，是有可能逃离地球而去的。幸好这时候内环运行着丰富的混合气体，它们是地球形成过程中从外环抛进去的。混合气体的运行方向刚好和月亮胎的运行方向相反，使月亮胎的运行速度受到制动作用，这样月亮胎才没有逃离地球。同时高温的斜长岩液体落到月亮胎表面成了坚实的月壳，月壳上面又喷洒上一层黑色的玄武岩，使月亮成了今天的样子。我们断定月亮核心含有大量的石油和水，这对开发月球是很有利的。如果我们的理论是正确的话，X－D 理论最有经济价值的就是预言火星上和月亮上有大量的石油和水。

§3.15 金星的形成

点 绛 唇

禽兽郎君，将伊送往金星走。
硫酸浇首，焰火悟空抖。
好个姑娘，转眼成骷髅。
君知否？情郎稍后，
惊喝狱中酒。

上面这首词，是一篇短篇科幻小说。说的是一个小伙子利用金星的恶劣条件谋杀了他的情人，最后落入法网的故事。

金星之所以能被人用来当作谋杀情人的场所，主要是金星的自然条件太恶劣了，天文学家总是把金星形容为地狱。不久前，人们还以为金星是地球的孪生姐妹，认为那里也住着文明程度很高的金星人，他们还驾着飞船，经常到地球上来做客。但是近年来经过宇宙飞船探测证明，金星上的环境连魔鬼也害怕三分，就是孙悟空也受不了那四五百度的高温。金星表面和大气层中都没有水，也没有氧和氮，大部分是二氧化碳，气温高达 490℃。金星表面的气压是 100 个地球大气压，还经常下硫酸雨。金星为很慢的逆向自转，太阳从西边升起，一天等于地球上的 243 天。

金星的气温之所以会这么高，天文学家们认为这是由于金星表面二氧化碳温室效应的结果。金星的逆向自转和天王星躺着自转一样，当代天文学理论解释不了，被当成一个谜。金星表面和地球一样，有高山也有平地，但是不会有生命。金星表面的环形山和火星、地球及月亮比较起来特别少。当代天文学理论认为，太阳系内部流星的密度应该是一样的，太阳系所有行星单位面积上受到流星轰击的个数应该相同，因此金星表面单位面积上的环形山数目应该和火星、地球及月亮上的相一致。但现在宇宙飞船发现，金星上的环形山明显较少。于是有些天文学家提出，在几亿年以前整个金星熔化过一次，金星一旦熔化，表面当然就成了液态，当然就会把过去的环形山通通填平。现在金星上的环形山是最近才形成的，因为凝固的时间很短，所以受陨星轰击的数量很少，故环形山也少。但他们提不出引起金星熔化的原因，仅是一种猜想。

每当金星处于地球和太阳的中间时，即所谓下合时，金星总是以同一面对着地球，造成这种同步的原因，最初人们以为金星的质量可能不对称，但宇宙飞船对金星的探测表明金星的质量不存在不对称的问题。地球和金星这种同步关系至今还是一个谜，人们谁也搞不清地球为何会对金星自转影响这么大。

金星没有磁场，偏心率是太阳系行星中最小的，只有地球偏心率的 40%。从以上简单介绍，读者可以看到金星存在以下的几个谜：

1. 为什么金星会逆向自转，自转速度为什么这样慢？
2. 为什么金星偏心率特别小？
3. 为什么金星和地球比较起来水这样少，二氧化碳这样多？
4. 为什么金星表面单位面积上的环形山比太阳系其他行星要少？
5. 为什么金星会和地球同步自转？
6. 为什么金星没有磁场？
7. 为什么金星没有卫星？

以上七条，在当代天文学理论看来是个谜，但是在天体原子模型理论看来，金星的特性就应该像现在这个样子，不存在任何的谜，请看下面详细的论述。

3.15.1 金星是个葡萄胎

人类会有葡萄胎，行星也会有葡萄胎吗？有的，但地球不是葡萄胎，地球有铁的心脏，有地幔组成的肌肉，有地壳构成的表皮，是一颗非常完整的行星。地球内部的元素分布各不相同。如果一颗行星，当它刚形成的时候，其内部元素的分布从核心、中间到表面到处都一样的话，这颗行星就像人类的葡萄胎了。它没有心脏、肌肉和骨骼之分。金星就是这样一颗行星，它内部的元素基本上均匀分布。

现在我们就来讨论一下，金星为什么会变成葡萄胎呢？这还得从质量谱说起。请看图 31501。

上面多次提到，太阳变星脉动范围是其半径的 10%左右，负能壳层基本上和脉动范围相一致，估计约为脉动范围的 20%，但不作定论。可以肯定的是，负能壳层随着变星半径的缩小而缩小。质量谱就在负能壳层中，如果把负能壳层当成棋盘，则质量谱相当于棋子。负能壳层宽，相当于棋盘大，摆棋子时，棋子之间距离就大。负能壳层宽度小，相当于棋盘小，则棋子之间距离小。上面说过负能壳层相当于原子的电子壳层，其能级比自由真空能级低，有保存气体不散发到宇宙空间的作用。

我们在地球的形成那一节中讲过，地球的质量谱，元素和元素之间的间隔不宽也不窄，谱线之间不互相碰撞。这样铁元素的谱线就能独立形成一个行星胎，继而由铁的行星胎吸收外环的物质形成光环和卫星，并不断吃卫星壮大自己，最后形成地球和月亮。

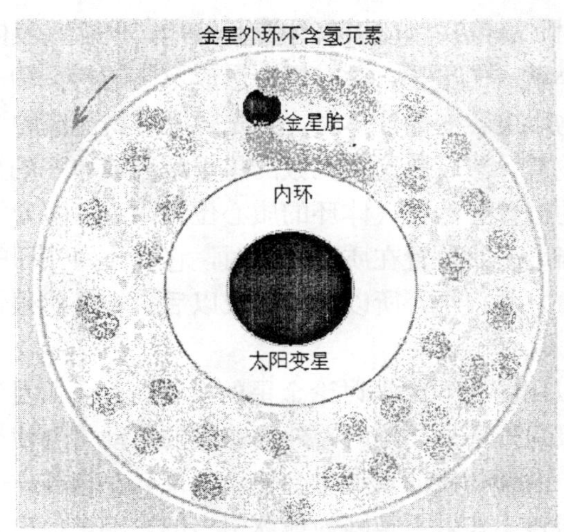

图 31501　金星是个葡萄胎

太阳变星在形成金星的时候，它的半径只有 0.723 个天文单位，比形成地球时小一些。因此太阳变星形成金星的时候，它的脉动范围及负能壳层的宽度也都小一些。

因为质量谱有两百三十多条谱线，要有足够的空间宽度才能把谱线展开。上面说过地球的负能壳层宽度刚好合适把质量谱展开。现在金星区的壳层宽度只有地球区宽度的 72.3%，空间宽度小了，要把同样的两百三十多条谱线摆下去，谱线和谱线之间就必然互相靠在一起。质量谱中的元素是绕变星运行的，相邻谱线靠在一起以后，元素和元素之间就要互相碰撞，最后这两种元素就均匀混合在一起了，时间长了整个质量谱中的所有元素也都均匀混合在一起，质量谱就彻底被破坏，这样一来，金星区的气体环中就不存在质量谱。气体环就变为一个各种元素均匀混合的气体环，铁元素、氧元素、碳元素等都被混合到整个气体环中。氧是很活跃的元素，在高温下，铁元素很容易被氧化。这样一来游离铁元素就很少，即使有一些也分布在整个气体环，这就造成金星气体环中不可能像地球那样形成一个以铁元素为主的行星胎。金星胎是由石质矿石和铁质矿石混合组成的，这就决定金星胎的核心不存在铁核，因此金星是个葡萄胎。金星形成以后，铁元素会不会由于铁灾沉到金星核心去，有待今后研究。

3.15.2　金星自转速度慢的原因

地球的自转速度之所以比较快，是因为地球行星胎主要是吸积外环的物质长大的。金星就不存在地球那样的有利条件了，因为金星气体环中，均匀分布着混合矿化物。有的矿化物沸点高，有的矿化物沸点低。当气体环的温度降低到沸点高的矿物沸点以下时，高温矿物质由气体变为液体。但这些液体分布在整个金星气体环中，形成大小不一的星子，没有机会形成单一的行星胎。当气体环温度进一步下降，低温矿物质也转变为液体时，原先高温矿物形成的星子也都争先恐后地各自吸收低温矿物质，然后由这些无数的星子聚合成单一的金星胎。从平均效果去考虑，金星胎的位置必然在气体环的质心位置附近。因为气体环的质心轴位置在气体环中间，当金星胎位置在质心轴上时，它吸收内外环的正反角动量几乎一样多，自转角动量之和很小，所以金星形成以后自转必然很慢。如图 31501 所示。

现在我们就可以用图 31501 来讨论金星的自转特性了。因为金星胎在气体环的质量中心，当它吸引外环的物质时，外环物质的角动量会使金星正转；当金星吸引内环的物质时，内环物质的角动量会使金星反转。这样，一正一反的结果就使金星的自转速度很慢。如果不是因为地球引力的影响，金星有可能和太阳同步自转。

3.15.3　金星和地球同步自转的原因

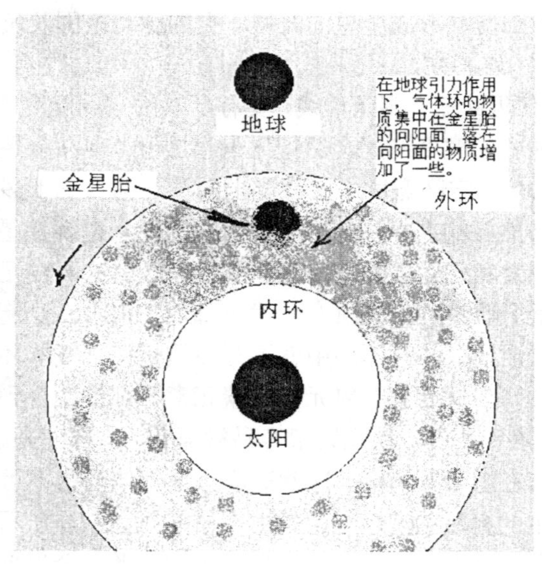

图 31502　金星和地球同步自转的原因

从图 31502 我们可以看到，地球形成后，金星气体环才形成。地球离金星气体环很近，地球的引力一方面干扰了金星的质量谱使质量谱线受到进一步破环（金星形成葡萄胎与地球的引力干扰也有很大的关系）；另一方面地球的引力也不断影响金星气体环的角动量分布。金星胎正在发育壮大之时，当地球和金星胎下合时，地球的引力会使金星胎离开质心轴向外环运动。这样一来金星胎吸收内环的物质就增加，吸收外环的物质就减少。地球引力影响的结果使金星正转的角动量减少，使金星反转的角动量增加，这样一来金星形成后就反转了，变为和地球同步自转。从这可以看到地球的引力对金星形成过程发生了两个方面的影响：

第一，影响了气体环的角动量分布；第二，增加了金星胎吸引内环物质的数量。地球使金星和自己同步自转的行为，是在金星还在胎儿时就开始的，这属于胎教行为，谁能想到地球也懂得胎教的教育方法？因为金星形成时物质都处于熔融状态，任何方向落进金星胎的物质最后都变为球形，所以宇宙飞船测不出金星质量方面的不对称。金星只保留了成长过程中角动量不对称的信息了。

3.15.4 金星偏心率小的原因

我们在地球的形成一节中说过，地球运行轨道之所以不是正圆，而是有一定的偏心率，主要是地球行星胎吸引外环的物质时，外环物质的反作用力也使行星胎向外环移动。行星胎能记住它出生及成长过程的地点，所以地球形成后，它的运行轨道一时回到出生地点内环铁谱线上，一时又回到外环它成长过的地方，这样地球的运行轨道就有了偏心率。成了椭园形轨道，太阳就在椭园的焦点上。

金星的形成就不一样了。因为金星的行星胎在气体环的中间，它同时吸收外环和内环的物质，而不像地球行星胎吸收的内环物质很少。这样一来金星胎基本上只要在圆形轨道上运行，就可以吃得饱饱的。所以金星形成以后，它的轨道偏心率就很小，金星是个未出过远门的乡巴佬。

3.15.5 金星为什么没有卫星

我们在地球的形成那一节中讲过，地球的行星胎在铁谱线上形成。铁谱线以内的重元素，因为宇宙丰度很小，基本上可以不考虑。地球行星胎主要是吸收外环的物质，先把外环物质变成光环，然后又把光环收缩变成卫星。另一方面地球质量谱的外环还可以形成小行星，地球还有机会把小行星吸引过来当卫星。

现在金星没有形成光环的条件，因为金星胎同时吸引外环和内环的物质，而且内环和外环的物质密度基本相同，所以金星是葡萄胎。金星吸收外环物质形成的光环是反时针旋转，吸收内环物质形成的光环是顺时针旋转，这两种旋转方向相反的光环，在空中相遇时角动量相加差不多等于零，于是两个光环立即“湮灭”了，形成一团高温熔岩落到金星表面，所以金星上空始终形成不了光环，也就形成不了卫星。这也许是葡萄胎不能有后代的结果。

3.15.6 金星表面为什么水少，而二氧化碳多

我们前面说过，地球质量谱的外环由 H、He、C、N、O 等组成。氢和氧在

一起生成了大量的水，这是地球上水的来源。要想行星上有水，质量谱上必须保存有氢和氧。

金星的质量谱和地球质量谱不一样。金星壳层内没有把氢元素保留住，原因是壳层的宽度太小。另一方面，由于变星半径小了以后，温度升高，氢元素质量小运动速度快，跑出负能壳层外部去了，就像能量大的电子跑出电子壳层一样。氢元素跑出金星负能壳层以后，就对金星的命运造成了极大的影响。因为气体环内缺少氢，也就不能形成水。即使有少量的水也变成硫酸或别的什么酸了，这是造成金星水少的根本原因。

当太阳变星的壳层不能保持氢以后，变星就会大量发射氢元素，今天的太阳就发射大量的太阳风。星系核也一样，当星系壳层不能保留氢元素以后，星系核就大量喷射气体。这点将在以后谈到。

至于金星上二氧化碳多，这是很好解释的，气体环内的氧元素，除了和各种金属化合外，还会和碳化合生成二氧化碳。因为金星上没有水，没有植物，也就没有光合作用，二氧化碳也就一直保留到今天。

当然，这里仅仅是给读者提供一种简单的信息，要详细的谈，本身就可以写成一本书。美丽的孔雀羽毛还是请画家出来画的好。

3.15.7 为什么金星上陨石坑少

造成金星表面陨石坑少的原因有两个：第一个是因为金星没有水，不能像地球那样有水可冷却其表面，所以金星冷却得很慢，很长时间内金星表面都处于熔融状态。金星形成以后即使早期有很多星子掉到金星表面，也不会形成陨石坑，因为金星表面还是软的。

为什么金星表面会冷却得很慢呢？我们在地球的形成一节时说过，地球的外环存在大量的水和有机物，地球形成的晚期下了很久的泥水浆雨，把地球表面冷却固化了。固化了的地球表面，当星子掉下时就会形成环形山。火星和月亮的情况也是这样，形成固体外壳所化的时间都比较短。金星外环没有水，它不可能靠水冷却使表面固化。只能靠自然散热，而外层又有厚厚的二氧化碳层不让热量散发出去，所以金星的外表，在很长时间内，始终都保持软壳状态。因此在金星形成以后很长时间内不会留下环形山。至于金星的表面在什么时间才正式固化，我们没有进行计算，这得请教专家。有些天文学家认为金星在几亿年前熔化过一次，其实金星形成以后很长时间都是熔化状态。

金星陨石坑少的第二个原因就是，金星形成以后留下的星子并不多。地球形成以后还保留了一些光环，光环物质后来掉到地球表面就成了陨石，同时也产生了陨石坑。金星不能形成光环，陨石也极少，因而陨石坑不多。

在我们看来，形成行星环形山的星子不是太阳系统一放射出来的，它们只不过是行星形成时没有吸收完的碎片。因为金星的壳层宽度小，而且金星胎又在壳层的中间运行，金星的引力基本上把壳层内的星子吸收干净，所以金星形成以后，在轨道上运行的碎片就很少了。这就造成金星形成以后落到金星表面的星子很少，环形山也少。

这两种原因加起来，就造成今天金星表面环形山少的现象。有人提出，金星环形山少，是因为5亿年前整个金星曾经熔化过。表面冷却了的金星为什么会突然发生整体熔化，其能量从哪里来，确实是不好解答的问题。

金星的核心有没有铁核，我们不能说清楚，会不会发生当代天文学理论说的那种铁灾现象，也很难说。如果发生铁灾的话，金星核心可能会存在铁核。但应该指出，金星即使有铁核也不可能有磁场，因为金星形成时从未有过光环，也就没有环形电流，没有环形电流，铁核上就不可能产生磁场。

不过可以肯定，对人类来说，金星是个毫无价值的行星，金星内部不可能有水，也不可能有石油、煤矿。至于矿山那就别想了，虽然各种元素的平均值和地球上差不多，但这些元素比较均匀地分布在金星内部，和金星表面的元素分布基本相同，不可能有矿山，要想在那里提炼一吨钢可不那么容易。我们的看法是千万不能到金星上去移民，即使那里表面温度降了下来。因为那里没有水，没有电，没有能源，也没有钢。不过也有好处，将来人类绝不会因争夺金星而引起战争，当然也没必要像开头的科幻小说那样利用金星去谋杀自己的情人。一是代价太大，二是法律不容。

看来太阳也有过失，就是生了个葡萄胎。

§3.16 水星的形成

当太阳变星收缩到0.4天文单位的时候，太阳变星又在那里脉动起来，按脉动幅度是变星半径10%计算。这时它的脉动幅度只有0.04天文单位了，壳层宽度也比金星壳层更窄。我们在研究金星形成时已看到，金星区的壳层已窄到不能容纳正常的质量谱，同时氢元素也因温度高和壳层窄而逃离壳层。

在水星区，壳层比金星区更窄，变星表面的温度也更高，读者自己可以想象会发生什么情况。金星区的氢元素已逃走了，在水星区逃走的肯定不只是氢元素了吧。

人们估计，水星的半径为2440公里，而水星的铁核为1800公里，铁核的质量占该行星总质量的80%，水星地幔的质量只占20%，所以水星是由一层薄薄的硅酸盐表皮包着的钢铁汉子。从这里可以看出，水星形成的时候，在壳层内显然严重缺少 C、N、O、Mg、A1、Si 等比铁轻的元素，这些元素大部分跑到壳层以外去了。跑到壳层以外去的元素对形成行星是很少有帮助的，因为壳层外的气体不能受到壳层的约束，分散在很宽的空间，行星胎的引力吸引不住它们，所以拉普拉斯的星云环不能形成行星。

水星区的负能壳层内会留下铁元素或比铁更重的重元素，如铀、钍等，只留下少量的 Si、Mg、O 等轻元素。这些元素不存在质量谱，而是比较均匀地分布在壳层内，因而水星和金星一样，也是葡萄胎。我们在金星的形成一节中看到，葡萄胎自转很慢，没有卫星，所以水星自转也很慢，并且同样没有卫星。但水星和金星也有不同的地方，水星负能壳层内很少有氧，铁元素没有受到氧化，绝大多数都是以铁的单质存在，所以水星形成以后熔融的铁水必然会形成水星的核心。读者请注意，当代天文学理论认为行星形成以后，才由放射性热使行星熔化的，而我们的理论是行星形成以前物质就是熔融状态，形成行星初期行星也是熔融状态的。

当铁水沉到水星核心以后，少量的硅酸盐矿物就浮上来形成水星的地幔。水星形成以后靠自然冷却，绝对没有喷发过火山。水星形成时，在水星内部也绝对没有水。想一想金星内部都没有水了，水星内部还会有吗？如果有水，那一定是后来陨石带去的宝贝。水星上的平原也和月亮上的一样，不是由火山熔岩流形成的，而是由天上落下的熔融物质形成的。

为什么月亮上的平原含铁、钛及其它放射性元素多，我们在地球形成一节中已讲过。地球行星胎吃一半丢一半，把铁元素和钛元素抛到内环去了，后来月亮运行到内环去以后又把被地球抛弃的铁元素和钛元素收集起来，所以月亮表面的月海含铁、钛和放射性元素多。

水星平原中的海就不一样了，因为壳层很窄，水星只能是葡萄胎，所有元素都混合在一起。当水星处于熔融状态时，像 Mn、Cr、V、Ti 等元素，已沉到水星地幔底部铁核之上层，所以水星平原上不像月海那样有丰富的钛和放射性元素。

水星内部放射性元素含量的丰度应该比地球高得多，因为水星把所有重元素都收集到核心去了，因此水星的核心是一个宝库，但开采不到。我们现在没有看到有资料介绍水星表面存在放射性，如果证实水星表面确实没有放射性的话，那么当代天文学理论有关地球上铀和钍的来源的理论肯定是错误的。当代理论认为，地球上的铀钍之所以没有在铁灾时沉到地核中去，是因为铀和钍的晶体结构使其被挤到地表上来了，就像钢做的空心浮球会浮到水面上来一样，虽然铁的比重比水的大。

按照天体原子模型理论，地表上的铀和钍是地球形成以后在月亮的帮助下从内环吸引来的，今后请读者注意一下，看水星表面到底有无像月球那样强的放射性。

水星的内部像地球，水星的表面像月球。最初人们搞不清楚，月球和水星相距这么远，为什么受到陨星轰击的几率几乎一样多（水星表面和月球表面环形山基本上一样多）。按当代理论，轰击火星、地球、月亮、金星和水星的陨星都是从小行星带跑出来的，小行星带是陨星源。按理来说，离源泉近的地方，陨星的密度应该比较大，离源泉远的地方，陨星的密度应该比较小。按这种理论，月亮上的环形山应该比水星多得多才对，但现在却发现，水星表面的环形山和月亮表面一样多，因此就感到不可理解了。有人根据这种理论发现金星表面的环形山反过来比理论值少，因此就怀疑金星五亿年前熔化过。这表明当代天文学理论总是头痛医头脚痛医脚，不能用一个统一的理论去解释太阳系的一切特性。

前面多次说过，轰击行星的陨星很少是来自小行星带，小行星带的碎片很少外输。太阳系历史上也没有发生一颗大行星在小行星区大爆炸的事。轰击火星、地球、月亮及金星的陨星，都是形成火星、地球等行星时，它们自己的气体环中未被行星胎吸收干净的星子造成的。水星也是一样，水星形成时大部分 C、N、O、Mg、Si 等元素跑到负能壳层外去了，因此这些元素未能被水星行星胎吸引到水星上去。但它们在负能壳层外仍然绕太阳运行，运行过程中也会形成无数的星子，形成一个小陨星带，如图 31601 所示。

这些外围陨星会在很长的历史时期内轰击水星表面，使水星产生像月亮表面那样多的环形山。金星和水星不一样，因为金星气体环中 C、N、O、Mg、Si 等元素没有跑到气体环外头去，跑到壳层外的氢元素又不可能形成陨星，因此金星上空就很少有星子可以成为陨石而落到其表面。

不过在水星形成后的初期，水星表面还未固化，那些陨星不管是固体还是液体状态，落到水星表面都是软着陆，软着陆是不会留下什么痕迹的。只有在水星表面及陨星都开始固化以后才可能形成环形山。一般来说，因为水星体积比陨星大得多，陨星总是先变成固体。一个有趣的问题是，当水星表面的温度在其岩石凝固点附近时，这种半冷半热的温度会使水星表面看起来像个软糖，有很好的可塑性。当天上的固态陨星掉到水星表面时，陨星立即钻到水星地表内部去了，同时在水星表面留下一个很圆的深坑。到后来温度进一步下降以后，水星表面硬度增加，掉下来的陨星再也不能全部钻到表面以下去了，陨星会半隐半显地留在水星表面，所以水星的环形山和月亮完全不一样。等到水星表面完全固化以后，水星上空的陨星又很少了。所以水星上的环形山，很少是硬碰硬形成的，包括形成卡路里盆地的那次大碰撞。水星的偏心率那样大，很可能就是形成卡路里盆地的那次大碰撞造成的。

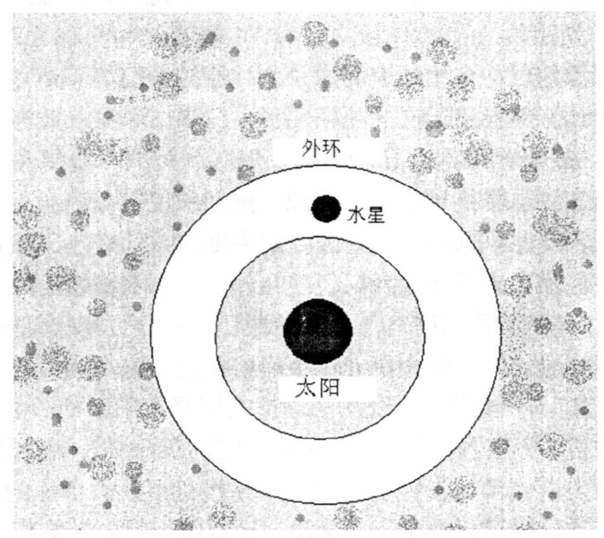

图 31601　水星气体环外的陨星

关于水星的自转速度问题，我们在金星的形成一节中谈到，地球对金星进行胎教的结果，使金星的自转调节到每当金星离地球最近时金星总是以相同的一面正对着地球。现在水星也有这种现象，每两次大距时水星的表面总是以同一面对着地球，这就意味着每两次和地球相距最近时水星总是以同一面对着地球。这里有一个有趣的关系：116－88=28；88/28=3.14≈π。

这表明地球对水星的形成还是有影响的，相信金星对水星的形成也会有影响。水星的自转周期应该是太阳、地球、金星三者共同影响的结果。

对于金星、水星那种类型的行星，因为本身自转比较慢，附近的行星对其的影响才能发现，胎教的性格才能表现出来。像地球那样快速自转的行星，即使有胎教也是看不出来的。

关于水内行星

读者可以看到太阳变星体积缩小到 0.4 天文单位的时候，它的外壳层宽度已窄到容不下质量谱中的元素了，只留下了铁元素及比铁重的元素和少量的轻元素，所以形成的水星是皮包骨头。太阳变星形成水星后，按规律太阳变星的直径应该收缩到 0.2 天文单位，这时候负能壳层最多也只有 0.002 天文单位。这时候太阳变星虽然还有脉动，但因为负能壳层很窄，同时也可能因温度太高，气体的运动速度过大，造成大量气体向外发射，形成强大的变星风。太阳变星已演化到金牛座T型星，它已经绝育了，它发射的气体不再是为了生儿育女，而是为了扫清它在生儿育女形成九大行星时，在太阳系空间留下的污物，使儿女们有个明朗的天空，这就是中国人所说的“混沌初开，乾坤始奠”的时候。我们的看法是，水内行星可能没有形成。

当代天文理论认为，当气体星云收缩到体积很小时，太阳内部的热核反应点火了，于是高温使太阳表面发射大量的氢气，从而成了T型变星。我们认为太阳核心不会有热核反应，发射大量的气体，仅仅是因为这时候太阳变星负能壳层窄而且气体的温度太高，留不住脉动产生的高速气体。因此太阳生育完水星以后，已完全演化到金牛T型变星阶段了，它会爆发非常强烈的耀斑，向宇宙空间发射大量的变星风。变星风又进一步带走很多角动量，当太阳正式进入到主星序阶段时，太阳剩下的角动量已是很少了。太阳为了她的儿女，献出了自己的青春，有谁能理解呢？特别是现在所有的教科书、报刊、杂志都在指责她50亿年后，太阳会变成红巨星，那时会把地球和人类一起化为乌有。这是真正的天大的冤案！

21世纪，应该为太阳平反了吧！

不过，太阳之所以要把角动量交给行星，一方面是为了儿女能有足够的角动量绕自己旋转；另一方面也是为了自己能尽快演化成主星序。如果太阳舍不得自己的角动量的话，它的体积就不能缩小，时间长了，太阳反而会因角动量过大，把自己的形状弄得像市场上卖的呼拉圈。

球状星团中的红巨星在演化到主序星的过程中会向宇宙空间抛射出大量的气体，特别在金牛座T型星阶段发射的气体更多，所以星族Ⅰ周围有丰富的气体。我们把这些气体看作是城市垃圾，这点又和当代天文学理论不同。当代理论认为：主序星周围存在大量的气体，是这些气体产生了T型变星。这表明理论基础不同，对于同一个天文观测资料的解释也就不同。

§3.17 陨石的形成

天上的流星落到地面就称为陨石，根据陨石的矿物组成和化学成分，可以将陨石分为铁陨石、石质陨石和石铁陨石三大类。天文学家正是通过对陨石的研究，获取太阳系形成的有关信息。因为每个天文学家都有自己偏爱的理论框架，所以对陨石的形成原因会有不同的看法，从而也就引出了不同的太阳系形成理论。

有一种理论认为陨石是木星和火星之间有一颗大行星爆炸，或一些小行星互相碰撞后的碎片。如果按这种理论，陨石是地球之外的飞来物，研究陨石对研究地球形成是没有什么帮助的（虽然这种理论能解释陨石分为铁陨石、石陨石和石铁陨石三大类的原因）。

另一种理论认为，陨石是原始太阳星云早期的凝聚物，是太阳系形成以后的剩余材料。这种看法看来是比较符合实际情况，但这理论不能很好地解释为什么各种元素混合的星云中会凝聚出纯度很高的铁陨石。我们不打算参加这两种理论之间的争论，我们只从天体原子模型的角度来谈陨石的形成。

我们认为，掉到地球上的陨石，大部分是地球形成过程中的产物，很少部分来自小行星带。陨石的形成和地球的形成是紧密相连的。

我们在地球的形成一节中谈到，地球是在气体环质量谱中产生的。质量谱中每一条谱线都是由质量相同的元素组成，质量谱中会形成元素比较单一的小星子。例如铁谱线上形成的星子，主要是含铁元素。虽然大部分铁谱线上的星子都形成地球行星胎了，但总会有一些铁质星子留下来，没有聚合到地球行星胎里头去。这些铁质星子后来掉到地球上就成为铁陨石。很多元素比较单一的陨石都是在质量谱中形成的。如我国新疆的大陨铁，它的成分是：铁 88.67%、镍 9.27%、钴 0.65%、铬 $2.17\times10^{-3}\%$，而只含有少量的磷、硅、硫、钾。铁和镍的含量加起来占 97.94。读者知道，在元素周期表中铬、锰、铁、钴、镍是紧相邻的，它们的原子序数分别为 24、25、26、27 和 28，这充分表明在地球形成以前，确实存在质量谱，太阳变星确实已经把元素按质量的大小排列好了。太阳造父变星是天然的质谱仪啊！

球粒陨石也是在气体环质量谱中形成的，因为气体环质量谱中气体的密度不会很高，这些硅酸盐之类的混合液形成的雾状物直径很小，它们在失重的情况下必然是以球形状态存在。当气体环温度下降后这些雾珠会凝固成大小不一的球粒，这些球粒碰在一起时会因静电作用相互吸引在一起成为球粒集团。当这些球粒集团，再遇到熔点比较低的物质时，就会像海绵吸水那样把低熔点矿物液吸收进去，填满球粒集团的内部空间，进一步冷却后就成为球粒陨石。

陨石中含有陨硫铁（FeS），不含氧化铁（Fe_3O_4）。造成这种情况的原因是质量谱中铁谱线离 H、C、N、O 很远，处于缺水缺氧偏还原性气氛的环境中。但铁谱线离硫谱线近一些，因此铁会有机会和硫化合为 FeS，因为化合时温度比较高，所以形成 FeS。即使有时形成 FS_2 也因高温分解为 FeS 和 S。总的来说，质量谱中 Si、Al、Mg 等元素因离 H 谱线很远，即使有氧存在也不可能有水，所以陨石中的矿物质含水很少。只有在外环 H、C、N、O 谱线附近形成的陨石才会含水，碳质球粒陨石含水和有机物就比较多。

如果用质量谱规律去分析陨石的成分，就会发现离铁谱线近形成的陨石含铁量高，离铁谱线远的元素形成的陨石含铁量少。离 H、N、C、O 谱线近的元素

形成的 C_1 陨石含水和有机物多，离 H 谱线远的元素形成的 C_3 陨石含水和有机物少。

有人对陨石中［$Ca_2Al_2SiO_7$］和[$MgAl_2O_4$]等矿石进行氧同位素分析，发现[$Ca_2Al_2SiO_7$]中 O^{16} 的含量比[$MgAl_2O_4$]中 O^{16} 含量少。简单地说，就是 Mg 结合 O^{16} 多，Ca 结合 O^{16} 少。对于这种结合氧同位素有差别的现象，用质量谱理论就很好解释。因为在质量谱中，元素在空间的分布是按质量大小来排列的。对于氧同位素，O^{16} 离太阳中心最远，O^{17} 中间，O^{18} 最近。对于 Mg 和 Ca 元素，Mg 离太阳中心远，Ca 离太阳中心近，从距离上来看，Mg 元素离 O^{16} 近一些，很自然和 Mg 元素结合的氧元素中，O^{16} 会多。而 Ca 元素离 O^{16} 远一些，自然和 Ca 元素化合的氧同位素中 O^{16} 会相对较少，这是近水楼台先得月。读者只要把质量谱排在面前，很多神秘的现象都可以解决，用不着去借助超新星污染来解释。

在质量谱中铝 27 和镁 26 紧相邻，所以形成陨石时，就会出现比较多的镁 26 和铝 27 形成的陨石，被称之为同位素异常现象。我们要研究陨石元素组成，或用同位素来断定年代时，最好要参考一下同位素组成表，这样才可以减少断代中的误差。必须搞清陨石中的子核，到底有多少是陨石中母核衰变的产物，有多少是陨石形成的时候就带来的，才能确定修正量。

按质量谱的排列，H、C、N、O 在外环，在外环得天独厚的环境中，这四种元素化合成大量的水和有机物。因为 C_1 球粒陨石是紧挨着外环形成的，很显然，C_1 球粒陨石形成的地点，离 Si 元素谱线远，离 Mg 元素近一些。所以 C_1 球粒陨石与 C_2、C_3 球粒陨石相比，含 SiO_2、MgO 少而含碳、水及有机物多。反过来分析，含 SiO_2 和 MgO 较多的 C_3 球粒陨石，含水和碳就少。因为 C_3 球粒陨石形成的地点，离 Si 和 Mg 元素近而离碳和水远。实际情况也是这样，如表 31701 所示。

表 31701　碳质球粒陨石分类

	SiO_2	MgO	C	H_2O	S
C_1 球粒陨石	22.56	15.21	3.54	20.08	6.20
C_2 球粒陨石	27.57	19.18	2.46	13.35	3.25
C_3 球粒陨石	32.58	23.74	0.46	0.99	2.27

最后谈一下阿连德陨石中为什么含镁 26 异常大（镁有三种同位素，镁 24、镁 25 和镁 26）。阿连德陨石的基质是橄榄石[（MgF）$_2$ SO_4]和磷铁矿。该陨石中主要含镁元素和铁元素，从质量谱中可以看到，铁元素离镁 26 比离镁 25 和镁 24 近，从距离来说，铁元素离镁 26 比离镁 25 近 400 公里，所以铁元素和镁 26 相

碰的机会多于和镁 25 和镁 24，阿连德陨石含镁 26 自然也就多。

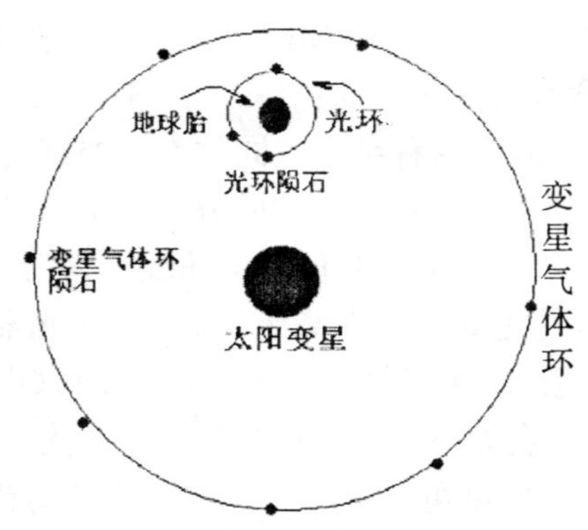

图 31701　变星气体环陨石和光环陨石

应当指出，有些陨石是从地球胎的光环中分离出来的。地球胎光环已把从质量谱中吸引来的部分物质混合起来了，把质量谱破坏了大部分，仅仅保留了一些平均值。如果用地球胎光环上形成的陨石得出的平均值，去衡量像阿连德陨石这样的特殊值，不了解情况的时候就觉得不好理解，只好用超新星污染来解释。所以我们有必要把陨石再分成两类，一类是行星光环陨石，一种是变星气体环陨石。

行星光环陨石，是在行星光环上形成的，该陨石内部元素种类比较多，因为行星把从几条质量谱中吸引过来的元素混在一起了。变星气体环陨石，是在质量谱中形成的，该陨石元素比较单一，陨石内部可能只有一两种元素，或只有一两种矿物质。球粒陨石有可能是行星光环陨石，而陨铁可能是在质量谱中形成的陨石。

再一次重申，绝大多数陨石不是从小行星带飞来的。

§3.18　太阳系生命的形成

有一种当代生命起源学说认为，生命最早是从氨基酸发展和演化而来的，我们的讨论也立足于此。讨论生命起源，实质上也就是讨论氨基酸是如何产生的。

当代天文观测证实在彗星核心存在大量的氨基酸和有机物，碳质球粒陨石中也存在丰富的氨基酸和有机物。有人根据这一事实提出生命起源于彗星，地球上的生命是从彗星上掉下来的。不过也有人不同意这观点，认为地球上的氨基酸起源于地球上的原始大气，他们还出色地用甲烷、氢气、氨和水为原料进行实验，他们把上述混合气体通过火花放电，确实在实验容器中观测到产生了多种有机物，而且有机物中包含了多种氨基酸。这是一种很有意义的实验，它不单证明氢气、甲烷、氨和水可以产生氨基酸，而且也表明彗星上的氨基酸可能就是彗星形成时候的产物。这样，我们就找到了生命起源的场所，凡是有氢气、甲烷、氨和水的场所都可能产生生命。当然，产生生命是一回事，这生命能否在该场所发展和进化又是另一回事。

我们在彗星和行星形成中多次提到，彗星和行星都是从质量谱中形成的，而所有质量谱的外环，都是由 H、C、N、O 组成。质量谱就在变星火焰之上，温度最初是很高的，后来温度逐渐降低，而且变星表面能发射强烈的γ射线、x 射线、紫外线及各种能量的质子流，所以 H、C、N、O 四种气体在这种丰富多彩的环境里，首先会很快形成大量的水、甲烷、氨，进一步又化合成各种有机物和氨基酸。因为由氢、甲烷、氨和水能形成氨基酸是通过实验证实了的，我们再不用怀疑。

这样看来，无论是彗星、行星或卫星，在它们形成的时候，太阳变星都为它们准备好了生命的种子。我们从天文观测资料中可以证实这一点。例如，彗星核心有氨基酸，海王星、天王星的光环是黑色的，土卫九和土卫八是黑色的，木星的脱罗央群卫星是黑色的，小行星中离太阳较远的小行星也是黑色的，黑色的卫星和小行星必然含大量的有机物和氨基酸。这就足以证明，太阳变星已经给彗星、海王星、天王星、土星、木星及小行星都准备好了生命的种子。火星上虽然没有发现生命，但从火星掉到地球上来的陨石证明那里有氨基酸存在，而且火星密度很小，这说明火星形成的时候一定吸收了大量含生命种子的物质。而地球上大量碳质球粒陨石证明，它们内部都含氨基酸，这就足以证明地球形成的时候，太阳变星也为地球准备好了大量的生命种子。地球上的石油也可以为我们作证，因为地球上的石油是地球形成后期从天上掉下来的有机物，这么多的有机物里所含的氨基酸肯定不会少。

从理论上说，地球也是在质量谱中形成的，地球质量谱的外环也是由 H、C、N、O 组成，因此地球上空也必然会产生大量的有机物，而且我们还认为，月亮的核心是个大油库，也就是说月亮核心原来吸收了大量的碳氢化合物和氨基酸。

从这样分析看来，虽然历史上会有不少彗星掉到地球上来，彗星也会带来生命的种子，但是对比起地球自己含有的氨基酸来说，这些外来的生命种子简直是小巫见大巫。我们只能说地球上的生命来自地球本身，当然，对于彗星送来的礼物，我们也必须说感谢，“千里送鹅毛，礼轻情义重”啊，人绝不能忘恩负义！

金星和水星，因为它们两的壳层不能保留氢元素，所以太阳变星没有给它们准备生命的种子。

虽然太阳系的彗星、行星及卫星，除了金星和水星以外，太阳变星都给它们准备好了生命的种子，但是，只有地球上的种子才能生根发芽，进化为包括人类在内的高级生命。所以生命种子的形成是广泛的、普遍的，而生命的发展和进化是有条件的。

在我们的理论看来，恒星形成行星是普遍存在的，单星有行星，双星也会有行星，而且大部分行星在形成的时候都有生命的种子，但并不是每个行星都能进化出高级生命，特别是像人类那样的高级生命。天上那么多恒星，产生智慧生命的几率肯定不会是零，因此人类在宇宙中不会独一无二，我们的朋友遍宇宙，不过要想见面却是难上加难。今天所谓的 UFO，决不会是天外来客，不过我们有责任找出 UFO 的成因。我们绝不要把自己看成蚂蚁，而把 UFO 看成是神仙的飞船，要是有外星人存在，地球人和他们一样聪明，或者更聪明！

§3.19　石油形成新理论

气体环质量谱就是太阳系形成的 DNA，掌握了质量谱，就掌握了太阳系形成的全过程。我们仅仅给大家介绍了一个概况，实际上，如果是由读者来写的话，特别是由天文学家来写的话，可以整整写一部书。因为很多读者有丰富的天文学知识，我们只作为一个导游，带着大家到我们所发现的新理论天地中走马观花看一遍。我们的解说词也不是尽善尽美，但我们的目的是明确的，总想说服别人放弃太阳能热核反应理论而相信我们的理论。

现在，让我们一起站在天文学的角度上，去研究一下石油的成因问题。历史上石油形成理论非常多，至今还没有定论，而最流行的就是生物生成理论。

当代天文观测证明，彗星核内部，存在有大量的有机物，而且还有氨基酸，因此有人提出：地球上的生命来自于彗星。还有，天文观测发现，天王星的光环是黑色的，土卫九是黑的，土卫八是半白半黑，木星的脱罗央群及希腊群卫星也是黑的，碳质小行星同样是黑的。我们地球上有黑色的石油和煤。因为凡是黑的天体，表明其表面含有沥青一样的有机物质。这就充分表明，大多数行星或卫星，内部都含有有机物，有机物不是地球上特有的专利。我们作为科研人员，就必须从统一的规律上，去研究太阳系有机物生成的问题，决不能头痛医头，脚痛医脚。不能提出地球上的石油是生物形成的，彗星上的有机物是超新星形成的。那么天王星、土星、木星及小行星系统内的有机物，又是如何形成的呢？！因为像土卫九表面的有机物，无论用超新星学说，还是用生物生成说，都不能解释。土卫九上，决不可能受过超新星照射，也不可能有过动植物。

所以我们研究地球上石油或煤生成的原因时，要把眼光看得远一点，不能坐井观天，把生成石油的原因，局限于地球已有的条件上，而是要考虑大家都有的条件上。所以必须把生物形成学说放在一边去，尽管生物形成说，在地球的条件下，是一个很好的理论。

如果我们能用一个统一的理论，既能解释彗星及其它行星上有机物的形成，又能解释地球上石油的形成，这不是更好吗。

我们在太阳系的形成一节中，多次提到红巨星在脉动的过程中，由于膨胀而进行了能级跃迁爆炸，产生了气体环质量谱。在质量谱中，H、He、Li、Be、B、C、N、O 等元素，被排列在最高处，很少有重元素的污染。因为气体环就在红巨星表面，爆炸产生了巨大的能量，所以气体环的温度会比红巨星表面高很多。H、N、C、O 等元素，在高温下全部变成了等离子体。同时我们应该看到，气体环应该存在温度梯度，离红巨星表面越远，温度越低。所以当等离子体运动到温度符合它们相互化合的区域时，或者是气体环本身温度下降到合适的温度时，它们就会互相化合成水及各种复杂的有机分子。气体环的温度降低速度是很慢的，也许要上千年才降低一度。那里的条件不比地球上的化工厂差，而且又有几千万年或几亿年的时间，即使是反应几率很小，时间长了，在气体环内生成的有机物的数量也会很大。应该记住，这些元素的宇宙丰度很大，所以外环的水和有机物的数量是很大的。

因为外环有 N 元素存在，而 N 元素往往在各种射线作用下被电离，所以 N 离子就活泼起来，容易和其它 C、H、O 等元素化合成各种氨基酸。氨基酸是组成生命的单元，所以我们说，生命的种子也是在气体环中产生的。对于在气体环中生成复杂的有机物及氨基酸的详细情况，只有化学家才能说清楚。我们多次说过，我们仅仅是一个导游，有兴趣的专家可作专门的论述。

我们现在提出了一个新的石油形成理论，认为石油是在气体环中生成的，这理论明显地和生物生成理论相冲突，这就促使我们要拿出所有的证据。前面我们拿出了彗星及土星、木星卫星上的证据，现在再看地球上的证据。

根据我们的地球形成理论，铁的行星胎吸收了外环的土物质，初步形成地球以后，表面仍然是高温熔融状态。这时外环的冰物质及部分土物质，仍然绕太阳公转。当冰物质下降到零度以下时，冰物质会先后变为固体或液体。这些冰物质有可能自己也聚合成一两颗小行星，而离地球比较近的冰物质，有一部分就会和仍留在空中的土物质混合起来，会在地球和太阳引力的共同作用下，以泥水混合物的形态落到地球表面上。天上整天下的是泥水浆。

最初，因为地球表面温度很高，落到地球表面的水吸收地表的热量以后，会立即汽化返回空中，在高空散热冷却后再变成水而落下，反复循环。而有机物，有些会立即分解为碳元素，成了游离碳留在地球表面。这一时期可称为地表的冷却期。

经过很长的时间以后，地表终于降低到水的沸点以下，水可以以液体状态存在了，有机物也不再分解。由于地表的冷却，导致地表的收缩，地表的收缩又导致地球上山的形成。由于在形成山的过程中，天上一直下着泥水混合物，水流的作用使地球上的山有一个基本的导向。中国的山就是当时一江春水向东流的真实写照，如果没有泥水浆的导向作用，地表靠自然冷却的话，地球收缩时就会变得像晒干的苹果，再也不会有河流了，地表会到处都是水库。

因为地球的行星胎，形成在气体环的靠南一些，泥水浆落在地球北方就多一些，所以北方土多形成了陆地，南方土少变成了海洋，地球的自转轴也发生倾斜。地球上的大陆是由泥水浆形成的，因为地表的温度最初还很高，泥水浆落下去也成为高温岩石了。当地表温度降下来后，泥水浆落下去就成了水成岩，所以地表的岩石也很复杂。由于泥水浆中含有大量的有机物，这些有机物随着水流，流到大陆架上或流到大湖中，后来被埋到地下就形成了今天的石油。今天的天然气中含有氦元素，因为当初气体环中，H、He、C、N、O 是在一起的，有机物必然会带进一些氦元素进来。这就是地球上石油形成的第一种原因。泥水浆形成的石油分布比较广。当然，不可否认，有少量的石油是生物形成的，两种原因形成的石油有时混合在一起，很难分清。

关于煤的成因或石墨的成因，有三种可能：第一，是地球冷却初期，被地表高温分解的游离碳；第二，是气体环中没有机会化合成 CO_2 或有机物的碳元素；第三，有可能是没有被埋到地下的有机物风化后形成的。当然，会有少量的煤由植物形成。

气体环中的 C 元素，在高温和射线的作用下，形成了等离子体。C 的等离子体，在失重的情况下，又没有受到别的元素干扰，能否结晶为金刚石？这点需要专家们去分析。因为在陨石中，已发现过金刚石，而且有专家提出，在红巨星中可以形成金刚石。

现在我们再考虑石油的第二种成因，当地球吸收冰物质时，冰物质可能不是立即落到地球表面，而是聚合成地球的卫星，这种冰物质卫星，内部含有大量的有机物。后来由于该卫星轨道半径减小，被地球和太阳的合引力吸引到地球表面，在落向地球的过程中，分裂成许多碎片，先后掉到地表的深处而形成石油。

由于卫星的运行轨道白道平面和地球的赤道平面，有一个 20° 左右的夹角。因此卫星的碎片就落在一个和赤道成 20° 角左右的一条走廊上，就像彗木相碰时，彗星分裂成九大块，如项链排列成一条直线落在木星上一样。碎片落下的地方，会给地面带来巨大的创伤。但好处是凡是含油卫星碎片落下的地方，就会留下一个油田，人类就会在地球的伤口上建立大银行。

我们的理论明确提出，地球形成的晚期，至少有一颗很大的含油卫星被地球吃掉了，该卫星的运行轨道半径远比月亮的轨道半径小，最后这卫星分裂为许多碎片落在地球上，使地球上产生一系列油田。如果把这些油田的位置，用线连接起来，会形成一条基本上的直线，而这条直线和赤道线夹角应该是 20° 左右。现在就让我们找出充分的证据。

我们把世界上主要的油田列出如下：

南美洲：委内瑞拉*　　　　(星号代表石油输出国)

非　洲：尼日利亚*、利比亚*、阿尔及利亚*、埃及。

中　东：沙特阿拉伯*、阿拉伯联合酋长国*、叙利亚、卡塔尔*、阿曼、科威特*、伊拉克*、伊朗*。

中　国：塔里木、克拉玛依、吐哈、长庆、苏里格、胜利、吉林、大港、辽河、大庆。

北美洲：加拿大艾伯塔新油田。

我们按照大陆漂移学说，把南美洲移回到非洲去，把委内瑞拉油田按漂移前的地理位置标在地图上，并把以上的所有油田也标到地图上，地图上立即就会出现一条带状走廊，走廊的中心线和赤道线相交成 20° 左右的夹角。这条线刚好和我们的理论吻合。

从地球所受的创伤看来，也表明有过卫星落地的重大事件：南美洲从非洲分裂出去了，非洲产生了东非大裂谷，亚洲和非洲分离产生了红海等等。

该卫星也许不完全由冰物质组成，也许还有一部分土物质，而土物质掉到地球上，只产生破坏而不产生油田。该卫星至少有两块较大的含油碎片，一大块落在中东，形成中东油田。一大块落到加拿大，形成艾伯塔油田。这条联线附近，也许还会有其它油田还没有被发现。例如，在白令海峡或阿拉斯加湾的深海中，从 X－D 理论看这条线附近找到油田的几率会比较大。

因为卫星碎片大小不一，像散弹一样落到地球上，分布也不均匀，使地球上的产油区，分成无数孤立的区块。这就给找油工作带来了不少麻烦，有一些小区块成了鸡肋，弃之可惜食之无味。

含油卫星碎片掉落下的地点，有可能是水成岩，也可能是火成岩，所以含油卫星落地形成的油田，与岩石性质无关。只要是含油卫星落下的地方地下就会有石油，当然该地质条件必须要能保存石油。

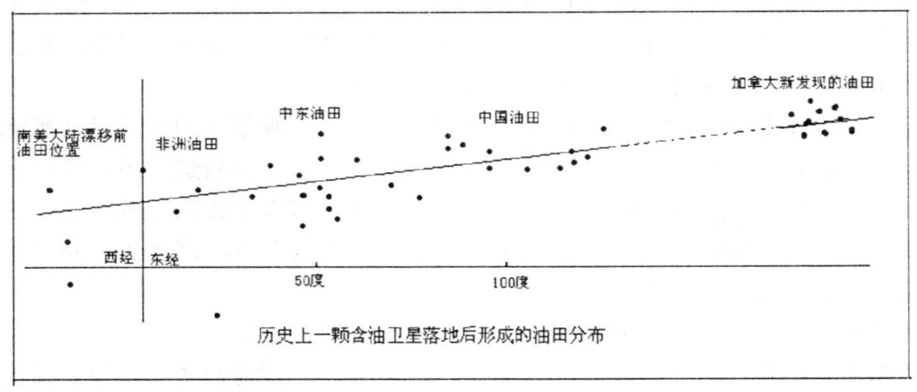

图 31901　某一含油卫星落地形成的油田分布示意图

关于煤的问题，还是希望理论家们解放思想，不要把煤的形成局限于生物形成，煤中有树木植物的化石，会不会是一种少量的植物污染，而绝大多数煤却不是植物形成的。在地壳变迁的过程中，煤床完全可以把部分植物埋起来，使植物也变成煤。

火星上含有丰富的石油

这种论断只是我们从理论上的预言。不过，我坚信我们的理论是正确的，因为这理论能解释太阳系的一切特性，没有哪一种理论，能像我们的理论，可以找出这样多的证据。

我们之所以相信火星上有石油，其理由有二：第一，按质量谱理论，火星胎靠近外环，因此火星胎吸收了大量的外环冰物质，而冰物质中含有大量的有机物。第二，天文观测证明，火星在历史上有过大量的水，冰物质中水和有机物总是混在一起的，有水就肯定会有有机物。因为火星的密度只有地球的百分之七十，以前应该还更小，因为历史上已损失了大量的地表水，可以断定火星的总水量，远比地球多。火星上的石油，也可能远比地球多。

我们从彗星上含有有机物、从海王星和天王星光环是黑的、从土卫九是黑的、从脱罗央群小行星是黑的、从碳质小行星是黑的、从地球上含有丰富的石油这些证据看，地球以外的行星及卫星应该含有丰富的有机物。有机物的存在是太阳系的普遍现象，因此火星上必然含有石油！！

月亮内部含有丰富的石油

我们之所以断定月亮上有石油，理由有三点：第一，我们认为月亮原先是外环冰物质形成的一颗小行星，内部含有大量的有机物。第二，离地球较近的一颗卫星，掉下地面后已证明含有石油。离地球远的月亮，所含有机物应该更丰富，因为月亮更靠近外环。第三，最近天文观测证明，月球表面有水，月球的核心是软的。因为月球体积小，中心温度低，不可能是熔岩，而只能是泥水浆，泥水浆中就会含有石油。

如果我们的理论是正确的话，我们的理论最有价值的就是：献给人类火星和月亮两个大油田。这对人类开发两星的意义是很大的！

(2004-3-31 止，“勇气号”已在火星地表发现曾存在水，“火星快车”也发现火星大气含甲烷，甲烷可能是火星内部的天然气跑到大气上来的。这已表明我们的理论快被证实了！)

§3.20　行星磁场的形成

太阳系九大行星中，海王星、天王星、土星、木星、地球和水星存在偶极磁场。火星和金星没有磁场，冥王星不太清楚，按我们的理论，估计没有磁场。

关于行星磁场的起源，过去人们认为行星核心有个大磁铁（严格地说，这还不能算是行星磁场的成因学说，因为它没有说明永久大磁铁产生的原因）。后来人们普遍认为，行星核心温度远远高于铁磁性的居里点，永久磁铁不可能存在，于是行星磁场是永久磁铁的看法被否定了。再后来又有人用带电地球的旋转、回转磁效应、温差电流以及感应电流等物理效应来解释行星磁场的形成，但都没有成功。目前人们普遍认为比较有希望的理论是“自激发电机说”，但也还是一个纸上谈兵的学说，主要是无法用实验证实。

天体原子模型理论认为有磁场的行星，其内部都有一个永久大磁铁，这点和人们最初的看法一致。上面说过，人们普遍认为行星内部的温度高于磁性居里点温度，所以永久大磁铁的看法才被否定。

但是，天体原子模型理论认为，天体内部的温度可以很低。太阳黑子降温现象表明太阳中心的温度是很低的，天体内部的基本粒子可以把热量转变为自身的质量。天体核心的气体不是靠热运动来反抗表面物质的重量，而是靠反引力来抗拒重力。关于反引力场的产生，将在本书最后介绍，现在只提一下，这是基本粒子从天体中心向天体表面进行能级跃迁产生的。

现在读者只需先假定行星核心的温度可以低于铁磁性的居里点温度以下，即允许永久磁铁长期存在磁性。这一个假定，对读者来说可能很难接受，因为长期以来人们都认为行星核心的温度很高，不过将来会证明我们的理论是正确的。

现在我们就可以来讨论行星内部的大磁铁是如何产生的了。

3.20.1　地球磁场的形成

我们在地球的形成一节中说过，地球行星胎首先在铁谱线上形成一个铁的圆球，这个铁的圆球叫地球行星胎。行星胎再把外环的金属离子及它们的矿化物变成绕其旋转的光环。如图 32001 所示。质量谱最初温度很高，元素都处于等离子体状态，因为电子速度大，很容易以变星风的形式发射到宇宙空间，这样一来，质量谱中的等离子体就会缺少电子，这就造成光环内正离子多了出来。正离子等效于正电子，铁行星胎上空的正离子光环，也就等效于正电流环，电流环流动的方向是反时针方向。环形电流会产生磁场，而磁场的方向 N 极刚好是地球胎的北极，S 极在地球胎的南极。

在地球形成的过程中这种正离子光环一直不断地产生，因此整个地球形成过程中都存在极性相同的磁场。当铁的圆球温度下降到铁磁性的居里点以下时，磁场就以永久磁铁的形式保留下来。今天地球的磁场就是光环产生的正电流形成的。地球中心的铁核是固态，而且温度在磁性居里点温度以下，地核是永久磁铁。

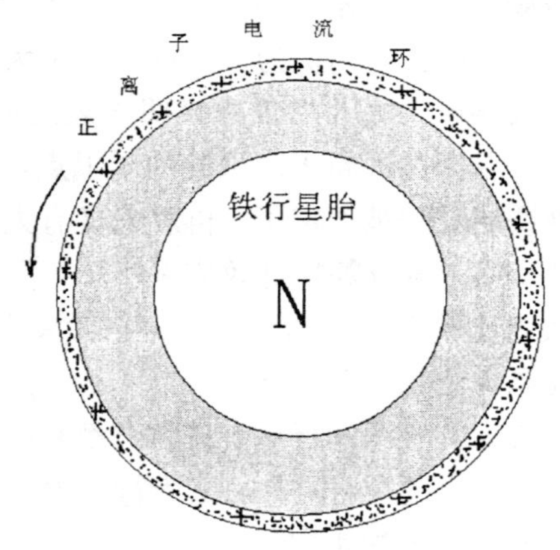

图 32001　行星磁场的产生

3.20.2　海王星磁场的形成

海王星的磁轴对自转轴的倾角为 47°，磁轴中心偏离海王星中心以南 1.4 万公里，相当于偏离 0.55 倍海王星半径。造成这种情况的原因是因为海王星质量谱线很宽。铁质行星胎，即铁的圆球，吸引不到 Si、Mg 谱线中的物质，因此海王星区形成了四颗行星，最大的是海王星，其中有一颗变为海卫一，一颗变为冥王星。

这三颗行星因为内部没有铁核所以都没有磁场。但是还有一颗就是铁谱线上形成的铁行星，铁行星吸收了部分正离子形成正离子光环，因此铁行星带有磁场。后来这铁核和海王星相碰在一起，铁行星掉到离海王星中心 0.55 倍的地方，且磁场方向和自转轴成 47° 角。

3.20.3　天王星磁场的形成

天王星的质量谱比海王星的窄了一些，但还是比较宽，因此质量谱中还是形成了两颗以上的行星，其中一颗是铁行星，带有磁场，后来这个带有磁场的行星和天王星相合并，带磁场的行星掉到离天王星中心 7500 公里的地方，且磁轴和自转轴倾角为 59° 。

3.20.4　土星磁场的形成

土星的负能壳层窄了，一些质量谱中的谱线相距小了，以铁为核心的行星胎形成以后能立即吸引到外环物质形成单一的行星。因此磁场的形成和地球磁场类似，磁轴通过土星中心，磁轴和自转轴方向重合。

3.20.5　木星磁场的形成

木星磁场的极性和地球极性相反，N 极在南，S 极在北。造成反向的原因是在木星形成后期，它吸收了内环的物质，形成了木卫十二、木卫十一、木卫八、木卫九，这四颗逆行卫星的光环是顺时针方向运行的，顺时针方向电流形成的磁场，N 极在南，S 极在北。木星的铁核保留了逆行光环形成的磁场，所以木星的磁场，N 极在南，S 极在北。

当然，读者可能会说，土星也有逆行卫星，为什么磁场又和木星不同，这是因为土星表面是气体，这些气体失去了部分电子而带正电，它们产生的磁场始终大于形成逆行卫星的光环产生的磁场。

3.20.6　火星的磁场

火星因为没有铁核，所以没有磁场。

3.20.7　金星的磁场

金星因为是葡萄胎，虽然它内部的铁元素丰度和地球一样大，也有可能有铁核，但因为金星形成的时候没有出现光环，也就等于没有环形电流，所以金星没有磁场，火星形成时是有光环，但没有铁核。

形成磁场的条件，光环和铁核缺一不可，所以火星和金星都没有磁场。

3.20.8 水星磁场的形成

水星虽然有很大的铁核，但表皮很薄，而且形成的时候由于壳层很窄，也属于葡萄胎。水星主要不是靠吸收光环而长大的，所以最初不会有磁场。幸而形成水星的时候，铁元素很多没有被氧化，能形成铁核，不像金星，所有的铁元素都被氧化了。当水星形成以后，由于壳层以外还有大量的金属元素，虽然这些金属元素离水星很远，但总会有少部分被水星吸引过来形成光环，由于这光环的物质密度很小，相应的等效电流也很小，所以形成的磁场很弱。这就是水星磁场形成的原因。

3.20.9 地球磁场反转机制

从上面的论述可以看到，只要我们假定行星核心的温度低于铁磁性的居里点温度，行星磁场的形成就很好解释，虽然这个假设很难被人们接受。我们认为，凡是有磁场的行星其内部都包含了一个大的永久磁铁，读者也许今天不能接受这种观点，但看完这部书以后肯定会接受的。

地质调查表明，地球磁场的极性会经常反转，其他行星的磁场可能也反转过。其反转的原因显然不是地球的铁核反转造成的，铁核决不会像孙悟空那样在地球内部翻筋斗。这样大的铁核要在地球内部转 180° 是不可能的。

我们从木星磁场极性和地球磁场极性相反可以得到启发，木星磁场之所以极性相反，是因为木星形成后期吸引了内环的物质形成了顺时针方向运行的光环，然后又由这光环形成了逆行卫星。顺时针方向运行的光环，其电流产生的磁场极性和地球磁场极性刚好相反。

我们现在也可以假定，在地球形成以后的漫长历史岁月中，多次吸引内环物质，形成了顺时针方向运行的光环，同时也产生了反向可变磁场。这种可变磁场的强度和光环物质的多少成正比。这时候地球上的混合磁场就是原有的地球核心永久磁场加反向的可变磁场。随着顺时针运行光环物质的增加，反向可变磁场也增加，混合磁场会慢慢变小。当可变磁场的大小和永久磁场相等时，混合磁场为0，这时候地球上就会出现没有磁场的局面。上述时间称为正向磁场减弱期。

当光环的物质进一步增加时，反向可变磁场大于永久磁场，这时候地球上就出现磁场反转的局面。如果反转以后，光环物质进一步增加，混合反向磁场也会进一步增强，一直到光环物质不再增加为止，反向磁场也达到最大值。这段时间称反向磁场增加期。

后来光环物质会慢慢落到地球表面，光环的物质密度随之减少，与此同时可变反向磁场也跟着减少。这时混合磁场又会出现强度为0的局面，这段时间称反向磁场减弱期。随着光环物质的进一步损失，反向磁场不断减小，当光环物质全部消失后，可变反向磁场为 0，这时正向磁场恢复到原有值，这一段时间称为正向磁场恢复期。

从这可以看出，地球磁场反转的原因是因为地球吸引了质量谱中内环的物质。地球磁场反转过程可分为 4 个阶段：①正向磁场减弱期；②反向磁场增长期；③反向磁场减弱期；④正向磁场恢复期。这四个阶段中，只有第二和第三阶段表现出地磁场反转。

3.20.10　地磁反转和冰期

读者可以想象到，当地球上空出现光环时，就像天空出现乌云一样，地球表面接收的阳光就减少了。时间长了就会使地球表面温度降低，出现寒冷的气候。应该说，从地球光环一出现，地球的温度就开始下降，也就是冰期开始。与此相对应的是地球正向磁场开始减弱。真正观测到地磁场反转是在第二阶段和第三阶段，所以应该说地球冰期的时间比地磁反转的时间长。地磁反转时间是在冰期中间一段时间之内。

当然，有时候也会只有冰期没有磁场反转的情况，就是说当光环产生的可变磁场始终小于永久磁场的时候，就会观测不到磁场的反转现象，但这时冰期还是存在的，只是冰期出现时间较短。这是小冰期。

我们可以用冰期出现时间和地球磁场反转时间这种同步关系，更好地研究地质事件。

3.20.11　光环物质的来源

引起地磁场反转和出现冰期的原因是因为地球上空出现了一个顺时针方向运行的正离子光环，现在就要来讨论这光环的物质是从哪里来的。地质调查表明，磁场反转和冰期反复出现了好几次，这就意味着光环也反复出现了好几次，所以光环反复出现的原因也必须搞清楚。

我们在地球的形成一节中讲到，地球在质量谱中形成，地球核心在铁谱线上形成，地球主要靠吸取外环的 Si、Mg、C、N、O 元素长大。内环的物质由于太阳的引力和地球引力方向相反，所以地球形成时很难吸收到，这样一来，在地球轨道和金星轨道之间就保留了很多内环的物质。内环的物质仍然绕太阳运行，地球的引力可以使内环的物质慢慢改变它们的运行偏心率。内环气体轨道的长轴，接近地球的引力范围时，内环的物质就会被地球引力拉过去，形成地球的光环。如图 32002 所示。

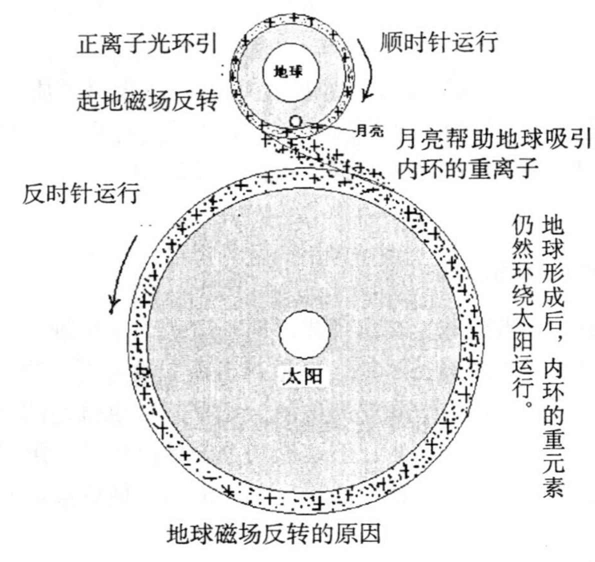

图 32002　地球逆向运行光环形成图

地球想要吸收内环的物质，首先要用地球的引力加大内环物质运行轨道的偏心率。当内环物质靠近地球的引力范围时，地球就把内环物质吸引过来成为自己的光环。正离子光环使地球磁场极性反转，同时也使地球上产生冰期。

从图中可以看到，质量谱中的内环，主要是重元素，在谱线中，除了微粒以外，还会有星子，所谓星子就是质量比较大的陨星。这些星子被地球吸进去后，混在光环中，最后总会落到地表上，在地球表面形成很大的陨石坑。这样跟随着冰期出现的还有两种现象，地磁反转和陨星轰击地球表面，真是三位一体。

例如，6500 万年前的恐龙灭绝事件，科学家说是陨石落地、冰期和地磁反转引起的。地质调查发现，世界各地 20 多个点取样的化验结果表明，在 6500 万年前的地层中发现一层厚约 1～2cm 的红色黏土，铱的含量高出正常值 30～160 倍。另一方面还含有丰富的铂族元素，在元素周期表中，铂和铱是相邻的，因此在质量谱中也是相邻的，这样，当地球吸收外环的物质时，就有机会把铂、铱同时吸引到地球上空形成铂和铱元素微粒甚至光环。当这光环的尘粒和星子都落到地面后，就会在地球表面留下铂和铱元素。

因为地球的内环，还存在好几十条质量谱的谱线，每隔一段时间地球上就会出现一次冰期，每一次磁极倒转，都会伴有物种灭绝现象。

地质资料表明：最近 450 万年中地磁场有 9 次倒转；而冰期，最近 300 万年中有四次，近 100 万年也有四次，共 8 次冰期。从这可以看到地磁场反转次数和冰期出现次数基本是一致的。

地磁场反转能和冰期联系在一起，又能和陨石落地多少联系在一起，这就足以表明地磁反转的原因不在地球内部。至于“自激发电机”学说是否正确，这只能由读者下结论（当然，包括天体原子模型是否正确在内，也必须由读者下结论，虽然我们现在自认为天体原子模型是天文学中最成功的理论）。其他的理论，如广义相对论、宇宙大爆炸论，能直接验证的事实也就只两三项。而天体原子模型，用到哪里，哪里就和实际情况相吻合，理论的成功连我们自己也感到惊奇，所以我们自认为本章的太阳系形成理论是目前世界上最为成功的太阳系起源理论。

现在读者可以看到，我们通过第三章的论述，把太阳内部和表面存在的问题，太阳系的形成存在的问题，都用天体原子模型说清楚了，当然我们只是提纲式的讲个大要，细节过程，因为篇幅有限不能详谈，这点请读者原谅。我们真诚地希望赞同天体原子模型的读者，把这课题进一步研究下去，放开手脚著书立说，我们只是抛砖引玉。

§3.21 讨 论

当我们用天体原子模型去解释太阳的性质时，能把太阳所有的特性解释得一清二楚，就连太阳普遍磁场会在黑子周期中间，即黑子最盛的时候发生极性转换，也在我们理论的预言之中。理论的成功连我们自己也感到吃惊。

我们在第三章讲述太阳系形成的时候，用的还是天体原子模型理论，天体原子模型概念是非常的简单，只是说天体内部的气体从天体中心向外流时就会放出能量，也就归纳为天体膨胀时就会放出能量。

大家都知道，红巨星会一时膨胀一时收缩，这就使我们可以断定红巨星膨胀时一定有能量放出，会使气体温度升高。气体温度升高后肯定会向外发射气体，并会在负能壳层中形成气体环。因为气体环在重力场中，重力场肯定会把气体环按质量大小通过高度层分离，变为质量谱。

变星环质量谱是太阳系彗星、行星及其卫星形成的基因图。读者只要有了 DNA 图谱，即使不看我们的书，自己也可以用这 DNA 根据不同的条件，拼接出太阳系形成的全部过程，就像儿童们拼积木那样的简单。有了这一盒积木，读者可以自由地安排哪些行星是正转还是反转，哪些卫是顺行还是逆行。本书的第三章就是从分析那张像粗纹唱片式的图写出的。当我们写完第三章后，更使我们感到天体原子模型理论绝了！它不单能使我们写出海王星的宫廷政变史，又能使我们知道为什么脱罗央群小行星少而希腊群小行星多，就连最使人头痛的月亮形成之谜也迎刃而解！在天体原子模型理论中，太阳系显得那样的完美无缺，角动量反常不存在了，提丢斯一比得定则的本质找到了。太阳系一切特性都可以从那张基因图谱中找出来。特别是我们还从那张图中预言：火星上和月亮上含有大量的石油。也许这是两星开发专家最感兴趣的，因为这是关系到将来人类移民到火星和月亮上的时候的能源和用水问题。也许这一预言就是这本书最有经济价值的地方。

天体原子模型在第二章太阳原子模型中已充分阐明太阳能不是热核聚变产生的；第三章我们又阐明太阳系是在从太阳红巨星演化到当今的太阳的过程中产生的。这进一步表明，恒星的演化方向是从红巨星到主序星，而不是从主序到红巨星。这同样证明太阳能是热核聚变能的理论是不正确的，因为当代恒星演化理论是从该理论推出来的。

现在我们已有充分的把握向读者宣布：

太阳能不是热核聚变产生的！

太阳系是在从其前身太阳红巨星演化到现在的太阳的过程中形成的。

第四章　天体回收能量的途径

引　言

天体原子模型假设：太阳内部单个基本粒子的质量，大于自由空间中同一单个基本粒子的质量。这就给我们提出一个问题，按照星云学说，太阳是星云收缩形成的。就是说，原来星云是分散在宇宙空间，它们不在恒星内部，应该属于自由空间，按天体原子模型假设，星云中的单个基本粒子的质量，应该比现在太阳中心单个基本粒子的质量小。这样一来，问题就来了，原来质量比较小的星云基本粒子，为什么由它们组成恒星以后，一到了太阳内部，质量就变大了呢？如果按照质量守恒定律，太阳内部基本粒子的质量应该和星云中的基本粒子的质量相同才对。

通过前三章的论述，天体原子模型是不用再怀疑了。现在我们要搞清楚，星云中的基本粒子到了太阳内部以后，它们的质量是如何增加的。

按天体原子模型理论，根据质能互换公式，$E = MC^2$。也可以说基本粒子到了恒星中心以后，就有了额外的能量收入，这有点像农村到城里去的打工妹，去时两手空空，不久就富了起来。打工妹是通过自己的劳动得来的钱财，那么基本粒子是否也会像人类那样，通过“劳动”从宇宙空间获得能量，希望读者和我们一起研究这一重大课题。

如果基本粒子确实有本事从宇宙空间取得能量的话，那对于我们理解太阳能源的问题，从逻辑关系上就方便得多了。就是说，太阳内部的基本粒子，可以通过“劳动”，从宇宙空间回收并积累能量。然后，太阳内部的基本粒子又通过能级跃迁的方式，从内部把能量带出到太阳表面，以光和热的形式辐射到宇宙空间。这样，太阳本身就成了一个能量循环机，把能量从太阳表面辐射出去以后，立即又通过“劳动”的方式把散发到太空中去的能量收了回来。

恒星回收能量的问题，可以说是恩格斯给我们留下的研究课题。但这样重大的课题研究，长期以来进展很慢，其原因还是在于太阳能热核聚变能理论。根据这理论，太阳的能量是由氢原子从星云中带到太阳内部的，这时可以把星云中的基本粒子看成是一群游手好闲的懒汉，它们带着有限的钱到城市里乱花，把钱花光以后，再也没有收入，最后只好老死在那里。这种情况下，太阳内部的基本粒子不能进行能量循环。因为当代理论不允许氢元素聚变为氦以后，又从别的地方取得能量，然后再分裂为氢，从而又可以再一次进行聚变反应。按当代理论，氦元素它们要想重新获得能量分裂为氢元素，在恒星内部是不可能的，它们的命运只有继续燃烧成更重的元素。在这种理论要求下，天文学家只好把希望寄托在将来，等到宇宙收缩到一个奇点以后重新来一次大爆炸。这样一来，能量回收的问题，其周期就很长了，人类永远看不到这一天。也有些天文学家把能量回收问题寄托在黑洞上，希望黑洞把能量收集起来以后再从白洞流出来。但黑洞和白洞都还是理论上的纸上谈兵，即使有黑洞，黑洞收集的能量也少得可怜，很难和热力学第二定律抗衡。读者从这里可以看出，太阳能是热核反应产生的这一理论，又一次把恒星回收能量的问题带进了死胡同。这样一来，克劳修斯提出的热寂论就很难被驳倒。

天体原子模型的提出，使我们从理论上驳倒宇宙热寂论的困难变得小多了。只要我们能找出太阳或一切天体内部基本粒子的质量之所以变大的原因，我们的任务就完成了。

其实克劳修斯对历史是负责任的。在当时，还没有任何一种理论可以对抗热力学第二定律，在这种情况下，作出宇宙会热寂的预言是完全可以允许的，他的预言可以促进人们去寻找一个能对抗热力学第二定律的自然规律。正像有人预言，如果人类不进行环境保护，地球很快就会变成废墟一样，这一预言促使各国政府注意其本国的环境保护。

克劳修斯的警钟，促使我们去寻找一种对抗热力学第二定律的理论，如果这种理论找着了的话，这对克劳修斯来说也是一个很大的安慰，因为宇宙热寂也不会是这位德高望重的老前辈愿意看到的。谁都希望宇宙会永远光明。

我们相信自然规律绝大多数应该是对称的，现在表面上不对称，仅仅是因为我们还没有找到另外的一半而已。例如，现在有引力，必然会有反引力；现在有热力学第二定律，必然会有反热力学第二定律；现在有正熵，必然会有反熵。只有这样，宇宙才是完美的。所以我们要下决心找到反引力、反热力学第二定律及负熵。这一章的内容我们就是为了解决这些问题。

当然，任务是艰巨的，但我们相信，即使我们完成不了，还有广大的读者可以继续去完成，路是人走出来的。

§4.1　热力学第二定律的微观本质

本节的任务是找出谁能担当天体回收能量的重任。

我们现在先假定，天体内部存在两个相互矛盾的过程，第一个过程是按照热力学第二定律向宇宙空间散发能量（即光和热）。第二个过程是天体内部的基本粒子可以按某种现在不为人知的途径，从宇宙空间回收能量，使其内部的基本粒子质量变大。这两个矛盾的过程共同支配宇宙的运动和发展。

为了更好地找出恒星回收能量的途径，我们最好先弄清楚其矛盾的一方：热力学第二定律。热力学第二定律现在已是“路人皆知”（下面把热力学第二定律简称为第二定律），长期以来，第二定律已成了太上皇，谁也不敢违反，爱丁顿说过：“如果发现你的理论违背了热力学第二定律，我就敢说你没有指望了，你的理论只有丢尽脸、垮台。”从这里可以看到，热力学第二定律是多么的神圣而不可侵犯！阿西莫夫在一本科幻小说中编了一个故事，让一台巨型计算机去计算我们能否有一天会克服热力学第二定律，计算机一直计算到亿万年以后整个宇宙都死亡了才得到答案，但那时候人类已没有了。这表明，在阿西莫夫的心目中，热力学第二定律是永远不能克服的，我们要敢于打破阿西莫夫的神话。

现在我们提出要研究太阳回收能量的问题，可见危险是很大的，历史上玻耳兹曼自杀了，艾伦菲斯特也自杀了，他们俩都是想揭示热力学第二定律本质的科学家。很多人很想知道下一个倒霉的人是谁，有科学家感叹：“现在轮到我们了……研究此项课题，还是谨慎为妙。”有了他们的预防针，我们坚信不会再有倒霉的人了，读者放心地研究下去吧！

因为我们是为了寻找恒星回收能量的途径顺便了解一下第二定律的，所以我们也只从天文学角度来分析热力学第二定律。

我们考察一些自然界的物理过程，发现微观粒子总是从高能级自发地跃迁到低能级，在没有外界的能量输入时，微观粒子绝对不会自动地从低能级跃迁到高能级。例如，铀原子核可以自发放射出α粒子，但低能α粒子绝不会自动跳进重原子核里去；原子中的电子也一样，它可以自发地从高能级跃迁到低能级，而不会自发地从低能级跃迁到高能级；导线中的电流，也是从高电压的一头流向低电压的一头；引力场中的物体也是从高势能的空中落向低势能的地面。以上这些过程都是不可逆的，例如，地面上的苹果，决不可能自动跳回苹果树上去。

从上面可以看到，能级的概念目前相当普遍，原子核存在核能级、电场有电位高低、磁场有磁场的强弱、引力场有势能的高低，微观粒子在这些场中的运动方向，总是从高能级到低能级。

现在研究一下热传导，如果我们拿一根金属棒，并且把一头加热，这根金属棒就变为一头温度高一头温度低，这时候热量就会从高温一头传到低温一头。电流的形式也一样，会自发地从高电位一端流向低电位一端，而不会反过来从低电位一端流向高电位一端。很早以前人们就把电场和磁场与空间联系起来，认为场是充满空间的。所以对于温度，我们也应该为它建立一个场的概念。

如果我们在理论上把热传导和电流流动一视同仁的话，电有电场，热也给它一个温度场的概念。定义为温度高的系统其温度场高，温度低的系统其温度场低。有了温度场的概念以后，我们就把热量或者温度和空间联系了起来，认为温度场充满了空间。把温度或者热量建立了场的概念以后，热力学第二定律就可以用温度场的形式来表达，即热量总是自发地从高温度场传到低温度场。有了温度场这一概念以后，我们可以把温度场高的地方定义为高能级，温度场低的地方定义为低能级。这样，我们把热力学第二定律用微观方式来表达，即微观粒子（如原子或分子）在温度场中总是自发地从高能级跃迁到低能级，并在跃迁过程中把高能级的能量带到低能级。

因为长期以来人们只知道温度是等价于分子的热运动，今天我们强调温度也存在温度场，读者可能会怀疑温度场是否客观存在，所以必须用实验来证实，当然借用前人所做的实验也可以。

实验装置如图 40101 所示

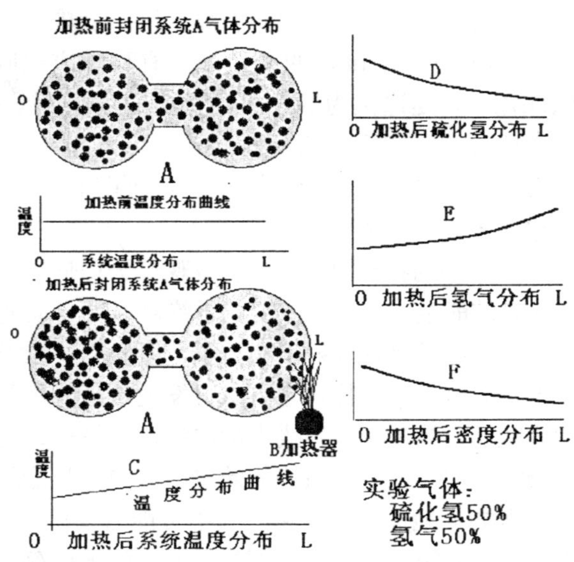

图 40101 温度场存在的证据

图中A是一个封闭系统，系统内装满两种分子量不同的气体。一种分子量轻的气体，一种是分子量重的气体（它们可用氢气和硫化氢的混合气体）。实验前，使两种气体均匀混合在一起，并把系统平放，使之不受重力的影响。接着点燃加热器B，并控制好热量的大小，使系统能产生稳定的温度梯度场，如图中曲线C所示。当系统的温度梯度场稳定一段时间后，在不破坏系统状态的情况下，测量出两种气体在系统内的分布状态，有人得到下列结果：

1. 硫化氢重分子在低温端O多，高温端L少，如图中D所示。

2. 氢气轻分子在低温端O少，高温端L多，如图中E所示。

3. 气体的混合密度低温端O高，高温端L低，如图中F所示。

实验详细情况，可参阅《时间之箭》一书第156页。（[英]彼得·柯文尼、罗杰·海菲尔德著．江涛、向守平译．湖南科技出版社出版）

该书中实验者的目的是为了说明在不可逆的非平衡态过程中可以产生有序性。从图中C、D、E、F都明显地看出气体的分布状态是有序的。就是说，热力学第二定律不完全是引起物质分布的混乱，也可以造成物质分布状态的有序，所以不能像过去书中所说“熵就是无序”。只能说，热力学第二定律在某种条件下会引起物质分布的无序，在另一种条件下会导致物质分布的有序。

从图40101实验结果看来，非平衡态系统中可以在低温端出现有序结构，在太阳和地球构成的系统中，地球一端可以出现有序结构的生物。在光合作用中，光线是高温端的使者，叶绿素是低温端的主人，二氧化碳是实现第二定律的载体。

我们假定，图40101中A系统的低温端的温度也比系统外高，当我们把低温端打开一个洞以后，A系统就和外界相通了，这时A系统和大气构成的系统中，A系统就成了热源，大气成了冷源，这时A系统中有序的结构就不复存在，这就说明有序的结构一旦成为热源时，有序就会瓦解，变为无序。

对于生物体来说，一旦生物体成为热源时，生物细胞就会瓦解。例如，人的体内为了保持恒温，要燃烧一部分细胞，被燃烧的细胞就瓦解了。当然，极端的例子就是人在大事故中被烧成灰。因为那时候，整个人都成了热源，所以生物体如果要延长生存时间，最好把自己置于热力学系统的较冷端，冷冻精子就是这个道理，冷冻可以延长精子的存活时间。就是说，生物是自私的，它只想在无序非平衡系统中吸收系统的能量。在平衡系统中生物没有能量来源，也就不能生存了。

热力学第二定律造就了生物，因为没有热力学第二定律，生物体就不能从高温端得到能量。同时热力学第二定律又毁了生物，因为当生物体自己成为热源时，自己的有序就被破坏了。所以热力学第二定律是成也萧何，败也萧何。就是说生物要变成有序必须要有能源，有序过程需要的能源必须由热力学第二定律来提供。

引力场是一个很好的能源，因为将来要证明引力就是能量流。应该看到，地球表面上的生物，一方面用阳光作能源，一方面也用引力作能源。例如，深海中的生物因没有阳光作能源，只好用引力能和热能作能源了。后面我们将详细论证，引力也是一种能量流，所以深海的生物在没有阳光下也能生存。生物需要吸收引力能，这是我们首先提出的，人类在失重的环境下，能不能长期健康地活着，需要进一步研究。

太阳表面的温度为几千度，地球表面的温度最低为零下几十度，而生物体的生存温度只在零度左右到50℃左右之间，这种温度对于几千度的高温来说是冷源区，对于零下几十度来说又是热源区。所以生物体在热力学第二定律的支配下，它只能接过高温端射来的箭，然后又往比自己温度更低的低温端射去。生物体没有办法改变热力学箭头的方向，生物学箭头附属于热力学箭头之中。

整个太阳系就是一个热力学系统，对于日地系统，高温端是太阳，低温端是地球。地球上的生命就是在这高低温系统中产生的。例如，植物的光合作用就是在热力学第二定律支配下的一个从无序到有序的过程。如果你把植物栽在20℃的环境下不见阳光，对于地面的植物，不但不能光合作用，连植物自己也会死亡。这就表明，生命只能在热力学第二定律作用下生存，生命不可能在没有热源又没有冷源的环境中产生。热力学第二定律可以为生物提供能源，反热力学第二定律也可为生物提供能源。

热力学第二定律的温度范围很广，从无限的高温到绝对零度，而高级生命的生存温度仅仅在40℃～0℃之间，粗略地说，生物体生存在中温区。

认真分析以后，可以看到生物学箭头在高温端随时间前进的快，在低温端随时间前进的慢，一般来说热带人的寿命要比寒带人的短。当然，前面说过，为了避免生物体成为热源，可以把它冷冻起来，不过生物箭头既然附着在热力学箭头之中，生物从生到死是必然的结果，即使把自己冷冻起来，时间长了还是会死亡。生物体只是在从有序到无序的混沌中一个暂时的过客。我们人类既然坐在热力学第二定律的船上，那就不可避免地要染上一个大毛病，吸食船上最可怕的毒品——熵。现在还是闲话少说，言归正题。

我们从图40101实验结果，可以证实温度场确实是存在的，从系统中气体的分布情况看来，温度场的形式和引力场的形式非常相似。如果我们把该系统的高温端比作地球的高空，低温端比作地面，那么引力系统和热力学系统造成气体的分布就非常一致了。

重力场中的大气层，气体的密度分布是地面密度高，高空密度小，非平衡热力学系统中低温端密度高，高温端密度小。如图40101F所示，在重力场下，单质原子气体的分布函数为：

$$\eta(z)=\eta(o)e^{-mgz/KT} \quad (1)$$

式中 η(O)为地表的气体密度，*m* 为气体分子的质量，g 为引力常数，*z* 为离地面的高度，*T* 为大气温度，K 为玻耳兹曼常数。

如果我们在图 40101 中，把 A 系统的低温端取作 O，高温端为为 L，其放置方向和 x 轴坐标平行，则单质气体原子在该系统处于温度非平衡状态下，气体在系统中的分布函数可写成

$$\eta(x)=\eta(o)e^{-mf(\Delta T)x/KT} \quad (2)$$

式中 η(O)为低温端气体的密度，*m* 为气体分子的质量，$f(\Delta T)$ 为温度梯度的函数，*x* 为离低温端的距离，K 为波耳兹曼常数，*T* 为 *x* 点的气体温度。

有了（2）式以后，我们就可以计算气体在非平衡系统中的有序分布，只要有温度梯度存在，系统就会有序。而这种有序行为，我们把它归结为微观粒子在温度场中不同能级的分布，就像气体分子在引力场中不同能级的分布一样。

在工业生产中也常会有这种情况，在大型贮油罐中如果一端的温度高，一端的温度低，那么贮油罐内部的油质密度就会发生分离，高温端密度低，低温端密度高。

当我们为温度建立了场的概念以后，它的身份就可以和引力场及电场等价了，并可以把微观粒子在这三个场中的运动状态用同一形式表达。

1. 引力场。微观粒子在引力场中总是从高势能处跃迁到低势能处，不可能自发地从低势能处跃迁到高势能处。

2. 电场。带正电的微观粒子总是从高电位处跃迁到低电位处，不可能自发地从低电位处跃迁到高电位处。

3. 温度场。微观粒子在温度场中总是从高温度场跃迁到低温度场，不可能自发地从低温度场跃迁到高温度场。

从以上三个表述式子中，可以看出，微观粒子运动方向都受场的约束，都是不可逆的，它们和宏观的自由落体运动方向、电流流动方向及温度传导方向都是一致的。微观和宏观永远统一，不存在微观和宏观的矛盾。

从以上分析可以看到微观粒子是个多面手，它在不同的场合，可以表现为不同的运动方式。它在引力场中可以表现为自由落体运动，在电场中可以表现为电流流动，在温度场中可以表现出热力学第二定律。现在我们也可以肯定，恒星中回收能量的任务也必然是微观粒子所为。这样我们本节的目的就算达到了，找到了回收能量的执行者微观粒子。

热力学第二定律是微观粒子所为，现在又要叫微观粒子自己站出来反抗热力学第二定律，这叫让它自己打自己的嘴巴。读者是否觉得在情理上于心不忍？不过我们换一种说法心情就会好受一点，我们选举微观粒子当上帝，上帝是无所不能的，它有能力通过能级跃迁的形式把能量从太阳中心带出来，它一定也有本领帮助太阳回收能量，把宇宙空间的能量一点一点地搬到太阳的中心去，使太阳中心的基本粒子质量变大。

不过我们的工作远没有完成，虽然我们断定回收能量的担子只能落在微观粒子的肩上，但是我们必须搞清楚微观粒子是通过什么方法把宇宙空间的能量搬到天体中心去的，这个任务还是非常的艰巨。

下一节我们就和读者一起探讨，微观粒子是用什么手段把宇宙空间的能量搬到太阳中心去的。

§4.2　微观粒子的波粒互变

因为我们要聘请微观粒子出任我们这部书的主角，让它负责回收能量，并把能量送到太阳中心，或送到一切天体内部去，所以我们现在要从研究天文学暂时转为研究微观粒子。

对于微观粒子的研究，20世纪已取得了巨大的成功，量子力学就是一个很好的证明。微观粒子具有波粒二重性。对微观粒子的波动性，世界上的科学家，各有不同的解释。波尔等人用几率波解释，似乎把世界带进了不可知论。爱因斯坦等人则提出针锋相对的意见，认为上帝不玩骰子。因此，波尔和爱因斯坦两位巨人展开了长期的争论。我们接受爱因斯坦的观点，认为波动是客观存在的，而不是几率行为。

微观粒子波粒二重性，是经过无数次实验检验过的，应该说是正确的。我们认为，微观客体，既是波，又是粒子，一身兼两职。

人类对于兼职工作（两份工作）可以分两种情况完成，一种是两份工作分开做，一种是两份工作同时做。对于微观客体来说，有两种工作，一种是波工作，一种是粒子工作。这两份工作性质是完全相反的，看来要同时做很困难。但是微观客体先做波的工作，然后再做粒子的工作，即分开做不同的工作，困难就少多了。

如果微观客体确实是采用分时做波和粒子的工作的话，那就必须要求微观客体在 T_1 时刻处于波的状态，T_2 时刻又变为粒子状态。微观客体就这样不断地从波变为粒子，然后又从粒子变为波，反复地变下去。我们称微观客体这种行为是波粒互变。微观客体这种行为有点像北方公园湖中的水，冬天结成冰，夏天融为水，所以北方的人工湖是冰水互变。

当代理论认为微观粒子是同时做波和粒子的两种工作。当然有些物理学家认为微观粒子始终都处于粒子状态，其波动性是几率分布造成的，叫几率波。我们通过多方面的分析，认为微观客体的波粒二重性是它波粒互变性的体现，就是说微观粒子可以一时变为波一时又变为粒子。

问：有什么实验证明，一个粒子可以变成波吗？

答：有，电子是公认的粒子吧，但在双缝实验中，用很弱的电子束一个个通过双缝装置时，在实验时间足够长以后，照相底版上出现了干涉条纹。这就表明，有一些电子在双缝的前面已变成波。波是可以分割开来的，一部分波从第一个缝通过，一部分波从第二个缝通过，但通过两个缝的波，其能量占的百分比会不同。因此当这两部分波通过双缝后，又变为粒子时，就会在照相底版上出现波的干涉条纹。所谓干涉，实质是波在该空间的能量分布。这就足以证明，电子的运动，只有当电子变为波以后，才在空间以波的形式传播。

过去当人们考虑波动性时，不敢暂时放弃粒子性，觉得一个粒子绝不可能转化为波，然后再以波的形式分别从两个窄缝中通过。所以只好把微观粒子的波动性解释为几率波。几率波的解释，实质上否定了微观粒子有真实的波动性的一面。

问：这仅仅是你们的猜想吧？

答：不是，实物粒子是可以变为波的。例如，正负电子对的湮灭辐射，就是粒子变为波的形式。高能射线，也可以产生正负电子对，成为粒子。这说明波和粒子是可以互变的。只是我们所说的波粒互变形式不同，当粒子变为波以后，过一段时间后波自动又变为粒子。

问：真实的波动和几率波能分开吗？

答：不能，因为当一个粒子变为波以后，波是充满在一个局部的空间。所以当这波又变为粒子时，粒子的位置不可能出现在你预料的确定位置上。在确定的位置上只能以一定的几率出现，这和几率波的解释就不谋而合了，但其物理概念却完全不同。

问：波粒互变会存在测不准关系吗？

答：存在，因为微观粒子运动时，它必须转化为波的形式在空间传播。这个波在空间占多大的体积我们不知道，当然不能理解为整个宇宙空间。这样一来，粒子的动量也就会分散到波所占有的空间中去了。你可以想象，这时候你要是在确定的位置上来测量该粒子的动量，肯定只能接收到一小部分，如果你想要测量到粒子的全部动量，你就必须把探测器做得像波所占领的空间一样大，这样才能把波的全部动量接收到，这样一来位置就不确定了。另一方面探测器中的微观粒子也要波粒互变，叫它负责测量别人的动量时同样存在测不准关系。所以量子力学中的测不准关系$\Delta P \cdot \Delta X > 2\pi h$对波粒子互变还是适用的。也可以反过来说，波粒互变完全可以解释测不准关系的本质。

问：波粒互变能解释微观粒子的隧道效应吗？

答：这是很好解释的，设想一下，原来的电子是带负电的，负电位对电子来说是个位垒。现在由于波粒互变，电子有一段时间变为波了，波是不带电的，负电位对于波来说就不再是位垒了。这一段时间内，由于测不准关系，当波又变为电子时，电子的位置有可能就出现在位垒以外，这现象就叫隧道效应，也就是位垒穿透。隧道效应的本质是，电子并不始终都处于一个粒子状态，它可以化装为波逃走。只有当位垒的高度和宽度足够大，连波也无法逃出去时，位垒穿透的几率就会减少很多。

从以上可以看出，用波粒互变的概念，代替波粒二重性的概念以后，量子力学中微观粒子的行为就很好理解了，它一方面可以保留量子力学中一切数学方程，另一方面又能使这些方程有确定的物理意义，消除了不可知论。例如，在双缝实验中，过去人们不理解电子为什么那样聪明，它能知道人类到底是打开一条缝还是打开两条缝。现在我们已经明白了，原来有一部分电子在通过双缝以前，已变为充满一定空间的波，波如果遇到只开一条缝的时候，它就从一条缝里穿过去，如果遇到你给它开了两条缝，它就从两个缝穿过去了。也正如河堤决口，如果河堤只决了一个口，河水就从一个口子流出来，如果决了两个口，河水自然就从两个口子流出来，问题就是这么的简单。所以微观粒子的行为，还是可以被人理解的。我们不知道，波粒互变的概念，如果波尔和爱因斯坦还在世的话，能否平息他们之间的争端。当然，老前辈的事，我们也管不了那么多，关键就是现在的读者能否接受这一概念。不过我们认为，微观粒子波粒互变的概念，除了能消除量子力学的神秘化以外，更重要的是能帮助我们找到恒星回收能量的途径，因此我们把微观粒子波粒互变这一概念正式列入假设。

问：如果微观粒子不存在波粒互变的话世界会变成什么样？

答：宇宙立即会死亡！

微观粒子之所以会吸收能量，是当它由波变为粒子时顺便把外加的能量吸收进去了。吸收外来的能量以后，微观粒子自身的质量也就增加，这是能量转变为质量的过程。微观粒子从高能级跃迁到低能级以后，当微观粒子又从粒子变为波时，它把自身的质量全部变为能量放了出来，但当它在低能级又由波变为粒子时，粒子的质量必须和低能级保持平衡，它的质量必然比高能级时少。这样，它就把从高能级带来的多余的能量留在低能级的空间，成为自由能。在这个过程中粒子的质量减少了，自由能多出来了，这就是质量转变为能量的过程。所以质能互变的执行者就是微观粒子的波粒互变。

可以想象，如果微观粒子永远像个钢球，它不能吸收外界能量，也不能向外界输出能量，电子从高能级跃迁到低能级时没有光子发射，原子核裂变时也没有能量放出，这样的世界会永远没有光明，也不会有物体的运动。宇宙死亡了！

微观粒子波粒互变假设

1. 宇宙空间充满了波物质，波物质也可称为以太、静止能量或阴性物质等。

2. 微观粒子无时无刻不在进行波粒互变，或者叫阴阳互变。

波粒互变的含义是，一个“微观客体”，它在T_1时刻可以以粒子形式存在，或者叫以阳性粒子存在，而在T_2时刻，它可以从粒子状态变为波状态，或者叫以阴性物质的方式存在。

“微观客体”是波和粒子的统一称呼，因为微观粒子有波动性，当它处于波的状态时，如果仍称它为粒子，那就不太合适了。“微观客体”就这样，一时是粒子状态，一时又变为波的状态，反反复复进行下去。

3. 在绝对静止坐标系中，只有当微观客体以波状态存在时，才能以波动的形式用光的速度 C 在空间传播。当它处于粒子状态时，其相对于绝对静止坐标系静止不动，这时间内微观客体的行为主要是从空间回收能量。

4. 微观客体在波粒互变中，当它从粒子变为波时，向空间散发能量，当它从波变为粒子时从空间回收能量。微观客体在波粒互变过程中，如果其能级不发生变化，其散发的能量和回收的能量永远和其所在的空间能级保持动态平衡。

以上四点就是波粒互变的基本假设，读者可以看到，在假设中我们已恢复了以太和牛顿的绝对时空观。但现在的以太和 19 世纪的以太相比，有了很大的变化，要丰富多了。首先，以太等效为能量，能量就是波动的以太。同时以太又是粒子的组成部分，以太可以结晶为粒子，粒子又可重化为以太波。如果说 19 世纪的以太是丑小鸭的话，在 21 世纪我们已把它变为白天鹅了。

有了波粒互变的假设以后，我们就可以用该假设论述微观粒子的运动，微观粒子的能级跃迁及微观粒子回收太阳能的途径。下面打算用三节篇幅来谈。

§4.3　微观粒子的运动

因为后面要解决恒星回收能量的问题，因此我们提出一个微观粒子波粒互变的假设。提出一个假设是容易的，但要论证该假设正确与否，困难就很多。首先要论证该假设符合当前实验的结果（当然可以不符合当前的理论）。

我们在第二节已论证，波粒互变的假设符合量子力学中的实验事实，并且和量子力学不存在不可调和的矛盾。我们在本节继续论述微观粒子的运动。

因为在 20 世纪，关于物体运动的理论，已有相当完美的相对论，相对论的时空观已深入人心，而相对论和量子力学已被称为 20 世纪物理科学理论的顶峰。在狭义相对论里，爱因斯坦抛弃了以太及牛顿的绝对时空观。

读者从这里可以看到，为了理论的需要，你可以抛弃前人创立的一些理论，当然你也可以把被前人抛弃的理论请回来。权力是平等的。所以请读者原谅，现在为了我们理论的需要，我们不得不把以太和绝对空间请回来，这就给我们出了一道难题，我们除了论证波粒互变假设和量子力学不矛盾以外，还得论证和相对论公式不予盾，但对公式的解释可以不相同。

大家知道，爱因斯坦相对论，早已把牛顿的绝对时空观及 19 世纪的以太送进了历史的垃圾堆。我们现在又要把这两件古董捡回来，把古董当作价值连城的宝贝。

不过我们得声明，我们不是为复古而复古，我们的复古是为了向前，叫退一步进两步，我们否定了太阳能热核聚变能的理论，就必须还给读者一个更好的理论，否则读者决不会答应。

我们在波粒互变的假设中已谈到，微观客体在波粒互变的过程中，当粒子变为波时，它向空间发射能量，这时整个粒子好像溶化在以太中，变成了以太波。当该客体要恢复为粒子时又把散发到空间中的能量全部回收，组成一个完整的新粒子。这是对于静止的粒子波粒互变的含义。

对于运动的粒子，当它由粒子变为波时，会以光速向前传播，传播一定的距离和时间后，波又聚集起来变为粒子。当微观客体处于粒子状态时，该粒子相对于绝对静止的坐标系静止不动，所以微观粒子在空间的运动不是连续的，而是量子化的。停停走走，走走停停。微观粒子在运动过程中会自动调整波动状态和粒子状态的时间，也就是调整它的阴寿和阳寿。所谓阳寿就是微观客体处于粒子状态的时间，阴寿就是处于波动状态的时间。当它要增加速度时，它就增加阴寿减少阳寿，反之亦然。所以我们就有必要用数学公式把这种运动状态表达出来。

一、类时间膨胀公式

假设一个微观客体在绝对静止的坐标系中，进行了一次波粒互变。这一周期中，在静止坐标中的人看到该客体以 V 的速度沿 x 方向飞行了 T 秒钟，并向前移动了 L 的距离，其中 T 是绝对时间，L 为绝对距离，即

$$L=TV \tag{1}$$

但因为微观客体要波粒互变，它在绝对时间 T 内，又把 T 分成两部分了，t_1

时间以波的形式存在，它以光速传播了 S 的距离，有公式

$$S = t_1C \tag{2}$$

根据假设应该有　　$L = S$

$$TV = t_1C$$

得

$$t_1 = TV/C \tag{3}$$

微观客体，在 t_2 时间以粒子的形式存在，该粒子处于绝对静止的状态，也就是静止不动。

对于生物来说，只有当它处于粒子状态时才有生命的意义；对于钟表来说，只有当它处于粒子状态时才会走动，所以时间 t_2 是阳性时间。只有阳性时间我们才能感觉得到时间的存在。

但，因为 t_1 是微观客体处于波动状态的时间，它属于虚时间，是阴性时间。所以 T、t_1、t_2 三者的关系不是简单的算术相加关系，应该是平方和的关系，

即

$$T^2 = t_1^2 + t_2^2 \tag{4}$$

用（3）或代入（4）式有

$$T^2 = T^2V^2/C^2 + t_2^2$$

得

$$t_2 = T\sqrt{1-\beta^2} \tag{5}$$

读者可以看到（5）式形式上和爱因斯坦时间膨胀公式是一致的，所以我们称（5）式为类时间膨胀公式。

不过，虽然两者的数学公式一样，但解释公式的含义却相差很远。

爱因斯坦认为时间是相对的，在地球上的人认为飞船上的人时间变短了，而飞船上的人也反过来认为地球上的时间变短了，因此在爱因斯坦理论里出现了有名的双生子佯谬，所以有人说爱因斯坦手下的法官不好当。

我们对于（5）式的解释不会出现双生子佯谬。在飞船上的人，处于阳性状态的时间绝对地比地球上的人少，他的表也绝对地比地球上的表慢了，飞船是以减少人的阳寿，增加人的阴寿来提高速度的。当飞船的速度达到光速时，飞船上的人已不是人了，完全变为波。而地球上的人还是照样生儿育女，并不会因为有一架航天飞机因进入光速失踪，连地球也失踪了。这就是我们从绝对时空观得出的概念。微观粒子为了提高自己的运动速度，必须减少阳寿，增加阴寿。当微观粒子以光速运动时，永远以波的形式存在，再也没有粒子状态了。

光如果不和物质发生相互作用的话，它是永远以波的状态存在，所以光没有静止质量。

反过来，假如有一种粒子不会进行波粒互变，永远处于粒子状态，那它将永远处于绝对静止，假如我们身体内的微观粒子不能进行波粒互变，永远处于粒子状态，那你将寸步难行，将永远冻结在真空之中，一列火车也休想把你拉走半步。

你之所以能在空间行走，这是因为你体内的微观粒子有时可以变为波的状态，如果你以光速行走，那就完全处于波的状态，你的肉体就会从宇宙中完全消失。

二、长度缩短公式

上面说过微观粒子在波粒互变的一个周期中，时间可分为阴寿时间 t_1 和阳寿时间 t_2。粒子在阳寿期间，在运动方向上等效长度 L_0 为 t_2C 。当微观粒子高速运动时，因其阳寿减少了，即 $t_2 = T\sqrt{1-\beta^2}$ 。所以其等效长度 L 变为 $\dfrac{t_2C}{\sqrt{1-\beta^2}}$ 。

得
$$L = \frac{L_0}{\sqrt{1-\beta^2}}$$

对于宏观物体，它是由许多微观粒子组成，这些微观粒子在运动的方向上都缩短了，这就必然造成该宏观物体在运动方向上长度缩短，假定该物体在绝对静止时其长度为 L_0，那当它以 V 的速度运动时，其运动方向上的长度变为

$$L = L_0\sqrt{1-\beta^2} \tag{6}$$

（6）式就是长度缩短公式

不过在我们的概念里，长度是绝对的缩短，不是相对缩短。

三、质量增加公式

我们假设在绝对静止的坐标系内有一个静止质量为 m_0 的物体，在力 F 的作用下开始运动，其运动方程为

$$Ft = m_0\mathrm{d}v \tag{7}$$

该物体达到相对论速度时，有方程

$$Ft_1 = m_1\,\mathrm{d}v \tag{8}$$

到目前为止，我们假定谁也没有读过爱因斯坦相对论的书，只从上面(5)式知道高速运动的粒子，处于粒子状态的时间减少了，还不知道质量会不会发生变化，所以我们先从质量不变这思路去考虑，我们假定质量没有变化：即

$$m_0 = m_1$$

但我们已知道 $t_1 = t\sqrt{1-\beta^2}$

显然 $Ft > F\,t_1$

所以（8）式和(7)是不能同时成立的，因为我们假定(7)是正确的，所以不正确的只能是(8)式了。因为在(8)式中，微观粒子在作高速运动，它处于粒子的时间比 t 小了。它吸收力的时间也就小了。这很像一个人，他吃饭时间少了，吃的东西也就少了。所以要使运动粒子产生相同的加速度 dv，在质量不变的前提下，就必须增加它的‘吃饭’时间。所以为了使（8）式成立，必须使 t_1 增大到 t_3

使得 $t_3 = t\big/\sqrt{1-\beta^2}$

这样（8）式变为

$$Ft\big/\sqrt{1-\beta^2} = m_1 \mathrm{d}v \tag{9}$$

（9）式的意义是高速运动的粒子，因为其处于粒子的时间减少了，作用力 F 相同的情况下，我们给高速运动的粒子一个吸收作用力 F 的时间补偿，使其和(7)式得到相同的绝对时间。

如果你仍然认为在高速运动时质量会变化，即

$$m_1 \neq m_0$$

你也可以把（7）式和（9）式联立：

$$Ft = m_0 \mathrm{d}v \tag{7}$$

$$Ft\big/\sqrt{1-\beta^2} = m_1 \mathrm{d}v \tag{9}$$

得

$$m_1 = m_0\big/\sqrt{1-\beta^2} \tag{10}$$

(10)式形式上和爱因斯坦质量公式一致，你可以和爱因期坦一样解释为高速运动的粒子质量增加了。你也可以认为运动粒子质量并没有增加，(9)式中的 $\sqrt{1-\beta^2}$ 只是高速运动粒子因为阳寿减少了的一个补偿因子。也即告诉人们，如果要使高速运动的粒子得到同样的 dv，必须加长作用力的时间，就像增加它的吃饭时间。这就出现了公说公有理婆说婆有理的局面，到底哪种说法正确由后人去判断。

从这里可以看到，用波粒互变的假设，可以推导出和狭义相对论的三个公式（即时间膨胀公式、长度缩短公式和质量增加公式）形式相同的公式。但因为我们是用以太和绝对时空为基础推导出来的，因此这三个公式就失去了相对的意义。三个公式根子只有一个，运动的微观客体阳寿减少了，阴寿增加了。当微观客体速度达到光速时，阳寿没有了，只有阴寿，这就导致形式上运动粒子，长度缩小，质量增加。

现在我们必须思考一个问题，爱因斯坦是在否定牛顿绝对时空观的前提下推出狭义相对论的，而我们是在保留了牛顿绝对时空观的前提下推出和狭义相对论公式完全相同的公式的。前提不一样，推出的公式完全一样，这就有问题了。我们的看法是爱因斯坦在光速不变的公设里无意中把绝对时空概念引进他的理论中去了！所以爱因斯坦的狭义相对论仍然是绝对前提下的相对论。

四、以太漂移实验

19 世纪为了证明以太是否存在，做了很多实验，我们有必要用波粒互变的概念去解释这些实验，证明这些实验并不矛盾。

光行差实验表明以太静止不动，地球相对于以太运动。表明地球不会带动以太一起漂移。这实验是对的，波粒互变概念认为，地球是处于静止以太之中，就像鱼处于水中一样。地球内部所有基本粒子要运动时，都得先变为波的状态，也就是先化为以太波，然后以波动的形式向前传播，根本不影响地球表面以外的以太，所以地球运动不带动地球表面以外的以太一起漂移，就像水的波动不带动水流动一样。

如果用充满水的仪器做实验，例如，当爱里用充满水的望远镜和斐索在流动的水管中做实验时，都得出水的运动会把部分以太曳引，并得出曳引系数的公式

$$f=1-\frac{1}{n^2}$$

式中 f 为曳引系数，n 为水的折射率

在波粒互变的概念里，这实验结果也是对的，不过正确的说法是：光不是在介质中传播，应该说光和介质是同路人，它们同时在以太中运动。因为水中的微观粒子要波粒互变，当微观粒子从粒子变为波时，它会向空间发射以太波，这种以太波会影响光传播的速度。当介质运动时，在运动方向上影响减少了，所以当光的传播方向和介质运动方向一致时，光速在运动介质中传播速度增加，使人误认为以太被曳引了。当然数学公式是正确的。

声波在介质中传播的说法是正确的，因为声波是靠介质分子的振动产生。但是，关于光在介质中传播，这种提法在物理概念上是错误的，实际上介质分子在空间的距离从微观角度来看是非常大的。光在介质中通过时仅仅从介质分子旁边穿过，介质运动和光的传播都是在以太中进行。它们仅仅是同路人，就像今天的马路上，汽车和人同走一条马路，如图 40301。

曳引系数的存在，反过来说明波粒互变的假设已得到了实验上的证明。

由于曳引系数的存在，光逆着水流动方向传播时其速度减小了：

$$v_1 = c/n - fv,$$

光顺着水流动方向传播时，其速度增加了：

$$v_2 = c/n + fv,$$

式中 v 为水流动的速度。如果水是绝对静止，即 $v=0$，

那么光在水中的速度为：

$$V_0 = c/n$$

式中 n 为水的折射率。

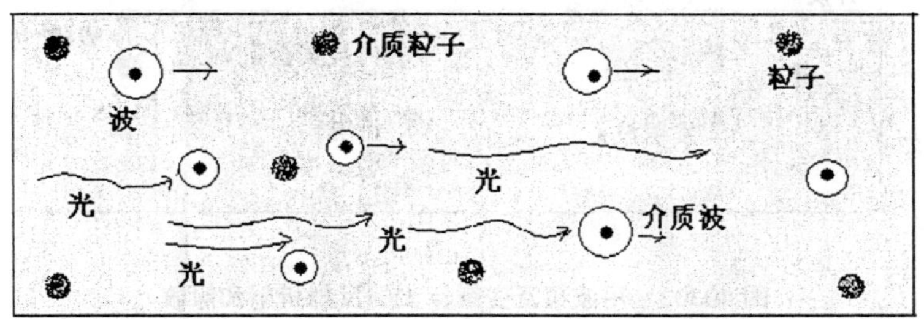

图 40301　光在介质中通过

介质分子和光各自在以太中运动，当光线碰上介质波时光的前进速度就减慢了

现在读者可以看到，折射率和光在水中的速度曳引系数联系在一起了，过去人们一直搞不清楚光在水中的速度为什么比在真空中慢，认为水中的光速应该比真空中的大才对。这可能由于当时人们认为真空中的以太很稀薄，而水的密度肯定比真空中以太的密度高，密度大的物体波的传播速度大。他们套用了声波传播的经验。

过去有人用光在介质中的速度 $v = c/n$ 的公式，用相对论的速度合成法，直接推导出曳引系数。但并没有解决曳引系数的本质，也没有回答光的速度为什么在水中比在真空中小的问题。

我们现在可以用波粒互变的概念，先定性地说明这个问题。

A. 光的反射和折射

现在先从微观的角度说明光的反射和折射的微观本质。图 40302 是一个装满了水的容器，我们假定，水的表面有三个微观粒子 A、B 和 C，在不断地进行波粒互变，图中 A 表示这时它们正在从粒子变为波，波从粒子中心向外传播。

假定第一个光子是从微观粒子 A 上面通过，这时 A 放射的波把光线（1）往

外推，使光线产生反射。而第二个光子则从微观粒子 B 下面通过，B 发射的波把光线（2）的方向改变了，产生了折射，这就是光反射和折射的微观本质。（3）第三个光线打在粒子 C 上，这时粒子正在从波变为粒子，也就是粒子正在从空间回收能量的时候，这时粒子 C 就顺便把光线吸收了，这叫光的吸收。

B. 水中光速变慢的原因

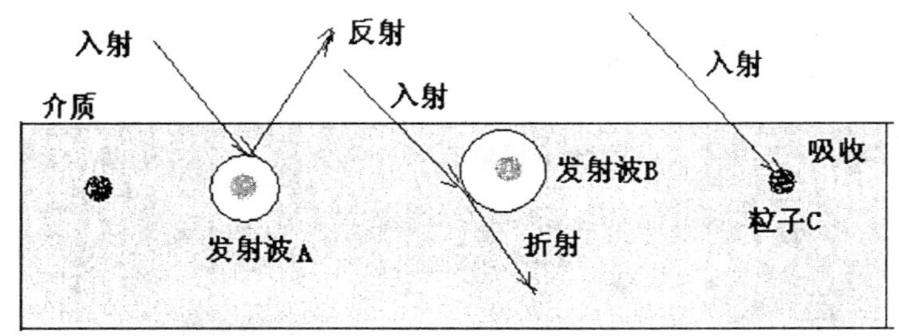

图 40302　用波粒互变解释光的反射折射和吸收

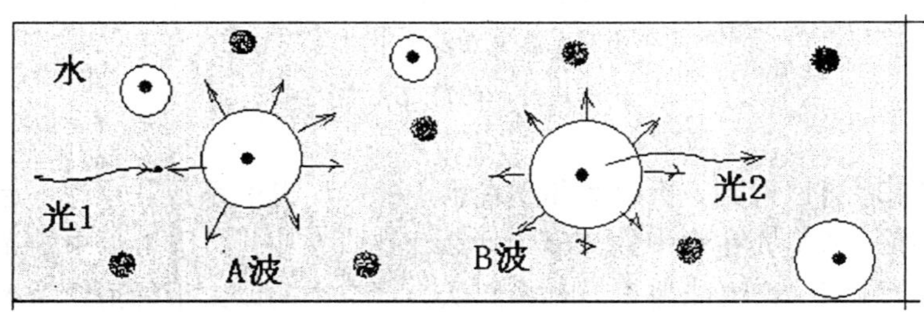

图 40303　光在水中速度减慢的原因

图 40303 也是一个装满水的容器，我们假定水中有一个微观粒子 A 也正在从粒子变为波，这时刚好有一个光子（1）从 A 近旁通过，这时可分两种情况，当光子在 A 左边时，A 粒子发射波传播的方向和光子（1）前进的方向正好相反，这种情况导致光子（1）前进的速度减小。第二种情况是，当光子(2)通过 B 粒子右边时，光子（2）的运动方向和 B 粒子发射的波的方向一致，这时光子（2）的速度是 C，粒子 B 发射的波速度也是 C，但因为光速 C 是极限，光子（2）的速度不可能变为 $2C$，所以光子（2）在 B 粒子右边的速度还是 C。总的来看，光子（1）的速度在 A 粒子左边时速度减少了，累计结果，这就造成光在水中的速度比真空中的小，使得水中的光速：$v = C/n$

式中 n 可以理解为介质对光速的阻止系数，这就是水中的光速小于真空中光速的微观本质。

C. 曳引系数

图 40304 表示容器中的水从左到右有一个流动速度 v。

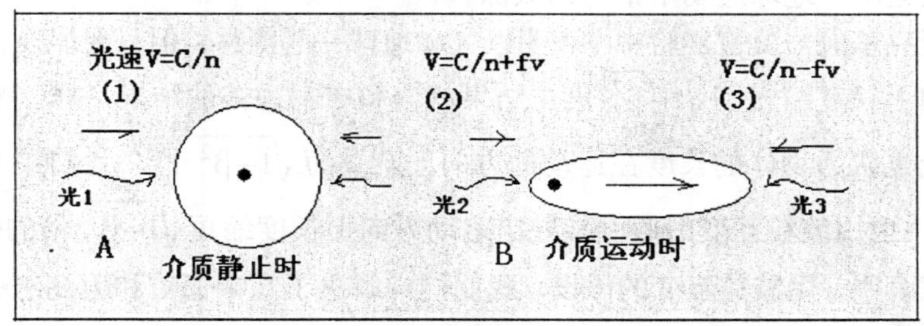

图 40304　曳引系数的微观本质

水中的微观粒子 B，它从左向右流动，根据前面假设，微观粒子在运动时，其发射的波不再是球对称了，在前进的方向波束强，在前进的反方向波束弱。

现在假定光子（2）从左到右经过 B 粒子，从图中可以看到左边的波比静止时弱了，对光子（1）的阻止本领要比静止时小，其阻止本领：

$$n_1 = n_0 - \Delta n_0$$

其光速　　　　$v_1 = c/(n_0 - \Delta n_0)$

第二种情况是当光子（3）从右到左逆水流方向经过粒子 B 时，从图中可以看到右边的波比静止时强了，对光子（3）的阻止本领：

$$n_2 = n_0 + \Delta n_0$$

其光速　　　　$V_2 = c/(n_0 + \Delta n_0)$

式中　　　　$\Delta n_0 \approx (n_0^2 - 1)\, v/c$

到此，我们用波粒互变概念从微观上阐明了为什么光在介质中的速度会比在真空中小的原因，同时也解释了折射率，光速减慢及曳引系数三者之间的内在联系，当然也有人从别的理论解释过，在此不作介绍。

D. 布—迈矛盾的解决

布喇德雷用不充水的望远镜测量恒星的光行差，证明地球相对于以太运动，即表明以太静止，不漂移。而迈克耳逊—莫雷实验却得出相反的结论，认为以太随地球一起漂移。这是两种完全矛盾的结论，爱因斯坦用相对论解决了这一矛盾。

波粒互变的假设，也必须解决这个矛盾，否则波粒互变的假设还是站不住脚，将来也就没有资格去完成恒星回收能量的任务。

其实布—迈矛盾，我们前面已经解决了，这里仅是重复而已，我们在前面光行差一节中已说明，波粒互变的假设能说明布喇德雷的实验结果，即地球相对静止的以太运动，地球运动不带动以太漂移。

在迈克尔逊—莫雷实验中，表明以太和地球一起漂移，但只要假设物体在运动的方向上长度缩短了 $\sqrt{1-\beta^2}$ 倍，结果就会和布喇德雷的结果一样。爱因斯坦的相对论也认为物体的长度在运动的方向上会缩短 $\sqrt{1-\beta^2}$ 倍。我们在本节公式（6）中，也用波粒互变的假设推导出运动方向上长度缩短 $\sqrt{1-\beta^2}$ 倍的公式。

这就表明，用波粒互变的假设，我们同样解决了布喇德雷和迈克尔逊—莫雷实验的矛盾。

现在读者可以了解到，波粒互变的假设和量子力学、狭义相对论公式及 19 世纪一些重大的实验都不存在矛盾，波粒互变假设已过了三大关，能站得住脚了，我们认为波粒互变的假设可以担当负责恒星回收能源的重任了。

当然，对于大多数物理学家和天文学家说，用不着去看我们所写的东西，只要自己也假设微观粒子可以波粒互变，然后用波粒互变的模型，去解释自然界发生的一些问题，就可以检验出波粒互变假设是否正确。得出结论后，他们完全有权利告诉自己的学生，波粒互变的假设是对还是错。

§4.4　微观粒子的能级跃迁

我们前面已经提到，微观粒子总是从高能级跃迁到低能级，简称为能级跃迁。在原子核物理里，核子能级跃迁产生了原子弹；在原子物理里，电子能级跃迁产生了光源；在引力场里物体的能级跃迁产生了自由落体运动；在热力学里能级跃迁产生了热力学第二定律；在天体物理里，能级跃迁产生了宇宙运动。现在我们要研究，这些形形色色的跃迁其本质是什么？我们的回答是微观粒子的波粒互变。

一、能级

我们说过，宇宙空间充满了以太，以太又叫能量物质，微观粒子是由以太构成的，电子可以变成 γ 射线就是一个很好的证明，因为 γ 射线在我们的理论里就是以太波。但以太在宇宙空间的密度不是完全相同的，有的地方以太密度高，有的地方以太密度低。

如果有一个局部的空间区域，存在着以太的密度梯度，我们就定义以太密度高的地方为高能级，以太密度低的地方为低能级。如图 40401 所示：

因为我们定义以太就是静止的能量物质，也叫束缚能，以太密度的突然变化，就会以能量的形式表现出来。例如，静止的海水不表现有能量的形式，但只要海水存在波浪，其能量就表现出来了。

二、能级跃迁

我们假定，在高能级位置上存在一个微观粒子 a，见图 40401。因为微观粒子要波粒互变，它不可能在一个地方永远不动，存在着测不准关系，我们只能说该粒子在 a 点附近出现的几率有多大。微观粒子在波粒互变中，它的质量始终和它所处在的能级中以太的密度保持平衡，如果它的能级没有变化，则它的质量也保持不变。它在波粒互变的过程中，散发出去的能量是多少，回收回来的能量还是多少。虽然它在原有的能级中位置会发生变化，只要能级不变，位置变化不会引起质量的变化。

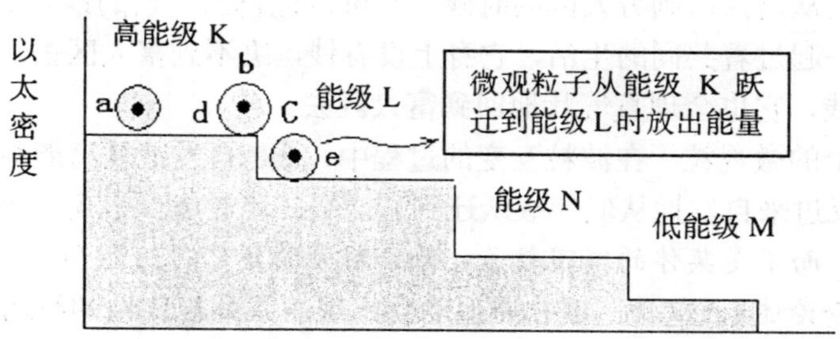

图 40401　以太密度高对应能级高

现在我们假定在图 40401 中 b 的位置上有一个微观粒子，该位置刚好在能级的交界附近。由于测不准关系，它有时可能处在 d 的位置，有时可能处在 c 的位置。测不准关系主要是波粒互变造成的，当它由波变为粒子时，它没有确定的位置，当它出现在 d 的位置时，d 点仍在高能级的位置，没有发生什么变化，但当粒子出现在 c 的位置时，c 点处于低能级位置，低能级的空间能量密度低，所以当粒子 b 从高能级跑到低能级时，它仍然要进行波粒互变。因为它刚从高能级的地方来，其静止质量比较大，当它跑到低能级以后，其波粒互变的能量关系，就和低能级的空间保持平衡，这样一来，微观粒子从高能级带来的部分能量，就释放到低能级的空间了。这就是微观粒子从高能级跃迁到低能级会立即放出能量的原因。

对于重原子核内部，其空间的以太密度比较高，也就是能级比较高，核内的微观粒子，质子和中子，其质量也比原子核外头大，所以当重原子核内的基本粒子跑到核外时，基本粒子就会马上通过波粒互变把核内带来的能量放出来，这就产生了原子弹爆炸。可以说没有波粒互变也就没有原子弹。

当微观粒子从高能级跃迁到低能级时，立即通过波粒互变，把从高能级带来能量放出来。从此，微观粒子再要波粒互变时，它的质能关系就和低能级保持平衡了，刚才能级跃迁放出的能量，微观粒子再也无法百分之百收回，这部分无法再收回的能量就成了自由能，只有这一部分自由能才能被人类利用。微观粒子自发地从高能级跃迁到低能级后，由于放出了能量，自身的质量减少了，这时候它再也无法自动回到高能级中去了，因为高能级的微观粒子质量比较大，而低能级的微观粒子质量比较小。从能量上来看，处于低能级的微观粒子是不能自动回到高能级中去，只有当外界给处于低能级的微观粒子额外的能量，使微观粒子的质量等于或大于高能级中微观粒子的质量时，低能级中的微观粒子才能跳回到高能级中去，这叫反跃迁（光电效应就是反跃迁）。看来微观粒子的“人格”还是很可爱的，当它从富人区到穷人区的时候，它可以把自己多余的钱全部贡献出来，从此和穷人一起过着共同的生活，它身上没有钱，决不到富人区去。当然如果有人借它一点钱，它也会理直气壮地回到富人区去。

由于单个的微观粒子在波粒互变的过程中，总是自发地从高能级跃迁到低能级，而不会反过来自发地从低能级跃迁到高能级（读者请注意我们所说的是单个的微观粒子，而不是集体的微观粒子，基本粒子的集体行为会和单个行为不同，这点下面将会论述），这就造成物质运动会出现一系列规律性的行为。在这一系列规律性的行为中，热力学第二定律显得特别重要，它还被当作时间箭头。我们已从微观角度阐明，能级跃迁是不可逆的，因此热力学定律也是不可逆的，走进瓷器店，打碎瓷器的公牛有可能会自己倒退离开大门，但店里被打碎的瓷器碎片也不会自发地从地板上跳回桌子上把瓷器复原。

不过我们以后将论证，宇宙自己可以把热力学第二定律克服掉，宇宙有能力把处于低能级的粒子送回到高能级中去。就是说靠单个粒子自己，虽然无法回到高能级中去，但靠微观粒子集体的力量就能做到了。所以当我们研究天文学的时候要全面一点，不能只根据热力学第二定律就断定宇宙会热寂。

§4.5　以太是上帝

因为我们已把 19 世纪的以太请了回来，并且委以重任，在我们的书里，以太从 19 世纪的丑小鸭变成了白天鹅。以太是产生宇宙及推动宇宙运动的上帝，以太统一了宇宙。

爱因斯坦质能公式 $E=MC^2$ 已证明质量和能量可以等效，从正负电子对湮灭后可以变成 γ 射线来看，$E=MC^2$ 完全得到了证实。γ 射线是电磁波，电磁波是能量的一种形式，而我们又定义光是以太中传播的波。

这样，质量、能量及以太三者之间就像一个连环套，以太可以看成是静止的能量，以太又可以看成是物质的组成部分，波粒互变也可以看成是以太和粒子的互变。以太静止时是以太，波动起来就成为能量，变为粒子后就是物质。

普朗克发现物体吸收能量和放出能量总是存在量子性，从波粒互变的观点来看，这量子就是以太量子。

19 世纪人们对以太有个设想，假定以太传播光。光速那么快，显然以太必须是刚性的，而且非常坚硬。但以太又必须不妨碍天体的运动，所以以太必须是非常稀薄的。这是一个非常矛盾的性质，既要非常坚硬又要非常稀薄，这样的物质谁也想象不出来，19 世纪的人没法解决这一矛盾，所以以太在 20 世纪被人抛弃。也正因为当时的以太有这些缺点，所以当它被抛弃时，在人们欢呼相对论胜利的巨大声浪中，很少听到有人惋惜的声音。

我们现在不再重复 19 世纪人们对以太性质的看法，我们认为以太在空间密度是非常大的。在高密度情况下是不是刚体其意义也就不很重要了。

以太在空间的密度很大是有根据的，现在大家都知道，激光束可以用来打穿非常坚硬的金属板，也就是一条很细的光线上可以集中巨额的能量。因为激光的能量是靠以太传输，以太的密度不高的话是不能完成传输巨额能量的任务的，正如棉花团不能击碎地板，但钢球就不同了。

现在我们要解决一个问题，空间中既然存在密度巨大的以太，那么为什么天体还能在宇宙空间运动，人还能在地球表面走动，人为什么不会像固定在凝固的水泥中那样动弹不得？

波粒互变的假设给我们的理论解了围，因为物体在空间的运动不是像游泳运动员从水中穿过去，而是基本粒子先把自己变为以太，然后靠以太波传播一定的距离后再恢复为粒子。这样一来以太的密度再大也不妨碍物体的运动了，就像钢铁虽然比空气密度大得多，而声波照样能在钢铁中传播一样。

人为什么能那样自由自在地在空间走动呢？这是因为你身体内部的所有基本粒子都在波粒互变。我们假定，如果有一天你的一只手中的全部基本粒子停止了波粒互变，到那时，你的那只手也许用一辆火车头也拉不走了，永远冻结在空中。那时候才显出以太的威力，以太决不像19世纪人们想象的那样软弱无力。

如果万一有一天你周围的以太不存在了，那你的身体会立即化为乌有，因为你体内的粒子变为波后再也收不回来了，所以以太存在不仅关系到物理学，也关系到我们自己的生命。我们就生活在以太中，就像鱼儿生活在水中一样，所以以太是不能抛弃的。

如果你确实想感觉一下你眼前空无一物的空间到底有无以太存在的话，我们建议你伸出手掌，用手臂快速地在眼前来回摇动，频率、速度越快越好，那时你会感觉到手心上有一股以太的阻力。

牛顿会说，这是惯性力作用在你的手心上的肉产生的输感觉，牛顿说的也是对的，因为在我们看来惯性力就是以太的阻力。

以太是三位一体的东西：静止时是以太，波动时或流动时是能量，同时又是物质的组成部分。这有点像大海中的水：静止时仅仅是水，但波动时或流动时就体现出能量，结冰后就体现出固体的粒性。

很多人不是想搞大统一理论吗？其实四种力也仅仅是以太所为。我们还是把以太想象为水，深海的水压力很大，如果有两个人抱在一起到深海去，在深海的压力下那两个人是很难分开来的，这类似于强相互作用。如果这两人相互接触的部位之间慢慢地渗入了水，这相当于真空漏气的情况，等到两人相互接触的部位快被水充满时，他们只要稍稍用一点力，就很容易分开来了，这类似于β衰变中的弱相互作用。所以在高能物理实验中奇异粒子形成的时间总是很快，而衰变时间总是很长，其内在的本质是要经过很长的漏气时间。因为漏气后的“低真空”压力是很小的，所以当粒子衰变时，相互作用力要比强相互作用力小许多。因此β衰变和其他粒子衰变总是表现为弱相互作用。

如果这两人跳到长江口，这两人很快就会被长江水冲到大海中去，这类似于引力相互作用。大家肯定知道，大海和那两人之间并没有交换引力子。这完全可以给我们的物理学家提供研究引力本质的思路：万有引力也许并不存在，苹果落地仅仅是受到以太流的冲力。至于电磁波，麦克斯韦早就认为光是靠以太传播的。如果有人真想要把四种力统一在一个方程组中，不妨考虑一下我们的建议：把以太装进您的心中。当代天文学家总认为宇宙是大爆炸产生的，所以把四种力的统一也寄托在大爆炸的环境中。

总之，宇宙是结晶的以太，以太可以变为宇宙，宇宙也可变为以太。静止的以太是真空，运动的以太就是能量场；以太的波动是电磁波，以太的流动是引力场；以太的“高真空”压力是强力，以太的“低真空”压力是弱力。所以以太是宇宙运动的总导演，也是人们想象中的无所不能的上帝！

§4.6　恒星回收能量的途径

我们用了大量的篇幅，论证微观粒子确实会在以太的海洋中进行波粒互变。波粒互变的假设，有了充分的证据以后，微观粒子才能担负起回收能量的任务，实质上也就是要使读者对恒星回收能量的途径能够认可。

从上面论述可以看到，波粒互变的假设，它和量子力学、相对论公式、迈克尔逊等人的实验，还有和微观粒子能级跃迁及热力学第二定律等都不存在矛盾。这一切都证明量子力学中微观粒子的波粒二重性可以解释为微观粒子波粒互变性。即使微观粒子处于绝对静止状态，它们也会不断地波粒互变，通过这一改变，其意义就发生了巨大的变化，微观粒子就成了推动宇宙运动的上帝。

4.6.1　恒星回收能量的途径

微观粒子的行为并不复杂，它只会做一种工作，就是波粒互变。它一时由粒子变为波，一时又由波变为粒子。在由粒子变为波的这一过程中，粒子向空间释放能量，在由波变为粒子时，粒子从空间回收能量。如果能把微观粒子波粒互变过程拍成动画片，看起来它就有点像造父变星，一时膨胀，一时收缩，不过它的变化周期时间是很短的，也就是说频率很快。但我们还没有给它建立波动方程，请读者考虑一下能否用改进后的德波洛利波去描述。

从这个观点看来，微观粒子是很笨的，只有波粒互变这一个本领，但又不能小看它的作用。事实上，这个本领就造成整个宇宙惊天动地的运动。但为什么这些笨家伙会有本领把宇宙中的能量搬到太阳内部去呢？

我们分析了太阳内部的物质分布状况，发现太阳内部物质的密度存在一个梯度，太阳表面物质密度小，太阳中心物质密度大。

我们要问，当微观粒子在空间中存在密度梯度分布时，是否就能靠集体的力量，把宇宙空间的能量般到太阳内部去？

请读者找一本湖南科学技术出版社出版的《时间之箭》。该书的作者是英国人彼得·柯文尼和罗杰·海菲尔德，由江涛和向守平翻译，是一本很好的书，在该书 157 页有一段很重要的话，现摘抄如下：

“线性热力学主要是由耶鲁大学的昂萨格的努力，才在本世纪 30 年代打下了坚实的基础，昂萨格为此获得了 1963 年的诺贝尔化学奖，他的‘倒易关系’

表明，在线性系统中有一种美学上很漂亮的对称关系：力产生流，流也产生力，在热扩散的情况下，物质的流动是由一个力引起的（用热梯度来表示）。昂萨格倒易关系接着说，物质的浓度梯度将产生热流，这个效应已经在实验上得到了证实。”

上一段文字最重要的一句话就是：“物质的浓度梯度将产生热流，这个效应已经在实验上得到了证实。”

“物质的浓度梯度将产生热流”这句话，如果我们没理解错的话，它的价值是很大的，因为我们把它用在天文学上，可以揭示恒星回收能量的途径。

上面提到，太阳内部的物质刚好也存在浓度梯度，现在我们正式告诉读者，太阳内部这种浓度梯度，或者说密度梯度，可以把宇宙空间的能量源源不断地输送到太阳中心，实现了恒星回收能量的途径。

当然，上面这句话是要通过实验或者理论计算去证明的。证明的方法有很多，有些人喜欢用高深而又复杂的数学方法去证明，这样比较容易被大多数科学家接受，因为它比较严格。我们倒很佩服法拉弟，他把磁场强度用磁力线表示，让人一看就懂。

我们现在先用简单的数学方法，不很严格的计算一下结果，将来希望有数学家相助，把计算方法完善。

简单证明如下：

我们注意到，恒星中气体密度分布，总是表面密度低，中心密度高，存在一个密度分布梯度，我们尽量把计算模型简化。

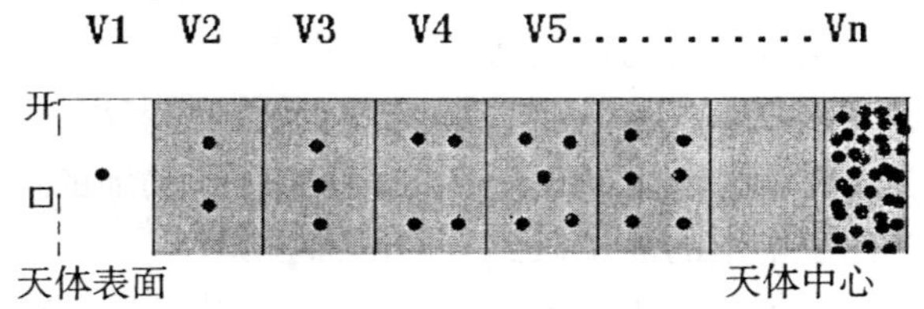

图 40601　天体回收能量示意图

我们从太阳表面到恒星中心作一条直线，并通过该直线作一系列互相连接的单位立方体。从表面算起，其编号为 V_1、V_2、V_3、V_4……V_n，并假定 V_1 和外界相通。V_1 内有 $1n$ 个粒子，V_2 内有 $2n$ 个粒子，V_3 内有 $3n$ 个粒子，其余类推。以此代表其存在密度梯度，如图 40601 所示。

立方体内的小圆点数代表该立方体内的粒子数。所有立方体内的微观粒子波粒互变都是随机的，无法人为控制，但从几率上总是可以找到我们需要的粒子。

我们假定，某一瞬间，V_1内有一个粒子在t_1时刻，它从粒子变为波，这时候刚好V_2内有两个粒子从波变为粒子，于是V_2内的两个粒子顺手牵羊，从V_1粒子放出来的能量中多吸收了ΔE的能量。很显然，这时V_2内的两个粒子，它们的能量各增加$\Delta E/2$。

但在t_2时刻，V_1内又有一个粒子又要由波变为粒子，而V_2内有两个粒子也要由粒子变为波，这时它们会把刚才从V_1粒子中顺手牵羊吸收来的ΔE的能量放了出来，不过这时V_3内有三个粒子刚好也由波变为粒子，它们也毫不客气地瓜分了ΔE的能量。V_1内的粒子只回收到$\Delta E/4$的能量，能量损失了。也就是说，有$\frac{3}{4}\Delta E$的能量从太阳外面的V_1输送到太阳内部的V_3上去了。能量流动的方向是从太阳表面往太阳内部流。

大家可以看到，V_1在太阳表面，和宇宙空间紧密相连，立方体的口是开着的。V_1内的粒子为了恢复原有的质量，只好从宇宙空间吸收$\frac{3}{4}\Delta E$的能量来补充刚才能量的损失，而且也非常方便。因为宇宙空间有的是能量(以太)。在这一过程中，宇宙空间的能量就有$\frac{3}{4}\Delta E$的能量往太阳内部V_3流去了，而V_1内的粒子什么也没损失，V_1的粒子仅仅作为搬运工。

如果我们把所有立方体的粒子都减少$1n$个粒子，按上面的方法再分析V_2、V_3、V_4的过程，结果和V_1、V_2、V_3的过程完全一样，能量的流动也是从V_2向V_4流动，叫做隔位能量转移。当我们作了无穷次数的计算以后，就会发现能量从V_1流到V_n，也就是从太阳表面流到太阳中心。V_1的能量又是从太阳以外宇宙空间吸取的，也就等于是从宇宙空间流到太阳中心。

由于太阳内部的基本粒子永远不断地进行波粒互变，因此太阳表面的能量源源不断地流进太阳中心。恒星回收能量的大小，即回收功率，取决于恒星内部的粒子数，也就是取决于恒星的质量。质量越大，回收能量的功率越大。

现在我们终于把恒星回收能量的途径找到了，完成了恩格斯交给我们的任务，这在天文学上是个可喜的大事，同时也证明昂萨格的理论用到天文学上也是正确的。

4.6.2　宇宙能量的循环

在太阳内部存在物质密度梯度的情况下，太阳内部的基本粒子可以通过波粒互变手段，把宇宙空间的以太源源不断地往太阳中心输送。根据质能关系，太阳内部的基本粒子，在波粒互变时，又会吸收输进来的能量，把能量变为自身的质量。因此天体内部的基本粒子的质量，就会不断增大，这就和天体原子模型的假设接上轨了，实现了理论上的自洽。天体原子模型假设，太阳内部基本粒子的质量大于自由空间中基本粒子的质量。太阳内部的基本粒子质量为什么会比较大，答案是恒星自己可以回收宇宙空间的能量。恒星回收能量干什么，回答是为了提供热力学第二定律散发能量的需要。

现在我们就要回答，恒星把能量输送到中心后，为什么又会向宇宙空间散发能量？

太阳内部的基本粒子源源不断地把宇宙空间的能量输送到太阳中心，这就使得太阳中心的能量密度越来越大，能级越来越高，而基本粒子的质量也就越来越大。这有点像中国皇帝为了建座景山，把景山四周的泥土源源不断地往山上搬一样，结果景山高出了周围地区，使周围成了所谓的海，成为北京的风景区。如图40602左边所示，图右边是太阳内部的能级分布，太阳中心的能级最高。

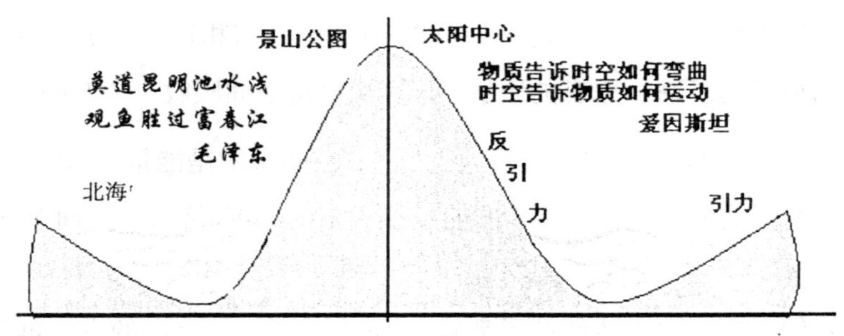

图 40602　景山公园和天体能级

太阳中心的能级会不会越来越高呢？不会的，原因是基本粒子又有从高能级向低能级跃迁的倾向。我们在第二章中讲到，当太阳内部的微观粒子向太阳表面跃迁时，就会把太阳内部的能量带到太阳表面，这样一来，太阳中心的能级就会降低。这有点像人们不能把景山堆得无限高一样，因为堆得太高了，山顶上的土又会滑下来，滑下来的土带有动能，也会砸伤人。

这样，太阳内部一方面从宇宙空间回收束缚能，另一方面又向宇宙空间散发自由能。恒星散发能量的多少取决于恒星的质量，天文学上叫质光关系。恒星回收能量的多少也正比于恒星的质量，即恒星从宇宙空间回收以太流或能量流的大小，和恒星质量成正比。这样一来，太阳内部流进和流出的能量就达到了动态平衡，太阳或一切天体就成了能量循环机。天体把宇宙中的能量吸进来，然后又把能量散发回宇宙中去。长期以来人们用眼睛可以看到太阳发射光和热，而对太阳回收能量的行为却感觉不到。这就造成人类对宇宙的误解，认为宇宙是一个败家子，只会花钱不会赚钱，也难怪克劳修斯会提出宇宙热寂论。

现在大家可以放心了，宇宙虽然会花钱，但也会赚钱，它用热力学第二定律的形式花钱，我们人类也从热力学第二定律中得到了巨大的好处。宇宙花钱时使宇宙的熵增加，宇宙回收能量赚钱时使宇宙熵减少。

因为天体回收能量的行为是反热力学第二定律的，天体在回吸能量的过程中使宇宙的熵减少，如果我们把熵减少的过程称为负熵，把天体回收能量的过程称为反热力学第二定律，那宇宙中就存在正热力学第二定律及其相应的正熵，也存在反热力学第二定律及其相应的负熵。

人们常把热力学第二定律的熵增现象等效为时间箭头，认为宇宙的熵增是不可挽回的，因此时间箭头也永远朝一个方向一去不回头。正像大英雄荆轲所唱："风萧萧兮易水寒，壮士一去兮不复还。"

至于反热力学第二定律，如何用文字形式表达，确是应该认真考虑的，因为这是一个重要的定律，大家都有权提出，我们的初步意见是：

天体内部的微观粒子，在存在密度梯度的情况下会通过波粒互变，把宇宙空间的以太吸收到天体内部，同时天体周围的物质吸收以太流的能量后也会向天体中心集中。因此，能量和物质在以太流作用下总是从天体外面流向天体中心，这一过程使宇宙的熵减小，这就是反热力学第二定律。

人类不能抗拒热力学第二定律，同样人类也不能抗拒反热力学第二定律。

有了反热力学第二定律去抗衡热力学第二定律，宇宙可以自己实现能量的循环，宇宙不再会热寂，只要有物质存在，宇宙永远会光明！放心吧，我们的哲学家们。

我们找到了克服热力学第二定律的条件，完成了阿西莫夫科幻小说中的巨型计算机亿万年才能完成的工作。

§4.7　反引力场

天体周围存在引力场大家是很清楚的，对于天体内部存在反引力场，过去没有人提出过。引力场力的方向是从天体表面指向中心，当然，反引力场力的方向就必然从天体中心指向天体表面。

因为反引力场在天体物理中起着很大的作用，所以这里用专门一节来谈。

我们在第六节中已提到，太阳内部的微观粒子可以通过波粒互变，源源不断地把宇宙空间的能量输送到太阳中心，这就导致太阳内部的空间能量密度不断升高。因为微观粒子在波粒互变中，其静止质量要和其所在的空间能量密度保持动态平衡，这样一来又导致处于高能级空间位置的基本粒子质量增大。这就和天体原子模型的假设接上了轨，天体原子模型的一个基本假设就是天体内部单个基本粒子的质量要大于其在自由空间中的质量。我们的理论到此就自洽了，也就是说，为了说明太阳向外发射气体时会放出能量，必须假设太阳内部基本粒子的质量大于其在外部空间的质量。

为了解释太阳内部基本粒子质量增大的原因，那就必须假设太阳自己能从宇宙空间回收能量。如果我们找不到太阳回收能量的途径，那天体原子模型就站不住脚了，太阳的产能机制也只好回到热核聚变能理论上去。现在我们通过努力终于解决了太阳回收能量的途径，天体原子模型也就站稳了脚跟。

热核聚变能理论认为太阳内部温度很高，靠高温中气体的热运动去抗衡引力。该理论认为当太阳核心的氢燃烧完后，太阳一方面膨胀为红巨星，另一方面其核心收缩为没有能源的白矮星及中子星（质量较大的中子星坍缩为黑洞）。

天体原子模型却相反，认为恒星内部的温度是较低的，抗衡引力不是靠高温气体的热运动，主要是靠反引力场和简并气体的压力。电子简并的为白矮星，中子简并的为中子星，因为既然恒星内部的温度很低，很自然，恒星形成以后，恒星内部就自动形成白矮星或中子星了。白矮星和中子星并不是靠压力形成的。正如人的骨头虽然很硬，但不是靠人的肌肉压硬的一样，是它自己长硬的。简并气体的压力大家都很清楚，不再多谈，现在只谈反引力，其实反引力道理也很简单。

从图 40602 可以看到，由于太阳内部的基本粒子通过波粒互变，把宇宙空间的能量回收到太阳中心，太阳内部就成为高能级了（基本粒子总是要从高能级跃迁到低能级），因而其内部所有的微观粒子都要向外跃迁，自然就会产生一种巨大的向外膨胀的力，这种膨胀力和热运动产生的爆炸力不相同，它不是像气体的热运动那样由气体来回碰撞产生的。我们认为太阳内部的气体运动速度并不一定很大，它们每个粒子都像一个压缩了的小弹簧一致向外推，就像电影院散场时观众对出口的压力一样，这时观众并没有来回乱走。反引力的本质就是微观粒子要从高能级跃迁到低能级的跃迁力。

太阳内部能抗衡反引力的只有引力，如果天体没有引力的话，天体就会立即爆炸，所以天体内部引力和反引力又是一对很重要的矛盾。过去人们只看到了天体内部的热运动，而没有看到天体内部的反引力场，因此引力就横行霸道，当代理论认为，引力可以把一个天体压缩为一个几何质点。

1. 恒星级黑洞不存在

当代黑洞理论认为当中子星的质量超过三个太阳质量时，引力就会把该中子星的体积压缩到小于史瓦西半径，使该中子星成为黑洞。

现在的问题是，史瓦西当时计算形成黑洞的条件时，没有考虑反引力的存在。事实上反引力在中子星内部是很强大的，而且反引力不是一个常量，它会随天体内部的密度变大而迅速增大。所谓道高一尺，魔高一丈。所以由于反引力的存在，引力无论如何都不能把中子星压缩到小于史瓦西半径。也就是说不管中子星的质量多大，引力都不能把中子星压缩到黑洞。因此在我们的理论里至少是恒星级的黑洞是不可能存在的。

现在是如何解释中子星的质量都小于三个太阳质量的问题。当代天文学家认为大于三个太阳质量的中子星都变为黑洞了。不过我们也可以这样认为，当中子星的质量大于三个太阳质量时，反引力大大增加，反引力又把多余的质量排出中子星以外，使中子星的质量始终保持在小于三个太阳质量。

2. 超新星的爆发

现在我们假定有一颗大质量恒星，其中心已存在一颗质量为三个太阳质量的中子星。后来该中子星又吸收了外面的物质，这样一来中子星内部的反引力大大增加，于是把增加进来的物质又重新排出中子星以外。要知道中子星内部的能级比中子星外围的能级高得多。因为中子星内部的基本粒子也会在波粒互变时从中子星以外吸收能量，所以从中子星内部排出来的气体，等于是从高能级跃迁到低能级，并在中子星外围发生激烈的爆炸。

从图 40701 可以看到，从中子星跃迁出来的物质，在 A 壳层引起爆炸，爆炸的冲击波把 A 壳层的气体猛烈向外推。要知道，在我们的理论里，气体从天体内部向外部运动，就等于能级跃迁，能级跃迁又会发生放能爆炸。这样一来整个中子星外围的 A 壳层就发生大爆炸，使 A 壳层气体迅速向外膨胀。

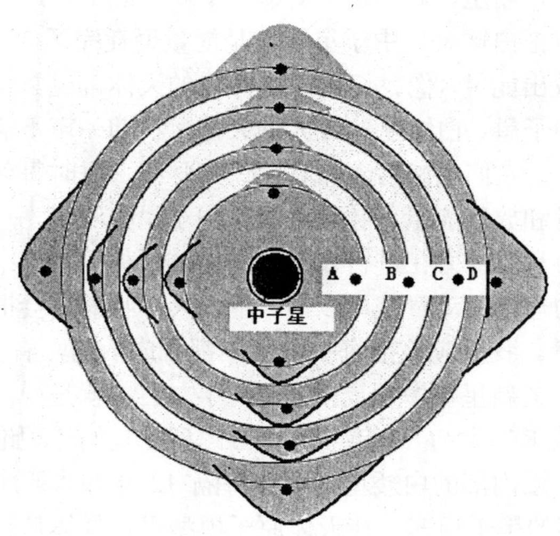

图 40701　超新星爆发原理图

图中黑点代表恒星内部物质从 A 壳层到 D 壳层向外流动过程中，不断爆炸产生从里到外移动的蘑菇云

A壳层膨胀的气体又把B壳层的气体向外推，这又引起B壳层的气体发生跃迁放能爆炸。以此类推，B壳层气体爆炸又把C壳层气体往外推，C壳层气体爆炸又推动D壳层的气体，这就造成中子星之外整个恒星发生大爆炸，这就是超新星爆炸的原因。我们的理论和当代理论的不同之处在于：当代理论认为超新星爆炸仅仅发生在恒星中心，外壳是被中心爆炸冲击波掀掉的，外壳的动能完全由中心提供。而我们的理论认为，超新星爆炸时中子星外层的物质都参与了爆炸并放出了能量，就是说恒星内部的物质全都类似于炸药。只要假定恒星内物质的平均质量大于恒星以外物质平均质量的 2%，超新星爆炸放出的能量就很可观了。我们的理论是很简单的，不像当代理论那样的复杂。在我们看来，每颗恒星都是一座火药库，中子星又有点像雷管，仅仅在中心放了一把火。当然有时候有可能连中子星自己也被炸掉，这样放出的能量就更大了，因为中子星自己就是一个炸药包。

中子星或白矮星表面的引力场很强，其内部的基本粒子的质量也比自由空间中的大得多，也就是说中子星或白矮星内部的能级很高，中子星和白矮星内部贮存了巨额的能量，所以说中子星是个炸药包。

由于中子星或白矮星内部的基本粒子，无时无刻不在从外部吸收能量，因此中子星或白矮星内部的能级会越来越高，也就是说恒星内部的能级高度是随时间增加的，这有点像电容器充电，存在一个RC时间常数。反引力场也是随时间增加的，当反引力场超过引力场时，恒星内部的基本粒子就会有一部分向外跃迁，从而放出巨大的能量，新星、超新星、x暴、γ暴可能都是这种原因产生的，再不能像旧理论那样，把白矮星、中子星看作是能量消耗完了的恒星死尸。试想，小小的铀原子都会放出能量，像我们地球这样小的天体都经常要发生火山喷发和地震，你能要求像中子星、白矮星这样大的天体，长期一声不响地呆在宇宙之中吗？不，它们没有死，它们仍然活着，它们仍在呼吸，每时每刻都在和宇宙进行能量交换，吸入能量和放出能量。脉冲星就是中子星在呼吸，一时吸进能量一时又放出能量，是引力和反引力在进行较量时产生的星体振动。中子星不可能高速自转，因为按我们的理论角动量是可以消灭的，天体收缩时会把引力能及动能转换为基本粒子的质量。我们应该把每一个天体都看成活的，有生命的。

有些白矮星产生的新星，爆发周期为 10 年左右，就是说白矮星吸收能量和放出能量的时间常数 RC 大约 10 年左右。考虑到在我们的理论里，在太阳内部也有一颗白矮星，太阳内部的白矮星，可能每隔 12 年在太阳中心放一把火，从而产生了为期 12 年的黑子周期。在天体原子模型里，气体从天体中心向外运动就会放出能量。

我们的地球也会吸收和放出能量，也存在地球的时间常数 RC，所以火山活动及地震都有一定的周期性。

3. 宇宙表观膨胀的原因

因为物质和空间是联系在一起的，因此天体附近的空间能级，也高于离天体无穷远处的空间能级。例如，球状星团内部的空间，其能级比球状星团外部的能级高。因此球状星团内部存在反引力，这反引力会使球状星团瓦解为疏散星团、星协。星系中也存在反引力场，它使星系从椭圆星系演化到旋涡星系再演化到无核星系。星团、总星系团及我们宇宙内部也存在反引力。宇宙反引力的存在，使所有的星系都背离宇宙中心而去，不过，其背离速度远比哈勃宇宙膨胀速度小。如图 40702 所示：

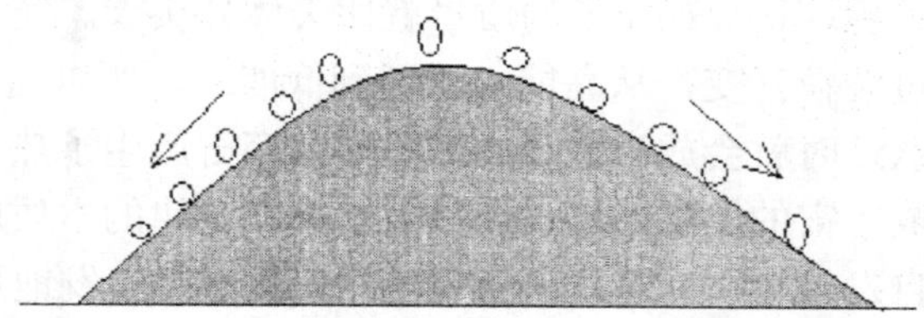

图 40702　宇宙反引力场

到此为止，我们发现除了熵有正负以外，引力也有正反。至于我们发现的反引力和爱因斯坦的宇宙常量有无关系，还是由天文学家去下结论。反引力实质是热力学第二定律的组成部分，没有反引力，热力学第二定律就不完善。反引力的本质就是因为任何天体内部能级比天体表面高，而微观粒子又总是要从高能级跃迁到低能级。

§4.8　时间之箭

天文学作为一门研究范围如此广泛的自然科学，如果不研究时间箭头似乎是不完善的，当代天文学讨论时间箭头的文章多于牛毛，而且很多是洋洋巨著就充分说明了这一点。当代理论普遍的看法是：在微观世界里时间是可逆的，只是到了宏观世界时间才成为不可逆。其实这种看法是不正确的，应该看到微观世界和宏观世界时间都是不可逆的。另一方面也应该看到，热力学第二定律不能用来代表时间箭头的方向，因为热力学第二定律是可以被克服的，而自然界还没有任何力量可以阻挡时间的前进。

我们是从量子天文学的理论角度去研究时间箭头的。在量子天文学理论中，我们把宇宙运动的原因归因于微观粒子波粒互变的结果，因此宇宙的时间及时间箭头，也是由微观粒子波粒互变产生的。

我们已找到了推动宇宙运动的上帝臣民，这上帝臣民就是小小的微观粒子。读者已了解到这上帝臣民也没有很多的本领，它只能干一件事，那就是波粒互变。如果只从单个的微观粒子的行为来看，微观粒子的力量是渺小的，但它们靠集体的力量，却能干出惊天动地的大事业。例如，天体内部的基本粒子，可以通过波粒互变，从宇宙空间回收能量，回收能量的结果产生了三件大事。

第一件大事是：微观粒子回收能量的结果必然使天体内部的能量不断增加，能级不断升高，基本粒子质量不断增大。这就造成一切天体都像重原子。当天体内部的能级升高以后，其微观粒子的质量就比天体外头大。处于高能级的微观粒子又总是喜欢通过波粒互变，从高能级跃迁到低能级，所以当天体内部的物质，从天体中心向外跃迁时就会放出能量，这就导致宇宙产生了热力学第二定律。热力学第二定律造成宇宙的熵不断增加。热力学第二定律的本质就是：微观粒子总是通过波粒互变自发地从高能级跃迁到低能级，而不会自发地从低能级跃迁到高能级。热力学第二定律是由微观粒子波粒互变造成的，我们应该把微观粒子当成活的、有生命的个体。它们的行为存在因果关系，不能用几率去解释。虽然在数学上可以用几率公式去表达。

第二件大事是：由于天体回收了能量，结果导致天体周围产生以太流（我们的理论把以太请了回来，并认为以太流就是能量流）。因为光是在以太中传播的，我们就可以把以太等效于空间，这就是空间的物质性。既然天体周围的以太会流动，也就等于空间在流动。读者可以想象，在天体周围的以太从四面八方向天体中心流去，如果一束平行光通过天体表面时，平行光肯定会被流动的以太带动而改变方向，使光的传播路线发生弯曲。大家知道爱因斯坦广义相对论中，称天体表面时空会发生弯曲，光不再是走直线。我们的理论认为天体表面空间会流动，爱因斯坦理论认为天体表面时空会弯曲。这两种理论说法不同，但客观效果是极相同的，两者都提出：当光线通过天体上空时，光的传播路线必然会弯曲，会产生透镜效应。

由于天体表面上空存在能量流，很自然，天体上空的任何物体，吸收了能量流以后，就会产生自由落体运动，这表明苹果落地不一定要用万有引力解释。我们用冲力场概念代替了牛顿引力场概念，并推导了一个万有冲力公式。万有冲力公式计算星系运动时，星系可以用刚体自转方式自转，而不需假设星系晕中有90%的暗物质。万有冲力公式还能用来计算宇宙大气泡结构，同样也不需要假设气泡中心存在质量巨大的暗物质。更为重要的是用万有冲力公式还能解释宇宙的形成和演化。

第三件大事是：因为一切天体都可以回收能量，而能量流又可以回收物质，这两种结果加起来，就使能量和物质再次集中起来，使天体的能级升高，宇宙的熵重又减少。这结果刚好和热力学第二定律的结果相反，所以我们称天体回收能量和物质的行为，叫做反热力学第二定律。热力学第二定律被反热力学第二定律克服了。同时也可反过来说，反热力学第二定律被热力学第二定律克服了。两种定律互相克服，保证宇宙永远不会热寂，也不会收缩为一个奇点。

在一个封闭系统内，微观粒子通过波粒互变使系统的能级升高的过程，也自然使系统的熵减少。使系统能级升高的过程，就是产生负熵的过程，也就是反热力学第二定律进行的过程。

在一个封闭系统内，微观粒子通过波粒互变，从高能级跃迁到低能级的过程，也自然会使系统的熵增大。微观粒子从高能级跃迁到低能级的过程，也就是热力学第二定律进行的过程。

上面之所以说了这么多，主要是说明宇宙之所以运动完全是微观粒子波粒互变引起的，宇宙运动再也不用去找别的原因了。微观粒子，它可以通过集体的波粒互变把能量搬到天体内部去，又可以通过能级跃迁，把能量从天体内部搬出来。它搬进去的能量是直流的能量（因为以太流是直流的），我们眼睛感觉不到直流的能量，所以长期认识不到太阳及一切天体都可以回收能量，更不知道热力学第二定律已被宇宙自己本来就有的反热力学第二定律克服了。现在我们说一切天体都可以回收能量，也许还有很多人不相信，因为人们用眼睛看不到有能量流流到太阳内部去。但是微观粒子从太阳内部搬出来的能量是交流的电磁波，电磁波在光波范围内我们的眼睛能感觉得到，很容易被我们看见，所以人类早就知道太阳会发光。

现在我们再来讨论时间的问题。时间是个很抽象的概念，如果有一千个理论家的话，就会有一千多种说法。因为有些理论家一个人就可以提出几种方案，或者前后改变几次理论。前面说过，我们是被自己的理论牵着鼻子走，既然我们把微观粒子奉为上帝的臣民，现在也只好把掌握时间的责任推给微观粒子了。

上面说过微观粒子虽然是推动宇宙运动的上帝臣民，但这个上帝臣民并没有多大的本事，它的本事就是一时变为波一时又变为粒子。这有点像电子计算机，它的本事也只会一时变为0，一时变为1。但就是这简单的0和1，现在的计算机差点要把人的脑子取代了。所以大家也不要小看波粒互变的威力，谁都可以得罪，唯独微观粒子不能得罪。如果把微观粒子人格化的话，万一把微观粒子得罪了，它们决定全体罢工，不再波粒互变了，到那时整个宇宙就会被立即冻结在真空中，天体不再运动，恒星不再发光，大家的心脏停止跳动，思维活动停止，连细菌也不再生长。这种局面是写科幻小说的好题材。

也许有人会问：有这样严重吗？我们说有的，因为微观粒子在空间的运动必须通过波粒互变来进行，电子从高能级跃迁到低能级发射光线，也要通过波粒互变来进行。如果波粒互变停止，运动也会停止，恒星再也不发光了。这时候的宇宙，因为运动没有了，在这种情况下即使按通常的时间概念过了几千亿年也不会发生任何变化。

我们假定，按通常的时间概念过了一万亿年后，基本粒子一致同意停止罢工，同时恢复波粒互变，那时整个宇宙又恢复了正常运动。天文学家，包括我们在内，绝对不知道自己在这时间中被冻结了一万亿年后又活了过来，发觉不到时间丢失了一万亿年。从大家的手表中也发现不了整个宇宙被冻结了一万亿年。大家从这例子中可以看到，物质的运动停止了，时间也就立即停止了。也可以说运动停止了，时间也就跟着停止，运动和时间是不能分割的双生子。

这故事是不可能发生的，因为谁也没有办法使宇宙中所有基本粒子停止波粒互变。我们仅仅是用这故事说明，微观粒子除了支配宇宙运动以外，还支配时间。如果整个宇宙的微观粒子停止了波粒互变，宇宙的运动和时间都会停止。当然，宇宙中肯定没有任何一种力量，可以叫所有粒子都停止波粒互变，因此也就无法叫时间停止。

时间是由整个宇宙的微观粒子波粒互变共同决定的，因此要有共同的标准，这标准就是绝对时空。绝对时空的概念，是整个宇宙的微观粒子共同的标准，个体的行为只能服从统一的标准，在统一的标准要求下个体的行为也可以有相对的自由。

我们在前面已阐明了这一点。微观粒子在波粒互变时，可以根据自身的运动速度调整阴阳时间的比例。虽然公式的表达式和爱因斯坦狭义相对论相同，但物理意义完全不一样。在我们的时间概念里，时间必须有绝对的时间，绝对时间是整个宇宙的宪法，有了宪法宇宙才能统一。但为了体现宇宙的多样性和复杂性，所有微观粒子在绝对时间的框架内允许相对时间的存在，因此要求微观粒子运动速度增加时，增加阴寿减少阳寿，阴寿和阳寿的平方和必须等于绝对时间的平方。即：

$$T^2 = t_1^2 + t_2^2 \tag{1}$$

式中 T 为绝对时间　t_1 为粒子处于波的时间，t_2、为粒子处于粒子状态的时间。由于运动粒子必须一时处于波的状态，一时处于粒子状态，这现象就是在量子力学中发现的波粒二重性，其实质是波粒互变性。

绝对时间 T 和粒子处于阳寿的时间 t_2 及粒子运动速度 v 的关系式是：

$$t_2 = T\sqrt{1-\beta^2}$$

$$\beta = v/C$$

读者立即可以发现(2)式和爱因斯坦的时间膨胀公式完全一致。大家知道爱因斯坦是反对绝对时空概念的，而我们却坚持绝对时空概念，两种不同观念的人推导出来的公式竟然会完全一样，肯定有其原因。我们认为，爱因斯坦虽然主观上不主张绝对时空观，但当他把光速不变引进自己的理论中去的时候，无意中就把绝对时空的概念引进了他的方程式，就像西游记中铁扇公主喝水时，不小心把孙悟空喝进肚子里去了一样。因为要保证光速不变，必须满足两个条件：要求空间和时间同时是绝对的，如果有一个条件或两个条件不满足就不能保证光速不变性的要求。

因为微观粒子只会波粒互变，所以绝对时间最小的单位就是波粒互变的周期时间，时间应该是量子化的。在永恒的宇宙中，时间没有开始也不会有终止。但人们可以人为地把任何时刻定义为零时间。然后绝对时间 T 的增长按公式计算：

$$T = t \cdot n \tag{3}$$

式中 t 是微观粒子波粒互变的周期时间，n 为微观粒子波粒互变的次数。从公式可以看到， n 只能是不断增加的正整数，这再一次表明时间是量子化的，它只能从小到大一份一份地增加，绝不能跳跃地增加。就是说微观粒子进行了第一次波粒互变后，只能进行第二次波粒互变，而不能叫它跳过一些次数，先进行第1000次或第1001次波粒互变等等，而且也不能叫微观粒子出现的地点提前搬到1000次波粒互变该出现的地点去，然后该微观粒子又突然回到原地进行第二次波粒互变。这表明人类不可能到未来世界去实现时间旅行。时间不能预先支取，不能先借后还。

另一方面波粒互变事件发生以后，微观粒子立即把事件发生以前的信息立即抹除了，微观粒子记不住以前的时间和地点，也即微观粒子记不住自己的身世。对于一个宏观系统来说，宏观系统的熵随时间变化而变化，即使某个微观粒子将来有可能回到以前曾经呆过的地方，但这并不意味微观粒子回到了过去，只能说某一个微观粒子将来会旧地重游，而且原来地点的熵的状态和过去的熵的状态比较已是面目全非。熵随时间而变化，不允许时间变化了，系统的熵的状态还不变。现在是21世纪，20世纪熵的状态就不复存在，就是说任何人都没法回到20世纪去拜会爱因斯坦。这就充分表明，在我们的时间方程式中，不允许时间旅行，不允许回到过去，也不允许到达将来。这是很明显的。因为波粒互变的次数，只能一个个地增加，增加了就不能再减少，而且不能跳跃式地增加，就像运动员一样，不能跑完第一步以后立即跑第十步。

从上面论述可以看到，伟大的上帝——微观粒子，它通过波粒互变的手段，把运动和时间都紧紧掌握在自己手中，它通过波粒互变产生了运动，又通过波粒互变产生了时间。不存在没有物质运动的时间，也不存在没有时间的运动。

让微观粒子掌管宇宙是个绝妙的好方法，就像叫0和1掌管计算是绝好的方法一样。其实微观粒子的波粒互变，就像计算机中的运算器0和1互变一样。我们的宇宙就是一台巨型计算机，宇宙计算机的钟频是绝对的，这就决定了宇宙存在绝对时间和绝对空间。但每个微观粒子在波粒互变时，波的存在时间和粒子的存在时间的比例却是可以变化的。宇宙运算器是绝对的钟频相对的状态。这有点像性能不好的计算机，它的钟频虽然很稳定，但处于0和1的状态时间却是可变的。不过宇宙计算机和普通计算机在时间收费上又是完全一样的，不管用户是作加法运算，还是作减法运算，上机时间都是累加的。也就是说时间箭头总是向数字大的方向发展，而且是不可逆的。这是宇宙法则，就是说不管是微观世界，还是宏观世界，时间都是不可逆的。例如，造父变星，当它膨胀时，时间在增加；当它收缩时，时间也在增加。就是说系统熵增的过程，时间在增加；系统熵减时，时间还是在增加。从这里可以看出用热力学第二定律去代表时间箭头的方向是不恰当的。

有人担心宇宙膨胀时，时间是向前流动的，将来宇宙收缩时，时间就会倒流。有人开玩笑说，一旦时间倒流，河水就会从低处流到高处，光就会从眼睛里射出来被星辰接收，死人会从棺材里爬出来，最后回到母亲的子宫里。

当然，我们给大家提供的只是宇宙计算机的硬件。每一个人研究的问题都不同，必须要有自己相应的软件，我想编程人员最好不要违反宇宙法则。想办时间旅行公司看来是不可能的了。对于历史上已有的方程式，如果方程里面包含了时间的可逆性的话，我想科学家们是会拿出统一的意见的。

第五章　引力的本质是以太流的冲力

引　言

我们在第四章中讲过，自然界存在两个相互矛盾的定律，一个是热力学第二定律，一个是反热力学第二定律。热力学第二定律有点像个败家子，它把宇宙的能量和物质四处散发，从来不会自己拿回家中，一心要把整个宇宙弄成倾家荡产，企图使宇宙最后热寂。而反热力学第二定律却像一个善于持家的老太婆，她无时无刻不在从宇宙空间回收能量，并且还顺手牵羊把周围的物质也带回家中，企图把整个宇宙的物质和能量都集中在一起，使整个宇宙成为低熵有序的世界，结果宇宙也是漆黑一团。

宇宙在它们两个之间的对抗中进化，人类在它们两个之间的斗争中生存。自然界不能没有它们，如果缺少它们中的任何一个，宇宙将变得死气沉沉，人类也不会存在，而指挥它们两个互为敌手的后台却是小小的微观粒子，正是微观粒子通过波粒互变控制了它们。

热力学第二定律，包含了两个内容：第一个内容是反引力场，反引力场支配物质和能量的扩散；第二个内容是温度从高温流到低温。反热力学第二定律也包含两个内容：第一个是微观粒子通过波粒互变回收能量；第二个是天体周围的物质，吸收能量后向恒星内部集中。这天体有可能是星系、恒星或行星。例如，苹果落地就是因为地球会从它周围的空间回收能量，而苹果就是因为吸收了地球从宇宙空间回收的能量后，产生了加速度而落到地面上。

人类对于苹果落地现象的原因长期不了解，也可以说是知其然而不知其所以然。牛顿认为，苹果之所以会落地是因为苹果和地球之间存在万有引力，并写出了万有引力公式。后来理论家又提出万有引力的产生，是因为苹果和地球的基本粒子之间交换了一种叫引力子的东西。后来人们发现万有引力是超距的和瞬时的。这和狭义相对论相矛盾，于是牛顿的万有引力理论受到了怀疑。

爱因斯坦根据牛顿万有引力理论的不足提出了一个有名的广义相对论，爱因斯坦实际上也没有搞清引力的真正本质，只是根据引力的表观现象，发现惯性质量和引力质量是等效的，用一个简单的升降机模型导出了他的广义相对论，并写出了一组复杂的数学方程式。他把他的方程式几何化，提出引力场是时空弯曲的见解。他的方程式非常完美，一下子倾倒了世界众多的科学家。

不过应该指出，爱因斯坦广义相对论仅仅是根据引力的现象，推导出广义相对论公式，因此他的公式也只能说是对引力现象的描述，是一种数学变换的结果，是一种数学模型。广义相对论仅仅是告诉人们，引力场可以用时空弯曲的模型去处理。至于宇宙时空是否会因爱因斯坦一个公式而真的发生弯曲，相信爱因斯坦心里最清楚。天体原子模型的作者也不认为天体就是一个原子核。

一个物理现象，可以用不同的模型去描述。例如，处理核物理的模型就有多种，有液滴模型，有光学模型，还有壳层模型等。我们想，引力场除了牛顿模型及爱因斯坦模型等以外，也应该允许其他模型存在。本书作者在天体原子模型的基础上提出一个自己的引力模型，奉献给广大读者。我们无意和广义相对论争高低，正如中国两位大诗人所说：“无意苦争春”，“只把春来报”，希望读者和我们一起去揭示引力的本质。

§5.1　引力的本质是以太流的冲力

我们认为，牛顿的引力方程和爱因斯坦的引力方程，都是仅仅根据引力的表观现象得出的一个完美的数学公式，并没有涉及引力的本质问题。爱因斯坦广义相对论把引力几何化，是一种数学模型手段，时空弯曲的说法，是对几何化了的方程的一种形象解释。如果有人真的认为，在引力场中时空会弯曲，那是他自己的事，而正确的说法是，引力场可以用时空弯曲的模型去描述。

牛顿和爱因斯坦这两位科学巨人，都没有告诉人们引力的本质。牛顿没有告诉人们，地球是通过什么方式把苹果吸引到地面的。爱因斯坦也没有告诉人们，物质是通过什么手段把时空弄弯曲的。如果你真的要问他们引力的本质是什么，我想，牛顿只能把你带到当年院子里的苹果树下，看一看苹果落到地面的事实。爱因斯坦也只能带你去坐他的升降机，体验一下引力质量和惯性质量等效的事实。

根据客观现象推导出一个计算公式，在科学上是允许的。例如，弹簧的弹力，在弹性限度以内，可以用实验得出公式 $F = \mathrm{k}x$。这时你可以完全不了解弹簧为什么会产生弹力，所以公式求出以后，不等于本质就解决了。

而真正涉及引力本质的理论是，有人提出两物体相互吸引是因为它们之间相互交换了引力子，这理论是借用电磁相互作用是交换光子，核力相互作用是交换 π 介子而来的，什么力就交换什么子的说法，是当代理论中的一种时髦。本书只讨论引力是否是由于交换引力子产生的问题。

引力现象表现为超距和瞬时。就是说，如果两个天体之间要发生交换引力子的话，必须假定引力子的传播速度是无限大，不管两个天体之间距离有多远，信号都是瞬时到达的。但根据狭义相对论，任何信号的速度都不能超过光速，所以引力相互作用是交换引力子的说法就不能令人信服，引力子是否存在也就令人深思。

在自然科学中，很多理论公式，从计算精度来看，它是一个很好的公式，但对该公式所描述的客体行为的本质问题就不一定能解释清楚，因为公式仅仅是从客体行为的表观现象总结出来的。

一个老师为了考验学生的幻想能力，故意给学生出了一个怪题：一个人被子弹打死了，求子弹和受害者之间的相互作用。一个学生这样答：人和子弹之间存在相互吸引力，引力是由一种叫杀人引力子产生的，受害者和子弹都可以发射脉冲杀人引力子，在受害那天，受害人和子弹之间交换了一束杀人引力子，于是产生了引力，引力使子弹产生了加速度，射向受害者。该学生根据这个假设，推出一个计算公式，可以求出子弹的速度，并指出杀人引力子的质量为 m，出题老师用该公式去计算子弹的速度，结果符合得很好。

读者当然都知道，子弹是因为炸药爆炸力产生了加速度，而不是因为杀人引力子，所以会觉得该学生可笑。不过，在现实生活中，这种情况很多。因为人类对事物的本质不一定了解，这就是我们在有了广义相对优美的公式以后，还要探讨引力本质的原因。苹果落地也不一定代表苹果和地球之间存在引力相互作用，时空也不一定真的弯曲。当然，探讨太阳能本质的出发点也是一样，虽然世界已公认太阳能是氢核聚变能，但也可能错了。

我们无意去否定前人的数学公式，因为前人根据客观现象得出的公式很多是正确的。我们的任务是揭示客观现象后面的本质问题，或者说是数学公式后面的本质内涵。

现在我们和读者一起来讨论引力的本质问题。我们在恒星回收能量一节中谈到，如果恒星可以回收能量，恒星周围必然会出现一股以太流或者说能量流，就像抽水机抽水时，抽水口周围存在水流一样。这能量流必然会被恒星周围的物质吸收，根据牛顿定律，$F = ma$ 的公式，物质吸收能量以后就会作加速运动。

因为能量流的方向是从恒星远处指向恒星中心，所以物质的运动方向也就是从恒星表面指向恒星中心。地球也会回收能量，所以树上的苹果吸收地球回收的能量流后，也会落到地球表面。我们认为苹果落地，是被能量流冲到地上，并不是因为苹果和地球之间存在引力。

读者现在肯定注意到了，对于苹果落地的行为就有了不同的解释。牛顿理论认为，苹果落地是因为苹果和地球两者之间交换了引力子，从而产生了万有引力，使苹果落地。爱因斯坦认为地球周围的时空发生了弯曲。而我们认为树上的苹果吸收了流向地心的能量流，从而产生了指向地心的加速度，所以苹果从树上落到地面。

现在我们提出苹果落地是因为它吸收了能量流，这是从恒星回收能量中引申出来的，只要天体可以回收能量，就会出现苹果落地的结果。而恒星回收能量又是从微观粒子波粒互变那里引申出来的，所以我们的理论是一环扣一环，任何一个环节出了问题都是全盘皆输，这本书就等于白写。

不过也有好处，如果我们能证明苹果确实是因为吸收了能量流而落到地面的话，这就证明地球上空确实有一股能量流流向地心。有能量流流向地心，就表明地球可以从宇宙空间回收能量，即证明恒星可以回收能量。如果恒星确实可以回收能量，也就表明基本粒子可以波粒互变。另一方面，如果恒星可以回收能量，也就表明太阳内部可以有能量来源，太阳内部的基本粒子质量比较大就有了根据，从而证明太阳原子模型是正确的。如果太阳原子模型是正确的，也就表明太阳能确实不是热核反应产生的，这样问题又回到了本书的第一章。所以，我们书中的理论全都是连贯的、系统的，一环扣一环，环环相扣。

我们现在如何证明能量流理论是正确的呢？可想而知，困难很大。引力理论已有两位理论大师牛顿和爱因斯坦全面论述过，特别是广义相对论，其数学公式在很多方面都被证明是正确的，这就要求我们的理论不能和牛顿及爱因斯坦的引力理论公式相冲突，必须保持基本上一致。当然，又不能照抄他们的理论，必须要有区别，所以任务相当艰巨。可以预料，正统的广义相对论教授们是很难接受我们的思想的。不过我们认为，牛顿的万有引力公式及爱因斯坦的广义相对论，其表达式是正确的。我们仅仅是研究引力的本质问题。

上面说过，牛顿认为苹果落地是被地球吸引进去的所以叫引力，而我们认为苹果落地是被能量流从高空流向地球中心时冲到地面的。虽然力的方向相同，后果也相同，但本质不同。所以必须为我们的力重新取个“万有冲力”的名字，或者在引力的单词上加个引号——“引力”。为了方便也可以仍然称之为引力。

一、惯性力场和“引力”场等效

爱因斯坦在建立广义相对论的过程中提出了一个有名的等效原理，这就是引力质量和惯性质量等效、引力场和惯性力场等效。现在我们也必须证明，在我们的理论里，“引力”质量和惯性质量等效，及“引力”场和惯性力场等效。

我们的理论里已恢复了以太的存在，并假设宇宙空间充满了以太物质。这有点像地球表面充满了空气一样，这样一来物体作加速运动时必然会受到运动前方以太的阻力，就好像一个质量可以忽略的气球，作加速运动时会受到空气的阻力。另一方面，如果是以太的流动，也可以在物体上产生加速运动的力，就像风可以吹动气球运动一样。这是两种位置相互对调的情况，惯性力是静止的以太对运动物体的阻力，冲力（或者说“引力”）是运动的以太对静止的物体的冲力。这两种情况其实都是物体和以太之间的相对运动，不管谁运动谁静止都会产生一种作用力，“引力”和惯性力实质是相同的力。这样，我们就通过以太这一媒体把引力质量和惯性质量联系起来，这说明两种质量本质上是相同的，用不着再用“等效”这个名词。就像一个运动员，不管他是由于被流动的水(引力)冲着走，还是自己向前游泳受到了水的阻力(惯性力)，运动员的身体都是相同的，我们没必要把运动员称为引力运动员或惯性运动员。

只要物体和以太之间的运动存在相同的加速度，就会产生相同的力，在这个问题中，自然的客体只有两种，一种是物体，一种是以太。既然表面上看起来风马牛不相及的“引力”和惯性力是由于物体和以太相对加速运动产生的，这样就可以断定“引力”质量和惯性质量是绝对相等的，再没有通过实验去验证的必要，因为它是绝对相等，而不是等效，所以 $m_{惯} = m_{引}$。

第二个结论是，“引力”场和惯性力场性质必然相同，一个质量为 m 的物体作加速度为 a 的运动时，它必然会受到静止以太的阻力，其阻力的大小为 $F=ma$。正因为一个物体作加速运动会受到以太的阻力，所以在实际生活中，如果我们要使物体作加速运动，就必须提供动力，提供动力的大小等于惯性力 F，动力的方向和以太阻力相反。汽车的发动机提供的是动力，所以我们必须把动力和惯性力区分开来。

如果情况反过来，一个质量为 m 的物体，它在“引力”场中所受的“引力”为 F，那它必然作加速度为 a 的自由落体运动，实验证明情况的确如此，这就证明“引力”场和惯性力场是相同的。不同的是惯性力是物体运动而以太静止，这时以太表现为阻力。引力是物体最初静止而以太流动，这时以太流表现为动力。动力源就是流动的以太，用流动的以太去克服静止以太的阻力。以上分析表明，我们把“引力”场或者说冲力场的本质归结为以太流（或者说是能量流）是符合天文观测和实验结果的。

二、以太流冲力的超距性和瞬时性

天文观测证明，两天体之间的“引力”相互作用是超距的、瞬时的和不可屏蔽的，“引力”这种古怪的性质使得人们长期以来对其本质问题解决不了。虽然爱因斯坦的广义相对论从数学公式角度来看是非常完美的，把引力场描述为时空的弯曲，但原则上他并没有涉及引力的本质问题，他仅仅告诉人们：引力场可以用时空弯曲的概念去处理。他的广义相对论虽然能解释引力的超距性和瞬时性，但美中不足的是，他在狭义相对论中抛弃了以太，广义相对论中也没有考虑以太的存在。这很像一个鱼类学家，不去考虑海水的存在，而仅仅是从数学上描述鱼类的运动。

虽然历史上不少人为了解释引力的超距性和瞬时性，提出引力是以太流作用的概念，但因为当时人们认为以太在宇宙中是很稀薄的，同时又是刚性的，所以还是不能解释引力的这两种性质。

现在我们认为以太的密度是非常大的，物体在空间运动，只能通过基本粒子的波粒互变，先把粒子变为以太波的形式向前传播。为了使基本粒子产生的波向前传播，必须给基本粒子提供能量，基本粒子吸收能量后，产生向前传播的波。这就是为什么我们要使汽车运动，就要给它提供能量的原因。在太阳系，因为太阳要回收能量，这就使得太阳系空间到处都是能量流，所以在太阳系空间，任何物体随时都能吸收到这能量流，所以太阳系内的行星、卫星及一切物体，吸收了这能量流以后，都会产生一种奔向太阳中心的加速度。

因为太阳回收能量，使整个太阳系产生能量流，这能量流就是太阳产生的引力场。太阳系内所有的物体都浸泡在这引力场中，所以引力场中的物体，不论离太阳远的、近的，随时都有能量的供应，这就是引力的超距性和瞬时性的本质。这好像地球表面，到处都充满空气，无论你走到哪里都能呼吸到空气一样，这就是瞬时性产生的原因。如果在月亮表面，你需要的氧气就必须靠氧气瓶来供应，这就不能做到瞬时性了，因为一旦氧气没了，就要从地球上运过去，这就需要时间。

以太流也可以比作长江水，大海比作太阳。以太流向太阳流去，长江水往大海流去。无论你什么时候把一个篮球放到长江中去，长江水总是立即把篮球向大海冲去。长江水并不是打电话请示大海以后才做出决定，这就是瞬时性、超距性。这是因为整条长江都存在流水，如果长江没有水的话，那就只好像神话中所说的那样，先请示海龙王，海龙王再派雨神下雨，雨水再把篮球冲走，这就不是瞬时性了。

从以上分析可以看到，用以太流的概念来说明引力场的本质，完全能解释“引力”的瞬时性和超距性。

三、“引力”的不可屏蔽性

从最简单来说，住在一楼的人有重量，住在高层的人还是有重量，这就表明楼板不能把“引力”场屏蔽掉，即使一个很大的天体也不能屏蔽“引力”。

以人类的眼光来看，楼板的密度是很大的，光透不过，但和以太的密度相比，楼板简直是一个大天体，密度是很小的，以太流能轻易地透过，所以“引力”场不能屏蔽。在“引力”相互作用中，是物质内部的基本粒子波粒互变时和以太流发生能量交换，与物质的化学结构及原子结构无关，苹果和地球之间并没有交换引力子。从本质上来看，基本粒子和以太流的相互作用仍然是电磁相互作用的一种形式，如果和电流相比，光波相当于交流电，以太流相当于直流电，光是波动状态的能量，以太流是流动方向不变的能量。所以“引力”场或者说冲力场，是流动方向不变的能量流，它的流动方向始终指向天体中心。

正因为光是波动的以太，所以光很容易被物质屏蔽，包括能量很高的γ射线也一样，冲力场或者说以太流是直流的，它的波长为无穷大，所以不容易被屏蔽。

上面说过，以太流是直流，波长无限大，这主要是因为产生以太流的天体相对稳定，事实上，如果一个天体发生爆炸，产生无数的小天体，或者两个天体相互碰撞。可想而知，在这样的突变过程中，天体所产生的以太流的方向就会发生变化。以太流的方向一旦发生变化，它的直流性质就会发生改变，很大部分就会成为交流以太。上面说过，交流以太或者说波动以太就是电磁波，这电磁波也许是可见光，也许是x射线，也许是γ射线。从广义来说，这种辐射就是“引力”辐射，读者可以看出，在我们的概念里，“引力”辐射仍然是电磁辐射。所以当超新星发生爆发时，地球上测量到的辐射，除了部分是恒星内部基本粒子跃迁放出来的能量外，也有很大一部分是“引力”辐射，就是以太从直流变为交流的辐射。这就是说人类早已用仪器或者用眼睛观测到了“引力”波，只是我们区分不出哪一部分是由于“引力”辐射放出来的（相信将来通过进一步的研究是可以从辐射能谱中将它们区分开来）。

爱因斯坦的广义相对论，也预言引力波存在，由于广义相对论是从升降机中推导出宇宙时空弯曲的引力理论，而没有先从研究引力的本质着手，他的引力波到底是什么东西，谁也说不清楚。虽然超新星爆炸经常发生，但爱因斯坦的引力波至今没有探测到。

四、万有“冲力”公式的推导

牛顿发现万有引力以后，在还不知道引力的本质的情况下，凭引力的表观特性求出了万有引力公式

$$F_{牛} = m\frac{GM}{R^2} \tag{A}$$

如果引力的本质确实是因为天体回收能量产生的以太流的话，所求出的引力公式应该和（A）式相同，就是说从引力现象中求出的引力公式和从引力本质上求出的引力公式，两者形式上应该相同。

在波粒互变的概念里，以太流是在恒星回收能量的过程中产生的。很显然，产生的以太流的强度应该正比于恒星内部基本粒子的个数，基本粒子的个数又正比于恒星的总质量 M，所以我们完全可以跳过恒星内部基本粒子个数这一环，直

接说以太流强度正比于恒星质量 M。也就是说"引力"场强度正比于恒星质量 M。

因为以太流量强度是以单位球面积流过的以太流量来计算的，在流进恒星内部总流量相同的情况下，很显然，离恒星中心越远的单位面积球面上流过的以太流量就越小。如果用 R 表示空间某点 P 到恒星中心的距离，那么 P 点的以太流强度正比于 $\frac{1}{R^2}$。

以上两点综合起来考虑，P 点的以太流强度应等于 GM/R^2，式中 G 为常数。一个质量为 m 的物体在 P 点所受以太流的作用力

$$F_{以} = m\frac{GM}{R^2} \tag{B}$$

公式（B）即我们用"引力"是以太流作用力的概念求出的"引力"表达式.

从公式（A）和公式（B）我们可以看到，$F_{牛}$和 $F_{以}$的表达式完全相同，这就表明，我们从能量流的概念出发推出的引力公式和牛顿从引力的现象推出的引力公式形式上完全相同。这说明以太流就是牛顿的引力场，牛顿引力场的本质就是以太流，或者说引力场的本质就是恒星周围的能量流，所以我们也有两句话：

物质告诉空间能量流的大小，
能量流告诉物质在空间如何运动。

以上就是我们的"引力"理论，我们的"引力"理论是从恒星回收能量中萌芽的，不是从孤立的"引力"现象中推导出来的，这理论能说明"引力"的超距性、瞬时性及不可屏蔽性，导出的公式和牛顿的引力公式完全一致。因为牛顿引力公式已为几百年的实践所证明，这也就表明我们的理论得到了经典实验的考验，得到了经典物理学的证明。不过这种经典的证明远远不够，还必须和广义相对论接上轨，因为我们认为广义相对论数学表达式是很优美的，所以我们还得继续讨论下去。如果我们的冲力理论能被后人证明是正确的话，那么在科学理论中存在几百年的万有引力概念就要退出历史舞台了。引力花去了多少科学伟人的心血，令人感叹！

卜 算 子

长夜苦相思，难把佳人睹。
谁料伊人镜中花，巨臣东流付。
苹果落地声，诱人入歧路！
待识庐山面目时，
顿觉菩提悟。

§5.2　流动空间和弯曲时空

爱因斯坦把引力场几何化，把引力场描述为时空的弯曲。其实时空弯曲的概念，也仅仅是数学模型而已，不一定代表真实的时空确实弯曲了，这一点我们的读者必须要有正确的认识，用不着苦思冥想真实的时空到底是如何弯曲的。事实上如果我们用别的理论模型，时空又会是另一个样子。

一、流动的空间

在我们的理论里，时间有绝对的时间，也有相对的时间。运动物体之所以时间变短了，是因为阳寿减少，阴寿增加，但阴寿平方与阳寿平方加起来之和还是等于绝对静止时间的平方。另一方面，在我们的理论里，虽然假定宇宙中的以太是绝对静止的，但因为恒星的存在，它要回收能量并产生能量流（我们把能量物质等效于以太，能量的流动也就等效于以太的流动）。

我们假定光是在以太中传播，这样一来以太也就等效为空间。现在我们已经证明恒星在回收能量过程中有一股能量流不断流入恒星中心，也就是有一股以太流流入恒星中心。因为以太又等效为空间，我们站在离恒星无穷远处，就会看到恒星周围的空间不断流向恒星中心。

证明过程如下：

我们假定以太粒子向内流的速度为 V，其质量为 m，其动能为

$$E_P = \frac{mV^2}{2}$$

以太粒子的势能　　$$E_V = \frac{\mathrm{G}mM}{r}$$

势能和动能必须相等　　$$\frac{mV^2}{2} = \frac{\mathrm{G}mM}{r}$$

$$\Longrightarrow \quad V = \sqrt{\frac{2\mathrm{G}M}{r}}$$

根据牛顿引力公式　　$$F = \frac{\mathrm{G}mM}{r^2}$$

$$\Longrightarrow \qquad F=\frac{mV^2}{2r}$$

式中 V 为空间流动速度。

上式就是“万有引力”和流动空间的关系式。

很显然，如果人造卫星初速度 V，大于卫星运行点空间流动速度 V（$V=\sqrt{\frac{2GM}{r}}$）时，这时空间流动速度 V 再不能约束人造卫星，所以人造卫星作抛物线运动离开地球。从这里可以看到，我们把引力场等效为流动的空间是非常合理的，而且初中生就可以理解。不像爱因斯坦广义相对论，把引力场说成弯曲的时空，让人很难理解。所以说，把引力场说成流动的空间以后，就会使引力理论大众化。

我们现在已经证明，恒星周围流动的以太流就是引力场，这样引力场就归结为流动的空间，所以我们最后作出结论：

引力场 ＝ 流动的空间

这样我们也可以写出两句话：

物质告诉空间如何流动，
空间告诉物质如何运动。

二、弯曲的时空

我们定义在恒星的引力场中以太流的速度或空间流动速度

$$V=\sqrt{\frac{2GM}{R}} \tag{1}$$

因为空间流速的含义是，单位时间内在单位面积中流过多少个单位体积的空间。其量纲是 cm^3/s，代表三维空间和一维时间。从（1）式可以看出，在天体表面以外，空间的流速 V 随 $\sqrt{R}$ 减小而增大，时空弯曲面是凸的。但到了天体内部以后，由于天体内部存在反引力场，而且反引力随 R 减小而增加，所以天体内部的时空曲面，在天体内部是凹的。当 R 小于某一个值 r 时，V 等于 0，即空间不再流动，有效引力为 0。如图 50201 所示，这表明天体中心，当 $R \leqslant r$ 时，天体中心存在一个有效引力为 0 的区域，我们把 $R = r$ 的球面称为“0 界面”，把 $R \leqslant r$ 内部的体积称为“0 界体积”。“0 界体积”内是天体的心脏。有兴趣的读者可以立题研究“天体心脏跳动的规律”。

读者从这里可以看出，从流动的空间，通过数学变换就成了弯曲的时空，这是一种数学游戏，也许并没有多少实际的物理意义，如果真的要下定义的话，也可以这样说："引力"场 = 弯曲的时空。不过因为我们考虑了反引力场，时空弯曲的形状就变成了图 50201 所示。这和爱因斯坦时空弯曲的图有很大的不同，考虑了反引力场以后，天体中心会出现一个球体，该球体的表面有效引力为 0。我们称该球面为"0 界面"，"0 界面"是引力和反引力对抗的平衡面。"0 界面"球体内的能量由引力提供，当球体内的能级升高时，反引力增加，"0 界面"膨胀，同时放出能量。球体内部放出能量后，中心能级降低，反引力减小，"0 界面"收缩。这样，"0 界面"就会产生周期振荡。太阳黑子活动周期就是太阳内部"0 界面"的振荡周期。

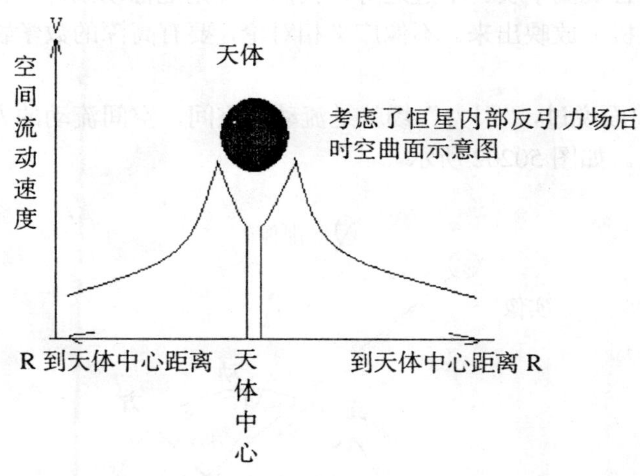

图 50201　流动空间和弯曲时空

图中 *V* 为空间流动的速度，*R* 为离恒星中心的距离

现在有关"引力"场就有好几种表达方式：

1. "引力场" = 以太流　　2. "引力场" = 能量流

3. "引力场" = 流动空间　　4. "引力场" = 弯曲时空

在这里我们也可以模仿爱因斯坦的一句话：

"物质告诉时空如何弯曲，

时空告诉物质如何运动。"

这充分地说明对于同一个客观现象可以用多种模型去描述。在 X－D 理论里，引力场等于流动的以太或能量流，这是本质的说法。但因为要和爱因斯坦理论接

轨，也就只好画蛇添足，把引力场说成流动的空间和弯曲的时空。目的只是告诉读者，你们也完全有权利提出一个描述引力场的模型，只要你的模型比前人的完善。要独立思考，不要以为前人的理论是绝对的真理。

三、光线在流动的空间中弯曲

大家都知道，爱因斯坦广义相对论预言光在引力场中传播时，其传播方向会发生偏转。如果把光线所走的轨迹连起来，就可以发现光在引力场中走的是一条曲线；如果是一束平行光通过引力场，引力场就会像透镜那样，对平行光进行聚焦。这个预言已被天文观测证实。

我们的“引力”理论如果是正确的话，那也必须会有这种效应，因为任何理论都必须符合观测事实。不过还好，我们的理论能像动画片一样，把光线变曲的过程在电视机上放映出来。不像广义相对论，要有高深的数学物理知识的人才能看懂。

我们前面说过，“引力”场就是流动的空间，空间流动的方向是球对称向恒星中心流去。如图 50202 所示。

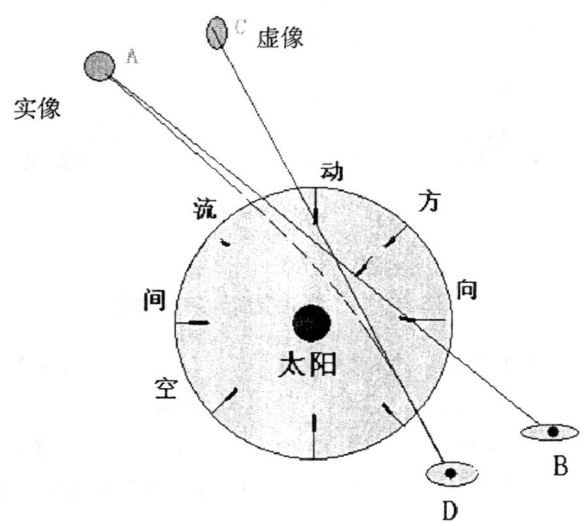

图 50202　空间流动使光线弯曲

因为光线是靠空间传播的，空间的流动就会带动其中的光子一起流动，就像你坐在船上一样，船的运动会带看你一起运动。这样一来，光线传播的方向就向恒星中心偏转。如图 50202 所示，如果空间是静止的话，恒星 A 的光就会沿直线射到 B 点。但是，当光线通过太阳附近时，因为太阳周围的空间是向太阳中心流动的，所以光线就被流动的空间带动，使光线偏向太阳中心走了弯路，最后到达D点。定性地得出了和广义相对论相同的结论。我们现在还没有精力去进行定量的计算，定量计算是必要的，有兴趣的读者可以进行这方面的工作，不过初始条件必须在绝对时空情况下，整个宇宙的时间和空间是绝对的，但也存在相对变化的时间和相对可以流动的空间。

我们的理论，有高中文化的人就可以看懂，属于平民天文学，而爱因斯坦的理论如贝多芬的交响乐，必须要有相当音乐素质的人才能欣赏，属于贵族天文学。当然，我们的理论为了和世界接轨，读者可以考虑一下，有无必要也贵族化。

四、光在流动空间中聚焦

爱因斯坦广义相对论得出的结论是引力场可以把平行光束聚焦，而且在天文观测上也已得到了证实。我们用流动空间的概念，也同样得出流动空间可以使平行光束聚焦，而且聚焦的效果和引力透镜的效果完全一样。广义相对论认为，离天体表面越近，时空弯曲越厉害。而我们认为，离天体表面越近，空间的速度越快。两种不同的模型得出相同的结论。

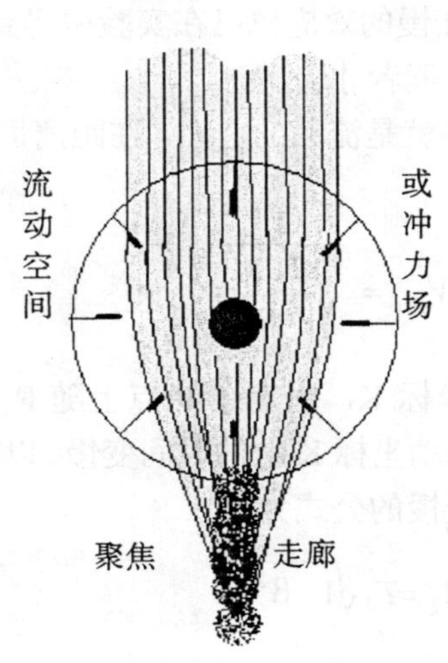

图 50203　流动空间透镜聚焦

（冲力透镜聚焦）

从这里可以看到在科学理论上对于同一个现象可以用不同的数学模型去处理。只是爱因斯坦的广义相对论是从升降机中推导出来的，我们的模型是从本质上推导出来的，因为我们已搞清“引力”实质上是能量流的冲力。上面一切加引号的“引力”是代表冲力。仅仅是考虑到读者一时转不过弯才把冲力写成“引力”。冲力透镜请参考图 60203。冲力透镜和光学透镜不同，它聚焦到空间的一个很长的走廊上，使人类比较容易观测到，要是像光学透镜那样聚焦到一个点，望远镜要碰上那一焦点就很困难了。走廊的长度也许有几千千米，人类要碰上走廊就容易得多。

五、引力红移

广义相对论预言，光在引力场中会发生红移，钟在引力场中会变慢，并给出了相应的计算公式：

时间变慢公式

$$t_{广}= T_0\sqrt{1-\frac{2GM}{C^2R}} \tag{A}$$

引力红移公式

$$v_{广}= v_0\sqrt{1-\frac{2GM}{C^2R}} \tag{B}$$

因为引力红移和时间变慢的效应也已在实验中得到证实，所以我们的理论也必须能推导出这两个公式，读者才会满意。

我们前面说过，引力场就是流动的空间，在距离恒星中心为 R 的地点 P，空间的流动速度

$$V_P = \sqrt{\frac{2GM}{R}}$$

如果我们先选取一个坐标 K，固定在 P 点上随 P 点一起流动，那么在距离恒星中心无穷远处会发现运动坐标 K 上的时间变慢。以前我们已推导出和狭义相对论公式完全相同的时间变慢的公式为：

$$t_k=T_0\sqrt{1-\beta^2} \tag{C}$$

光谱红移的公式为：

$$v_k=v_0\sqrt{1-\beta^2} \tag{D}$$

公式中的

$$\beta=\frac{v}{c} \tag{E}$$

因为K坐标的速度就是P点的空间流动速度，其速度

$$V_{\mathrm{P}}=\sqrt{\frac{2\mathrm{G}M}{R}} \tag{F}$$

如果我们用（F）式中的 V 值 $\sqrt{\frac{2\mathrm{G}M}{R}}$ 代入（E）式中的 V，则（C），（D）两式变为：

$$t_k = T_0\sqrt{1-\frac{2\mathrm{G}M}{C^2R}} \tag{G}$$

$$v_k = v_0\sqrt{1-\frac{2\mathrm{G}M}{C^2R}} \tag{H}$$

读者可以看到（A）式和（G）式，（B）式和（H）式完全相同，这就表明从我们的理论也可以推出和广义相对论相同形式的公式，因为广义相对论的公式已被实验所证明，也就说明我们的公式符合实验结果。另一方面也表明狭义相对论和广义相对论意义完全是相同的，只需把狭义相对论中的 V 值用广义相对论中的空间流动速度 $\sqrt{\frac{2\mathrm{G}M}{R}}$ 互换，就可以明白狭义相对论和广义相对论是统一的。

现在我们反过来看广义相对论的两个公式（A）和（B），实际上也隐含了引力场就是一种速度的含义。但因为爱因斯坦抛弃了以太，决不会有人想到这速度就是以太的流动速度或空间的流动速度。我们现在给爱因斯坦引力方程又增加了一种解释。流动空间比弯曲时空好理解，也很容易想象。顺水行舟，这个行舟就是流动的船，在我们的理论里就叫流动的“空间”。如果把这个舟比喻为时空弯曲的房子，那就不好想象了。

现在我们可以说把“引力场”等效为流动的空间是正确的，流动的空间又等效为流动的以太或流动的能量，引力场的本质就是流动的能量或流动的空间。我们把相对论又复古为绝对论了，因为我们是用绝对时空观得出这一系列的结果。我们的理论是绝对中存在相对。

六、关于黑洞

黑洞的含义是，一个质量为 M 的天体，当它的半径收缩到足够小时，恒星表面的引力场就会大到连光线也逃不出来。

在牛顿力学中，如果光子的能量 E_{p} 用公式表示时

$$E_{\mathrm{p}}=\frac{mC^2}{2}$$

势能 Ev 的公式为

$$Ev=\frac{\mathrm{G}mM}{r_{牛}}$$

当光子的动能小于势能时，光子就会落到恒星表面上，该恒星的光就不会逃出来，于是该恒星就成了黑洞，其条件是

$$E_{\mathrm{p}} \leqslant Ev$$

即 $$\frac{1}{2}mc^2 \leqslant \frac{\mathrm{G}mM}{r_{牛}}$$

得 $$r_{牛} \leqslant \frac{2\mathrm{G}M}{c^2} \qquad (\mathrm{A})$$

另一方面，广义相对论也推出了一个关于黑洞条件的公式

$$r_{广} \leqslant \frac{2\mathrm{G}M}{c^2} \qquad (\mathrm{B})$$

式中 r 为黑洞的最大半径

现在我们要用我们的理论推导出一个条件和牛顿或爱因斯坦相同的公式。前面说过，引力场中空间的流动速度

$$V_{\mathrm{P}}=\sqrt{\frac{2\mathrm{G}M}{r}}$$

因为光在空间传播，如果空间向恒星表面流去的速度等于光速 C 时，光就不能逆着空间逃出该恒星的表面，其条件是

$$V_{\mathrm{P}}=C$$

$$C=\sqrt{\frac{2\mathrm{G}M}{r}}$$

得

$$r=\frac{2\mathrm{G}M}{c^2} \qquad (\mathrm{C})$$

(C)式就是我们用流动空间的概念求出的黑洞最大半径。

读者从这里可以看到（A）、（B）、（C）三式的形式完全相同，这表明我们的理论和牛顿引力理论是不矛盾的，和爱因斯坦引力理论也是相符合的。这又一

次表明用流动的空间去描述“引力场”是可行的。

不过在我们的理论里，得出了引力有饱和性的结论，因为任何物体的速度都不能大于光速，也就是以太流的速度不能大于光速。

即因子 $\sqrt{\frac{2GM}{r}} \leqslant C$ （D）

恒星的半径也有一个最小的极限，即：

$$r \geqslant \frac{2GM}{c^2} \quad \text{(E)}$$

在我们的理论里，由于（D）式和（E）式的要求，引力场有饱和性，恒星收缩也有一个极限。

前面我们已经说过，由于反引力场存在，不允许恒星不断被压缩下去，恒星半径还没有收缩到黑洞半径时，反引力场就阻止恒星进一步收缩了。现在又加上引力的饱和性及恒星半径的极限性。看来恒星级黑洞形成是无希望了，因为恒星级黑洞要求恒星的物质密度比较大，而反引力场的存在，又不允许物质被压缩到这样高的密度。这点请研究黑洞的天文学家注意。

当我们把“引力场”等效于流动的空间以后还有一个好处，就是“引力”再也不可能把一个天体压缩为一个奇点了。奇点对物理学家来说是个不受欢迎的魔鬼，现在魔鬼没有了。读者从图 50201 可以看到天体中心“0 界面”的引力反而为 0。

七、脉动的恒星

我们讲过，恒星是个能量循环机，靠热力学第二定律把能量散发出去（把物质扩散出去），与此同时，恒星又靠反热力学第二定律把能量从宇宙空间回收回来，把物质从分散状态下集中起来。

如果恒星表面的空间速度达到光速时，这就表明反热力学第二定律占了优势，恒星的能量有进无出，热力学第二定律受到了抑制。很显然，这时恒星内部能量的循环失去了平衡，内部的能量越积越多，也就是能级越来越高，内部的基本粒子质量越来越大。但这种场面不会永远进行下去，恒星内部的能级不能达到无限高，物极必反，就像打谷场上的谷子不能堆得无限高一样，尽管农民不断地把谷子往上推去，谷堆的高度却不再增加。当打谷场再也堆不下谷子的时候，打谷场外的农民再也无法把谷子往里运了。

恒星内部的“农民”就是基本粒子的波粒互变，当恒星内部的能级达到极限高度时，它们就不能从宇宙空间回收能量了。也就是说恒星在这时候停止回收能量，或减慢速度回收能量，这相当于反热力学第二定律的一种自杀行为，也可以理解为自动让位行为。

要知道，恒星一旦停止回收能量，恒星表面的空间就停止了流动，或减小了流动的速度。引力场是流动的空间，现在空间停止了流动（或降低了流速），这就表明引力场不存在了或减小了。恒星是靠引力场约束在一起的，现在引力场突然消失，恒星必然会向外膨胀，这时基本粒子就会大量向低能级跃迁，放出大量的能量。

可能出现三种情况：

第一种情况是恒星膨胀得不到控制，恒星一直膨胀下去，恒星内部积聚的能量一下子就放了出来，发展成恒星大爆炸。也许这就是超新星爆发的原因。这表明，黑洞是可以形成的，只是一旦形成黑洞，黑洞就立即爆炸。黑洞形成之日就是恒星的末日，这就是超新星经常可以观测到，而黑洞却至今没有正式找到的原因。当然也可能还没有收缩到黑洞半径时恒星就爆炸了。

第二种情况是，当恒星把部分能量释放出去以后，恒星内部的能级降低，恒星内部的基本粒子又恢复了回收能量，引力重又恢复，阻止了恒星全部爆炸的命运。在这一过程中，恒星还存在，所以过了一段时间后这情况又会再次发生。这情况可能是新星、γ射线及 x 射线暴的原因。

第三种情况是，当恒星放出一点点能量后，恒星马上恢复了回收能量，立即恢复了引力，引力恢复很短的时间后，恒星又减少回收能量，于是恒星又开始膨胀放出能量。这一过程就这样反复进行下去，恒星反复膨胀和收缩，同时在膨胀过程中一次又一次短时间内放出脉冲形式的能量。

读者肯定会说：作者一定认为第三种情况就是今天人们所说的脉冲星的情况，是的，我们曾经想这么说，但当我们拜读了当代脉冲星理论以后，觉得当代的脉冲星理论实在非常完美，没有理由怀疑脉冲星就是旋转的中子星的理论。

我们也觉得，我们这本书给当代天文学理论带来的麻烦实在太多了，处处针锋相对：当代天文学理论说恒星能源是热核反应产生的，我们说是恒星向外发射气体产生的；当代天文学理论说恒星的演化方向是从主序星到红巨星，我们说是从红巨星到主序星；以后还会看到，当代理论说宇宙在膨胀，我们又说不见得吧！正当现在人们积极研究黑洞的时候，我们又说黑洞爆炸了，如果又说脉冲星不是旋转的中子星而可能是脉动的中子星，似乎再也说不出口了。

我们不是怀疑自己的理论，主要是我们觉得当代脉冲星理论实在是非常好，看不出该理论会有错误的地方。况且脉冲星发现之初，人们也曾经千方百计想证明脉冲星是脉动的恒星，但考虑到脉动恒星的脉动周期不会那样稳定，而且脉动的恒星其脉动周期应该越来越短而实际上却是越来越长，所以才把脉动的想法排除了。其实我们也不想为了照顾前人的理论而放弃自己的理论。如果我们现在又提出来脉冲星是脉动的中子星，那就有必要解释脉动的周期越来越长问题。

当代理论之所以说振动的中子星的脉动应该越来快，主要是考虑到中子星不断损失质量后，体积会越来越小，自由振动的球体体积越小频率应该越来越高。他们认为中子星内部再也没有能源了。

我们的理论不同之处在于我们认为中子星内部仍然存在巨额的能量，其内部的基本粒子仍然在不断地波粒互变，因此中子星仍然不断地和宇宙空间进行能量交换，时刻在吸收能量和放出能量。中子星质量比较大时吸收能量的效率比较高，积累能量的时间也比较短，相当于电子学中的RC时间常数比较小，因此，从积能到放能的周期也比较短，其表现为脉动频率高。当中子星质量较小时，它吸能的效率也就低了，因此它吸收能量到放出能量的周期就变长，其表现为脉动周期变长。这就是中子星脉动周期时间不断增长的原因。

当代天文学理论认为，球状星团是年老的星团，所以对于球状星团内普遍存在毫微秒脉冲星不理解。但我们的理论认为球状星团是年轻的星团，脉冲星形成的时间也不长，质量还比较大，所以脉冲周期比较短。球状星团内部的脉冲星周期比较短，也可以反过来证明球状星团是年青的。我们的理论始终是自洽的，没有出现佯谬。

重要的是，我们不能把一个天体看成是死的，而应该把所有天体都看成是活的、有生命的。

从我们的理论推理上来看，脉冲星有可能是脉动的中子星，但从当代脉冲星理论的完美性看来，又不能否认脉冲星是旋转的中子星，这只有等后人去下结论了。当然从内心上我们还是倾向于脉冲星是脉动的中子星。

在我们的理论里，无论是白矮星还是中子星，都是正能系统。不像当代天文理论说的那样，把白矮星、中子星说成是恒星的尸体，是燃烧完了的一堆灰，再也没有能源了的一座星坟。在我们的理论里，白矮星、中子星仍然会和宇宙空间发生能量交换。它们内部仍然贮存着巨大的能源，它们在宇宙空间，随时随地都可能干出某种惊天动地的事情！我们的理论把“死人”说成“活人”了！

对，宇宙是永远都不会死的！

§5.3　银河系冲力场与不存在暗物质

一、银河系冲力场

牛顿的万有引力规定，每一颗恒星和恒星之间是相互吸引的，不管另一颗恒星在什么位置和距离有多远。类似于恒星和恒星之间都系着一根拉伸弹簧。对于两体问题还好办一些，但像银河系内，在恒星无限多的情况下，问题就复杂了。每颗恒星都要和其他恒星发生引力相互作用，也就等于每一颗恒星都要有无数根弹簧和其他恒星相连，所以要计算银河系内某一恒星受到其他恒星总的引力作用就很复杂。但数学家总是有办法算出来的，他们可以把公式简化。

关键是引力的性质是不是像牛顿所想象的那样，是互相吸引的。如果不是互相吸引的，而用互相吸引的模型去计算银河系的恒星之间的运动的话，计算出来的理论值，就会和实际值相差很远。用牛顿的万有引力公式，计算太阳系内一颗大质量恒星和一颗小质量行星之间的相互作用，精确度还是很高的，和我们的冲力理论是相同的，但在计算银河系引力时就会相差很远。

当代天文学家用牛顿的引力模型去计算银河系的质量分布，得出的结论是，银河系的质量 90%分布在银河系的晕中，太阳轨道以内的质量只占银河系总质量的 10%，这是很奇怪的事，光学观测表明，银河系的恒星大都分布在银核周围，晕中的恒星十分稀少。

于是天文学家认为银河系晕中的物质肯定是不发光的，可以称之为暗物质。后来又认为宇宙中暗物质广泛存在，而且有些场合暗物质所占比例为 99%以上，简直太离奇了！由于当前天文学家都相信宇宙中存在暗物质，于是天文学界就展开了寻找暗物质的行动，各种学说也应运而生。从来没有人怀疑，他们所用的引力计算公式会不全面。

因为我们在前面已对引力场提出了新的理论，认为引力是恒星回收能量过程中产生的以太流，引力是流动的空间。用我们的引力公式去计算银河系的质量分布，能否消除银河系质量分布和光度分布相矛盾的局面呢，只有通过计算才知道。可是，我们现在还没有推导出计算银河系冲力场的公式，我们只能先推导公式后再进行计算。

为了便于我们思考问题，我们可以把宇宙中的以太想象为水一样的东西，可以想象恒星回收能量时，就像一台抽水机在抽水。抽水机四周的水会以抽水机为中心，从四面八方向抽水机泵口流去，就是“一江春水向心流”。引力就是这流动的水产生的，引力可想象为这流动的水的冲力，这是单个恒星的情况。

现在问题是，银河系内无数的恒星，你就想象为无数的水泵在抽水，水被抽水机抽进去以后，水的体积被压缩了。现在我们只需考虑，在银河系内这无数的抽水机同时开动的情况下，这水是如何流动的。如果三维空间不好想象的话，可先想象二维平面，例如，想象一个湖面。很显然，湖中的水还是从四面八方向有抽水机的方向流去，还是“一江春水向心流”。当然，这是从银河系外面去看银河系总引力场的情况。问题是我们需要研究的是银河系内部的冲力场，也就是要研究银河系内部的质量分布。这样，我们也可换一个思路，提出一个城市物资供应模型：假定有一个古怪的城市，每户都有一辆自己的汽车，而且市长规定每户自己吃的东西，必须每天一次开车到城外去拉。有一天市长决定要统计市内住户的分布情况，聪明的调查员并没有到各家各户去登记，而只是安排一些人在通往城市中心的马路上，相距一定的距离设一个观测点，数一数每天进入城市的汽车量，调查员只用几天就把结果统计出来了。这里关键的一点，就是每天一个住户必须到城外去拉一次食物，其余的车辆都不许通过，统计员的统计数字才会准确。

我们现在的任务是要统计银河系的质量分布，银河系内的恒星要不断回收能量，而能量，也就是以太流。以太的来源只能由银河系外的空间供给，所以所有被银河系恒星回收的能量，都必须通过银河系的表面。如果我们也学那位聪明的调查员，只需在距离银心不同的距离上设一个点，测量出该点流入到银河系中心的以态流量，也就知道了距离银心不同的距离以内的质量分布状况。其内部恒星数量多，该点的以太流量就大，恒星数量少，流进该体积内的以太流量就小。

图 50301 是银河系城市供水模型图，我们假定，该城市除中心区以外，都是环形建设。分一环路、二环路、直至九环路，最外一环为一环路。

整个城市的用水由一个总管道供给，管道的直径和 R_i 成正比。图中 R_i 是到银心的半径，C_i 是以 R_i 为半径的球面，E_i 是流进 C_i 球面内的以太流量，Vi 是银河系在 R_i 为球面上的恒星自转速度。

我们从总管道图中可以看出，一环的进口管流过的水量 Q_1 必然要供给整个城市人的用水，如果知道了每一个人的用水量 q，那么整个城市的人口数 N_1 就等于 Q_1/q。

即 $$N_1 = Q_1/q$$

按照上面的分析方法我们再测出二环路口总管道流过的流量 Q_2，那么很显然 C_2 球面积以内的人口 N_2 为 Q_2/q。

即 $$N_2 = Q_2/q$$

最后得出中心区的人口 N_9 为 Q_9/q。

也即 $$N_9 = Q_9/q$$

现在我们可以把图 50301 中的思路换一种说法。在我们的理论里，恒星回收能量就是回收以太，上面说的供水量 Q 也就代表以太流量或能量流量。而 q 也就代表一个太阳质量的恒星从宇宙空间回收的能量。N 就代表 C 球面内所包含的太阳个数。$\dfrac{Q_i}{4\pi R_i^2}$ 即为在 C_i 球表面的冲力场，即“引力场”。

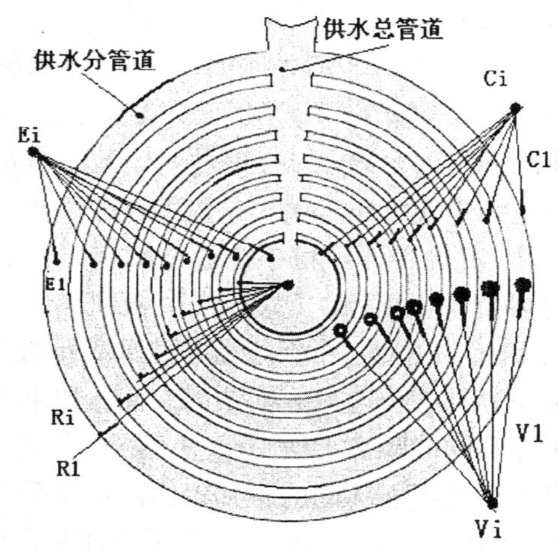

图 50301　银河系冲力场城市供水模型

E_i为R_i体积内的以太流，R_i为距离银心的半径，C_i为以R_i为半径的球面，V_i为银河系恒星在R_i上的自转速度。

从这里可以看出处于三环壳层内的恒星它们所受的“引力”的大小只受三环以内的恒星的影响，决不受三环以外的恒星的影响。具体来说太阳所受银河系的“引力”，只取决于太阳绕银心运行的轨道以内的恒星的影响，决不受轨道以外的恒星的影响。太阳轨道以外的恒星，对太阳来说它们的“引力”是不存在的。同样，太阳的引力也不影响太阳轨道以内的恒星。

所以球形系统内的恒星，它们的“引力场”是集体行为的产物，恒星的个性并不存在。当然，两颗相距比较近的恒还是存在“引力”作用的。例如，在双星系统内的两颗恒星还是存在直接相互作用的引力。不过，银晕上的恒星肯定和太阳没有“引力”作用，但太阳的引力还是会通过集体作用在银晕的恒星上。应该说太阳和仙女座中某颗恒星不会有直接的相互作用了。这样也就消除了引力佯谬，就是说只要某一颗恒星产生的能量流流不到我们的身上，该恒星的引力就作用不到我们的身上。但是按牛顿的引力理论，太阳和整个宇宙的恒星都存在直接的引力相互作用，于是就出现了引力佯谬。我们的理论不出现引力佯谬，这表明冲力场理论符合客观事实。

二、暗物质不存在

以上我们用冲力场是以太流或能量流的概念讨论了银河系内部冲力场的特点，表明银河系的“引力场”是银河系内恒星的集体行为形成的，银晕上恒星的引力作用不到太阳上，但太阳的引力却可以作用到银晕恒星上。

这仅仅是讨论纯“引力”的情况。根据天体原子模型，银河系也像一个重原子，我们也可以把银河系内的恒星当成一个个基本粒子。原子核内部能级比较高，同样银河系内能级也比较高。于是银河系内部就出现“反引力场”。“反引力场”的产生是因为银河系内部能级比较高，恒星内部的基本粒子总是要向银河系边缘跃迁，这就产生了一种要把恒星往外推的力，就像深海的水总是要把潜水艇浮到海面上一样。因为这种力是从里向外，和“引力”的方向相反，所以叫反引力。

由于反引力会把恒星向外推，恒星所受的有效引力显然就小了，银河系内部的恒星作轨道运动时，所受的约束力也就小了。

当代天文学家在没有考虑反引力的情况下，仅仅用纯引力去计算银河系的质量分布时，就会得出了一个奇怪的结论：银晕上存在 90%的暗物质。他们还把这看法推广到宇宙中去，认为整个宇宙含有 99%以上的暗物质。这在天文学上是件大事，所以世界上不少天文学家花大量的人力物力去寻找暗物质。如果我们能论证暗物质不存在的话，至少别人可少花很多冤枉钱。

不过要证明暗物质不存在，就必须相信反引力场存在。我们从第一章开始到现在已经拿出了大量的事实证明反引力场的存在。我们假定读者已接受了这个观点，为了讨论方便我们再一次把银河系负能壳层图画上，如图 50302。

图中的引力实际上指的是冲力，但历史的习惯一时也不好改，后面也就只好混合使用了。今后引力、“引力”指的都是冲力。

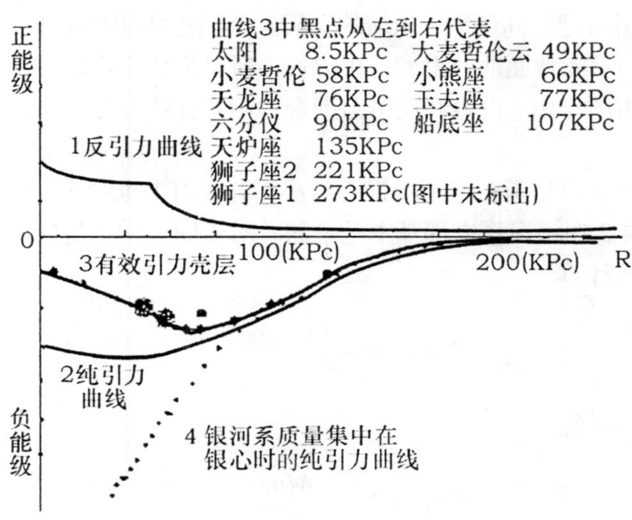

图 50302　银河系负能壳层

图中曲线 4 代表当银河系的质量全都集中在银心的情况下画的纯引力曲线。因为银河系的质量是分散在整个银河系的体积中，因此在银河系的体积内，纯引力曲线被拉平了，如曲线 2 所示。当代天文学家，正是根据曲线 2 计算出银晕中存在 90%的暗物质的。

但是银河系所在空间还存在反引力场，反引力场是天体内部的空间特性。一个天体可以使天体外部的空间向内流，当流到天体内部以后，空间被压缩了，就是说银河系内的整个空间被压缩了。空间被压缩也可以说成以太被压缩或能量被压缩（这是我们提出的一种物理模型，就像爱因斯坦广义相对论说的时空弯曲一样）。被压缩的空间中还有什么其他特性，有待今后研究。产生反引力场只是被压缩的空间特性之一。

图中曲线 1 就代表反引力曲线。反引力的大小，跟到天体中心的距离有关，离银心越近反引力越大，相反，到银晕以后反引力迅速减少。

读者可以把反引力场看成是海中的浮力，离开海面以后浮力就等于零。我们假定深海有一条鱼儿物理学家，有一天人类从海面上丢下一个 10 公斤重的空心铁球，这铁球落到鱼儿物理学家的实验室，他们把铁球一称，发现重量轻了，才只有一公斤。他们在考虑为什么海底一公斤的铁球，离开了海水面以后就变成 10 公斤了，因为鱼儿虽然生活在海中，但不知道海水存在浮力，所以得出一个结论：海面上存在 90%的暗物质。

当我们的天文学家了解到银河系空间存在反引力场以后，自然会立即明白：暗物质并不存在。

物质产生引力把空间压缩，压缩的空间又企图把物质挤出来，这就是宇宙运动的根源。我们不能片面地只看到一个方面，所以银河系内部的恒星既受引力的作用又受反引力的作用。引力和反引力的合力叫“有效引力”。有效引力如曲线 3 所示。

我们从曲线 3 可以看到，距离银心越小，有效引力也越小。它和纯引力曲线 2 不一样，曲线 2 在银河系内部基本是平的。对于同一颗恒星它所受的引力，如果按纯引力公式计算

$$F_{纯} = \mathrm{G}\frac{Mm}{R^2} \tag{A}$$

如果按有效引力计算

$$F_{有效} = \mathrm{G}_{有效}\frac{Mm}{R^2} \tag{B}$$

因为有

$$F_{有效} < F_{纯} \tag{C}$$

而(A)、(B)两式中对于同一颗恒星来说，m、M、R 三个参量应该是相等的，造成(C)式不等的原因是

$$G_{有效} < G_{纯} \tag{D}$$

现在我们终于找到了造成所谓暗物质存在的根源了。我们的太阳位置在曲线 3 中实际上离银心很近，从曲线 3 可以看到 $G_{有效}$很小，而银晕上的恒星及伴星系所在的空间区域，$G_{有效}$很大，就像在海面上的空心球重量比深海时增加很多一样。

如果我们知道了太阳的轨道运动速度 $V_{日}$，那么银河系在太阳轨道以内的质量 M_1 可以按公式（E）计算，即

$$M_1 = \frac{R_{日} V_{日}^{\ 2}}{G_{日}} \quad （有效） \tag{E}$$

同样，我们知道了银河系伴星系的速度 $V_{伴}$及轨道半径 $R_{伴}$以后，银河系的质量 $M_{银}$可以按公式(F)计算，即：

$$M_{银} = \frac{R_{伴} V_{伴}^{\ 2}}{G_{伴}} \quad （有效） \tag{F}$$

现在存在的问题是，伴星系的速度“反常”的大，而且当代天文学家用不变的引力常数 G 代入公式(E)和(F)，得到的结果是太阳轨道以内为10^{11}个太阳质量，而银河系总质量为10^{12}个太阳质量，这表明，银河系 90%的质量分布在太阳轨道以外。可是光学观测表明，绝大多数的发光物质分布在太阳轨道以内，所以太阳轨道以外多出来的物质就被称为暗物质。银晕中存在 90%的暗物质！这使天文学家大吃一惊。

但是我们前面刚说过，按曲线 3 显然可以看出：

$$G_{日} < G_{伴}$$

从曲线 3 可以看到在伴星系的位置上 $F_{有效}$和 $F_{纯}$比较接近，因此在伴星系地区 $G_{有效}$和 $G_{纯}$比较接近，它受反引力场干扰比较小，所以我们用 $G_{伴}$作相对标准，就是认为按伴星系运动速度及当代的引力常数 $G=6.6720\times10^{-11}$ 牛顿·米^{2}·千克$^{-2}$(即假定伴星系引力常数 $G_{伴}=G$)值算出来的银河系质量是相对正确的。我们称它为理论质量。而用太阳的轨道运动速度及同样的当代引力常数 G 去计算太阳轨道以内的质量时就不正确了，因为 $G_{日}$实际上比 G 小得多，如果仍然用 G 值代入公式(E)，我们就把 M_1 少算了。

如果我们粗略假定　　　$G = G_{伴} = 10G_{日}$。

$$G_{日} = 0.1G$$

得出

$$G_{日} = 6.672010^{-12}\text{牛顿}\cdot\text{米}^{2}\cdot\text{千克}^{-2} \tag{H}$$

如果我们用(H)式的 $G_{日}$值代入(E)式算出太阳轨道以内的质量也就比原来计算值大 10 倍，接近 $10^{12}M_{日}$。式中 $M_{日}$代表一个太阳质量。这样一来，银河系的质量就绝大多数分布在太阳轨道以内，轨道以外就很少了。这和光学观测结果相一致。

当然我们也可反过来用

$$G_{日} = G$$

$$G_{伴} = 10G$$

去计算银河系的质量，计算的结果银河系质量都接近 $10^{13}M_{日}$，这也表明银晕中不存在暗物质。

应该指出银河系的纯引力常数 $G_{纯}$，也不能代表其他空间的引力常数。宇宙中的引力常数是随空间特性变化而变化的。空间能级越高其所在位置的有效引力常数越小，能级越低有效引力常数越大。在天体晕中的能级比较低，其引力常数也比较大，所以算出的质量也偏大，这就导致尺寸大的天体质光比增大。

从能级角度来看我们的宇宙空间是不平坦的，当然空间的能级高低从望远镜上是看不到的。正像在一根高压电线上，你看不到它能级很高，但你用手一摸就知道它处于高能级状态。所以我们建议，天文学家今后再不要用统一的、不变的引力常数去计算所有不同的天体质量了！光学质量还是比较可靠的。

三、银河系质光比

有读者可能会问，暗物质是不是跑到太阳轨道以内去了，回答是银河系根本不存在暗物质。为了说明这个问题有必要讲清银河系的质光比。

当代天文学家测得银河系质光比为 67 左右，并规定太阳质量/太阳光度=1。问题就出现在两者的标准没有统一，因为按伴星系运动速度计算太阳质量时，所用的是(G)式的 G 值算出来的，质量单位是“理论太阳质量”。

太阳系空间的引力常数应该是由(H)式代表的值，这样算出来的质量才能和理论太阳质量统一起来。而当代经典的太阳质量是用(G)式的 G 值算出来的，所以一个经典太阳质量并不等于一个理论太阳质量。为了统一起来，计算理论太阳质量，应该用(H)式的 G 值。计算的结果是：一个经典太阳质量=10 个理论太阳质量。这就表明 10 个理论太阳质量，才能发出一个经典太阳的光。所以正确的银河系质光比应该是 67/10 = 6.7。

这个值应该是合理的，因为银河系大部分恒星质量比太阳小，它们的质光比会大一些。另一方面还存在一些中子星、白矮星及暗星云和消光物质等（另外还有观测误差）。用同样的理论，也可以把河外星系的质光比降下来。到此我们把暗物质不存在的问题完全讲完了。

四、伴星系速度反常大的原因

很可能麦哲伦星系原来是银河系的旋臂，而其他伴星系则是银核喷出去的气体形成的，总之伴星系的物质原来在银河系内部。现在就要搞清楚，为什么伴星系的速度都比按经典理论计算的大，其表现为离银心越远速度越大。

从理论上来说一个物体在有效引力场小的地方其轨道运动速度会比较小，有效引力场大的地方速度会比较大。现在我们从曲线 3 可以看出，银晕区的有效引力最大，所以银晕区的恒星速度最大。

现在问题是，如果恒星是从银河系外围运动到银晕，该恒星可以从引力场中取得能量去增加它的速度，就像从地球高空下落的物体速度会不断增加一样。但是，如果恒星是从银心向外运动到银晕的话，按当代理论其轨道运动速度应该越来越小（如果是这样，银河系内部的恒星就不会自动跑到银晕中去，也就是说银河系不会膨胀）。

我们从图 50302 可以看到，反引力曲线 1 的斜率很大，而纯引力曲线 2 在银河系内部几乎是平坦的，这就表明当恒星从银心向外运动时，它从反引力场中取得的动能，要比被引力场减少的动能多，所以当恒星从中心向外运动时，轨道运动的速度总是增加。这就导致银河系必然会自发膨胀。

当银河系膨胀时，负能壳层也随之向外膨胀，所以负能壳层是个鬼精灵，当天体膨胀时，它跟着膨胀，当天体收缩时它也跟着收缩，真有点像敌进我退，敌退我追的游击战术。

五、旋臂的形成

银河系存在旋臂是大家公认的，我们必须研究旋臂的产生与维持的问题。旋臂的维持问题，林家翘和徐遐生已有密度波理论解释，但他们没有解决旋臂形成的问题。就是说如果旋臂原来不存在的话，也就不存在密度波，所以我们还要研究旋臂产生的问题。

研究银河系的旋臂，最好从研究银河系的胎儿着手。我们的理论认为星系的演化方向是从类星体演化到椭圆星系再演化到旋涡星系，这样一来我们就把旋臂的形成问题追根到类星体身上了。

图 50303 是银河系旋臂形成原理图，我们假定从银河系某一极看去是反时针方向旋转。图中小图意义介绍如下：

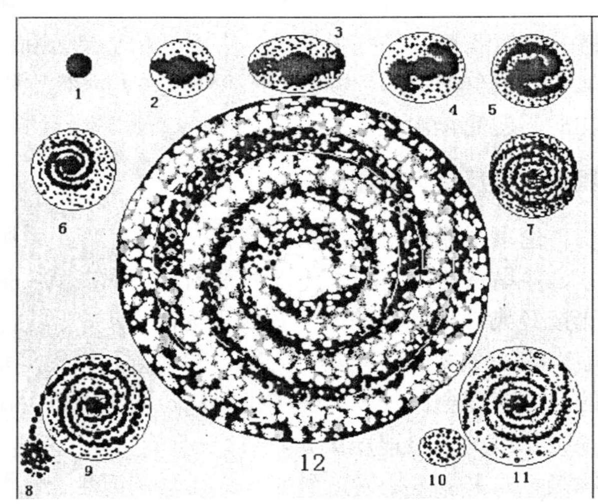

图 50303　旋臂形成图

图 1 代表类星体，我们以后将会论证，在类星体负能壳层中形成了大量的红巨星。

图 2 代表成熟的类星体，开始从赤道两边对称的方向排挤出红巨星。

图 3 代表类星体排出的红巨星数量比图 2 多了，这些红巨星在反引力场的作用下，离中心越远轨道运动速度越大。轨道运动速度增大刚好补偿由于轨道半径增大而轨道周长增大的后果，从而使所有红巨星像一根刚体棒一样同步自转。

图 4、图 5 和图 6 代表远离中心的红巨星，它们速度增加刚好能补偿轨道周长的增加，于是初步产生了旋臂。但因为类星体很亮，且有引力自放大作用，我们看不见这初生的旋臂。

图 7 代表旋臂加长了，两条旋臂像上紧了的古老钟表的发条，紧紧把类星体的核心包住，我们再也看不到类星体的核心，从外面只能看到那缠紧了的旋臂。我们的望远镜也无法把那缠紧了的旋臂分开，在望远镜上看去，该星系就是椭圆星系。但两条旋臂中的红巨星，却保留它们存在旋臂的信息。图 7 就是我们通常说的椭圆星系，椭圆星系内部全是红巨星，因此是年青的星系，它里头也暗藏着旋臂的信息。

图 9 代表椭圆星系向旋涡星系演化的中间过程。我们在天体原子模型中说过，一切天体像一个重原子——类星体像重原子，椭圆星系也像重原子。对于星系来说恒星就是它的“质子”和“中子”，所以在椭圆星系反引力场作用下，旋臂末

端的恒星就会被发射出去。同时，椭圆星系内的旋臂也就会像松开的发条一样向星系表面散开，随着旋臂的散开，旋臂末端的恒星也就不断被抛向星系晕外的负能壳层。负能壳层有效引力常数很大，反引力很小，恒星在负能壳层中运行最稳定，就像河水流入大湖后积聚在湖中一样。

星系的旋臂尽管不断地像发条一样松开，却不会伸展到星系表面很远的地方。原因是伸出去的手臂断了，在负能壳层变成了一个银晕环，或积聚成一个伴星系。

图 8 就是图 9 断了的旋臂，例如 NGC5159 星系就是由 NGC5194 星系的断臂形成的。

图 11 是由图 9 演化来的旋涡星系，这时候旋臂散得比较开了，我们从望远镜上能分清旋臂结构了，于是就正式演化到了旋涡星系。就像春天盛开的鲜花露出了美丽的花瓣，如果说椭圆星系是花蕾，旋涡星系就是已开放了的鲜花。我们的银河系是断臂的维纳斯，大小麦哲伦星云则是维纳斯的断臂。

图 10 代表大小麦哲伦星云，图 12 是图 11 的放大图。

旋涡星系的旋臂是旋开的，是开旋。但它的开旋主要不是由于星系自转造成的，而是因为星系内部存在的反引力不断把旋臂往外推。旋臂内的恒星被向外推以后得到了附加动能，使自己的轨道运动速度增加，这样一来旋臂的角速度基本不变。可以想象我们的太阳及太阳附近的旋臂终有一天会被反引力推到银晕以外的。不幸的是，当太阳被推到银晕以后，银晕上负能壳层已不允许恒星向外扩展，密度波已无能为力维持旋臂的存在，于是旋臂在银晕外消失了，在银晕中可能出现一个恒星组成的光环。如果那时还有人类的话，我们再回头看银河系，银河系仍然存在两条美丽的旋臂。

其原因是银河系旋臂是一个动态过程，银晕上的旋臂消失了，只要银心的质量还足够大，反引力又可以从银心推出旋臂来，就像没有放完的磁带还可以播放出动听的音乐，直到把磁带拉完。

当银河系再也推不出旋臂时，银心的质量已用完了，这时就成了无核星系，旋臂也不能维持它的动态过程，于是旋臂消失。银河系演化到了不规则星系，旋臂也就退出了星系的历史舞台。

不过，银河系也可以演化为环状星系，或叫车轮星系。其原因是：它把旋臂中的恒星全部抛到负能壳层中去了，中心只留下无旋臂的星系核。维纳斯的手臂演化成了美丽的花环。

现在，有人已观测到，我们银河系的负能壳层中存在有不很明显的由恒星组成的光环。不过，他们认为银河系光环的存在，是宇宙大爆炸的有力证据。如下图所示：

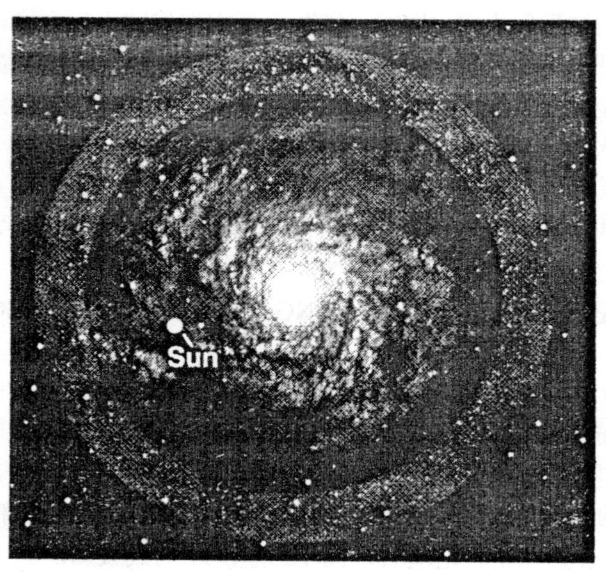

巨环围绕银河系

这是一张新观测到的巨环围绕银河系的示意图。1 月 6 日，天文学家宣布，两组科研人员均观测到一个由 1 亿至 5 亿颗恒星组成的环围绕银河系旋转。这一新发现为银河系产生于大爆炸的观点提供了新的证据。新华社/路透

图片来源：兰州晚报 2003－1－8 日 19 版

这说明对于同样的天文观测资料，不同的理论有不同的解释。当代天文学家总是千方百计地把一切新发现都当成大爆炸理论的光环。我们也一样，在我们看来银河系发展下去有可能就变为环状星系或车轮星系。因为负能壳层是上帝在宇宙运行程序中安排好的陷阱，正在时刻等待着旋臂末端的恒星自动跳进去。这是上帝玩的圈套。再过几十亿年，大小麦哲伦星系也会先后瓦解，它们的恒星亦会成为银河系美丽花环中的一员。

§5.4　宇宙空洞及大栅栏

我们上一节已否定了暗物质的存在，然而天文学家发现宇宙中星系的分布存在大气泡结构，无数的星系、星系团好像漂浮在一个巨大的气泡表面上，气泡内

部几乎不存在可见的天体。天文学家把这种星系分布结构称为宇宙大空洞。我们把这结构形象地画为图 50401 所示。

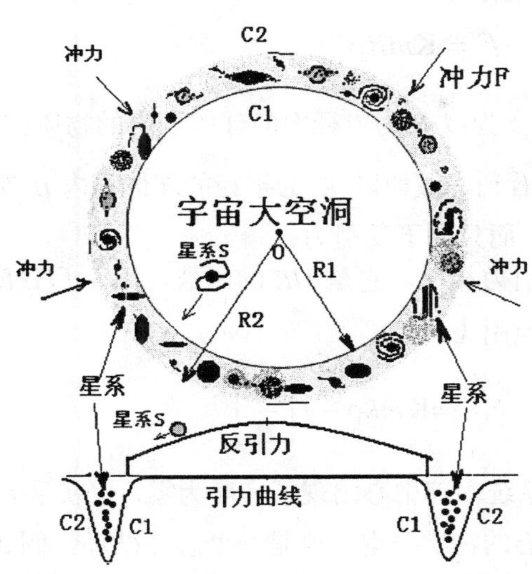

图 50401　宇宙大空洞

一、宇宙空洞结构

当代天文学理论把形成大气泡结构的原因归结为暗物质的存在，理论是相当复杂的。因为我们的理论和当代理论走的是不同的路子，所以我们又有不同的解释。不过我们的理论，始终没有离开过天体原子模型，就是认为天体或天体系统内部存在“反引力”。反引力是物质存在的空间特性。

以前，大气泡内部的星系也是比较均匀地分布在空间的，这些星系组成的系统形成了一个反引力场，在系统质量中心反引力场最大。

我们的理论中基本粒子要波粒互变，波粒互变回收能量的结果，会使系统内部的能级不断升高。这就导致系统内部的反引力不断增大，就是说反引力是可变的，会随时间增加而增加，好像天体是有生命的。

当反引力大于引力时，系统就开始膨胀，所有的星系都向系统表面运动。因为我们已证明引力的本质实际上是以太的冲力，如图中箭头所示是从外向里的。而冲力公式和牛顿万有引力公式完全一样：

$$F = \frac{GmM}{R^2} \tag{1}$$

我们可以把(1)式改写为：

$$F = KmR\rho \tag{2}$$

式中 $K = \frac{4\pi G}{3}$， ρ 为以 R 为半径内的球体积内的物质密度。

我们从(2)式可以看到，假如以 R 为半径的球体积内 ρ 等于零，那么球体积内的引力也就等于 0，而只剩下反引力。

反引力的方向和引力相反，它是 $1/R$ 的函数，用 $-f(1/R_i)$ 代表

则星系所受的有效引力：

$$F_{有效} = KmR\rho - f\left(\frac{1}{R}\right) \tag{3}$$

所以，如果一个系统内部中心出现了密度为零，也就是 ρ 值为零时，中心的反引力就会很快把中心的物质排空。这是一个恶性循环。例如，图中的星系 S，因为在 R_1 为半径的球体积内，没有引力，只有反引力，所以星系 S 很快就会被赶出中心，跑到 C_1 球面以外去。C_1 是以 R_1 为半径的球面。这时该系统就成了空洞结构了。

从图中可以看到球面 C_1 以内的引力为 0，C_2 表面上的引力：

$$F_{C_2} = KmR_2\rho - f\left(\frac{1}{R_2}\right) \tag{4}$$

因为 C_2 球面以内有大量的星系， ρ 不为 0，所以 C_2 球面上有引力存在，星系不会离开 C_2 球面。如果星系想要进入 C_1 球面以内，反引力又会把它赶回到 C_1 球面以外。从图中引力曲线可以看出星系只能在 C_2 到 C_1 的壳层内运行，所以宇宙空洞结构能够稳定较长的时间。

从图中反引力曲线可以看出，空洞的中心，其能级像高山一样高了出来，空洞内部只有指向系统表面的反引力，而不存在引力。星系之所以稳定在 C_1 和 C_2 组成的壳层内，这主要是因为在 C_2 球面上存在向内冲的冲力作用，C_1 球面内受到向外的反引力。所以宇宙大空洞其力学关系很像一个气球，气球内部靠气体膨胀力把气球撑大，而气球外面靠大气压力，把气球往回压，使气球保持一定的大小。我们可以把宇宙大空洞的形成过程建立成一个气球模型。

我们的理论表明宇宙空洞内部并不需要暗物质的帮助，宇宙空洞内部可以不存在能产生引力的任何物质。这是牛顿万有引力所不能做到的。

二、宇宙大栅栏

宇宙结构一级比一级的复杂，从局部区域看，宇宙存在大空洞结构。把观测尺度不断加大后，相继又发现了长城结构、栅栏结构及海绵结构等。大空洞在更大的尺度结构中成了一个细胞。

当代天文学家对于宇宙物质的结构形成，往往把原因追索到宇宙形成的初期，并结合暗物质的概念去作理论分析。但因为从图 50401 中我们已经看到，宇宙空洞中心虽然不存在星系，但其中心的能级比较高，空洞中心的能级像一座高山立在中央。“高山”产生的反引力把所有的星系都排斥到山脚下，这有点像高山上的水都流到山脚成了河流。所以，大栅栏是无数空洞组合而成的。

我们现在应该有这种概念，从能级的观点去看待宇宙空间时，宇宙是不平坦的：有高原、有平原还有峡谷。

微观粒子总是要从高能级跃迁到低能级，所以能级高的空间一定存在反引力场，反引力场总是要把星系推到能级低的地方。这样我们就可以把宇宙大栅栏结构的形成归结为很简单的道理，是高山和河流的关系。高山脚下成河流，星系就是那河流中的水。

如果我们从人造卫星上，把地球表面大大小小的河都拍下来，这河流的分布就像宇宙大栅栏，如图 50402 所示。只要把图想象为立体的，白色的区域想象为能级高的空间，类似于地球上的山脉，黑点代表星系，也类似地球上的河流。

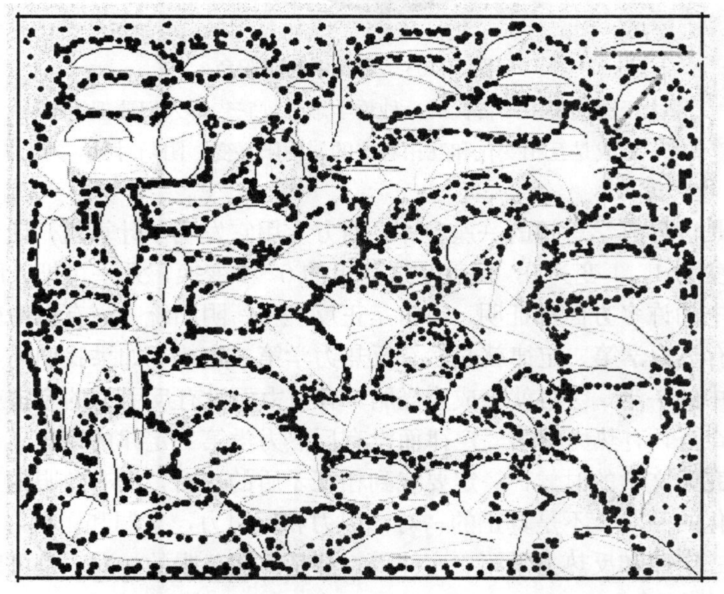

图 50402　星系栅栏形成模型

应当指出，宇宙栅栏是会变化的，因为基本粒子要进行波粒互变。星系比较集中的地方，其内部的能级会升高，不断升高的能级又会反过来把星系向外推。于是原来星系集中的地方，反过来又变成大空洞，而新的大空洞周围，原来能级高的空间，反过来成了低能级。这种思想可以用周易中的阴阳鱼表示，如图 50403 所示。白中产生黑，黑中产生白，黑白互变。这思想表达为大空洞会产生大栅栏，大栅栏又会产生大空洞。

图 50403　周易中的阴阳鱼

太极图代表中国古代的一种哲学思想。它告诉人们要把宇宙看成是互相变化和互相对抗的。阴阳互变，阴阳对抗。

周易是世界哲学思想的一座宝库，西方人用它发明了计算机，计算机的原理也只是 0 变为 1，1 变为 0，但就是这简单的 0、1 变换，几乎可把人脑代替了。我们这部书的许多方面都证明，宇宙是正反统一，阴阳统一。有引力就必然存在反引力，有热力学第二定律就必然有反热力学第二定律。如果我们的天文学理论缺少了其中的一半，宇宙就会成为怪胎。有引力而没有反引力的宇宙就有可能收缩为一个奇点，有热力学第二定律而没有反热力学第二定律的宇宙就会热寂。所以我们研究天文学的时候，一定要找到相互矛盾的一对，没有鱼眼的一对，是不能相互转化的一对，不是真正的一对。引力和反引力，空洞和栅栏，波和粒子，热力学第二定律和反热力学第二定律等，都是存在鱼眼的一对，是可以相互转化的一对。

太阳能是热核聚变能的假说，它找不到可以相互转化的另一半，就是说找不到一个可以使氦元素在太阳中心积累得比较多时又可以从氦变为氢的途径。也即从氢变为氦，和从氦变为氢，这两件事在太阳内部不能互相转化，是没有鱼眼的一对。所以太阳能是热核聚变能的理论是不成立的，这叫没矛盾的单个事物是不存在的。

§5.5 宇宙学佯谬的消除

当代宇宙学存在三个主要的佯谬：热力学佯谬、引力佯谬和光度佯谬，但在我们的理论里，这三个佯谬都不存在。

一、热力学佯谬

热力学佯谬又叫宇宙热寂说，热寂说是克劳修斯提出的，他主要考虑到热力学第二定律不能被克服，宇宙的熵总是在增加，将来总有一天宇宙熵会达到极大值，到那时宇宙完全达到了热平衡，宇宙没有高低温之分，于是热量再不能流动了，好像死了一样，因此宇宙热寂了。

过去人们只从哲学的观点，认为热寂说不正确，但没能拿出一个真正的理论可以让克劳修斯相信宇宙不再热寂，所以热寂论总是无法驳倒。于是就出现了把热力学第二定律绝对化的情况，认为如果有谁的理论违反了热力学第二定律，他必然要跨台。

我们的理论证明，恒星可以回收能量，引力也可以把分散的物质集中起来，这理论叫反热力学第二定律。反热力学第二定律可以产生负熵，热力学第二定律产生的正熵受到了反热力学第二定律产生的负熵的制约。宇宙中的能量可以循环，物质也可以循环，所以宇宙不会热寂。只要有物质存在，宇宙永远光明。克劳修斯可以放心了。

在一个小的封闭系统内，热力学第二定律是不能违反的，回收能量必须要大的天体系统才能进行。小系统内不能造出永动机。只有整个宇宙才是一部真正的永动机。

二、引力佯谬

引力佯谬是德国天文学家提出来的，他假定万有引力定律在宇宙中普遍适用，那么宇宙空间的每一点上，引力势都是无限大，任何物质都要获得无限大的速度和加速度，但人们没有发现这种情况，于是就成了引力佯谬。

当代理论解决引力佯谬有两种方法，第一种方法就是假定宇宙不是无限大，但允许万有引力定律在宇宙中普遍适用；第二种方法是允许宇宙为无限大，但必须假定万有引力在宇宙中不能普遍适用。当前，一些人认为万有引力在宇宙中普遍适用，于是只好把宇宙无限性抛弃，认为宇宙是有限的。

在我们的理论里，冲力的概念和牛顿的引力概念根本不同。形象地说，在我们的理论中，恒星都是只扫自己门前雪，不管他人瓦上霜的自私者，它们只顾自己从宇宙空间回收能量，从来不和别人发生相互作用，如图 50501 所示。

图中恒星表面的直线代表向恒星内部的以太流或能量流。

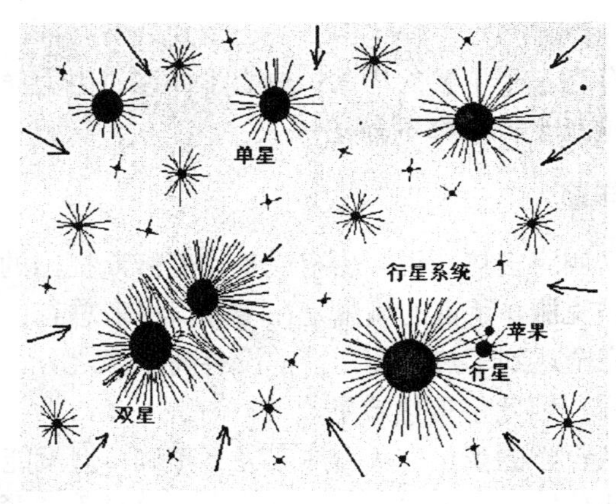

图 50501　各人自扫门前雪

从图中可以看到，对于相距很远的单星，它们都是各管各的，就好像相距很远的抽水机，在各自抽水。它们之间根本不存在什么相互作用。

相距比较近的双星系统它们俩基本上还是各管各，并没有发生直接的相互作用，仅仅是以太流态发生了变化。所以双星之间的引力，是流态变化产生的。对于有行星存在的恒星可以认为行星掉进了恒星产生的以太流中，恒星和行星之间仍然没有发生相互作用。

应该看到虽然恒星和恒星之间没有发生相互作用，但集体回收能量的结果却产生了总的平均能量流。总能量流的方向如图中粗箭头所示。恒星集团之所以能集合在一起，就是靠总以大流量的约束。星系是靠集体的作用聚合在一起的，并不像牛顿万有引力概念那样一颗恒星可和整宇宙中的恒星发生相互作用。按新的思想，星系和星系之间也不发生直接相互作用，星系团同样是靠集体产生的总以太流维持在一起的。从这里可以看出天体系统有两个特性：整个系统实行集体主义，系统内部的成员则实行相对比较民主的自由主义。这样一来，太阳系内的居民，想要利用引力波去和仙女座内某行星居民通话那是不可能的了。无论宇宙是无穷还是有限，我们地球上的居民所受的最大引力就是银心及太阳和地球产生的引力，不是无穷大。冲力理论消除了引力佯谬。

其实，按我们的理论，牛顿引力根本就不存在，也就谈不上什么佯谬不佯谬的问题。冲力理论是不存在佯谬的。

三、光度佯谬

德国天文学家奥尔伯斯作出了几点假说以后，得出结论说：如果他们的假说是正确的话，夜晚的天空应该和白天一样亮，但实际上夜晚是黑暗的，理论和实际相矛盾，这就叫光度佯谬。

为了解决光度佯谬产生了不少学说，有人用等级结构宇宙模型，有人用膨胀宇宙模型，有人用大爆炸宇宙模型，这些模型都能消除光度佯谬，谁是谁非很难断定。

我们是从宇宙的能级角度去解决光度佯谬问题的。如图 50402 所示，宇宙中心的能级最高，宇宙边缘的天体所发之光，到达宇宙中心时属于反跃迁，反跃迁时光要损失能量，要发生红移。从各方面分析看，银河系应该在宇宙中心附近，离宇宙中心太远的天体所发之光到达地球时已红移到可见光之外，眼睛已看不见了，这就导致晚上的天空是暗的。

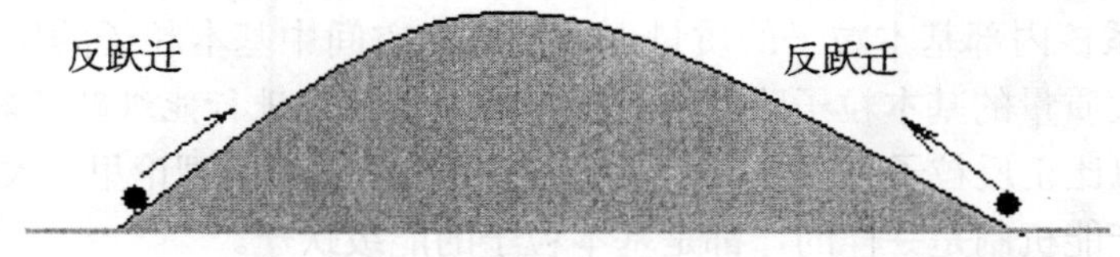

图 50402　宇宙能级中心高

所以当前观测到的 3K 宇宙背景辐射，也可以不用宇宙大爆炸理论去解释，可以认为 3K 辐射是宇宙边缘运动速度不很大的天体或等离子体所发之光，到达地球过程中发生反跃迁红移产生的。

这里顺便提到，太阳系靠近银河系中心，银河系的伴星系所发之光到达地球时也会产生反跃迁红移，我们计算伴星系速度时也应该扣除反跃迁红移，因为我们计算速度时是从伴星系的红移量换算为运动速度的。

第六章　类星体和它的姐妹们

我们在第五章中已讨论了引力本质的问题，结论是引力的本质是以太流的冲力。不过又可以把引力场描述为能量流或流动的空间或弯曲的时空等。

现在我们就要着手研究类星体，类星体在当代天文学理论里是个怪胎。从哲学上来看，宇宙中的任何一个天体都应该是正常的，之所以变成怪胎，肯定是我们的理论在某个环节上出了问题。

先告诉读者一个好消息，我们的研究结果表明，类星体在宇宙中是个宝贝，她是一个年轻的孕妇，她肚子里正在孕育大量的恒星。至于类星体所发射的光为什么存在很大的红移，原因在于这些光是从类星体的负能壳层中发射出来的。要讲清这个问题还得从天体原子模型开始，天体原子模型主要假设有两点：第一是天体内部基本粒子的质量比自由空间中基本粒子的质量大；第二是天体像原子一样，存在负能壳层结构。大量观测事实表明，这两种假设是符合实际情况的。

也许星系核内部基本粒子的质量可以比自由空间中基本粒子的质量大好几倍，当这些大质量的基本粒子跑到星系核外面（也就是进行能级跃迁时），其放出的能量可以比正反粒子湮灭放出的能量还要高。在我们的理论里，太阳产能机制和星系核产能机制是一样的，都是基本粒子的能级跃迁。

当代天文学理论把太阳能源看成是氢核聚变反应产生的，对于星系核能量爆发的高效率，氢核聚变反应就没办法解释了（因为热核反应产能效率还不够高）。因为对星系核放出巨大能量的机制至今还没弄明白，有些理论家只好用黑洞理论去解释星系核的能源。

在我们看来，只要星系核内的基本粒子质量大于自由空间中基本粒子质量的两倍，当它们进行能级跃迁时，就可以达到正反粒子湮灭的效率。所以用我们的理论去衡量，类星体的能量也不是很大。因此，本章的重点不放在解释星系核的能源机制，而是放在解释类星体的红移方面。结论是类星体红移实质上仍然是引力红移，正确的说法是冲力红移。光线从低能级跃迁到高能级，必然要消耗能量，从而引起红移，也叫反跃迁红移。如果光线是从高能级跃迁到低能级，光线就得到了能量，从而产生紫移。

§6.1　类星体的形成

所谓类星体的形成实际上也是指星系的形成，后面我们将要讲到，其他星系都是从类星体演化而来的。

一、类星体的物质来源

要形成类星体，首先要搞清形成类星体的物质来源，因为要形成一个星系，需要的物质是很多的。我们在上一章宇宙大栅栏中说过，空洞产生栅栏，栅栏产生空洞，二者相互促进。如图 60101 所示。

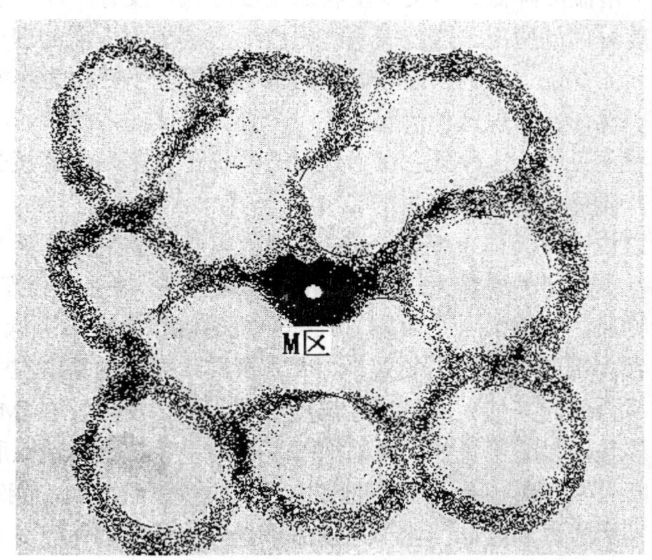

图 60101　类星体物质的来源

从图中可以看到在空洞集中的交界区可能出现一个负能区，如图中存在白点（鱼眼）的 M 区。所谓 M 区，就是物质高度集中的地区。从图中可以看到，在负能区中，星系、星云、恒星高度集中。这些星系和星云物质都是被众多的空洞中的反引力排斥到那里去的。负能区有点像计算机的回收站，收集宇宙中的废物。如白矮星、中子星、星云及不规则星系，当然还有星团。大栅栏把那些处于演化晚期的天体收集在 M 区，为的是使宇宙重新变年青。M 区不单是星系的坟墓，而且是星系出生的天堂。在 M 区一个个老星系会消失，一个个新的类星体会诞生。所以，M 区的类星体会明显增多。

二、类星体的形成

在负能区中质量比较大的星系，它内部的能级比较高，有较大的反引力，所以大质量星系之间或大质量星系和小质量星系之间是不会合并在一起的。但是，对于无核星系和那些分散的中子星、白矮星及星云，因为它们失去了反引力的保护，在物质高度集中的环境中，必然会进行合并和收缩。

按当代天文学理论，天体合并过程中会放出引力能，引力能会使天体物质发出巨大的光。但在我们的理论中，天体系统的收缩是属于反跃迁，温度反而降低，就像太阳黑子温度会降低一样。

系统收缩过程中不发射引力能，而是把引力能变为基本粒子自身的质量，因此我们就发现不了正在收缩的天体。这是有可能的，太阳光球上气体收缩形成了黑子、日冕雨下落温度降低、造父变星收缩温度降低，没有一件事表现出引力收缩会使天体温度升高的情况。这就表明引力收缩会放出引力能的理论，可能不正确。作为一个天体系统，当它收缩时，它的引力能可能不转化为热能，而是转化为自身的质量。现在就出现这种情况，在一个合并天体的系统中，原来看得见的天体后来变得看不见了，这种概念在当代天文学理论看来是不能接受的，当代理论认为星系合并碰撞是要放出能量的。

我们之所以说合并天体系统会变暗，是因为大质量星系内部基本粒子的质量比矮星系内部基本粒子的质量大。如果由几十个矮星系，加上无数零散的中子星、白矮星及星云物质，收缩为一个大质量天体系统时温度肯定会降低。

小质量星系内部的基本粒子质量小，大质量星系内部的基本粒子质量大，由许多小质量星系合并起来的大质量星系温度必然很低。所以，在 M 区里刚形成的大质量星系核我们是看不见的。我们把不发光的星系核称为星系胎儿。不发光的星系胎儿不断吸收能量，胎儿中心的基本粒子质量不断增加，能级不断升高。星系胎儿把原来的老恒星全部消化了，抹去了老天体的一切信息。这也可以说："星系胎儿无毛"，这是套用"黑洞无毛"的说法。

系统能级升高有两个特点：第一个是内部基本粒子的质量不断增大；第二个是内部空间的以太密度也不断升高。因为微观粒子在波粒互变时，微观粒子的质量和其所在空间的"以太密度"要保持正比关系，基本粒子质量大，空间以太密度高，粒子的质量和空间的"以太密度"必须保持一致。

前面说过，天体中心能级升高以后会产生反引力场，其实质是基本粒子要向低能级跃迁，反引力场会随着能级升高而增大，天体内部的反引力场是随时间变化的。我们应该把天体看成一个有生命的种子，种子埋在地里会不断吸收水分而长大；天体埋在宇宙空间，也能不断吸收以太，使自己的能级升高。它吸收以太的目的只有一个——为了将来发光，为了将来冲出核心到外面的世界去。

随着时间的增长，终于有一天，星系胎儿系统内部的反引力大于引力了，于是胎儿系统中心的基本粒子开始向外进行能级跃迁，并放出巨额的能量。这时，一颗类星体出世了！它就是我们观测到的类星体。俗话说，养兵千日用兵一时，为了今天的发光，过去积累能量用了多长的时间谁知道！也许几十亿年。

根据我们的理论，天体收缩不发热，只增加基本粒子的质量，所以天体中心的温度很低，内部的物质可能是像中子星那样的高密态。如果和银河系质量差不多大的星云集中成高密态，其体积也不会很大，读者应该有一个反常概念：类星体的内部温度并不高，只有当它内部的基本粒子跑到表面，并把它很大的质量转换为能量后，才使表面温度变得很高。如果类星体内部的基本粒子质量等于自由空间中基本粒子质量的两倍的话，其能量的转换率就和正反粒子湮灭的转换率相当。类星体能量来源就不用借助于黑洞了。

因为类星体是在大栅栏废物中成长起来的，所以在大栅栏中总是能发现较多的类星体。宇宙之所以要产生大空洞，是为了把年老的星系及年老的恒星集中到大栅栏中去，使它们得到新生。宇宙就是通过星系这种生生死死的方式去实现物质的循环。

§6.2　类星体红移的本质

类星体是 1960 年发现的，它的主要特性是：外表像恒星，其发射光谱和吸收光谱有很大的红移，目前已发现了红移值 Z 等于 6.28 的类星体。

对于类星体红移的本质，天文学家最初曾考虑过引力红移，但是进一步分析发现，这样强的引力场会将气体严重压缩，使气体处于高密度状态。这就导致其发射谱线和吸吸谱线变得非常宽，甚至变为连续谱。但类星体的发射光谱和吸收光谱都很窄，这就迫使天文学家放弃引力红移的想法，而用多普勒速度红移或者宇宙学红移去解释类星体的红移。现在，连反对把类星体红移看成宇宙学红移的天文学家也都不敢说类星体的红移是引力红移。现在只有我们说类星体的红移实际上是引力红移。

因为我们把天体当成一个原子来看待，类星体当然也像一个原子。为了了解类星体，我们现在粗略介绍一下原子的特性：

原子是由原子核和核外电子两部分组成，原子核有核能级，原子有电子能级，核能级是正能级，电子能级是负能级。如果我们把核能级和电子能级画在一起的话，其示意图如图 10201 所示（见本书第 17 页）。

原子核发射粒子时可以放出能量，核能级是正能级。电子要从原子内部跑出的话，必须给电子提供能量，电子能级是负能级。核能级是摩天大楼，电子能级是地下商场。

既然星系也像一个原子，那星系的能级结构也一定像原子的能级。一个宏观星系的能级会像一个微观原子的能级，这是分形相似，目前已有分形理论可以说明，这也是我们的理论所要求的，如果不相同，我们的天体原子模型也就失败了。通过进一步研究发现，星系核的负能级是由星系的反引力曲线和纯引力曲线拟合形成的。如图 10202 所示（见本书第 20 页），从图中我们可作下列几个方面分析：

1. 星系核负能壳层从本质上看是由星系核的引力形成的，只是反引力把纯引力曲线的尖端部分填平了。如图 60203 图 B 和图 C 所示。

2. 负能壳层的宽度随半径增加而增加，负能壳层的深度随半径增加而减少。

3. 图 60203 图 A 是代表被反引力填平后的负能壳层，是图 C 的放大图。它不存在图 B 的负尖端了，底部变得有了多级平台，就像楼梯的台阶一样，一级又一级地从低能级向零能级过渡。

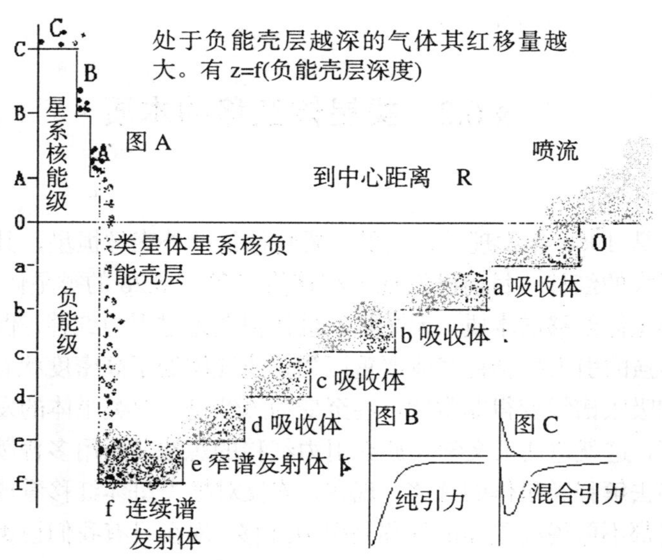

图 60203　类星体红移的本质

平台是由气体的轨道运动速度及反引力场填平的。平台上不存在引力梯度，就像人造卫星内部一样，也像海水中的鱼，所以平台中的气体不会被压缩，谱线不变宽。这就解决了类星体红移的本质问题。

4. 我们对类星体的质量作了计算，假定某类星体的红移量 $Z=5$，半径 R 为一光年，利用引力红移公式：

$$Z=\frac{GM}{C^2R} \Longrightarrow M=\frac{C^2RZ}{G}$$

得　　　　　　$M=6.4\times10^{13}M_{日}$

这表明类星体的质量刚好落到一个星系质量的范围之内。

一、类星体巨额能量的来源

从图 60203 中可以看到，类星体星系核内部能级很高，相当于星系核内部基本粒子质量很大。星系核内部的气体，从 c 跃迁到 b，从 b 跃迁到 a 都会放出巨额能量。但因为这些跃迁都在星系核内部，我们看不见，就像太阳光球以下的活动我们看不见一样。只是到了从 a 跃迁到 f 时，我们能看见了，就像太阳上的耀斑活动我们能看见。因为类星体星系核内基本粒子质量很大，其发生能级跃迁时可以达到正反粒子湮灭的放能效率，所以类星体能发射巨额能量。其他星系核放能现象也一样，这就解决了类星体的能源问题。我们整部书的能源机制都是一样的，其中包括星系核能、太阳能及地球的火山爆发能，其能源都是来源于能级跃迁。

当前，天文学家认为星系核能源来自于黑洞，也有些人提出类星体是白洞。

二、类星体红移的本质

当类星体核中的气体从 a 壳层跃迁到 f 壳层时，放出巨大的能量。这些气体集中在 f 壳层，发出强烈的高能光和可见光，这些光就成了背景连续光谱，就像太阳光球上的光一样，我们称它为类星体光球。

光球上空 e 壳层内停留了高温稀薄的发光等离子体，e 壳层的引力虽然很大，但因为存在一定宽度的引力平台（e 壳层的引力平台是 f 壳层外的反引力及 e 壳层的气体自身的轨道离心力两者与纯引力曲线拟合形成的，后面的平台也是这种原因形成的），所以 e 壳层内的气体发射分立谱。又因为 e 壳层处在负能级位置，它和零能级的能量差为 e。

我们假定地球空间的能级称为 0 能级。在负能级位置上的光线，要传播到地球，必须要向上跃迁到 0 能级，叫反跃迁。在反跃迁的过程中光线必须自己消耗一部分能量，消耗能量的大小，数值上为 e。也就是说，从负能级上所发射的光，到达 0 能级时光的能量减少了 e，光的能量减少后，在谱线位置上就发生了红移，这就是类星体光谱线红移的本质。其红移值：

$$Z = K[1-(E_i-e) / E_i]$$

式中 K 为常数，E_i 为地球上光谱的能量。

在 e 壳层内的气体发射的光谱线，有高能光，也有低能光，E_i 有大有小，但光的壳层跃迁对所有能量的光都一视同仁。从公式可看出高能光减少 e 的能量，低能光也是减少 e 的能量，就像买同一等级的机票，对有钱人是这么多钱，对穷人还是这么多钱。很显然，对有钱人，买机票的钱占他拥有财富的比例是很小的，但对穷人来说这一比例就很高。如果我们的类星体红移理论是正确的话，那么对高能光来说，其红移量就会比低能光小。实际上，类星体的红移特性的确是这样，高能光红移量小一些，低能光红移量大一些，这也就足以证明类星体的红移是星系核的壳层红移。如果是宇宙学红移，不管能量高低，其红移量应该都一样。

三、多重吸收谱线

类星体的吸收光谱表现为多重红移 Z 值。我们知道，原子的电子壳层是非常多的，同样星系核晕的壳层也很多，图中只画了六个壳层，类星体晕壳层是随着 R 增大能级升高，相当于 e 减小。f 壳层内的气体速度按麦克斯韦速度分布——速度小的气体停留在 e 壳层，速度大一些的气体停留在 d 壳层或 c 壳层，速度更大的气体，就会停留在 b 壳层或 a 壳层。如果速度再增加，气体就会摆脱壳层的约束，跑出星系核壳层外面，成为喷流。

从图中可以看到，处在不同壳层的气体，相对于星系中心是不动的，也就是 R 值不变化，就像原子中的电子在壳层内一样。这些壳层上的冷气体就可以吸收星系核中 f 壳层发射的连续光谱中的光，成为一系列的吸收线。因为它们处于不同的能级，所以吸收谱线就出现多重红移。例如，d 壳层内的气体，其吸收红移 Z_d 大于 c 壳层吸收红移 Z_c，所以多重吸收线红移的本质也是壳层红移，红移值可用公式表达：

$$Z_{吸收} = K_{吸收}(1-\frac{E_i-E_y}{E_i})$$

式中 E_y 为吸收体所在壳层的能级深度，E_y 越小 $Z_{吸收}$ 越小。E_i 为地球上的原子光谱。

当代天文学理论把类星体的红移看成是多普勒效应产生的，自然也就把产生吸收红移的吸收体看作是以不同速度远离地球而去的吸收云，这些众多的独立的吸收云分散在宇宙空间，和类星体没有有机的联系，理论上很不好处理，争论也很多。

在我们的理论里，这些吸收云是类星体的组成部分，就像洋葱头，虽然一层包了一层，但每层都是洋葱头的一部分。

四、喷流和射电

从图中又可以看到，对于速度大的气体，它们可以冲破壳层的约束，喷射到星系核外头，成为类星体的一种奇观。另一方面，那些气体相当于高速电子在磁场中运动，又会发射强大的射电辐射，成为一个强射电源。

五、类星体怀孕了

类星体发射强大的紫外线，这很好解释，因为在基本粒子能量跃迁时产生很高的温度，紫外线当然很强。有些类星体，红外辐射也很强，这表明类星体有质量很大的红外源，如果把类星体人格化的话，我们可以告诉读者一个好消息：有些类星体“怀孕”了，她正在孕育大量的恒星，这些恒星胎儿还不能发出可见光，只能发射大量的红外线。

我们之所以诊断出类星体怀孕了，主要还是从图 60203 去分析。从图中看到那些使类星体产生多重吸收红移的气体，它们在壳层内密度比较高，而且相对稳定地在壳层中绕星系核运行，这些气体将会成团地聚集在一起形成原恒星。

大家知道，天上的恒星那么多，可原恒星却很少发现，人们总以为在旋臂的气体中可以形成原恒星，但证据也很少，目前天文学上，已通过认证的原恒星很少。这确实是一个怪事，但天文学上却很少有人把这怪事提出来。如果你到一个地方去，发现那个地方只有年青人和老人，却没有小孩，你肯定会感到奇怪。当代天文学认为主序星是年青的恒星，红巨星是老年的恒星，但年幼恒星在哪里？恒星的胎儿在哪里？当代天文学家却很少找到它们。

当然，在我们的理论里，认为红巨星是幼年星，主序星是青年星，白矮星是老年星，中子星也是老年星。现在我们又找到了还未出世的恒星胎儿，这样的恒星社会结构和人类的社会结构就一致了。

我们之所以敢于断定“类星体怀孕了”，第一个证据是类星体的多重吸收线，吸收线证明类星体壳层内有丰富的气体，这是很明显的道理。假如壳层内没有气体的话，也就没有吸收谱线了。

我们在第三章太阳系的形成中说过，变星壳层内的气体环产生了行星。现在上升到星系一级，星系壳层内的气体环产生了恒星。这样，物理现象就完整了。原子中电子壳层保证原子核外有电子存在，恒星的负能壳层保证了行星的诞生，星系核壳层也是为了保证星系核外面有恒星产生。

类星体壳层内的气体被束缚在壳层中，这就保证有足够多的气体可以形成恒星。如果没有壳层约束，气体的密度也就达不到形成恒星的条件，天体的壳层是产生恒星或行星的子宫。在类星体的辐射中发现了强大的红外辐射，这就证明类星体壳层内确实产生了无数的原恒星。只有数量很大的原恒星，才能产生足够的红外辐射。

这似乎是一个意外的收获，为了研究类星体红移的本质，却意外地找到了恒星产生的场所。恒星也只能在引力平台上形成，在引力梯度很大的地方是不可能形成恒星的，因为恒星胎一旦形成，引力梯度又把恒星胎撕碎了。原恒星之所以不发射高能可见光，主要是原恒星刚形成不久，恒星中心的能级还不高，中心的气体还没达到向外跃迁的条件。

六、壳层红移的证据

如果把类星体的红移看成是多普勒效应产生的，那就会出现很多问题。如果用壳层红移去解释类星体的红移，类星体就不会存在那样多的矛盾了。

1. 不存在成协星系距离矛盾

类星体喜欢和普通星系成协，而普通星系红移很小，类星体红移量很大。如果用多普勒效应去解释类星体红移的话就会出现两个矛盾。

a. 类星体运动速度很大，怎么会和一个运动速度很慢的普通星系成协呢？

b. 普通星系离地球近，类星体离地球远，两个相距几百万光年的星系怎么去成协呢？

如果用我们的理论，一切矛盾都不存在，在我们看来，决定星系红移值的不仅有星系距离，还有星系核壳层深度。如图 60203 中所示的 f 值，f 值越大壳层越深，红移越大。壳层红移和离地球远近没有必然的关系，不要将其和宇宙学红移相混。但是我们测量类星体的红移时，分不开宇宙学红移值 Z_1 和壳层红移值 Z_2 是多少，只得到总的值 $Z_{总}$

即： $$Z_{总}=Z_1+Z_2$$

就是说应该把星系红移分为两部分，第一部分是宇宙学红移 Z_1，这种红移无论是普通星系还是类星体都有。当然在我们的理论里宇宙学红移又包含两项红移：一是速度红移，二是反跃迁红移（主要是反跃迁红移，而不是速度红移）。第二部分是壳层红移 Z_2，壳层红移只有类星体及其他射电星系核才具有。

2. 普通星系和类星体成协的条件

如果一个普通星系的宇宙学红移值 Z_1 和类星体的宇宙学红移值 Z_1 相等，就表明这两个星系和地球的距离相同，它们就有可能成协，总红移值可以差很远。所以普通星系就有条件和类星体成协，就像氢元素和氧元素可以化合为水一样，尽管氢元素的壳层结构和氧元素的壳层结构不同，它们不就是大量“成协”了？原子的壳层深度不代表和我们之间的距离。

3. 不存在类星体视亮度和红移值的矛盾

有人把类星体的总红移值 $Z_{总}$ 作纵坐标，把类星体的视星等作横坐标，所作的图并不是有固定斜率的一条直线，其坐标点非常分散。如果类星体的红移值单纯和距离成线性关系的话，应该是随着Z值的增大，视星等越小才对，但实际上没有这个严格的对应关系。这是因为类星体的红移包含了两种红移，即：

$$Z_{总}=Z_1+Z_2$$

应该说只有 Z_1 值才能和视星等有直线关系，如果我们参照普通星系作一条V—Z曲线的话，就可以反推出每个类星体的 Z_2 值，即求出该类星体的壳层深度（这有利于研究该类星体的其他性质）。一般来说，类星体的总红移值 $Z_{总}$ 都会在参考曲线的上方。人们将会发现 Z_2 越大，类星体越亮。也就是壳层越深，类星体越亮。这是因为壳层深的类星体，能级相差大，跃迁放能效率高。

4. 类星体壳层深度

现在我们终于搞清楚了，类星体的红移应该包括两项，第一项是和距离有关的宇宙学红移 Z_1，第二项是与距离无关的壳层红移 Z_2。天文望远镜上观测到的红移Z是两项红移之和。即：

$$Z_{总}=Z_1+Z_2$$

类星体的壳层有深有浅，因此 Z_2 有大有小，这就弄得类星体视星等和红移值 $Z_{总}$ 的坐标点很分散，看不出它们有某种线性关系。真正有线性关系的是 Z_1 和视星等V，但 Z_1—V关系曲线是不是普通星系的Z—V曲线的延长，还得认真考虑。

在我们的理论里，类星体壳层红移值有一个极限，也就是壳层深度有一个极限。这很像原子的电子壳层有一个最大深度一样。原子光谱里只能存在x射线，而不出现高能γ射线，这就表明原子的能级不存在γ射线能级，如果原子能级没有极限的话，就会存在γ射线原子能谱。

有人以类星体红移有一个极大值现象为根据，用宇宙大爆炸理论分析，得出的结论是：类星体是在大爆炸10亿年后才开始产生。

因为天文现象是看得见摸不着，本质问题只能靠理论模型去分析。对于同一个现象，用不同的理论模型去分析，就会得出不同的结论，读者千万不要以为书上说的都是绝对的真理，其中包括我们这本书上所说的东西，还须靠读者自己认真地去研究、去判断。我们最怕误导广大读者。

5. 投影近距双类星体吸收线

在我们的理论里，高红移的类星体，负能壳层深度深，星系核晕半径小。相反，低红移类星体，负能壳层深度浅，星系核晕半径大。如图60204所示。

从图60204可以看到，当高红移类星体在后而低红移类星体在前时，高红移类星体的光在视线方向上要穿过低红移类星体的晕，而低红移类星体在视线方向上几乎看不到高红移类星体的晕。反之，低红移类星体在后高红移类星体在前也是一样。这就决定低红移类星体光谱里观测不到高红移类星体的吸收线。当然望远镜的灵敏度提高以后也许能观测到。关于高红移类星体晕小而低红移类星体晕大的问题请参看图 60202 及公式

红移： $$Z = \frac{GM}{C^2R}$$ （表明 R 大红移小）

引力： $$F = \frac{GmM}{R^2}$$ （表明 R 大引力小）

6. 还有一条证据是本节开头时提到的，就是低能光红移大，高能光红移小。

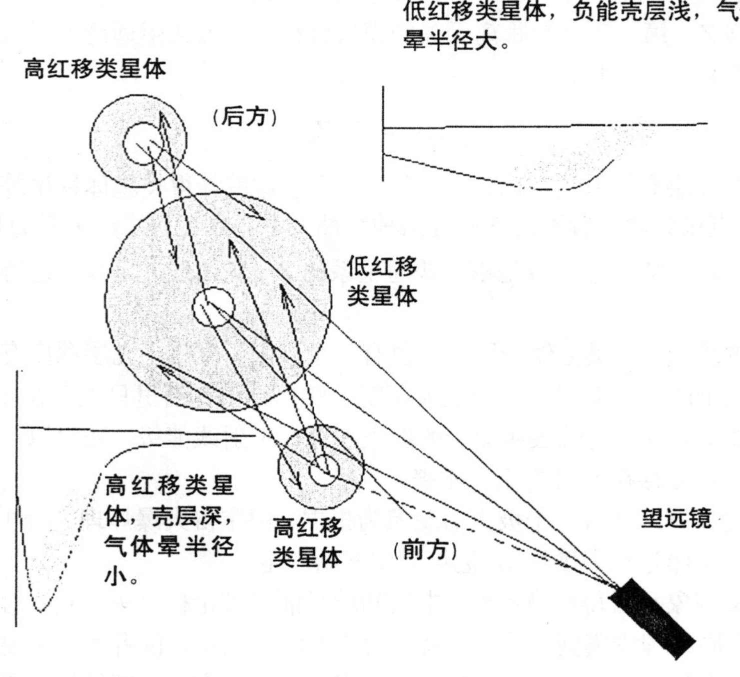

图 60204 双类星体吸收线

§6.3　类星体和她的姐妹们

星系可分为普通星系、射电星系和类星体。普通星系是指它的红移值较小（基本和宇宙学红移相一致），而其射电辐射很少。射电星系显著的特点是射电辐射很强，同时其星系核还可以喷发出强大的物质流，其红移值比普通星系大，比类星体红移小。类星体主要特点是红移值大，有些类星体还有强大的射电辐射，有些则没有。从这可以看出星系的性质还是很复杂的。

这些复杂的星系特性，只要我们从本质上讲清楚了，就会变得非常简单。我们只要掌握星系的两个特性：星系核的正能级及星系核晕的负能级（注意，星系核晕和星系晕是不同的概念）。

图 60301 是简化了的星系核能级图，图中 AO 和 BO 代表正能级，也即代表星系核内部 A 或 B 的位置上，基本粒子质量比自由空间基本粒子质量大多少。OE 代表负能级，如果我们把自由空间的能级当成零能级，OE 值就代表在 E 的位置上，其能级比自由空间低了 OE 的值。

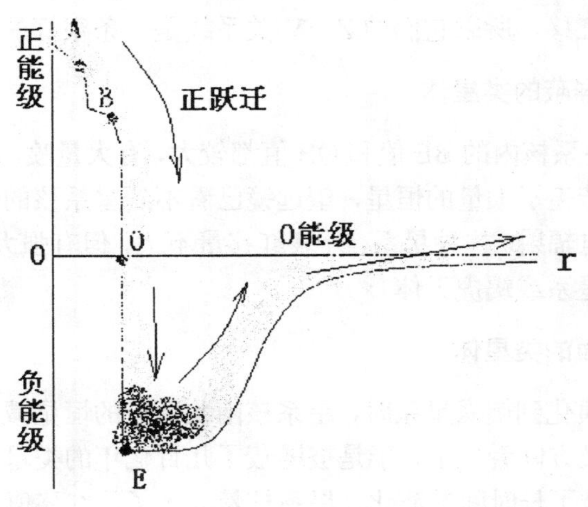

图 60301　星系核能级示意图

BE 值越大，表明星系核气体从 B 跃迁到 E 放出的能量越大，温度也越高。OE 值越大，表明红移值 Z_2 越大，壳层内的气体要逃出壳层也就越困难。所以我们可以根据 BE 和 OE 两个参数的情况讨论各星系的表现。

一、蓝星体

OE 值比较大，BE 值相对比较小，当星系核内的气体从 B 跃迁到 E 点时，爆炸的气体，其速度不能克服 OE 壳层深度上升到自由空间，所以蓝星体没有喷流，也没有射电辐射，但红移量 Z_2 很大。

二、类星体

OE 值比较大，但 BE 值也大。气体从 B 跃迁到 E 产生的气体温度高，速度大。部分高速气体可以克服 OE 负能壳层，上升到零能级产生物质喷流和射电辐射。因 OE 值大，气体的发射光谱和吸收光谱的红移值 Z_2 也比较大。

三、射电星系

OE 值小于类星体的 OE 值，BE 值相对来说还是大一些，但远比类星体的 BE 值小。其能级跃迁产生的气体，能克服 OE 值出射到自由空间，形成喷流和射电辐射，其红移量比类星体小。因为射电星系已有大量年轻恒星存在，所以其演化年龄应该比类星体长。

四、普通星系

OE 值和 BE 值都很小，星系核不大活动，红移量 Z_2 也小。普通星系的红移量主要是宇宙学红移。所以它们的 Z—V 关系线是一条很好的直线。

五、被恒星屏蔽的类星体

这类星系，星系核内的 BE 值和 OE 值都较大，有大量喷流和大的红移值 Z_2，由于星系核外已产生了大量的恒星，望远镜已看不到星系核的红移谱线，但仍能测量到喷流和射电辐射。这种星系，外表红移量不大，但有强大喷流和射电辐射，这就是椭圆射电星系或蝎虎天体。

六、重新露面的类星体

当椭圆星系演化到旋涡星系时，星系核南北两极的恒星减少了，因此星系核又可以从南北两极方向看见了，于是被屏蔽了几百亿年的类星体，又重新为人们看到。但由于经过了长时间的演化，星系核晕变大了，红移值比原来小得多。这就是赛弗特星系或其他爆发性晚年星系。

图 60301，完全可以推断星系的演化时间顺序，类星体正能级 AO 能级高，负能级 OE 也深，很像一个高山和一个盆地。后来这高山由于水土流失，山峰逐渐变低，而盆地也逐渐变浅。星系的水土流失完全是热力学第二定律所为，热力学第二定律企图把高山挖掉，把盆地填平，使宇宙成为一个平原，变成热寂状态。

星系的演化过程，必须符合这广义的热力学第二定律。星系形成时以反热力学第二定律为主，星系演化时又反过来以热力学第二定律为主。

星系的演化过程，就是星系核能级从高到低，负能壳层从深到浅，星系直径从小到大，质量从大到小的过程。

§6.4　星系的演化

关于星系的演化，必须从符合广义热力学第二定律的方面去考虑，其主要有四个方面：

第一，一个星系有非常大的质量，因此必须阐明星系的物质从何而来，星系如何形成。

第二，星系内部的恒星数量非常大，必须解决恒星如何大量形成的问题。当代天文学家虽然也发现个别星云由少量恒星形成，但即使这是真实的，意义也不大，因为大多数星系内部恒星数量众多。我们必须找出大量恒星形成的场所。

第三，星系的演化必须符合天体演化的方向。刚形成的星系必须是幼年恒星多，晚年的星系必须是老年恒星多。不要反过来，刚形成的星系内部老年恒星多，晚年的星系内部全是幼年恒星。

第四，星系的演化必须遵守广义热力学第二定律。这就要求刚形成的星系恒星在空间分布上比较密集，然后逐渐分散，不可能原来恒星非常分散的星系，演化到晚年以后，恒星反而集中起来。也不能要求星系中的恒星，在星系刚形成的时候集中在一个固定的区域内，到了星系晚期，恒星也年老了，而它们所在的空间范围仍然不变，就像当代天文学家把球状星团看成是老年恒星组成的星团一样。当代天文理论认为球状星团很稳定，不受广义热力学第二定律的约束。

第五，刚形成的星系，其总质量应该比较大，到了晚期，总质量应该相对减小。因为晚期星系中相当数量的恒星，会在广义热力学第二定律的作用下分散到宇宙空间中去。

以上五点是星系形成和演化理论必须满足的条件，下面我们就把满足以上五个条件的星系的演化理论介绍一下。

一、星系形成的物质来源

前面已经说过，一个天体系统内万有冲力的公式可以表达为：

$$F = \mathrm{K} mR\rho$$

式中 ρ 是以 R 为半径的球体积内物质的密度，F 是球表面的万有冲力。公式表明球表面以外的天体对 F 毫无贡献。公式允许 ρ 为 0，也允许 R 不断增大。如果某一个星系系统内部产生了一个体积不大的空洞，空洞内 ρ 为 0。那么这空洞后来就会不断地长大为大空洞。我们的理论认为宇宙是永恒的，有足够的时间使空洞从小到大。

按我们的理论推测，空洞比较小时其成员会含有比较多的类星体及椭圆星系，空洞长大以后，气泡壁上分布的星系就是旋涡星系及不规则星系了。因为恒星演化、星系演化及空洞演化三者必须要同步，当三者都演化到晚期的时候，老年星系及老年恒星就被送到 M 区埋葬了。类星体就在 M 区坟墓里吸收老年星系而诞生的。

二、形成大量恒星的场所

我们在本章第一节中已提出类星体壳层中可以形成大量的原恒星，类星体存在吸收线证明其壳层内含有丰富的吸收气体（和行星在恒星壳层中形成一样，类星体壳层中的气体也会形成恒星），而且类星体内存在巨额的红外线，原恒星只能发射红外线不能发射可见光，这就足以证明，类星体壳层内的气体已形成了大量的原恒星。

原恒星只能在类星体负能壳层中的平台上形成，引力梯度太大的空间不利于恒星的形成，因为强大的引力梯度会把恒星撕碎。原恒星在壳层内成长着，暂时不能跑出壳层以外，这很像电子壳层内的电子不能跑出原子外头一样。

我们必须从理论上讲清楚，为什么原恒星不能跑出星系核负能壳层以外，一定要等到原恒星成熟以后，才会像小鸡破壳而出一样成群结队地跑到外头来。

三、原恒星的成长

为了解释原恒星的成长过程，先回顾一下微观粒子波粒互变的知识。我们在恒星回收能量一章中提出了微观粒子波粒互变的假设。所谓波粒互变，就是说微观粒子会不断地从波状态变为粒子状态，反过来也会从粒子状态变为波状态。微观粒子在波粒互变中永远要和周围环境取得动态平衡，在能级高的环境里形成的微观粒子质量大，在能级低的环境里形成的质量小。我们可以把能级高低看成是以太密度的大小（也就是能量密度的大小），能级高的地方以太密度高，能级低的地方以太密度低（也就是能级高的地方能量密度高，能级低的地方能量密度低）。因为我们把以太等效于空间，所以我们关于空间的概念又多了一项内容，空间除了可以流动和弯曲外，空间的密度也可以不同。微观粒子从空间密度高的地方跃迁到空间密度低的地方就会放出能量，相反，从空间密度低的地方反跃迁到空间密度高的地方，就必须从外界输入能量，或者把自己的动能转化为质量。

对于太阳来说，太阳内部能级比较高，所以当黑子中的气体反跃迁流入太阳内部时，这些气体只好把自己的动能转变为自身的质量，所以黑子的温度降低了。但黑子中的气体，其质量比光球中的气体质量肯定是增加了，甚至可以说，地球上的氢弹拿到太阳内部去不一定会爆炸，因为太阳内部的空间密度比地球表面的空间密度高。

现在我们回过头来讨论：类星体负能壳层内的原恒星为什么只能呆在壳层内部跑不出来？这是因为负能壳层内部基本粒子的质量比自由空间中基本粒子的质量小，由质量小的基本粒子组成的恒星，在恒星内部基本粒子数相同的情况下，它的质量要比负能壳层外的恒星质量小。所以自由空间对于它们来说是个位垒，它们上不来。由质量小的基本粒子形成的原恒星挣脱不了壳层位垒的束缚，就只好在壳层内发育壮大。这是上帝给恒星形成创造的良好环境，就像鸡蛋壳给小鸡形成创造的良好环境一样。小鸡总有一天会破壳而出，原恒星也总有一天会摆脱壳层的约束跑到壳层以外去。

四、椭圆星系的形成

现在我们一起来讨论，原恒星是通过什么方法摆脱壳层的约束呢？

这得分两个方面来谈：第一，大家可以想象，如果星系核负能壳层本身变浅的话，原恒星自己就可以很容易跑出去了。事实上负能壳层的确会随时间的增加而变浅。所谓变浅实际上是引力减小了。引力，正确地说是冲力，其公式为：

$$F=\frac{GmM}{R^2}$$

从公式可以看出要使引力减小可以加大 R，也就是要使类星体膨胀。这个对于类星体来说是不困难的，因为类星体中心能级很高，反引力很大，会把原恒星不断向外推。这就形成了良性循环。

第二是原恒星的自救。原恒星刚形成时，由于自身的基本粒子质量很小，原恒星中心的能级不高，反引力很小，所以中心的气体进行能级跃迁放出的能量很低，以红外光为主。

我们在恒星回收能量一章中说过，恒星内部的基本粒子会通过集体的波粒互变手段，使恒星内部的基本粒子质量增大。原恒星也一样，它们也可以通过波粒互变，使自己内部的基本粒子质量增大。总有一天原恒星内部的基本粒子质量可以比自由空间中基本粒子质量大一些，这样一来自由空间对那些基本粒子质量增大后的原恒星来说，不再是位垒了。它们终于获得自由的机会，离开了培养它们成长的壳层，形成椭圆星系。

椭圆星系中，全部是个头很大的红巨星，它们内部的基本粒子质量比自由空间的基本粒子质量大不了多少，所以发的是红光，称为红巨星。恒星表面所发之光能量的高低是由能级差决定的，能级差小发的是红光。

椭圆星系中的恒星之光，屏蔽了类星体核心的光，所以我们看不见类星体核心的红移谱线。但类星体的喷流和射电辐射，仍然可以穿出椭圆星系中的恒星被我们观测到。当类星体壳层变浅时，既然红巨星可以逃出壳层，壳层中带正电的气体当然也会乘机冲出壳层之外，并发射强大的射电。这些气体之所以带正电，主要是由于这些气体原来是高温等离子体，而等离子体中的电子在光压作用下很早以前已逃离壳层了，所以很多椭圆星系表现为射电星系。

如果我们说类星体是怀孕了的少妇，那椭圆星系则是一所由类星体妈妈创办的幼儿园，椭圆星系是年幼的星系。

五、赛费特星系或旋涡星系

由于椭圆星系存在很大的角动量，演化为旋涡星系是必然的。当椭圆星系演化为旋涡星系时，它的星系核必然从两极处暴露出来。如果星系核仍然存在像类星体时的那种爆炸，那么这种爆炸现象一定可以被我们观测到。赛费特星系就是重新暴露类星体星系核的星系，人们看到了它明亮的核心和强大的射电。

当椭圆星系演化到旋涡星系时，原先的红巨星也同时演化到主序星，因此旋涡星系的旋臂里大多数是星族Ⅰ。但旋涡星系核壳层内仍然不断产生新的红巨星，所以旋涡星系的中心大多数是星族Ⅱ，应该把旋涡星系中心的星族Ⅱ看成是刚从星系核壳层中跑出来的幼年星而不是原先椭圆星系时的那种红巨星。有些矮星系，它们没有星系核，也就没有了生育新恒星的能力，所以大部无核矮星系，内部只有星族Ⅰ而没有星族Ⅱ。无核的矮星系是绝育的星系，也是年老的星系。

当代天文学理论把红巨星定为老龄星，这有点像把刚出生的婴儿认定为老人，这确实是 20 世纪天文学的一个冤案。不过天文学家自己也从这个冤案中尝够了苦头，使得他们无法判断星系的演化方向，因此上百年来争论不休。这是把太阳能认定为热核聚变能吞下的苦果，现在该把这苦果吐出来了。只要把红巨星定为幼龄星，星系演化方向的问题也就迎刃而解。

所以星系的演化方向是从类星体→椭圆星系→旋涡星系→不规则星系→无核星系→【回收站】。

恒星的演化方向是从原恒星→红巨星→主序星→白矮星→中子星→【回收站】

所谓【回收站】就是§6.1 中所说的 M 区。在 M 区星系和恒星都被溶化了。借助“黑洞无毛”的比喻，我们也可以说“M 区无毛”。类星体就是在 M 区产生的，这样天体演化就成了一个很美的闭合循环。

表 60401　星系演化说明表

星系名称	类星体	椭圆星系	旋涡星系	不规则星系	无核星系
演化时间	早				晚
质量变化	大				小
恒星年龄	小				大
广义熵	小				大
恒星成员	原恒星	红巨星	星族Ⅱ+Ⅰ	星族Ⅱ+Ⅰ	星族Ⅰ
育星能力	最强	强	弱	弱	无
射电强度	强或弱	强或弱	强或弱	强或弱	弱
说明	本表根据天体原子模型理论，已把红巨星定为幼龄星。原恒星主要在星系核负能壳层内形成。所以无核星系，应该没有育星能力。				

从表 60401 可以看出，判断一个星系的年龄，基本上可以和人类相类比。

1. 从星系的组成看星系的演化年龄

a. 类星体正怀孕，所以类星体最年轻；

b. 椭圆星系身边全是红巨星小孩，所以椭圆星系是年轻的母亲；

c. 旋涡星系或不规则星系有年轻的儿子，也有红巨星小孩，属中年母亲；

d. 无核星系身边只有年轻的儿子，再没有红巨星小孩，属已绝育的老妇。

2. 从星系的子宫看星系的演化年龄

我们在第三章太阳系的形成中，已提出行星在恒星壳层中形成，因为恒星的负能壳层不深，其红移值不好测出，所以在太阳系形成时，不能拿出证据证明负能壳层的存在。

星系的负能壳层比较深，其红移值可以测量出来，负能壳层的作用是使从核心跑出来的气体不散发到宇宙空间去，留在壳层内可以形成行星或恒星。所以把负能壳层比作天体的子宫，而红移值可以反映子宫的深浅。

a. 类星体红移值最大，负能壳层最深，子宫最好，最有利于恒星的形成，所以类星体最年轻；

b. 射电星系红移值比类星体小，次年轻；

c. 普通星系红移值又比射电星系小，所以普通星系的年龄比射电星系大。我们可以看出：红移值和射电代表了星系的年龄。

§6.5 球状星团的演化

一、球状星团金属性

天文观测表明，球状星团的金属性存在梯度，就是远离银核的球状星团其金属性低，银核附近的球状星团金属性高。表现出金属性随离银心的距离 R 减小而增大的倾向。

要找出产生金属性梯度的原因，就必须到球状星团出生的地点去查看，我们前面说过，球状星团产生在类星体负能壳层中，问题可能就出在这儿。

图 60203 是类星体能级图，它的负能壳层里又包含了几个分立壳层 f、e、d、c、b、a 等，每个壳层的内部分别束缚了大量的气体，但每个壳层内的气体都不同。我们在太阳的形成一章中多次谈到质量谱，质量谱形成的原因是在相同的温度下，原子的运动速度随原子量减小而增大。因为 a 壳层离星系中心最远，所以跑到 a 壳层上的气体平均原子量最小，而留在 e 壳层的气体平均原子量最大。这就形成了一个不很严格的质量谱，质量谱也可叫金属性梯度，物理意义是一样的，只是叫法不同。

壳层中的气体存在金属性梯度，由壳层中的气体形成的球状星团也必然存在金属性梯度。就是说在 e 壳层形成的球状星团金属性高，在 a 壳层形成的球状星团金属性低。球状星团的金属性梯度是在它们出生地点造成的。因为 e 壳层的气体速度比较低，环绕核心运动的速度也比较低，形成的球状星团环绕速度也必然比较低，相反 a 壳层的球状星团环绕银心旋转的速度必定比较高。

因此，球状星团从它的出生地点带来了两个相反特性：高金属性低速度，低金属性高速度。所以当球状星团离开负能壳层以后，低速度的球状星团是能留在银核附近，高速度的球状星团就跑到银晕区去了。因此银核附近的球状星团金属性高，银晕附近的球状星团金属性低。

现在天文观测已证实球状星团存在金属性梯度，也可以反过来说，我们提出的红巨星是在类星体负能壳层中产生的理论已得到天文观测的间接证实（类星体红移是负能壳层红移也同样）。因为只有负能壳层才能产生质量谱，才能形成带有质量谱信息的球状星团。

低金属性球状星团要从负能壳层运行到银晕必须经过银核，所以银核的球状星团金属性比较复杂，有低金属性也有高金属性。从球状星团的轨道偏心率很大这一点来看，也应该考虑球状星团是在银心产生的。但在 20 世纪，大家都认为球状星团是老年星团，谁会想到它是刚出生的儿童星团呢？

二、球状星团的演化方向

要研究球状星团的演化方向，必须承认两个规律及结合天文现象。第一是必须承认球状星团演化受广义热力学第二定律支配；第二是必须承认恒星的演化方向是从红巨星到主序星，承认红巨星是幼龄星。天文观测表明，球状星团内部绝大多数是红巨星及少量小质量主序星，疏散星团内部既有红巨星也有主序星，星协内部只有主序星。

如果从热力学第二定律来考虑，星团的广义熵必然增加。所以球状星团的演化方向只能是从球状星团→疏散星团→星协。

如果从恒星演化方向来看，随着时间的增加，星团内部只能是红巨星越来越少，主序星越来越多，所以星团的演化方向也只能是球状星团→疏散星团→星协。

所以我们得出结论，球状星团演化方向是从球状星团→疏散星团→星协。

三、星团赫罗图

上面我们已得出结论，球状星团的演化方向是从球状星团→疏散星团→星协。从这一理论看，随着演化时间的增加，星团内部红巨星会越来越少，主序星会越来越多。从赫罗图中的转离点来看，转离点越在左上方的星团年龄越大，转离点越在右下方的星团越年轻。

关于这一点，我们的结论和当代天文学理论刚好相反，当代天文学理论认为转离点或转折点越靠近左上角的星团越年轻。

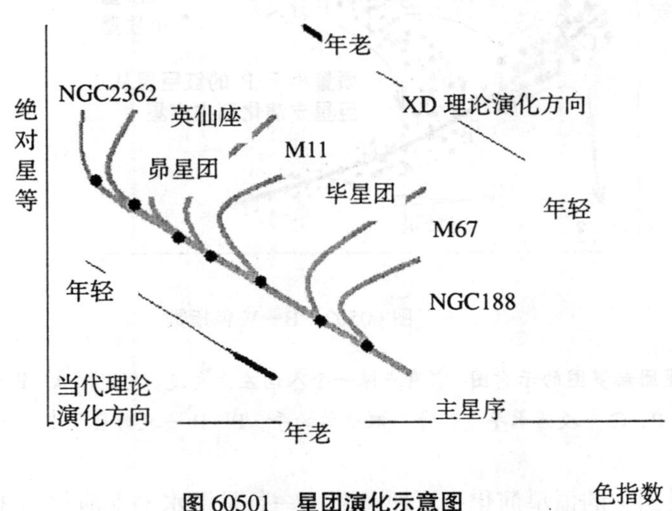

图 60501　星团演化示意图

我们认为英仙星团比M67球状星团年龄大，而当代理论认为英仙星团比M67球状星团年龄小。

四、恒星质量和演化时间

红巨星演化到主序星的时间，以我们的理论分析，质量小的红巨星演化得快，质量大的红巨星演化得慢。

理由很简单，因为我们把球状星团看成是年幼的星团，而球状星团内部只有小质量主序星，如M3球状星团转折点在右下方，右下方只有小质量的主序星，而大质量红巨星要等到球状星团演化到晚期才到达主星序，如O型星协和T型星协都是大质量或中等质量的主序星，所以我们断定：红巨星质量小，演化到主序星时间短，质量大则演化到主序星时间长。

五、巨星支和水平支

现在我们讨论一下，为什么当演化曲线到达p点时就开始分叉，分出水平支和巨星支？看来是红巨星的质量在起作用，当恒星质量大于某一个值P时，恒星的演化路线就走水平支线；质量小于P时，演化就走巨星支线。其内在原因还希望和读者一起进行研究。

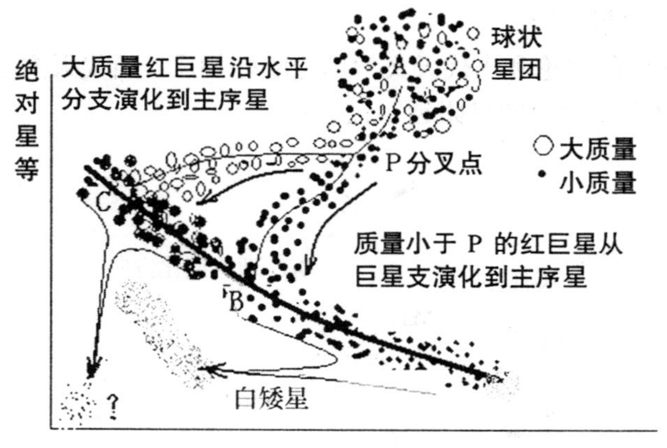

图60502　B—V色指数

该图是球状星团赫罗图的示意图，它有点像一个人向左上角走，我们把A—P一段称为公共段，是头部。P—C一段为水平支，像一双平举的手。P—B一段为巨星支，如人之腰背。

球状星团中的恒星演化走了两条路：一条是沿水平支演化到O型星区或B型星区；另一条是沿巨星支演化到B型星区以下的主星序。当球状星团内的所有恒星都将演化到主星序时，沿水平分支演化，最后到达主星序的那一批恒星，就是 O 型星协。沿巨星支最后到达主序星的那一批恒星，就是 T 型星协。所以 O 型星协和 T 型星协总是在同一天区出现。因为它们原来就是一家人。

很显然，O 型星协和 T 型星协所在地，是原来球状星团的繁华区，所有红巨星都是在这一区域演化到主序星的。在红巨星演化到主序星的过程中，排出了不少气体，整个星团的红巨星演化到主序星能排出多少气体，读者是可以估计出来的。这样一来，O 型星协和 T 型星协所在的天区必然会留下大量的气体，这些气体有点像是城市垃圾。

当代天文学理论把这部分星云当成是产生 O 型星协和 T 型星协的原料，把 O 型星协和 T 型星协当成是初生的婴儿。在我们看来 O 型星协和 T 型星协是在垃圾堆里生活的青年恒星，它们正在努力从这污染环境中逃出去，所以才被人称为星协。正是因为它们在逃跑，才被天文学家发现。

我们讲了这么多，目的只有一个。球状星团的演化，又一次证实恒星的演化方向是从红巨星到主序星。

根据以上内容，总结为表 60501。

表 60501 球状星团演化表

<table>
<tr><th></th><th>球状星团</th><th>疏散星团</th><th>星协</th></tr>
<tr><td>演化阶段</td><td>I 阶段</td><td>II 阶段</td><td>III阶段</td></tr>
<tr><td>内部恒星</td><td>星族 II</td><td>星族 I+II</td><td>星族 I</td></tr>
<tr><td rowspan="2">演化路线</td><td rowspan="2">公共线
a—p</td><td>水平支
p—c</td><td>O 型星协</td></tr>
<tr><td>巨星支
p—b</td><td>T 型星协</td></tr>
<tr><td>演化年龄</td><td>幼龄</td><td>青年</td><td>中年</td></tr>
<tr><td>星团分布</td><td>整个银河系</td><td>银盘附近</td><td>银盘</td></tr>
<tr><td>广义熵</td><td>小</td><td>中</td><td>高</td></tr>
<tr><td>星团质量</td><td>大</td><td>中</td><td>小</td></tr>
<tr><td>星团体积</td><td colspan="3">小 —— 大</td></tr>
</table>

六、先头部队

上面说过，球状星团演化走两条路线，一条为水平分支，一条为巨星支。当球状星团演化到后期时，水平支只存在一些 O 型星协，巨星支只存在一些 T 型星协。所以 O 型星协和 T 型星协是球状星团的后期部队。星协是最后演化到主序星及最后离开球状星团的恒星，前苏联天文学家从星协行为提出恒星是由星前物质形成的理论。

现在要讲的是球状星团的先头部队，因为质量小的恒星演化得快，所以最先到达主星序右下方的应该是质量最小的恒星，如 0.2 太阳质量的恒星，所以 0.2 太阳质量的恒星是巨星支的先头部队。

当巨星支 0.2 太阳质量的恒星演化到主序星时，走水平分支路线演化的恒星先头部队还没有一个演化到主星序。因为它们质量大，演化慢，还得要很长时间，水平分支的先头部队才能到达主星序左上方。

在等待水平分支先头部队到达主星序时，巨星支部队比 0.2 质量较大的恒星也先后演化到主星序。当水平支先头部队到达主星序时，巨星支上的比太阳质量大得多的恒星也演化到了主星序，这部分恒星在赫罗图上的坐标点被称为转折点。

因为走水平分支的恒星，质量也有大小，先头部队当然还是水平支中较小的恒星，它们就是演化到主序星的时间要晚于 B 型星的蓝巨星，但比巨星支中最大质量的恒星还是要早。

现在我们知道了球状星团两支部队的行军情况，巨星支的先头部队是 0.2 太阳质量的恒星，后期部队是 T 型星协。水平分支的先头部队是晚于 B 型星的蓝巨星，后期部队是 O 型星协。

现在我们回过头来看 M3 球状星团的赫罗图就一点不奇怪了，就知道为什么转折点以上会有蓝巨星，星团的年龄矛盾也不会再出现。

从以上论述可以看到，如果把红巨星当成老龄星就会带来一系列的矛盾，或者说是佯谬，但当我们把红巨星定为幼龄星以后，球状星团的演化变得合情合理，不再出现佯谬。

我们从一开就指出，当代天文学的病根就在太阳能是热核聚变能这个假说上，这假说害苦了 20 世纪的天文学家，现在不知大家有没有认识到。

太阳能是热核聚变能理论，该抛弃了！

七、红巨星演化时间长短的本质

从本质上来说，红巨星体积大只是一种假象，其实它的内部已包含了一颗主序星，红巨星只是主序星穿上了一个稀薄的气壳，这很像一个人穿了件棉衣。

红巨星在演化过程中会产生脉动，按我们的引力公式其表面的引力场

$$g = \frac{GM}{R^2} \tag{A}$$

因为 R 很大，g 必然很小，所以当红巨星膨胀时，温度升高，表面气体运动

速度加快并向宇宙空间扩散，这就造成红巨星外层的气体减少。这很像一个人脱去一件衣服，脱了一件衣服后体积减少了，但质量减少并不多。

红巨星日复一日地脉动，它的衣服一件又一件地脱掉（太阳系的行星就是太阳脱下的衣服），一直脱到它中心露出了一颗主序星。从引力公式（A）可以看出，当恒星半径 R 小于一定值时，其引力场大到可以阻止其表面气体大量扩散，这时恒星停止了脱衣服的行为，停止了快速收缩和脉动，这时候红巨星正式演化到了主序星。所以主序星就是不再脱衣服了的红巨星。

现在就很好理解，为什么质量小的红巨星，很快就演化到了主星序，这是因为质量小的红巨星质量小，穿的衣服也少，表面的引力场也弱，所以它身上穿的衣服很快就脱完，露出了主序星的身子。

质量大的红巨星，表面引力场较强，它能有效地保持恒星表面的气体，所以它脱衣服的速度就很慢，这就决定质量大的红巨星沿水平分支演化。因为在演化过程中质量损失不多，绝对星等就下降得很慢，但当它体积收缩以后，能级梯度增加了，气体在能级跃迁时放出的能量不断增加，使恒星颜色不断向蓝移动（引力大质量相对损失不多，光度可以不太变化，演化过程看起来有点像水平线，所以叫水平分支）。因为大质量红巨星表面的引力场 $g=\dfrac{GM}{R^2}$ 本来就比较大，所以当它的半径稍稍缩小一点，其表面的引力场就达到了主序星的条件。上面说过，当恒星演化到主星序时，其表面的引力足以阻止恒星表面的气体大量跑到宇宙空间中去，主序星表面只发射光和热，体积几乎不变。从这里可以看出，质量大的恒星之所以走水平分支，主要是从红巨星演化到主序星时，表面引力场增加很少。原则上来说水平支上的红巨星和主星序上的蓝巨星质量差别并不大，所以在演化过程中不论是水平支上的红巨星或主星序上的 O 型星协或 B 型星都能爆发为超新星。就是说，水平支上的一些红巨星只要脱去一层薄薄的外衣，就露出内部的 O 型星协或 B 型星。

在我们的理论里，恒星的演化方向不是从主序星演化为红巨星。天文观测没有发现相应于 O 型星协演化到晚期的红巨星，也没有发现比 O 型星协更亮的红巨星，这证明我们的理论是正确的。

但是，当代天文学家为了维护恒星的演化方向是从主序星到红巨星的理论，提出 O 型协星演化为红巨星时亮度不增加的看法，也有的人认为 O 型星协演化为红巨星时变为超新星爆炸掉了，当代天文学家总是采用这种变通的手法去处理存在的佯谬。

§6.6 天体角动量的产生和消灭

在当代天文学理论中，天体的角动量是守恒的，所以当天文学家发现太阳系角动量分布反常时就觉得不可思议。但在天体原子模型看来，天体的角动量可以不守恒，角动量可以产生也可以消灭，其原因是动量可以不守恒。

在地球表面局部的空间范围内，角动量守恒是对的，我们没有必要去修改中学物理教材。但在天体物理中，如果角动量守恒的话，就不可能有星系产生。试设想一下，现在银河系的总角动量是很大的，而我们的理论又认为，银河系的恒星是从星系核内部产生出来的，如果角动量守恒的话，最初银河系的星系核的转动速度就远远超过了光速，这是不可能的。因为爱因斯坦认为，物体的速度不可能超过光速。(当代天文学家认为在天体物理中，角动量仍然守恒，所以认为脉冲星是高速旋转的中子星)。

如果假定天体的角动量，可以源源不断地从星系核内产生出来，问题就可以解决了。在当代天文学的框架内，这种想法是异想天开，但在天体原子模型框架内，这种想法却非常合理。原因是星系核有能力把下落物体的动能转换为基本粒子的质量。这种例子是很多的。例如，太阳光球上的气体落回太阳内部时温度就降低，变为黑子。气体的热运动速度减少了，但气体中的基本粒子质量增加了。还有造父变星收缩时，温度降低了，热运动速度也减少了。这表明一个天体它有能力使下落的物体速度减少，也就是使动能减少而使质量增加。在实验室做合成超铀元素实验时，入射粒子速度是很大的，但靶核把入射粒子的动能吸收了。

另一方面，当天体向外膨胀时，正跃迁放出的能量又能使物体的运动速度增加，这时基本粒子把质量转换为动能。重原子核 α 放射性也是一样。

图 60601 是一个星系核的能级示意图，我们假定星系核表面的自转速度为 V_1，反时针方向。现在有一质量为 $2M$ 的气体团从 a 壳层跃迁到 p 壳层，并引起爆炸。我们假定爆炸的结果使 M 克的物质以 V_2 的速度反时针方向运动，有 M 克物质以负 V_2 的速度顺时针方向运动，如果星系核是反时针方向旋转，那么反时针方向运行的爆炸物的速度为 V_1+V_2，而顺时针方向运行的爆炸物的速度为 $-(V_2-V_1)$ 。

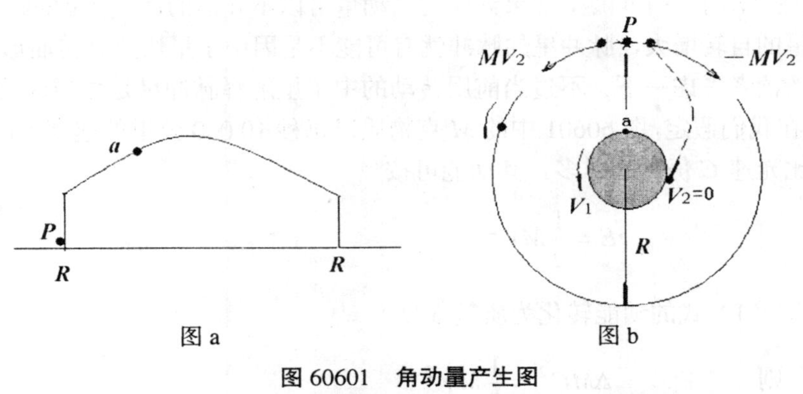

图 60601　角动量产生图

图 a 能级图　　图 b 星系核结构图

这时，反时针方向运行的爆炸物运行速度就比顺时针方向运行的爆炸物运行速度大。这样，反时针方向运行的爆炸物就会绕星系核运行，而顺时针方向运行的爆炸物由于速度比 V_2 小，它的轨道半径就会减小，但轨道半径减小是属于反跃迁，反跃迁会使温度降低，动能减少。动能减少就代表运动速度减小。一旦运动速度减小其轨道半径又进一步减小。这就形成了一种恶性循环，它在运行一段时间后，速度就会逐渐降为 0，不断落回星系核的表面 a 位置上。

当代天文理论里，角动量是守恒的，物质在下落的过程中速度会越来越大，带有负 MVR 角动量的物质落在 a 点时，就会使星系核角动量减少。如果带正角动量的物质不再落回星系核，而带有负角动量的物质却不断落回星系核，久而久之，星系核自身就不再转动了，星系核再也没有角动量可输出。这就是当代天文学理论的结果。

但是，在天体原子模型理论里，当 M_2 物质落回时，M_2 物质的速度可以减小为 0，而它的质量变为 $M+\Delta m$。所以当 M_2 物质落回星系核 a 面时，M 物质并不引起星系核角动量减少，星系核仍旧以 V 的速度自转。这样，星系核通过能级跃迁放能反应，源源不断地产生角动量。把正角动量留下来，把负角动量消灭掉，整个星系的角动量就是这样产生的。所以星系核形成恒星时，既排出了物质，也创生出了角动量，就像伟大的母亲，既给婴儿肉体，也给婴儿灵魂。角动量就是恒星的灵魂。不过角动量的产生和消灭，其空间一定要有能级差，而且能级差必须大于引力场的势能级差。

现在我们终于明白，为什么太阳系角动量分布会反常。这是因为太阳产生行星时，已创造了不少正的角动量并把它们交给九大行星，而把一部分负角动量消灭了。在太阳系的形成一章中我们没有正式论述，只考虑了下落的气体会使太阳变星的角动量减少。

现在又出了一个问题，如果天体的角动量可以不守恒的话，恒星的收缩就不会使恒星的自转增大，脉冲星的脉冲就有可能不是因中子星快速旋转而形成的，这一点请读者考虑一下。不过当前用转动的中子星解释脉冲星是相当成功的。

现在我们假定，图 60601 中的 M 克物质以每秒 10 000 公里的速度落回 a 面，这速度比光速 C 仍然小得多。其动能可按

$$E=\frac{1}{2}MV^2 \tag{1}$$

若把（1）式的动能转化为质量 ΔM

则 $$\Delta MC^2=\frac{1}{2}MV^2$$

有 $$\frac{\Delta M}{M}=\frac{V^2}{2C^2}=0.00028$$

即 $$\Delta M=0.00028M$$

也就是说即使是把每秒一万公里的速度降为 0，物体的质量也只增加万分之三。

现在，天文学上又增加了一个新的概念，角动量可以创生，也可以消灭。这概念给研究天文学带来了很大的方便。

不过有一点必须说明，角动量产生和消灭必须在封闭系统内进行，系统以外的入侵物体的动能大于能级差时，天体是不能把动能全部转变为质量的。例如，彗木相撞，对木星来说，彗星是外来入侵物，其动能相当大。所以木星不能把彗星的动能完全转化为质量，所以彗木相撞放出了很大的能量。

读者只需记住一个原则，正跃迁中放出的能量和反跃迁中吸收的能量相等，跃迁产生的动能和反跃迁中吸收的动能相等。没有能级差的空间，角动量必然守恒，如地球表面角动量就是守恒的。但如果把引力考虑进去，角动量还是不守恒，因为动能和势能可以相互转换。

我们现在的结论是，存在自转的天体，它可以通过膨胀和收缩的行为产生或消除角动量。角动量的产生和消灭，必须在有能级差的空间进行，在平坦的能量空间中，角动量守恒。没有自转的天体中产生不了角动量。

§6.7 化学元素的生成

一、化学元素的生成

这一节对我们的理论来说是个难题，所以我们希望读者能伸出援助之手，共同解决这个难题，我们现在只能提出一种解决问题的思路。

因为我们不主张宇宙是大爆炸形成的，所以氦元素的形成不能采用当代大爆炸理论。我们又否定了太阳能是热核聚变能的理论，所以重元素的形成还是不能采用当代理论。现在确实是骑虎难下，不解决又过不了关，能否找到一个合理的解决办法，还很难说。

第一种思路是中国古老的哲学思想——周易中的阴阳鱼。阴阳鱼的鱼眼告诉我们，要在最困难的地方去寻找生机。要找化学元素生成的地方，可先找化学元素被破坏的地方。

化学元素被破坏最严重的地方，就是我们在本章第一节中所说的 M 区。宇宙中无数大空洞配合起来，把那些晚年星系、晚年恒星及一切宇宙垃圾都排斥到 M 区并在该区形成许多引力中心。当某一个引力中心的引力足够大或能级足够高时，原子核的结构已被完全被坏，就像中子星那样，于是原子被融化为质子、中子及电子。它们再也记不住原来是属于什么星系，什么恒星，什么元素了。所以称 M 区无毛，是否恰当，读者可以更改。

化学元素被破坏第二严重的地方就是在中子星和白矮星内部，白矮星内部是否还保留原子核结构还没有定论。也许已成了质子中子及电子组成的一锅汤，和 M 区的汤没有两样。

鸡蛋里似乎没有骨头，但鸡蛋黄里有受精卵，这是阴阳鱼的鱼眼，可以长出骨头来。现在我们也相信在 M 区核子汤里或在中子星的中子汤里及在白矮星的核子汤里可以产生出所有的化学元素。

在当代天文学理论里，白矮星和中子星内部的核子，是再也无机会跑出外头来了。因为他们认为中子星和白矮星内部已没有了能源。

反热力学第二定律告诉我们，一切天体可以回收能量：恒星会回收能量，星系核会回收能量，M 区也会回收能量。天体回收能量的结果是天体内部的能级越来越高，能级高到一定程度以后，反热力学第二定律就开始让位于热力学第二定律，天体内部的中子、质子和电子组成的物质就要反过来向外跃迁了。

微观粒子能级跃迁我们用肉眼是看不见的，但宏观能级跃迁大家是经常看到的。例如，节日的烟花，烧开的水的蒸汽等。

比较典型的就是炒菜时烧热的油锅冒气的现象。它除了冒白烟以外，还会溅起油花，大小不同的油珠会溅得你满身。如果我们仔细观察油花颗粒直径的分布，就会发现直径小的油珠最多，冒白烟的是直径最小的颗粒；直径越大，数目就越少，呈指数递减规律。这是由于油分子要单独离开油面，比集体离开油面要容易得多。要集体离开油面，其油珠内部的油分子必须相约以同一方向和同一速度逃出，这就困难得多了，油珠内部的分子越多困难就越大，这就造成了大油珠跑出油面少。

第二种思想是蒸发模型。我们把天体内部当成是由核子组成的核子海，像一个液体的球形海洋。当新形成的核子海能级高到一定的程度时，核子海开始向外蒸发核子，这很像油锅里的油，温度上升到一定时，油就开始蒸发。

所谓蒸发，其物理本质是基本粒子的能级跃迁，核子和水或油分子性质类似，所以核子蒸发时也是以单个核子蒸发的几率最大，以两个核子一起蒸发的几率次之，其余以此类推。

如果以 A 表示核子海中蒸发出来的液滴中的核子数，且 A 为正整数 1、2、3、4 等，则核子海中蒸发出来的液滴中包含 A 个核子的几率为 f（A），我们提出一个半经验公式：

$$f(A)=Be^{-C\sqrt{A-1}} \qquad \text{(A)}$$

式中 B 代表液滴中只含一个核子的几率，如果参照化学元素宇宙丰度（$Si=10^6$），氢元素的宇宙丰度为 3.18×10^{10}，则 $B=3.18\times10^{10}$ 。C 是 2 左右的一个常数，但选取 C 的正确值要费很多时间，计算值也很难和今天所测的化学元素宇宙丰度相对比。因为最初生成的化学元素会衰变为其他元素，如 Li、Be、B 和其他放射性元素，今天所测之值已不是当初生成时的值。另外有些元素在高温下又会化合成其他元素。在星系核表面，如类星体核负能壳层内部的 f 壳层中，温度是相当高的，可以高于 10^8K，在高温下氘和氚都会聚变为 He 元素，但也可能反而分裂。计算时必须考虑这些因素。最后一个问题是，今天所测的宇宙丰度值还存在误差，当理论值和观测值不一致时，弄不清是谁引起的。

但公式（A）至少能定性地说明化学元素生成的问题，规律是对的，核子海蒸发模型，至少比大爆炸模型全面，因为大爆炸模型只解释了氢和氦生成的问题，其他重元素还要靠恒星内部聚变反应合成。

另一方面，中子星现在已大量被观测到，一颗恒星质量相对星系来说是很小的，质量小的恒星都可以形成中子星，质量很大的星系核是生成中子星系核还是生成中子、质子和电子组成的混合汤，有待今后研究。但由于反引力的存在肯定不会形成黑洞。

当代天文学理论认为，宇宙膨胀、氦元素丰度及宇宙背景辐射是宇宙大爆炸理论的有力证据，虽然有很多天文学家也怀疑大爆炸理论的正确性，但在三大证据面前也只好公认其为最好的理论。现在我们可以说类星体核心就是核子海，当核子海中的核子向外跃迁时，一方面把质量变为能量，一方面又蒸发出大小不同的核子液滴，核子液滴蒸发出来以后，于是就变成原子序数不同的化学元素。这些化学元素后来又组成了红巨星。

由蒸发出来的核子液滴形成的化学元素，半衰期有长有短，如果红巨星是由刚产生不久的化学元素形成的话，那么红巨星内部就会存在一些地球上找不到的短半衰期化学元素。事实证明，太阳和地球上都找不到天然生成的锝，而在红巨星大气中找到了，这充分说明红巨星是幼龄星，也说明红巨星是在星系核内部形成的，因为锝是放射性的，其最长寿命同位素的半衰期只有420万年，所以红巨星的年龄最多也只有几亿年左右，因为岁数大了，锝就衰变完了。

现在还存在一个重要的问题：按我们的理论，质量大的主序星内部已自然形成了中子星，质量小的主序星内部也已自然形成了白矮星。按理它们也可以蒸发出重元素，但主序星内部找不到锝元素，不知问题出在什么地方。事实证明，当超新星爆炸，把中子星也炸成碎片时，碎片可以形成大量的重元素。这是蒸发理论最好的证明。当然，当代理论在解释超新星爆炸原因时，道理也是很完美的。

二、宇宙射线的来源

太阳宇宙射线产生的原因在第三章已阐明，现在再谈星系核产生宇宙射线的情况。

因为核子海中能级很高，也就是说星系核内一个核子的质量要比自由空间中的核子质量大很多。当核子海中蒸发出大颗粒液滴时，其内部包含了很多核子，它们变成超重原子。超重原子是不稳定的，加上其内部由于质量转换为能量，因此该超重核内部激发能很大，当超重核裂变时，有可能把激发能交给一两个核子带走。这样一来，这一两个核子具有的能量就很大，形成了高能粒子。这样高能的粒子如果飞到地球上，就成为宇宙射线。

当代天文学理论认为宇宙射线是星际磁场加速形成的，现在我们提出宇宙射线是从星系核的核子海中蒸发出来的。应该明白，因为星系核外围存在大量的气体，高能粒子要出射到星系外面，几率是很小的，大部分被吸收掉了，跑出星系外头的高能粒子只是很少的一部分，这就造成高能宇宙射线的数量很少。宇宙射线的高能特性，反过来也说明星系核内部能级很高。

化学元素还有另一个产生地点，请读者参考宇宙大空洞模型。

§6.8 星系演化的证据

我们提出的星系演化方向是从类星体→椭圆星系→旋涡星系→不规则星系。本章第四节已作了详细的论述，也提出了不少证据。有了充足的证据，提出的理论才能站得住脚，证据越多越好，现在再总结出几点证据。

一、红巨星大气中的锝元素

我们提出红巨星是幼龄星，是在星系核负能壳层中形成的。因为负能壳层中所有的气体都是从核子海中刚蒸发出来的核子液滴形成的，所以负能壳层中的气体（即造成多重吸收红移的气体）中存在短半衰期放射性同位素。红巨星是由这些气体形成的，所以红巨星内部必然存在短半衰期放射性元素。又因为锝，其半衰期最长的也只有420万年，现在红巨星大气中还存在锝，表明红巨星形成以后的时间里，锝还没有衰变完，还能被我们测量到，显然锝的含量也不会太少。因此得出结论，红巨星的年龄不会超过几亿年。几亿年在恒星的年龄中算是幼龄星了。

椭圆星系内部绝大多数是红巨星，也就说明椭圆星系是年幼的。

二、球状星团的金属性梯度

天文观测证实，银河系晕中的球状星团金属性低，而银河核心部分的球状星团金属性高，这符合星系核负能壳层中的质量谱，这点证明球状星团的红巨星，确实是在银河系核心负能壳层中刚形成不久的幼龄星。

三、球状星团的演化

球状星团的演化是从球状星团到疏散星团再到星协，最后到普遍星场。我们可以把球状星团在演化过程中的位置变化作为星系演化的“示踪元素”。

球状星团在银河系中是均匀分布的（这种分布属球对称分布），椭圆星系也是球形分布。球状星团内部绝大多数是红巨星，而椭圆星系内部也大多数是红巨星。因为球状星团是年幼的星团，所以椭圆星系是年幼的星系。

球状星团演化到疏散星团后它的位置只在银道两侧，这相当于从球形分布演化为盘状分布。另一方面疏散星团内部除红巨星以外还有不少的星族Ⅰ，而盘状星系也一样。这就证明椭圆星形也是向盘状星系演化，表明盘状星系是椭圆星系到旋涡星系的过渡阶段。

当球状星团演化到星协时，星协全部在银道平面上，星协全部是星族Ⅰ组成。这表明椭圆星系内的红巨星大多数演化到主序星时，椭圆星系也演化为旋涡星系了。所以从球状星团演化过程中在银河系的位置迁移，完全可以断定星系的演化方向是从椭圆星系到旋涡星系。不规则星系则是旋涡星系演化的后期。这就把球状星团的演化特性和星系的演化特性统一起来了，是个性和共性的统一。

四、恒星演化方向

恒星的演化方向是从红巨星到主序星，椭圆星系内部几乎全是红巨星，而旋涡星系内部几乎全是主序星，这证明星系的演化方向是从椭圆星系到旋涡星系。表 60401 中还从星系的质量变化，广义熵及育星能力证明星系的演化方向是从椭圆星系到旋涡星系.

五、气体的麦克斯韦速度分布

从图 60203 可以看到，当 A 壳层的核子蒸发到 f 壳层时，也就是 A 能级的基本粒子跃迁到 f 能级时，除一小部分出射到星系核外面成宇宙射线以外，形成的化学元素大部分暂时停留在 f 壳层。因为 f 壳层内气体密度比较高，气体之间可以互相碰撞，这就造成在 f 壳层内的气体温度基本相同。

在相同温度下气体速度分布服从麦克斯韦速度分布规律，麦克斯韦速度分布曲线在很多教科书上都可以找到，大体上是两头低中间高，不过不对称，峰值偏向速度低的一端。

速度低的气体停留在 e 壳层，速度高一点的气体会停留在 d 壳层，以此类推。速度最大的会跑出负能壳层，但跑出负能壳层中的气体可能形成不了恒星，所以一般活动星系核都是以气体喷流方式喷射物质（而不是发射恒星炮弹的方式）。核子海中的核子质量很大，也许可以比自由空间中的核子质量大一两倍，能级跃迁时放能的效率可以与正负粒子湮灭相比，所以星系核的光度可以远远大于爱丁顿光度(当代天文学理论把喷流归结为星系核中心存在大质量黑洞)。由于气体速度服从麦克斯韦分布，高速气体只能占全部气体的很少一部分，较大一部分气体可能停留在 d 壳层或 c 壳层。这样一来，e、d、c、b、a 壳层内停留的气体，其物质的质量分布就会和麦克斯韦速度分布规律相似，速度分布转换为物质的质量分布了。

因为红巨星是由壳层内气体形成的，壳层内气体少的地方形成的恒星少，壳层内气体多的地方形成的恒星数量就多，这是显而易见的。这样一来，壳层内气体质量分布又转换为恒星数量的分布，总的后果是，速度分布变为恒星数量的分布。

前面已说过，e 壳层形成的红巨星跑出负能级以后，只能运行在星系核附近，而 a 壳层内形成的红巨星，必然会跑到星系晕中去。这样一来，当核子海中的核子快蒸发完了的时候，星系的质量分布就会和麦克斯韦的速度分布基本相同。当星系演化到旋涡星系时，核子海中的核子可能也快蒸发完了。

所以，要检验以上的理论是否正确，其方法是测出一个旋涡星系的质量分布，看它是否和麦克斯韦速度分布相同。因为我们就在银河系，最好是测出银河系的质量分布。我们对银河系质量分布作了计算，结果表明，银河系的质量分布和麦克斯速度分布曲线完全一致。这又一次证明，恒星在负能壳层中形成的理论是正确的。

§6.9　视超光速现象

天文观测发现，类星体及不少赛费特星系中，甚至在银河系内部都存在视超光速现象。有人认为宇宙中可能真实存在超光速物质，也有人认为这仅仅是假象。解释模型有很多。这些模型中我们比较倾向于引力透镜模型及非宇宙学红移模型。在此，我们也提出一些看法。

一、引力透镜模型情况

当代天文学理论因为没有考虑到反引力的存在，引力曲线总是离天体中心越近其引力就越大。在 X—D 理论里考虑到反引力的存在后情况就大不一样了。前面已说过，星系中考虑到反引力以后，暗物质不存在了；类星体中考虑到反引力以后，光谱线变窄了。现在，当我们考虑到反引力以后，如图 60901A，在 0→r 范围内，有效引力随 r 增加而增加。所以，发光体从 a 运动到 b 时受到的引力反而增加，其红移值也增加了。

如图 60901B 所示，类星体旁的发光喷流从 1 点运动到 4 点时受到的引力反而不断增加，其所发之光到达地球时，从 1 到 4，其光路曲率必然不断增加。我们从望远镜里看到的虚像 a、b、c、d 的距离就被放大了许多倍。这就出现了视超光速现象。

类星体离地球非常远，而喷流从 1 到 4，因为所受引力不断增加，所发之光弯曲也就越来越厉害。其光线，能到达地球的光路曲率也必然不断增大。曲率增加一点就会引起虚像的距离增加很多，这就导致超光速现象都是加速的。很显然，如果类星体的喷流运动到图 A 中 r 以外后，因为其有效引力不断减小，这时喷流所发之光到达地球的光路曲率会不断减小，在望远镜看到的现象是，喷流的速度不断减少，表现为减速运动。这一理论和实际观测结果一致。

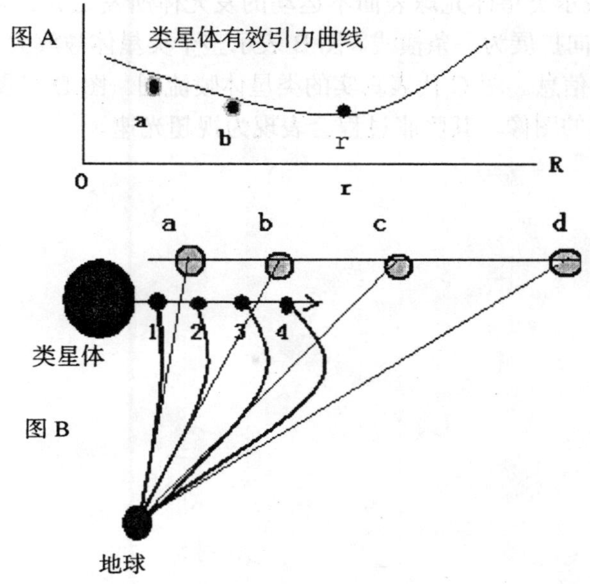

图 60901　视超光速现象

如图 A 所示：类星体有效引力曲线在 0—r 的范围内，引力随 r 增加而增加。导致图 B 类星体旁的发光体从 1 点运动到 4 点时，受到的引力不断增大。因此 1、2、3、4 点到达地球的光路，其曲率不断增大，其虚像 a、b、c、d 的距离被放大了许多倍。

二、类星体自引力放大情况

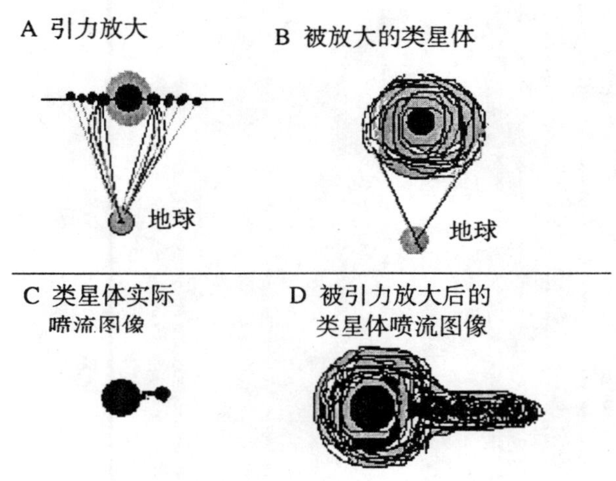

图 60902　引力放大

图 60902A 表示类星体光球表面不运动的发光体所发之光经自引力放大以后，其虚像会向径向扩展为一条横线。图 B 表示整个类星体被放大了，虚像掩盖了光球上面的许多信息。图 C 代表真实的类星体喷流图。图 D 是图 C 经自引力放大后的模模糊糊的图像。其膨胀过程会表现为视超光速。

第七章　密近双星的形成和演化

当代天文学理论认为在恒星形成过程中，角动量是守恒的。在这种理论指导下，太阳系的角动量分布就遇到了严重问题。当代理论认为，太阳系是由星云收缩形成的，由于角动量守恒，太阳应该保留绝大多数的角动量，太阳的自转速度应该比现在大得多才对。但测量结果表明，太阳质量占太阳系总质量的99.87%，而太阳角动量只占太阳系总角动量的0.6%。质量仅占太阳系总质量0.13%的行星及其卫星的角动量，却占太阳系总角动量的99.4%以上。当代天文学理论对于太阳系角动量反常现象无法解释，搞不清上帝为什么会这样安排：质量小的行星就多给它角动量，质量大的太阳就少给它角动量。搞不清质量和角动量为什么会采用这种方式分离，于是就出现无数的太阳系形成理论，如磁场说、碰撞说等等。

有人在假定角动量守恒的情况下，用太阳系星云质量和太阳系总角动量作为参数，在计算机上算出的结果是一个气体圆环，就像小孩们玩的呼拉圈一样，根本形成不了中心的太阳。用同样的方法去计算双星的形成，只能生成目视双星，双星之间距离很远，根本形成不了密近双星。

如果密近双星是靠磁场作用转移角动量的话，要求要有很强的磁场。如果靠天体碰撞作用形成双星的话，双星又占恒星结构中很大一部分，单星只是很小一部分，那碰撞的几率不会有这样大。所以无论哪一种学说都不能完全解释密近双星的形成问题。

在这种情况下，如果我们不坚持角动量守恒的话，问题就完全可以解决，但没有一个天文学家敢于提出这一看起来是荒唐的理论，因为当代天文学家找不出一个角动量可以不守恒的理由。

但是，在天体原子模型理论里，天体存在壳层结构，即存在能级差，导致角动量可以创生也可以消灭，角动量在天体演化中是可以不守恒的。造成角动量可以创生的原因是基本粒子的正跃迁，造成角动量可以消灭的机制是基本粒子的反跃迁。正跃迁产生物质的速度，反跃迁消灭物质的速度。

双星的第二个问题是，双星中的两个子星，其中一颗可能是红巨星，另一颗可能是主序星或白矮星及中子星，当代天文学理论认为恒星的演化方向是从主序星到红巨星，并认为质量大的恒星演化得快。但很多双星的实际情况和该理论预言相反，于是就出现了不少佯谬，当代天文学家为了维护其恒星演化理论，只好加了许多附加假设，如假定大质量恒星演化到红巨星阶段时，把大部分质量转移到小质量恒星中去了，看来佯谬是消除了，但同时又出现了另外一个问题，恒星的质量转移效率有这么高吗？一个富翁会把百分之七八十的财产转交给一个乞丐吗？

下面读者将看到，在我们的理论里，双星的组成不存在任何佯谬，因为我们的理论认为恒星的演化方向是从红巨星到主序星，而且质量小的恒星演化得快，质量大的恒星演化得慢。

双星的组成证明我们的理论是正确的，我们的理论用到哪里，哪里就和天文观测结果相一致，不会出现佯谬。

§7.1　密近双星的形成

我们仍然赞同康德的星云学说，认为恒星是由星云收缩形成的。

当代天文学理论认为星云收缩过程中角动量守恒，而且星云收缩过程中引力能不断转化为热能，当星云中心的密度和温度达到热核反应的条件时，星云中心就发生了热核反应，于是恒星正式形成。这种理论无法说明太阳系和密近双星的形成，其主要的困难是无法解释角动量是如何分离的。

天体原子模型认为，恒星是在星系核负能壳层的星云中形成的。银河系旋臂中的星云是形成不了恒星的，只有在星系核负能壳层中的星云才能形成恒星（和只有在恒星负能壳层中的气体才能形成行星一样）。原因是星云在负能壳层中能受到有效约束，使之不散失到宇宙空间中去，能形成一个引力凝聚集团。在自由空间中的气体要形成一个引力凝聚核心比较困难。

类星体负能壳层中的星云，也就是形成吸收线红移的那些吸收体。被约束在e、d、c、b、a 等壳层中。形成多个环绕星系核运行的气体环。气体环中星云的密度比较高，当星云的温度低于铁的沸点时，星云中的铁元素就会互相有效碰撞结合为液体球，大的液体球就形成了引力中心，开始吸引周围的物质。星云气体只要有了一个引力中心，气体就会出现密度梯度。我们在恒星回收能量一节中说过，只要气体存在密度梯度，基本粒子波粒互变过程中就会产生引力场，而引力场又会引起星云气体向中心聚集，从而产生星云的引力收缩。没有密度梯度的星云是不会产生引力的。

星云的引力收缩阶段是受反热力学第二定律支配的。在收缩过程中，星云中心的温度并不升高，而只是增加星云中心的能级高度及基本粒子的质量。在星云收缩过程中，由于基本粒子的反跃迁行为，把原有的速度变为基本粒子的质量，因此星云中心的温度不像当代理论所说的那样迅速增加，自转速度也不增加多少，增加的只是星云内部基本粒子的质量，或者只是星云中心的能级高度。

上面说过，星云中心原来就是铁核，当星云中心的质量积累到一定程度以后，星云中心的能级也达到一个极大值。这时候铁核在高能级空间环境中就会转化为白矮星或中子星，成为恒星的核心。恒星中心的白矮星或中子星是恒星形成过程中自然产生的。

恒星中心能级是不能无限增加的，物极必反，因为能级高度对应着一定的反引力场，当能级高度大到一定值时反引力场也达到一个极大值。这时，恒星内部的引力场就比反引力场小，星云内部的基本粒子就开始向低能级跃迁，跃迁过程中放出巨额的能量，于是一颗红巨星正式诞生了。这时热力学第二定律开始起作用。红巨星一旦形成，反热力学第二定律和热力学第二定律共同支配红巨星内部的物质运动，于是红巨星就开始脉动起来。当反热力学第二定律占优势时，红巨星收缩，表面温度降低；当热力学第二定律占优势时，红巨星膨胀并放出能量，表面温度升高。

红巨星一旦开始脉动，其外围的星云气体就不能直接进入红巨星核心了。因为恒星总是在质量达到一定值时就开始脉动，所以恒星的质量不能无限大，只能在一个有限的范围内，这就是造成当今恒星的质量有一个范围的原因。

但星云的质量可以远远大于红巨星的质量，红巨星如何处理这些多余的星云质量呢？红巨星有它的办法，把多余的星云质量再形成一颗恒星，于是就变成了双星。

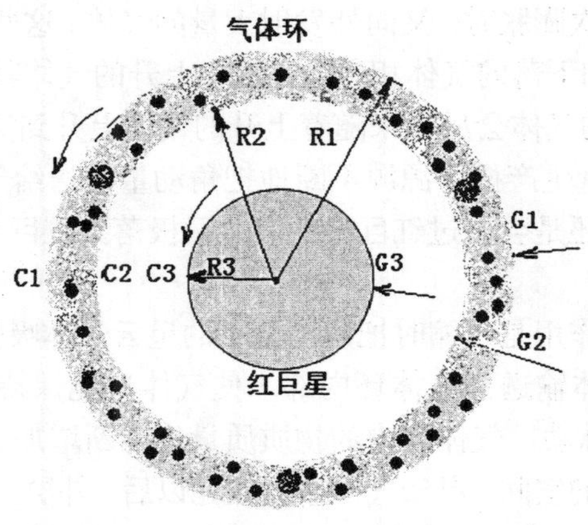

图 70101　双星形成图

图 70101 是双星形成的原理图，假定有一团星云，其质量足够形成两颗恒星，当该星云的中心能级足够高时，星云中心的气体开始向低能级跃迁形成了红巨星。

我们在第二章中讲过，红巨星脉动时会在红巨星赤道上空形成一个气体环，如图 70101 所示，C_1 是气体环的外边，C_2 是气体环的内边，C_3 是红巨星的外边。C_1 到 C_2 之间就是红巨星的负能壳层，气体环就在负能壳层中运行。

C_1 表面引力场强度为 $g_1 = KR_1\sqrt{\rho_1}$

C_2 表面引力场强度为 $g_2 = KR_2\sqrt{\rho_2}$

C_3 表面引力场强度为 $g_3 = KR_3\sqrt{\rho_3}$

$$K = \frac{4}{3}\pi G$$

式中 ρ_1 为 C_1 球面内包含的物质平均密度，ρ_2 为 C_2 球面内包含的物质平均密度，ρ_3 为 C_3 球面内包含的物质平均密度。

从图中可以看出 g_3 大于 g_2，g_2 大于 g_1。这种引力结构和车轮星系类似，有利于 C_3 中的反时针运行的气体上升到气体环内部，也就是有利于把红巨星产生的角动量传输给气体环。因此，红巨星不断地把物质和角动量提供给气体环，使气体环有足够的物质和角动量绕红巨星运行。

另一方面，C_1 表面以外的星云气体也会在引力作用下不断落到气体环内部。星云的气体分为两部分，速度达到环绕红巨星运行的那一部分会留在环内；另一部分的速度小于环绕速度，也就落到红巨星内部去了。

当红巨星再一次膨胀时，又向外发射大量的气体。这些气体带有很大的角动量，当上升的气体和下落的气体相遇碰撞时，上升的气体就会把角动量转移到下落的气体上。下落的气体会反过来随着上升的气体上升到气体环上。所以，红巨星就成了一个角动量生产机，源源不断地把角动量输送给气体环。

不过星云物质还是会通过红巨星的南北两极落到红巨星表面，补充红巨星物质的损失。

红巨星脉动的作用是收缩时把角动量小的星云气体吸收到红巨星内部，膨胀时把带角动量的气体输送到气体环内部，使气体环能保持环绕红巨星的运行状态。红巨星不断地脉动，气体环内的物质质量也不断增加。

当气体环外面的空间，星云气体被吸收完以后，外层空间再也没有气体落到气体环内部，同时再也没有外来的气体落到红巨星两极了。当红巨星没有外来的物质供应时，它再也没有物质可以输送到气体环中去，同时再也不能给气体环提供角动量了。这时红巨星收缩到原有半径的一半左右，和气体环脱离了关系，气体环独立地绕红巨星运行。红巨星在新的半径上重新脉动，红巨星和原来的气体环停止了角动量及物质的交换。

就是说，当气体环外层的空间不再有星云气体时，红巨星自由了，这时红巨星的脉动开始形成彗星和行星，也开始慢慢地演化到主序星。气体环的形象，很像今天看到的行星状星云。

气体环内的气体由于有负能壳层的约束，不能随意向外扩散。也许要经过几亿年的时间，气体环内的铁元素就有机会形成恒星胎，最终吸积成一颗红巨星，成为中心恒星的伴星。中心恒星称为主星。读者从这里可以看出，伴星至少比主星晚形成几亿年以上，而且伴星的质量也往往比主星小。

如果伴星形成以后，主星可能还没有演化到主序星，这样的双星就是主星和伴星都是红巨星。如果伴星形成以后，到我们观测的时间止，主星已演化到主序星了，这时的双星就由一颗主序星和一颗红巨星组成。

因为伴星质量小，演化过程快，所以尽管它比主星晚形成，但它可能比大质量的主星更早地演化到主序星。例如，如果到我们观测的时候，伴星也演化为主序星了，这时的双星就成了主星和伴星都是主序星。如果小质量伴星演化为白矮星或中子星的话，这时的双星就会有一颗大质量主星是主序星和另一颗小质量伴星是白矮星或中子星等等。

以上就是我们用天体原子模型所论述的双星的形成过程。要点是必须承认角动量可以产生，也可以消灭。恒星内部的气体，正跃迁时可以产生角动量，反跃迁时可以消灭角动量。红巨星膨胀时，对应的是正跃迁，是放能反应，是产生角动量；红巨星收缩时，是反跃迁，是吸能反应，是消灭角动量。详细理论，请参阅第二章第四节和第六章第六节。其实读者自己也完全可以得出结论，只要天体像一个旋转的重原子，其角动量必然可以产生也可以消灭。

§7.2　密近双星的演化和组成

当代天文学理论，在太阳能是热核聚变能的框架下去分析双星的演化历史，结果双星的存在状态和理论预言完全不一样，于是就出现了佯谬，比较有代表性的佯谬有大陵五佯谬和天狼星佯谬。

一、大陵五佯谬

天文观测证实，大陵五的主星是一颗质量较大的主序星，而伴星是一颗质量小的红巨星。在当代天文理论看来，大陵五简直反了，全乱了套。因为按当代理论，恒星的演化方向是从主序星到红巨星，而且是质量大的先演化到红巨星，质量小的后演化到红巨星。当代天文理论又认为，双星是在一团星云中同时形成的。按这种理论推理，大陵五中质量大的主星应该是红巨星，质量小的伴星应该是主序星。现在天文观测结果表明，大陵五中质量大的是主序星，质量小的是红巨星，这与当代理论分析正好相反，于是就出现了佯谬，理论和观测结果不相符。

任何理论应该和天文观测结果一致才能算是正确的，现在发现了佯谬，本来应该立即放弃恒星演化理论才对，但当代天文学家，没有发现一个可以放弃当代恒星演化理论的理由。于是只好在维持当代恒星演化理论的前提下，另外找别的方法去解释这佯谬。

方法终于找到了，就是假定现在质量大的主星，它的前身质量本来是比较小的伴星；现在质量小的红巨星，它的前身质量比较大。按当代理论，质量大的恒星先演化为红巨星，因为红巨星体积要膨胀，质量小的主序星就乘机从膨胀的红巨星表面窃取物质，膨胀多少，窃取多少。这样一来，物质就自然地从大质量红巨星转移到小质量主序星身上。结果质量大的红巨星质量变小了，质量小的主序星质量变大了，于是佯谬不存在了。

不过这种物质转移的想法也不能心安理得，因为即使红巨星膨胀也不能把物质百分之百地转移到质量小的主序星上。红巨星膨胀，实际上比爆炸原子弹还要激烈。向四面八方喷射的气体，决不会集中起来通过小小的走廊跑到主序星上去，就像没有人能把原子弹爆炸的磨菇云装进一个小瓶子里去一样。当然，在神话故事里这是有可能的。

二、天狼星佯谬

天狼星的主星是2.3太阳质量的主序星，伴星是0.98太阳质量的白矮星，在当代天文学理论里这又是一对佯谬双星。按当代理论，主序星的质量应该比白矮星质量小才对。当代天文学家还是采用质量转移的方法去解决这一佯谬。

当代天文学著作里，佯谬比比皆是，而当代天文学家总是会提出一个或者多个附加理论去克服出现的佯谬。了解当代天文学的读者都非常清楚，在这里不再一一列举。

三、天体原子模型的解释

天体原子模型认为，太阳能不是热核聚变产生的，恒星的演化方向是从红巨星到主序星，质量小的恒星从红巨星演化到主序星需要的时间短，质量大的红巨星演化到主序星需要的时间长。双星系统是中央主星先形成，伴星后形成。天体原子模型是这部书的总纲，其他所有的理论都是从这总纲中派生出来的。

如果我们用天体原模型去分析天文观测到的双星状况，一切佯谬都不存在了，更用不着去找一个附加理论。(请参阅第一节)。

A. 小质量双星

1. 先形成的中央主星还没有演化到主序星时，主星上空的气体环已演化为红巨星了，这时的双星是两颗小质量红巨星。

2. 当中心主星已从红巨星演化为主序星，而伴星还在红巨星阶段，这时双星由一颗大质量的主序星和一颗小质量的红巨星组成。这正是大陵五的组成，所以在我们的理论里，大陵五不存在佯谬。

3. 小质量的恒星演化得快，后形成的伴星已从红巨星演化到了主序星，而这时质量比较大的中央主星可能还停留在红巨星阶段，这时双星由一颗小质量主序星和一颗大质量红巨星组成。这种情况和当代天文学理论预言巧合，但在我们看来这种双星的形式虽然可能存在，但数量不多。如果恒星演化方式是按当代理论演化的话，这种双星应该最多。

4. 小质量的伴星已演化到主序星，大质量的中央星也演化到主序星（这是由于大质量中央星先形成）这时的双星是两颗主序星。

5. 质量小的伴星从红巨星演化到主序星以后又演化到白矮星，而大质量中央主星还停留在主序星阶段，这时双星由一颗小质量白矮星和一颗大质量主序星组成。这就是天狼星的情况，在我们的理论里天狼星也不存在佯谬。

6. 小质量伴星演化到白矮星或中子星时，大质量中央星也演化到白矮星或中子星了，这时双星的组成有两三种形式：①两颗白矮星；②一颗白矮星和一颗中子星；③两颗中子星。

B. 大质量双星

如果形成双星的星云质量比较大，致使形成的伴星质量也比较大，伴星演化到后期不是形成白矮星而是形成中子星，这时双星的组成又有不同。

1. 两颗大质量红巨星；
2. 一颗大质量红巨星和一颗质量更大的主序星；
3. 两颗大质量主序星；
4. 一颗中子星和一颗大质量主序星；
5. 两颗中子星。

在我们的理论里，恒星形成不了黑洞，所以双星不存在一颗为黑洞的情况，也不存在两颗都是黑洞的情况。在我们的理论里，双星形成以后，物质交换虽有一些，但不多，不存在大量物质转移的情况。

§ 7.3　恒星形成和演化总结

前面各章节中已详细论述了恒星形成和演化的问题，现在作一个总结。

一、恒星演化的方向

恒星的演化方向是从红巨星到主序星，然后又由主序星到白矮星或中子星。质量大的红巨星演化到主序星需要的时间长，质量小的红巨星演化到主序星需要的时间短。

二、红巨星的形成地点

类星体及其他星系核表面的负能壳层中，存在大量的星云气体，这些气体形成了类星体多重红移的吸收线。在负能壳层中的气体被壳层约束着，密度比自由空间的星云大，在恒星胎引力的作用下星云收缩为红巨星。

三、红巨星的核心是什么

我们的理论认为，星云收缩时引力能不转化为热能，而是转化为基本粒子的质量，所以星云收缩过程中，中心的温度不升高。星云中心不是靠气体的热运动去抗衡引力的收缩，而只能靠电子简并压或靠中子简并压加上反引力去抗衡引力收缩。这样一来质量最小的红巨星，其核心是正常物质状态，中等质量的红巨星其核心是白矮星状态，大质量红巨星其核心是中子星状态。

在 X－D 理论中，白矮星和中子星都不是恒星爆炸形成的，而是自然形成的，就像植物种子的核是自然形成的一样。恒星的结构不论是红巨星或主序星，其内部都有一个核，大质量恒星的核心是中子星，小质量恒星的核心是白矮星。恒星核外围包含了好几层壳层，壳层中存在气体状态的物质，就像原子壳层中存在电子云一样。

四、红巨星的演化

因为红巨星内部的基本粒子可以从宇宙空间回收能量，使其内部能级升高，也就是使内部基本粒子的质量增大。当能级升高到一定程度时，红巨星内部的基本粒子就要向低能级进行能级跃迁，能级跃迁过程中要放出巨大的能量，导致红巨星表面温度升高，气体运动的速度加大。但因为红巨星体积大，根据引力场公式：

$$g = KR\sqrt{\rho} \quad (A)$$

可以看出，因为红巨星的半径R很大，平均密度很低，所以红巨星表面的气体温度升高时其引力场再也约束不了速度增大的气体，于是红巨星体积膨胀，并大量抛射表面的气体到负能壳层中去。当红巨星表面的温度降下来以后，在引力作用下，重又发生收缩，于是红巨星就再一次的脉动。

红巨星的演化分两种情况：

1. 当红巨星质量比较小时，其表面的引力场比较小，红巨星在脉动时质量的损失率比较大，很快把外壳层的气体抛射完（抛出去的气体有一部分形成了双星或行星）。质量较小的红巨星脉动时可以形成正常的行星系统。

当红巨星把最外一层气体抛射完了以后，体积自然缩小。抛掉一层体积缩小一次，所以质量小的红巨星它们走的是巨星支路线。当红巨星的体积缩小到一定程度时，从公式（A）可以看出其表面的引力场也加大了。当表面的引力场能约束住高温气体时，恒星便不再大量抛射气体而稳定下来，停止脉动，达到了动态平衡，这时候的红巨星已演化到了主序星。

2. 质量较大的红巨星，从公式（A）可以看出其质量比较大，表面的引力场也比较强，强引力场可以约束温度较高的气体，所以大质量红巨星在脉动时气体的损失率比较小，其体积和质量可以较长时间不变化。大质量红巨星在演化过程中光度变化不大，演化寿命也较长，它们走的是水平分支。当体积缩小到一定程度时，其引力场已能完全约束高温气体，这时大质量红巨星就演化到了主序星阶段。

由于大质量红巨星在演化过程中，体积变化不大，表面温度又高，所以它们抛射出去的气体只能形成密近双星。双星自己也许能各自形成行星，但形成的行星有些也许会集中在双星的拉格朗日两点，我们不作定论。其他轨道上的行星，其运行轨道能否稳定，大家可以分析一下。在拉格朗日点的行星肯定比较稳定。

3. 虽然大质量红巨星在演化过程中可以形成双星，但由于双星都会发光，对总光度影响不大，不影响其沿水平分支演化。

五、新星和超新星的爆发

1. 新星爆发

质量较小的恒星，其核心是一颗白矮星，白星矮外围还存在好几个壳层，壳层上分布了一定密度的气体。任何一颗恒星，它内部的气体都不是杂乱无章地分布，而是存在壳层结构的，有点像大球内部套一个小球，层层套下去。质量大的恒星，壳层数目多，质量小的恒星壳层数目少。

我们假定，太阳的壳层分为L、M、N、K四个壳层，L代表光球壳层，K代表和太阳核心的白矮星相接的壳层。太阳核心的白矮星每隔 11 年左右就要有一次小规模的爆发。爆发时实际上是白矮星内部的气体向 K 壳层跃迁，在 K 壳层引起爆炸。在 K 壳层爆发的气体又会向 N 壳层跃迁，从而在 N 壳层又引起爆炸。然后从 N 传到 M，从 M 传到 L，所以我们看到了 11 年的太阳活动周期。

现在我们假定在双星中有一颗白矮星，它花了近 10 年的时间积累能量，由于双星的引力干扰，白矮星突然发生了规模较大的跃迁，引起表面发生大爆炸，把全部多余的能量瞬时转换为能量，于是出现了新星爆炸。这次爆炸完后又重新积累能量，十多年后又再一次爆炸。

我们应该把太阳 11 年的活动周期和新星爆发周期联系起来。

现在要说明的是，为什么太阳内部的白矮星放能过程要 11 年，而裸露的白矮星放能过程却是一瞬间。这是因为裸露的白矮星的气体离开表面后很快跃迁到了零能级，所以它放能是瞬间的。但太阳内部的白矮星就不同，其零能级在太阳表面，所以太阳内部的白矮星中的气体要跃迁到零能级，只好进行万里长征，从太阳中心一级又一级地跃迁到太阳表面。这就像有的人直接从楼顶跳到地面，而有的人却从楼梯上慢吞吞地走下来。两者得到的引力能是相同的，但后果却完全不同。

2. 超新星爆炸

因为大质量恒星其壳层数目比较多，壳层内的气体总质量也比较多，同时大质量恒星内部的能级也比较高，所以当大质量恒星内部的中子星发生爆炸并引发中子星外层的所有壳层一起爆炸时，放出的能量会更多，这就形成了超新星。

应该指出，因为大质量红巨星内部或大质量主序星内部都包含了中子星，所以无论红巨星或主序星都可能发生超新星爆发。

超新星和新星的能量来源都是壳层内的气体在短时间内集体进行能级跃迁。原子弹爆炸也一样，原子弹爆炸时是原子弹内部的铀原子中的基本粒子在短时间内集体进行能级跃迁。新星和超新星爆炸，也是天体原子核的一种裂变反应。

当然有些超新星爆炸会连中子星也一起炸掉。这时中子星内部的物质会像散弹一样向空中辐射，形成许多中子液滴。由于中子液滴中包含了无数的单个中子，而且液滴内部激发能很高，这些中子液滴会接着再分裂，直至每滴液滴中只包含了两三百个中子为止。这样小的液滴刚好转化为超重核和重核。接着这些超重核会很快衰变为中重核。所以中子星爆炸形成的元素重元素的丰度会比轻元素多，因为这一过程是从大团块到小颗粒的过程。蒸发模型就不一样了，因为蒸发单个粒子要比蒸发多个粒子容易，所以蒸发过程形成的元素轻元素多重元素少。

六、主序星的演化

从公式（A）可以看到，由于主序星半径小，表面的引力场可以克服高温气体跑到宇宙空间去，主序星通过基本粒子回收的能量和通过光发射出去的能量保持平衡，因此主序星演化得很慢。

但是，主序星还是要发射恒星风，对太阳来说叫太阳风，所以主序星还是要损失质量的，体积也会慢慢地缩小。当主序星把壳层气体全部抛射完时，就会自然地露出中心的中子星或白矮星。从这里可以看出，中子星和白矮星也可以通过和平的方式裸露出来，不一定非要通过新星和超新星爆炸不可。

主序星在演化过程中体积不断减少，质量也不断减少。质量减少以后回收能量的效率降低，恒星内部的能级也就降低。能级降低了以后，基本粒子在向外跃迁时放出的能量进一步减少，温度也就降低，光谱也就向黄色移动。大质量恒星之所以发蓝是因为恒星内部能级高，能级跃迁时放出的能量高。

主序星的演化在赫罗图中会沿着主序线从左上角往右下角移动，对整个星系来说，星系的年龄越大，小质量恒星的数目会越多。赫罗图的发明者之一罗素当初就是这么想的。自从太阳能是热核聚变能的理论提出来以后，罗素的理论就被认为是错误的了。

银河系的恒星光度函数表明，光度比太阳小的占 90%左右。也可以说质量比太阳小的占 90%左右。曲线的峰位落在绝对星等为+13 的地方，而太阳的绝对星等为+5。

我们的理论认为球状星团是从星系核内刚形成的恒星集团，椭圆星系内大量的球状星团也表明椭圆星系是年轻的，我们的银河前身也是椭圆星系。当银河系还是椭圆星系时，恒星的质量肯定比现在的大，它们刚演化到主序星时的光度函数的峰位肯定大于今天银河系恒星光度函数的峰位+13。由于银河系从椭圆星系演化到现在的旋涡星系要经过漫长的时间，当初质量比较大的主序星，在演化过程中都会沿着主序星曲线，从左上角移动到右下角。星系的恒星光度函数的峰位也就向光度小的方向移动。

当然，同一颗主序星是不是从光度大向光度小演化，还得用资料来证实。证实的方法是我们找出一个球状星团。今天银河系的球状星团是从银河系星系核内刚出生的，我们用它来代表银河系前身椭圆星系，做法是找一个有代表性的 M_3 球状星团，把 M_3 的球状星团中的红巨星光度，都转化为相应的主序星光度，然后作出光度函数，并以此代表 M_3 球状星团刚演化为主序星时的光度函数。我们估计 M_3 的光度函数的峰位肯定远小于+13，比太阳光度小的恒星也许只有 40%。如果我们的估计正确，也就表明主序星是从光度大向光度小的方向演化，而不会演化到红巨星的方向去。这也证明银河系恒星质量小的占绝大多数，不是恒星形成时固有的特性，而是星系演化的结果。星系的年龄越大，恒星的光度函数峰位越向小移。

七、白矮星和中子星的演化

当代天文学理论认为白矮星和中子星内部都是没有能量的天体，当它们温度慢慢冷却以后就成为看不见的恒星尸体。

我们的理论却反过来，认为白矮星或中子星内部基本粒子的质量要比自由空间中基本粒子的质量大很多。它们内部的能级非常高，基本粒子仍然要从高能级跃迁到低能级，它们仍然会向外发射能量，即它们可以通过脉冲 x 射线、γ 射线或非脉冲 x 射线、γ 射线暴发射能量。

另一方面，它们内部的基本粒子仍然会从宇宙空间回收能量，保持恒星能量循环的特性，因此白矮星和中子星仍然是活动的天体。虽然当双星中的两颗子星都演化为白矮星或中子星时从望远镜上看不到它们，但它们经常会通过发出 x 射线暴和 γ 射线暴的方式告诉人们它们的存在。我们研究恒星的时候一定要记住，任何天体都是正能系统，不要把中子星和白矮星看成是恒星的死尸。

我们在 §6.1 中谈到，恒星的真正归宿是在 M 区，它们都会在 M 区死而复生。

§7.4　天鹅座 X－1

根据当代黑洞公式有：

$$C=\sqrt{\frac{2GM}{R}} \tag{1}$$

但是，由于反引力场的存在，使天体内部有效引力常数 G 会随 R 缩小而变小，越到恒星中心，G 会变得越小，而且减小得比 R 还快，这就导致天体中空间流速

$$V=\sqrt{\frac{2GM}{R}}<C \tag{2}$$

因为公式(2)中，G 减小比 R 减小还快，所以按公式(2)，即使中子星的质量大于三个太阳质量，也不可能成为黑洞。

因为恒星表面的空间流速总是小于光速 C，恒星表面的光总是能逃离恒星表面，所以恒星不可能被压缩为黑洞。另一方面，如果从基本粒子的能级去考虑，恒星也不可能被压缩为黑洞，其原因是恒星内部的基本粒子越到中心质量越大，也相当于能级越高。物质密度越高，反引力也越大。如果要继续把中子星的体积压缩，势必要给中子星提供巨额的能量，靠引力能是无法提供的，所以恒星不可

能变成黑洞。

读者都知道，现在天文学家虽然没有正式宣布已找到了黑洞，但很多人的心目中好像天鹅座 X－1 就是黑洞。他们认为天鹅座 X－1 远大于 3 个太阳质量，决不可能是白矮星，x 射线的特征也不像中子星，而很像理论中的黑洞，所以人们就把天鹅座 X－1 作为黑洞的候选者。

其实按我们的理论，因为恒星存在负能壳层结构，在壳层内有效引力常数远比 G 大，它们的环绕速度及双星的质量就不能用常规的 G 值去计算，就是说：

引力
$$F = \mathrm{G}\frac{mM}{R^2} \tag{3}$$

伴星轨道运动向心力

$$F_{伴} = m\frac{V^2}{R} \tag{4}$$

$$V = \sqrt{\frac{\mathrm{G}M}{R}} \tag{5}$$

从(5)式可以看出，在伴星轨道速度一定的情况下，主星质量 M 随有效引力常数 G 增大而减少。因为伴星是在主星负能壳层中运行，负能壳层中有效引力常效比当代引力常数 G 要大好几倍，所以主星质量 M 也就相应减少好几倍，伴星的质量也跟着减少。这表明天鹅座 X－1 的质量远小于 3 个太阳质量。考虑了这点以后天鹅座 X－1 就有可能是一颗白矮星。

我们为恒星形成黑洞理论挡了三关：第一关是中子星并不是没有能源而死亡的恒星，它仍然可以通过微观粒子波粒互变从宇宙空间吸收能量，中子星内部的能级很高。第二关是由于中子星内部能级很高，反引力场很大，这就导致有效引力常数很小，即使某一中子星的质量大于三个太阳质量也成不了黑洞。第三关是考虑了主星的负能壳层以后，天鹅座 X－1 的质量并没有超过三个太阳质量。

因为我们提出了恒星不可能形成黑洞的观点，也就必须论证天鹅座 X－1 为什么会发射 x 射线。当代理论认为天鹅座 X－1 的伴星 HD226868，是一颗质量大于 20 个太阳质量的 OB 星，也是主序星。按当代理论，双星中两颗子星都是主序星时是不可能发射 x 射线的，但是，我们现在可以告诉读者，按天体原子模型理论，两颗主序星的双星也会发射 x 射线。

现在让我们一起来做一个假想实验，我们想办法在太阳赤道上空制造一个小质量恒星，绕太阳运行，轨道半径比日冕区的半径要大一些。这样一来人造恒星在太阳上空运行时，就会对太阳产生一个起潮力，相当于把太阳内部的气体往外拉。这就造成无论人造恒星运行到哪里，太阳光球上相应的地点就会高出一点。

如图 70401

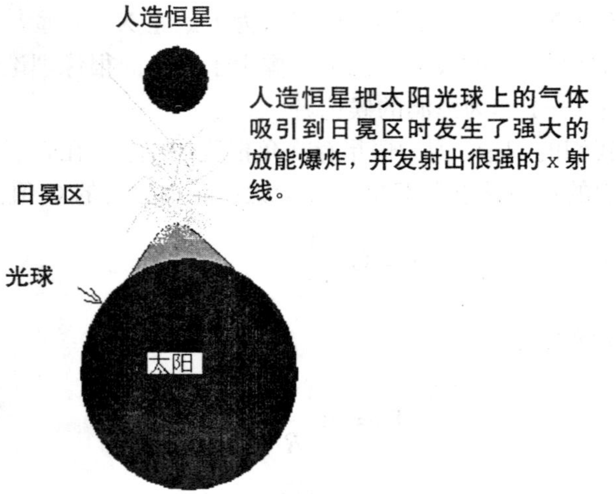

人造恒星

人造恒星把太阳光球上的气体吸引到日冕区时发生了强大的放能爆炸，并发射出很强的 x 射线。

日冕区

光球

太阳

图 70401　恒星 x 射线发生器实验

在天体原子模型里，恒星内部的气体往外跑，就是进行壳层跃迁。气体壳层跃迁是会放出能量的，所以这时候太阳光球上高出来的那一部分，因为有更多的能量放出，就会显得更亮。这样一来太阳就成了变星，光变周期就是人造恒星的运行周期。

这种由伴星的起潮力引起主星发生光变的现象已在武仙座 HZ 中看到。武仙座 HZ 上空有一颗中子星，在一定的时间范围内，中子星运行到哪里，武仙座 HZ 的表面和中子星相应的一面温度就升高，光度就变大。现在不少人以为温度升高是由武仙 X－1 的 x 射线照射引起的，不过武仙 X－1 有时会停止发射 x 射线，人们发现当武仙 X－1 停止发射 x 射线时，武仙 HZ 的温度仍然发生变化，所以用 x 射线照射引起光变的理由就不很充分了。不过看起来武仙座 HZ 也有太阳那样的黑子周期，黑子周期一方面控制武仙 HZ 是否光变，同时也控制武仙座 X－1 中子星是否发射 x 射线脉冲，其黑子周期有可能是 10 年左右。HZ 的黑子周期之所以有控制能力，主要是当 HZ 中心的气体刚好快跃迁到表面时，也相当于黑子周期后半期，武仙座 X－1 乘机帮助内部的气体跃迁到 HZ 赤道表面。因为核心的气体基本粒子质量比较大，所以当其跃迁时放出能量很多，HZ 表面温度增高。在黑子周期刚开始时，质量比较大的气体还没有跃迁到 HZ 赤道表面，因此武仙座 X－1 从 HZ 内部吸出来的气体是不带能量的，所以表面温度不升高。

在 HZ 黑子极盛时期过后 HZ 和伴星连线上的表面温度上升到足够高时，HZ 发射出大量的气体落到武仙座 X－1 上，使其发射 x 射线。这就是为什么 HZ 的黑子周期能控制 HZ 的光变及武仙座 X－1 发射 x 射线的原因。

现在我们回过头来讨论实验的问题。

如果我们进一步把太阳上空的人造恒星的质量加大，使人造恒星的引力，大到可以把太阳光球上的气体大量地吸引到日冕区。这时候太阳表面的情况就变了，在太阳的日冕区就会爆发特大的耀斑，并放出大量的 x 射线和γ射线及射电辐射。而且人造恒星运行到哪里，人造恒星下面的光球上就会有大量的气体喷射到日冕区，形成一个随着人造恒星运动的大耀斑。

读者现在就可以了解，伴星的引力可以把光球上的物质吸引到日冕区而产生 x 射线。天鹅座 X－1 就是这种情况。天鹅座 X－1 把光学子星 HD226868 光球上的物质大量地吸引到星冕区去，产生了猛烈的能级跃迁爆炸并放出大量的 x 射线。

这种方式发射的 x 射线，叫做潮汐 x 射线，其条件是潮汐的高度一定要达到星冕区，低了就观测不到 x 射线。

HD226868 的光线太强，我们看不到天鹅座 X－1 子星，它完全可以是一颗小质量的主序星。这样我们就不用黑洞的存在，也能解释天鹅座 x 射线的产生。

在天体原子模型里，增加了一种潮汐 x 射线源（实质是潮汐引起的大耀斑）。这种 x 射线和太阳耀斑有相似之处，除 x 射线外还会有γ射线及射电辐射。它们是光学星星冕区能级跃迁放出来的，也可以称之为星冕 x 射线源。

当然，如果双星中光学星的伴星是中子星的话，中子星会发射脉冲 x 射线，条件合适时中子星也会使光学星产生潮汐 x 射线，这时候 x 射线谱就是两种谱线叠加。

在双星中，如果两颗子星都是主序星，因为两颗子星都存在星冕，条件合适时在两颗子星上都可能出现潮汐 x 射线，两颗子星的连线上的气体因互相对撞也会发射 x 射线，这种双星的谱线会出现三重结构，一条会有红移，一条会有紫移，在质心中的气体发射的谱线会没有频率漂移。这种 x 射线源是亚铃形 x 射线源，SS433 可能就是这种情况。SS433 的特性在当代天文学理论是很难解释的。

§7.5　主序星演化在赫罗图中的移动

当代天文学从恒星的能源是氢核聚变能的角度出发，认为主序星把氢燃烧完后，就演化到红巨星阶段。读者现在已看到，当代天文学沿着这一理论已走进了死胡同。

现在我们提出了天体原子模型，大量的事实证明，这理论前景是良好的。所以论述主序星的演化，我们还是以天体原子模型为理论依据。

因为太阳会通过波粒互变从宇宙空间吸收能量，太阳内部能量多了，能级就升高。能级升高以后，太阳内部的基本粒子就要向外跃迁放出能量。因此，太阳及所有恒星都是一个能量循环机，把能量吸进来再放出去。这就是太阳能的本质。太阳发射能量的特点是：太阳中心是冷的，太阳是内部的气体向外跃迁时才放出能量。这和原子弹原来是冷的，只有等到裂变出射粒子以后才放出能量类似。所以太阳是表面热，中心冷，是表面放热型。

我们家里用的煤气炉，也是表面放热型，只有等到气体流出到炉盘上时才发热，而煤气瓶本身却是冷的。当然，其性质和太阳发热是不同的，在这里仅仅是一个形象的比喻。

前一节说过，红巨星是通过脉动方式放出能量，这主要是因为红巨星体积大，表面的引力小，能级差也小。所以引力和反引力可以像拉锯那样来回对抗，而且气体的损失率也比较大。但是当红巨星演化到主序星以后，体积缩小了，整个恒星的平均密度增大，根据引力场公式 $g=\mathrm{K}R\sqrt{\rho}$ 计算，恒星表面的引力场加大了。内部气体跃迁时，虽然也照样放出能量发出光和热，使表面温度升高，但这些热气体其速度不能克服引力向外膨胀。

也就是说，太阳表面引力和反引力加气体压力可以保持平衡，太阳光球上的气体也基本上保持平衡状态，不膨胀也不收缩。光球上的气体被太阳反复利用，充当能量的搬运工。就是说，太阳表面上的气体在引力作用下，可以回到太阳内部去，等到在太阳内部吸足了能量后又向外跃迁放出能量，放出能量以后再回到太阳内部。就这样反反复复，充当能量搬运工。

日常生活中的电灯泡之所以能发光，就是因为有电子在当能量的搬运工。电灯泡上的钨丝有点类似太阳的作用，当电子吸收了能量以后跳出电子壳层，当电子回到壳层中去时又放出光线，回到壳层中的电子又会重新吸收能量跳出壳层。很显然，电子就充当发光的工具。

如果我们能阻止太阳因发射太阳风而损失基本粒子，又能控制其不爆发超新星的话，原则上太阳可以发光几千亿年，寿命无穷。可惜太阳不断地发射太阳风，质量不断的损失，这就命中注定太阳不能万寿无疆。

因为太阳是靠基本粒子回收能量，又要靠基本粒子运送能量，基本粒子的数量如果减少了，太阳的光度就会下降。要知道，太阳的质量主要集中在中心，中心可能是一颗白矮星，而白矮星外头气体的密度是很小的。万一白矮星外头的气体由于发射太阳风消耗光了的话，太阳就正式演化成一颗白矮星了。

当然，太阳除了发射太阳风而损失质量以外，也会从空间回收部分质量，特别是彗星质量。如果能从银河系星云中夺取一些质量的话，太阳又会恢复青春，这对人类来说是个福音。希望太阳的质量能达到收支平衡。

我们对主序星下一个定义，就是恒星的引力和反引力在恒星表面达到平衡时，该恒星就演化到了主星序。由于质量损失很小，主序星的寿命比起红巨星要长得多，因此主序线上的恒星占恒星的绝大多数。

以我们的理论判断，主序星在演化过程中是沿着主序线，从左上方向右下方移动，大质量主序星应比小质量主序星寿命长，这和当年罗素的想法一致。我们的学说从形式上看，是罗素学说的复活，不同之处是罗素的太阳能来源于引力收缩。

这里似乎有一个值得研究的问题，从球状星团的赫罗图来看，其中的小质量恒星占的比例好像没有整个银河系内小质量恒星占的比例高。如果确实是这样的话，可以表明球状星团上的小质量恒星是由原来质量比较大的恒星演化而来的。它们的演化时间至少也得几百亿年，因为恒星在主星序上移动是很慢的，这也就说明银河系的存在至少也有几百亿年了，比大爆炸算出的宇宙年龄要大得多。

另一方面，我们还可以研究一下，主星序上大质量恒星占的比例，会不会比球状星团中大质量恒星占的比例小，如果小的话也表明主星序上大质量恒星有些已演化为较小的恒星了。

所以把银河系主序星上的光度函数和球状星团的光度函数作比较是非常重要的，因为球状星团是刚产生不久的，我们看一看球状星团内这些婴幼儿的体重分布，然后再看一下整个银河系中主星序上那些年青人和老头子的体重分布。

银河系主序星上的光度函数显示，绝大多数恒星的质量都小于太阳的质量，比太阳大的恒星占的比例很少。但是从那些球状星团和和疏散星团的赫罗图看，绝大多数恒星的质量都比太阳大（除非我们分析错了）。

如果情况确实是这样的话，就表明恒星刚从红巨星演化到主序星时质量绝大多数比太阳大，然后这些恒星在主序星阶段质量不断减小。在银河系形成以后，不少原来比太阳质量大的恒星变得比太阳质量小得多，所以恒星质量从大到小演化也成了一个时间箭头，箭头指向小恒星和看不见的恒星。

恒星从质量比太阳大几倍演化到比太阳小几倍，要多长时间呢？这得从我们的太阳变化去分析。有人估计，地球形成几十亿年以来，太阳光度变化很小，这表明恒星在主序星上光度变化很慢，几十亿年都不显著。可想而知，恒星的光度从比太阳大几倍演化到比太阳小几倍，要经过多么漫长的时间！

我们的银河系当初也是类星体，类星体也是在宇宙大栅栏中的 M 区而成。那时类星体的形成要花去多少时间？类星体形成椭圆星系，椭圆星系再演化为旋涡星系又要花多少时间？可以认为银河系从椭圆星系演化到现在的旋涡星系的时间，就是银河系恒星从红巨星演化到现在的恒星状况的时间。

地球形成几十亿年以来，太阳光度几乎没有变化。现在请读者估计一下，如果一颗恒星要从几倍的太阳质量，演化到几分之一的太阳质量，要花去多少时间？最低的估计，也要花 10 倍于地球形成的时间，那么就得出银河系从椭圆星系演化到现在，至少花去四百亿年以上。如果加上类星体形成的时间和椭圆星系形成的时间，也就是说从银河系形成以前的 M 区物质收缩到现在至少花了上千亿年。况且在宇宙中银河系不是第一个形成的。就算宇宙的年龄就是银河系的年龄，那么宇宙至少也有上千亿岁了。

按宇宙大爆炸理论，宇宙的年龄只有一百多亿年，而且争论不休。争论如何修改计算机参数中的宇宙常数。这种做法会使人理解为，宇宙的年龄可以以人的意志为转移。

如果恒星的能源是热核反应能的话，这理论也不允许宇宙活那么长的时间，这样长的时间氢气早烧完了，宇宙早已因没有能源而变得漆黑一团，所以太阳能热核反应能的理论也只能在太爆炸理论中生存。

天体原子模型不存在时间上的问题，因为恒星自己可以回收能量，只要有物质存在，宇宙就会永放光明。

从我们的分析看来，单银河系就有上千亿岁了，比大爆炸理论中的宇宙年龄要长得多。况且银河系在 M 区形成以前也还有无数代的老祖宗！所以宇宙年龄应该是无限大的。

第八章　宇宙结构

这一章主要作为一种理论探索。

所谓宇宙结构，通俗地说就是宇宙长得是什么样子。因为天文学理论众多，每种理论描述的都不一样。

大爆炸理论把宇宙描述成一只变形虫，它的体积正在不断膨胀。人们关心的是这只巨型变形虫是一直膨胀下去呢，还是终有一天会收缩。

还有一种宇宙稳恒态理论，它否认宇宙曾发生过大爆炸，认为宇宙从来就是膨胀的，因为宇宙空间不断地有物质创生出来以补充由于宇宙膨胀引起的物质损失（至于原来的物质跑到哪里去了，该理论并没有说明）。该理论描述的宇宙很像一个平地上的喷泉，人们发现水总是往外流，而水源总是能得到及时补充。

我们的天文学理论和当代天文学理论完全不同，所以我们理论里的宇宙长相又是另一种样子。到底长得什么模样，我们得寻求宇宙的根源。

我们考察了整个宇宙的特性：人分男女、动植物分雌雄、磁极分南北、基本粒子分正反。从这可以看出宇宙万物该分正反，或者说万物该分阴阳。按这种统一规律，我们觉得以太和光子也应该分正反，反宇宙发射的光子应该和正宇宙发射的光子不一样，只有这样宇宙的规律才算完善。

当我们考虑了以太分正反、光子分正反以后，按这种思路写出了第八章。我们估计第八章的内容让当代理论家们接受起来很困难，因为他们思维的惯性，对于宇宙的看法仍然忠实于爱因斯坦的宇宙论及大爆炸理论。我们的理论只好留给下一代理论家去评论了，或留给 22 世纪的人去评论。对于宇宙来说，一百年也是一瞬间。研究宇宙学的人应该有宇宙般的胸怀和耐心。

一、绝对真空

现在我们来讨论一下正粒子为什么一定要从高能级跃迁到低能级，而反粒子一定要从低能级跃迁到高能级？

我们恢复了 19 世纪的以太观，认为宇宙真空中充满了以太，并提出以太也可以分正以太和反以太。最合理的假设是宇宙的绝对真空中正、反以太各占 50%。如图 80001 所示：

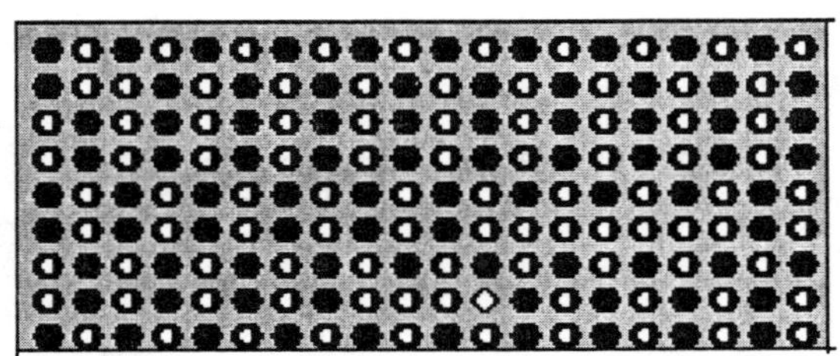

绝对真空中正反以太各占 50%。

图例：●正以太　◎反以太

图 80101 绝对真空

二、正反粒子中正反以太的含量

因为基本粒子是由以太构成的，而以太又分正、反。很显然，基本粒子由于其内部含正反以太比例不同而表现为正粒子和反粒子。我们假定正粒子中正以太含量高于 50%，反以太含量小于 50%，正粒子内部正反以太含量绝对值之和为 100%；反粒子中反以太含量高于 50%，正以太含量小于 50%，反粒子内部正反以太含量绝对值之和也为 100%。如图 80002 所示：

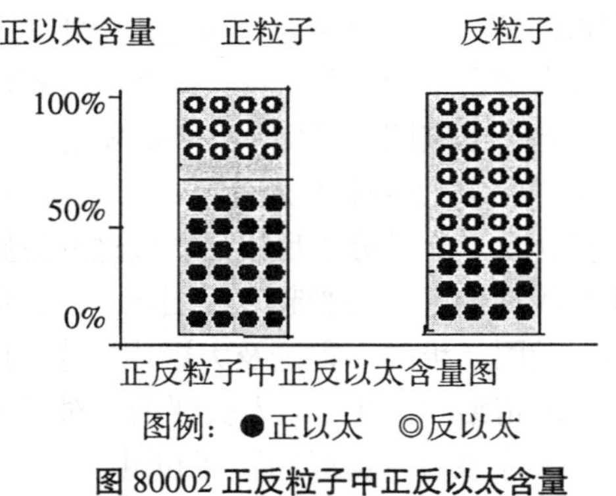

正反粒子中正反以太含量图

图例：●正以太　◎反以太

图 80002 正反粒子中正反以太含量

三、正反粒子的能级跃迁

为什么正粒子在能级跃迁中总是自发地从高能级跃迁到低能级？原因是正粒子中正以太含量大于 50%，它总要找机会放出多余的正以太，回到绝对真空中去（因为绝对真空中正反以太各占 50%）。

同样反粒子之所以自发地从低能级跃迁到高能级，是由于反粒子内部正以太含量小于 50%。它总想找机会使正以太恢复到 50%的水平，以便可以回到绝对真空中去。

这是很好理解的，假如大海装的是 50 度的酒，如果你把一瓶 80 度的烈酒放到大海中去，瓶子里的酒精自然就会扩散到大海中去。作为交换条件，大海中的水也会等量渗透到瓶子里去，过了不久瓶子里的酒也变成 50 度了。同样，如果把一瓶 30 度的淡酒放到这海里去，它会反过来吸收海里的酒精而把水排出去，过了不久也变为一瓶 50 度的酒了。

这样我们就找到了热力学第二定律的根源，原来基本粒子没有忘记它们是在绝对真空中产生的，它们总是千方百计地要回到那天下太平、正反以太均匀混合的绝对真空之中！就像上面说的，把高于 50 度的瓶装烈酒或低于 50 度的瓶装淡酒，打开盖子放到 50 度的酒海中去一样，烈酒会变淡，淡酒会变浓，最终都会变成 50 度的酒。请看图 80003。

正粒子总是企图把自身多余的正以太排出去，所以，正粒子一旦跑到低能级的环境中去，就会把自身多余的以太渗透到低能级中去，就像把一杯烈酒倒到淡酒缸中，原来烈酒中多余的酒精就会立即扩散到淡酒缸中去一样。只要我们找到了本质的问题，就很好理解，为什么微观粒子从高能级跃迁到低能级以后总是会放出能量。

同样也很好理解，为什么反粒子总是会自发地从低能级跃迁到高能级，并且在跃迁过程中吸收能量。当然，这句话是站在正宇宙的立场说的。如果站在反宇宙的立场上，反粒子也总是从高能级跃迁到低能级，并在跃迁过程中放出能量，不过放出来的能量在正宇宙看来是负能量，但在反宇宙自己看来仍然是正能量。一切过程都是对称的。

四、正反粒子对的产生

当高能 γ 射线打到绝对真空中去时，绝对真空中局部区域就产生正反以太分离。一部分区域正以太含量高于 50%，这区域就成了正粒子；另一部分区域正以太含量小于 50%，反以太含量高于 50%，这区域就成为反粒子。当然这些正反粒子的寿命可以有长有短，这就是物理学家们可以用高能粒子从真空中激发出正反粒子的原因。

假如有人给你一桶浓度为 50 度的酒，只要你通过简单的蒸馏，立即就可以制成一瓶又一瓶高于 50 度的烈酒和一瓶又一瓶低于 50 度的淡酒。大家都知道原来桶里并不存在烈酒和淡酒。从这里应该看到，当物理学家们还没有用高能粒子去激发真空时，绝对真空中并没有什么正反粒子。意思是说新发现的粒子是刚刚产生的，而不是原来就在负能海中存在的。

绝对真空中正反以太各占 50%

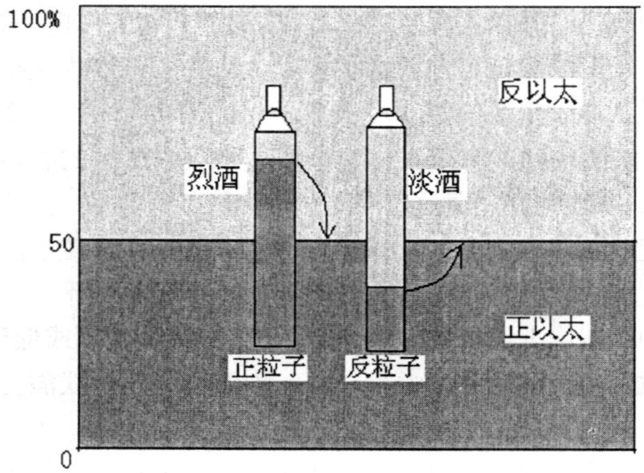

图 80003　正反粒子在绝对真空中跃迁原理图

狄拉克从正负电子对产生的现象中提出过，在真空中存在负能电子海的理论。如果按这理论，真空中也应该存在负能质子海、负能中子及无数其它负能奇异粒子海。

这一章我们仍假定绝对真空中存在等量的正反以太，并用正反以太的假设去论述宇宙的行为。这是一种探索，正如当代理论家假定质子和中子是由不同的夸克组成的一样，我们也假定整个宇宙是由正反以太所组成。用以太把宇宙统一起来，这才是真正的大统一。

§ 8.1　宇宙大空洞模型

虽然关于宇宙形成的理论学说众多，但目前的主流是大爆炸理论。中国的天文学家，在 20 世纪六七十年代期间，是强烈反对大爆炸理论的。现在则不同，表面上多数人已相信大爆炸理论了，但包括本书作者在内还有不少人仍然不相信。

宇宙大爆炸模型之所以能使多数天文学家信服，主要有以下几点：

1. 它是在天文观测事实的基础上提出来的。由于哈勃发现星系红移，天文学家把这现象归结为宇宙膨胀。为了解释宇宙膨胀的起因，天文学家假设宇宙曾发生过大爆炸。

2. 在假定宇宙曾发生过大爆炸的情况下，天文学家提出一个比较严格的大爆炸理论。该理论预言，在大爆炸过程中应该产生 25%的氦元素，这个预言已得到了证实。该理论又预言，宇宙空间会留下大爆炸后的余热，其温度大约在 3K 左右。这个预言又被 3K 宇宙背景辐射的发现所证实。

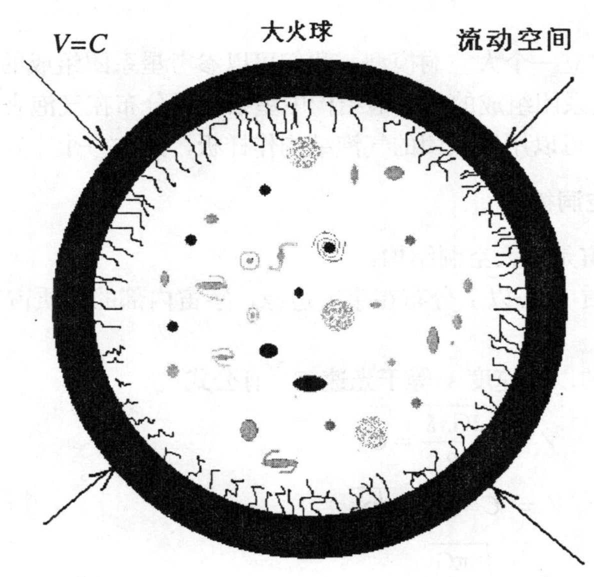

图 80101　宇宙大空洞模型图

由于该理论提出的两个预言都得到了证实，这就使得该理论能战胜其他理论而得到多数天文学家的认可。当然该理论仍然存在不少困难，在此不作论述。

如果现在有人要提出一种新的宇宙模型的话，那么新模型一定要能说明宇宙大爆炸模型可以说明的一切问题，同时还不要有宇宙大爆炸模型的缺点。具体来说，第一要能解释宇宙膨胀现象，第二要能解释氦元素的宇宙丰度，第三要能解释 3K 宇宙背景辐射的问题。

我们否定了牛顿的万有引力理论，并推导出一个万有冲力公式，虽然表达式和牛顿的万有引力相同，但意义完全不一样（为了照顾历史的习惯，我们仍用引力这个名词）。另外，我们又提出了一个反引力理论。引力和反引力相结合能解释星系以刚体自转方式的原因，也能解释宇宙大空洞的结构，不需要假设暗物质的存在。暗物质不存在，天文学家今后也就不用再花钱和精力去寻找它们了。

天文观测证实，宇宙中空洞结构或者说气泡结构是很普遍的形式。例如，恒星系统中有行星状星云，星系系统中有车轮星系，星系团系统中有大气泡结构等。形式是一级比一级大。如果我们胆子再大一点，从大量的气泡结构中，再往更高一级推广一下，就可以认为我们的宇宙也是一个大空洞结构。按分形相似理论推论，有可能正是宇宙本身是个大空洞，才导致比宇宙更低一个层次的星系团也表现出大空洞结构（就是局部和整体相似，也就是局部和整体存在相同的规律）。其根源就是宇宙不是按牛顿的万有引力相互吸引的，而是按万有冲力和反冲力规律结合在一起的。

为了给宇宙建立一个大空洞模型，我们可以参考星系团组成的大气泡结构。天文观测证实，星系团组成的大气泡结构中星系主要分布在气泡表面，气泡内部星系则很少。我们可以用星系团的气泡结构作样板，建立一个宇宙大空洞模型。

一、宇宙大空洞模型

1. 我们的宇宙是个大空洞结构。

2. 宇宙的物质 90%以上分布在宇宙边缘，宇宙内部的物质占宇宙总质量中很少一部分。

3. 宇宙边缘的以太速度 V 等于光速 C，有公式：

$$V=\sqrt{\frac{2GM}{R}}=C$$

$$V = C = KR\sqrt{\rho} \tag{1}$$

$$K=\sqrt{\frac{8\pi G}{3}}$$

式中 K 为常数，R 为宇宙半径，ρ 为宇宙平均物质密度，C 为光速。

4. 宇宙表面是个高温大火球，银河系在宇宙中心。如图 80101 所示。

5. 从宇宙外面看我们的宇宙是个黑洞。

6. 因为宇宙边缘是高温火球，所以只有宇宙中心才适合于生物及人类的生存。

二、原始宇宙的形成

我们假定：宇宙最初也是由更大的宇宙中的星云形成的，并且认为大宇宙的星云有些是正粒子组成的有些是反粒子组成的，而形成我们的宇宙的星云刚好是正粒子组成的，当初宇宙星云的体积非常大。至于宇宙星云为什么会聚合在一起，这和 M 区形成的原因是一样的，我们以后会阐明：是更大一级的宇宙中的反宇宙联合起来把正物质排挤出来聚在一起的。

因为我们现在分析问题时，是采用万有冲力的概念，和牛顿万有引力的概念有很大的不同。牛顿引力场是从中心一点吸引外围的气体，而冲力场则是从外面向中心压缩，所以最初在冲力场作用下，星云外围的气体不断被压缩，而星云中心却一点感觉都没有。当星云的体积收缩到原来体积的10%时，这就造成90%以上的物质分布在宇宙边缘，而宇宙内部的物质密度却很小。所以宇宙的空洞结构是宇宙形成初期从表面向内收缩造成的。很显然我们的宇宙形成理论是宇宙大收缩理论，和宇宙大爆炸理论正好相反。宇宙星云大收缩花了很长的时间，而宇宙大爆炸只花去很短的时间。

宇宙星云从表面不断收缩时，引起宇宙半径也不断减小。因为星云物质的总质量 M 不变，宇宙半径的缩小，导致宇宙内部物质的平均密度不断增加。当达到 $\mathrm{K}R\sqrt{\rho}=C$ 时，半径不再缩小，体积稳定下来，原始宇宙终于形成了。

现在我们必须重点阐明，在我们的理论中，为什么当宇宙收缩到 $R=\mathrm{G}M/C^2$ 时其半径 R 就不再缩小了呢？这是由我们的冲力场理论决定了的，因为我们的理论认为冲力场就是以太流，宇宙边缘的以太流速度 V 已达到了光速 C，不能再增大了，所以宇宙半径 R 也不能再缩小了。这就使得我们的宇宙大小固定下来。

冲力场理论和当代引力理论不同。当代引力理论认为，引力可以无止境地增大，直至把整个宇宙压缩为一个奇点。冲力场理论认为冲力场强度有一个极限，最大等于光速 C。

原始宇宙形成以后，因为宇宙边缘向内流的以太速度等于 C，也就是冲力场的强度等于 C。在这样强的冲力场作用下，宇宙表面物质温度非常高，另一方面强冲力场本身也可从真空中激发出很多基本粒子。所以我们的宇宙表面，一方面是基本粒子的产生地，另一方面又是一个永远燃烧的空心高温大火球。这火球是多么的雄伟和壮观！自从原始宇宙形成以来，就一直燃烧到现在，也许时间已过了无穷亿年！我们也认为宇宙有形成的时候，但已有无穷亿岁了！我们的宇宙模型属于稳恒态宇宙模型。

三、宇宙现状的解释

宇宙大爆炸理论是为了解释宇宙的现象而提出来的，它得到了大多数天文学家的认可。现在我们提出宇宙大空洞模型，也必须要能解释观测到的宇宙行为，只有做到这点才能得到天文学家们的认可。

根据宇宙大空洞模型，宇宙中90%以上的物质分布在宇宙边缘，并又假定宇宙表面向内流的以太速度等于 C。物质在强引力场中相互作用会产生高温，这就表明宇宙边缘的温度非常高，同时也表明温度随着到宇宙中心距离的减小下降得非常快。从以太流速度公式 $V=\mathrm{K}R\sqrt{\rho}$ 看出，以太流速度和 $R\sqrt{\rho}$ 成正比，而以太流速度又可以反映该点气体的温度。因为宇宙的物质主要分布在宇宙边缘，只要 R 减小一点，$\sqrt{\rho}$ 会迅速降低，同时也导致温度迅速降低，所以宇宙的高温区只在宇宙边缘。

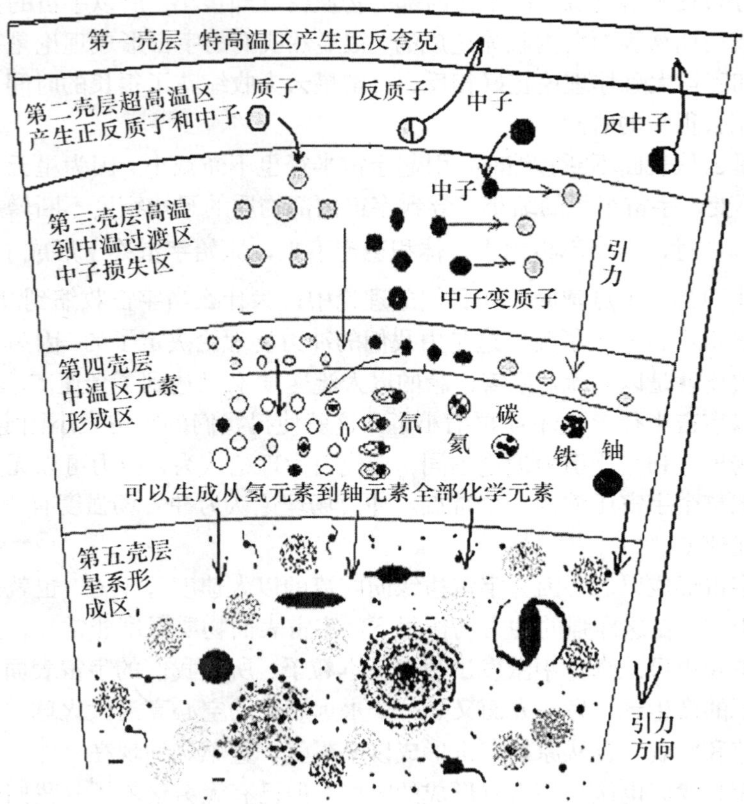

图 80102 宇宙元素的生成及星系物质的来源

大爆炸理论认为，大爆炸开始以后不同的时间，按温度的高低分为几个时代：所谓强子时代、轻子时代、辐射时代和原子时代，为的是解释宇宙元素的生成。该理论把时间空间和温度都规定得非常精确和严格。例如，该理论认为大爆炸经过10^{-12}秒以后，宇宙温度便降低到约10^{15} K，这时期夸克大量产生。大爆炸后10^{-6}秒宇宙温度降低到10^{13} K 时由夸克组成了质子和中子。当大爆炸后10^{-4}秒宇宙温度降到了10^{12} K，这时候再也不能产生质子和中子了，而且连原先产生出来的正反质子和中子也大部分湮灭掉，只剩下少量的质子和中子。我们的宇宙就是由这幸存的一点点中子和质子形成的。多可怜的宇宙！

读者从这例子中可以看到大爆炸理论把时间空间及温度安排得是多么的精确！

宇宙大空洞模型却不用这样精确的时间和空间。在我们的模型里，火球是永远燃烧的，温度从高到低不是按时间区分，而是按区域区分。它的好处是，在固定的区域里温度永远不变化，这对分析元素生成要方便得多。如图 80102 所示，从宇宙表面开始向里，顺序排列为第一壳层、第二壳层、第三壳层和第四壳层等。

第一壳层：正反夸克

第一壳层是宇宙的最外层，在这一壳层外以太流的速度等于光速 C，相当于黑洞的视界，因此在宇宙外面看我们的宇宙就是个黑洞。我们以前说过，恒星级的黑洞不存在，因为恒星级的黑洞要求物质的密度太高了（而宇宙级黑洞物质的密度却非常低），以太流的速度不会大于 C，因此引力有个极限，不可能把宇宙物质无限压缩下去成为一个奇点。这样宇宙的大小便固定下来。第一壳层内因为引力非常大，因此物质的温度很高，在10^{15} K 上下。温度的上限是多少，可由理论家们去确定。但幸好在壳层内其温度不是均匀的，其温度存在梯度，从外向里不断降低。其中总可以找到一个区域，其温度适合形成大量的正反夸克。也正如在一座 100 层的酒楼中，你总是可以订到第 50 层的房间。

正反夸克是形成正反质子和中子的原料，所以我们称第一壳层是夸克产生区。正夸克质量为正，在引力场作用下会向宇宙中心运动。反夸克命运就不同了，它们的质量是负的，反夸克在引力场作用下会向宇宙外面运动。正反夸克在引力场作用下就发生分离。反夸克含反以太的百分比高，它的质量是负的，衰变后就以反能量向宇宙外面输出。我们的宇宙虽然是个黑洞，但它输入的是正能量输出的是负能量。负能量眼睛看不见，还是黑洞。所以在我们的理论里宇宙黑洞吸收的是正能量，输出的是负能量，即吸收的是正以太，输出的是反以太。从这可以断定，我们的宇宙吸收了正以太以后，质量就会不断增加，体积也会不断增加。所以我们的宇宙形成之初并没有现在这样大。

这是很好理解的，用不着复杂的数学公式去证明。因为在宇宙的第一壳层源源不断地把正夸克输到宇宙内部，很显然，我们的宇宙质量会不断增加。根椐公式(2)，宇宙质量 M 增大，半径 R 也会不断增大。所以在我们的理论里，虽然不赞成中心物质密度极大的恒星级黑洞存在，但却认为宇宙完全可以由中心物质密度很小的宇宙级黑洞不断长大形成，而且今后还会不断增大。所以我们的理论不是宇宙膨胀理论，而是宇宙增大理论。要点是：宇宙是由空洞黑洞形成的，宇宙的质量和体积会由小变大。当然，宇宙会不会有个极限体积，有待于今后研究。

第二壳层：质子和中子的产生

在第一壳层内产生了大量的夸克，虽然夸克在低速的地球实验室中寿命很短，但在强引力场中，寿命会增长。宇宙的温度从外到内有一个梯度，在这温度梯度中总可以找到一个合适的区域，这区域的温度为 10^{13}K 左右，适合形成大量的质子、中子、少量的反质子和反中子等。我们称这区域为第二壳层，也就是质子和中子产生壳层。

因为在温度为 10^{13}K 的壳层区域中，质子和反质子、中子和反中子是同时产生的。如果没有一个物理机制，把正反粒子立即分开的话，正反粒子很快会互相湮灭掉，从而减少正粒子的产量。

在我们的理论里，反粒子的质量是负的，负质量的反粒子在引力作用下，运动方向会和引力方向相反。这样一来，正粒子就会在引力场作用下往宇宙中心运动，而反粒子就会向宇宙外面运动，进行第二次正反粒子分离。反粒子离开第二壳层回到第一壳层特高温区，反粒子在特高温区会被重新熔化为反夸克，反夸克也会向宇宙外面运动（关于反粒子会离开我们的宇宙这种理论下面会用专门一节来谈论）。这样一来，进入到宇宙中心的粒子就全是正粒子了。正是由于引力场把正反粒子分开，才能保证我们的宇宙永远是正粒子组成。

这里我们应当看到，第二壳层内的温度永远保持着高温，并且会源源不断地向第三壳层提供质子和中子，因此第二壳层是宇宙中质子和中子的产生地。

第三壳层：中子损失的地区

和第二壳层相邻的就是第三壳层，这是人为分的。它的温度范围在10^{12} K 到 10^{10} K 之间。在引力场作用下，从第二壳层进入到第三壳层高温端的质子和中子数目原来是相等的。但当它们一起进入低温端时，因为中子质量大，在低温端的温度不能支付质子变为中子的质量差，质子变为中子的机会减少了，而中子变为质子的机会增加了，所以当它们走出第三壳层时，中子数比质子数就少了。至于少了多少，还得由权威专家决定。所以第三壳层称为中子损失区。这就决定宇宙中氢元素多氦元素少。

第四壳层：元素生成地区

第三壳层的里面就是第四壳层，第四壳层的温度在 10^{10}K～10^{7}K 之间，当第三壳层内的质子和中子，在冲力场作用下进入到第四壳层的高温端，高温端的温度为 100 亿 K，按经典核反应理论，这温度刚好是适合氢原子克服库仑位垒结合成氘的温度。在氘还来不及分解时，两个氘核可能相碰结合成氦，接着形成其他重元素。我们理论中的条件比宇宙大爆炸的条件有很大的不同，我们的条件是，在固定的区域内，温度不随时间变化，核反应有充足的时间，即使反应截面很小也没关系。另一方面，空间条件也很丰富，如果这一地区的温度不合适，它可以自动迁移到温度合适的地区去进行核反应。这有点像候鸟会自动迁移到温度合适的地区去生活。这对理论家来说，条件就宽松多了。

大爆炸理论因为爆炸后的宇宙温度很快就下降了，当它形成氦元素以后，只能形成少量的锂和铍。后来由于温度很快降低，没有条件合成重元素了，合成重核的过程也就终止，所以大爆炸理论只好把形成重核的工作交给恒星去完成。

宇宙射线测量结果证明，宇宙射线中除含有氢和氦以外，还含有其它所有重元素，其丰度和宇宙丰度相近。所以我们断定重元素也和氦元素一样有很大一部分是在宇宙边缘第四壳层产生的。在我们的理论中，产生轻元素和重元素的地方就有三个场所：恒星内部、星系核内部及宇宙大火球中。

其实，第四壳层对产生重元素的条件是很好的，现在我们已把氢核聚变为氦的温度提高到原有的理论温度 100 亿 K，再也没有必要全部依靠隧道效应了。在这样高的温度下，很容易实现三个氦核聚合成一个 C^{12}，接着以 C^{12} 为基础不断吸收氦核，成为更重的元素。

因为第三壳层不断地给第四壳层提供大量的质子和中子，还有刚形成的氘核，因此在第四壳层中，轻元素还可以通过俘获中子、质子及氘核，逐渐增大而形成各种重元素。元素在高温下速度很快，它们之间也可以通过互相碰撞形成更重的元素（当然，某些在高温下不稳定的元素除外）。所以我们的理论认为，宇宙中所有的元素从氢元素到铀元素都可以在第四壳层中产生。

第五壳层：宇宙的主体

第四壳层内产生的元素会在其自身速度及引力的帮助下运动到第五壳层，第五壳层就是宇宙的主体，星系就是在第五壳层中形成的。第五壳层的体积占宇宙总体积的 99%以上，其它四个壳层的体积总共也超不过 1%。但 99%的物质却集中在其它四个表面壳层中。

四、星系物质的来源

在第四壳层产生的元素，因为温度很高，引力场也很强，所以都是高能粒子。这些高能粒子在引力场作用下，不断以宇宙射线的形式向宇宙中心运动。最后这些气体停留在宇宙中不同的位置上，组成该地区的星系。根椐天体原子模型，宇宙从外到内能级逐渐升高。又因为相同温度下的气体，运动速度服从麦克斯韦分布，这就造成不同速度的气体会到达宇宙中不同的区域，只有速度较大的气体才能克服能级高度到达宇宙中心，所以宇宙内部的物质分布，会表现为在边缘物质密度大，在中心物质密度小（因为形成星系的物质是从宇宙边缘通过宇宙射线得到的，所以星系的密度在宇宙边缘高，在宇宙中心小）。因为银河系接近宇宙中心，在地球上看来远处的星系比近处多。

另一方面到达宇宙中心的气体轻元素多，重元素少，这也决定我们银河系的化学元素从轻到重呈指数规律下降。千万不要以为整个宇宙中化学元素丰度都是相同的。即使在银河系内部，恒星的重元素含量也是各不相同。

五、宇宙物质的循环

如图 80103 所示，天体原子模型认为，宇宙中心能级高，宇宙边缘能级低。因为一切微观粒子都要从高能级跃迁到低能级，所以一切微观粒子都会从宇宙中心向宇宙边缘运动。因为星系又是由微观粒子构成的，所有星系在其内部微观粒子的共同作用下，统一向宇宙边缘运动。不过运动速度比哈勃宇宙膨胀速度小得多。

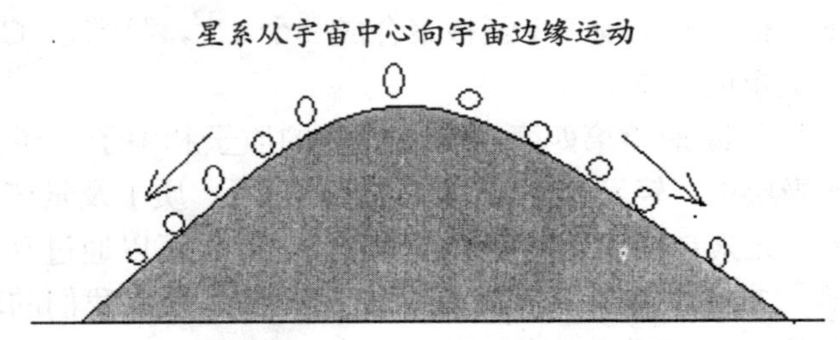

图 80103　宇宙反引力场

当星系运动到宇宙边缘时，又被宇宙边缘的高温化为基本粒子，基本粒子又形成各种元素，通过宇宙射线的形式，返回宇宙内部，实现物质的循环。从这可以看出，是微观粒子的波粒互变，支配了宇宙的运动，支配了宇宙物质的循环。

现在我们看到，宇宙大栅栏中的 M 区是星系物质的小循环，宇宙大火球中才是宇宙物质的大循环。宇宙中心的星系虽然慢慢向星系边缘运动，但这不是因大爆炸引起的宇宙膨胀而是宇宙内部的物质循环现象。星系向外运动损失了物质，而宇宙边缘向中心入射的宇宙射线又对其进行了必要的补充。这点和当代稳恒态宇宙理论的观点是一致的，不同的是，当代稳恒态理论认为物质是整个宇宙中不明原因产生的。

六、星系红移的原因

星系红移有两个原因，第一个原因是微观粒子能级跃迁带动星系向宇宙边缘作加速运动，从而引起速度红移。不过这部分运动速度不大，引起的红移也不大。第二个原因是，根据天体原子模型，宇宙边缘的能级低，宇宙中心的能级高。银河系刚好在宇宙中心附近。所以被我们观测到的星系，它们所在的位置的能级，大多数都比太阳系低。光线从低能级跃迁到高能级，要损失能量，从而导致反跃迁红移。如图 80104 所示。这和类星体红移的性质是一样的。

由于星系红移是速度红移和位置红移的迭加，所以星系红移值和距离的关系有一定的分散。考虑了光线反跃迁红移 Z 以后，星系的退行速度红移就小多了，因为反跃迁红移 Z 是随星系离宇宙中心的距离增加而增加。根据当代星系退行速度 $V = ZC$ 的公式，这就使人误解宇宙正在膨胀。所以今后必须搞清，对于一个星系的总红移中，速度红移和反跃迁红移到底各占多少比例。

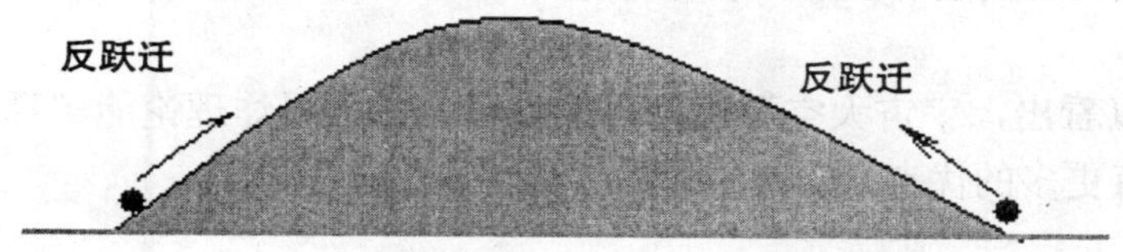

图 80104　宇宙能级中心高

七、微波背景辐射

如图 80104 所示，因为宇宙边缘能级低，宇宙中心能级高，所以宇宙边缘火球的强光要到达宇宙中心，必须反跃迁。反跃迁会产生红移，使火球上的光到达宇宙中心时，已红移到 3K 了。很多迹象表明，人类刚好在宇宙中心附近。很显然，离火球太近的地方是不能住人的。我们假定火球朝宇宙中心一面的温度为 4000K，而适合人类居住的空间环境必须在 300K 以下，所以适合人类居住的地方，从宇宙中心算起，只占宇宙半径的 0.075。如果用体积计算，人类在宇宙中能生存的地方只占总体积的 0.00042。而 3K 温度的银河系，离宇宙中心只占宇宙半径的 0.00075，而体积比只有 4.2×10^{-10}。从这可以看出银河系目前基本可算作在宇宙中心，因为在火球的中心，所以会感觉到四周的温度及辐射量都会差不多，偏差不会超过千分之一。

以上就是宇宙大空洞模型的概况。我们仅仅为该模型立起了一个框架，要完善还得花很多功夫。这是一个很有希望的模型，它不存在奇点的困难，也能解释 3K 宇宙背景辐射的来源。它能解释所有化学元素的形成，而大爆炸理论只能解释氢元素和氦元素的形成。因为按大爆炸理论，当宇宙生成了氦以后，温度很快下降，再也没有足够大的能量形成重元素了。而大空洞模型不存在温度下降的问题，当宇宙生成了氦元素以后，温度并不下降，氦元素仍然有足够的温度可以继续反应生成更重的元素。

大空洞模型属于稳恒态宇宙模型，它用光的反能级跃迁解释了星系红移，用宇宙边缘产生的宇宙射线补充由于星系外移造成的物质损失（因为入射到宇宙中心的宇宙射线少，所以宇宙中心的星系密度小)。这也符合天文观测的结果，这就避免了过去稳恒态理论的缺陷。

宇宙大空洞模型是从冲力场理论中提出来的，它有宇宙大气泡结构作样板。宇宙大气泡结构的星系，大部分分布在气泡壁上，气泡中心的物质很少。我们根据分形理论提出更高一级的宇宙也可能是空洞结构。我们虽然提出宇宙是个黑洞，但仍然认为恒星级的黑洞可能不存在，因为恒星级的黑洞，物质密度要很大，反引力场的存在，不允许物质达到这样高的密度。在我们的理论中，冲力场强度有极限，物质的密度也有极限。宇宙级的黑洞因为密度很小，所以允许宇宙级黑洞存在。

从这可以看出，宇宙大空洞模型也能解释宇宙大爆炸理论能解释的一切问题，而且还有更多的优点。

§8.2　正宇宙和反宇宙

一、正粒子和反粒子

现在我们继续讨论正粒子为什么一定要从高能级跃迁到低能级，而反粒子一定要从低能级跃迁到高能级？

在上一节提到，在宇宙大火球中产生的反粒子，会在引力场作用下离开我们正宇宙，这是个重要的问题，必须从理论上讲清楚。

图 80201 是正氢原子和反氢原子能级示意图。

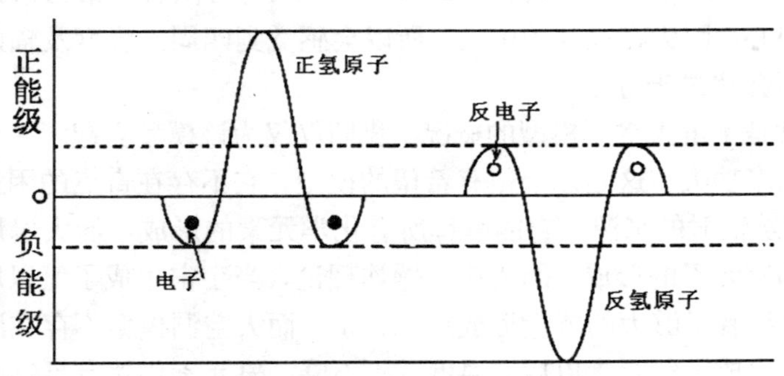

a.正氢原子能级　b.反氢原子能级

图 80201　正反氢原子能级图

在我们的理论里，空间充满了以太，以太等效为空间，以太又等效为能量，三位一体。下一节我们将介绍以太是可以分正反的，也就是粒子中正反以太可以变化。对于正宇宙中的正粒子来说，正以太含量高，等效为能级高。对于反宇宙中的反粒子来说，正以太含量小，反以太含量高，等效为负能级高。

以太又可以流动，流动的以太是能量流，是流动的空间，又是冲力场或叫引力场，又一个三位一体。以太可以变为粒子，粒子也可以变为以太，这叫波粒互变。光靠以太传播，光在静止以太中传播速度为 C。以太自己也可以在静止以太中相对流动，最大流速也是 C。如果一束光在流动以太中传播，也叫在流动空间中传播，而且传播方向和空间流动方向相同，那么在静止以太中的人看来，光的传播速度为 $C+V$。因此在流动空间中，允许超光速运动。

读者现在可以看到，在我们的理论里，以太再不是 19 世纪的丑小鸭，我们已把她变为白天鹅。

有了以上对以太性质的介绍，就可以用这理论去研究正反粒子的性质了。我们定义宇宙中没有物质存在的绝对真空中，其正反以太各占 50%，其能级为绝对 0 能级。那么，因为正粒子可以放出能量，我们可以认为正粒子内部正以太含量大，也可以说等效为正以太密度大，又等效为能级高。所以在图 80201 中，正氢原子的能级是正的，它的电子壳层是负能级，要使电子跳出负能壳层，必须给电子能量。

由于反粒子在正宇宙看来质量是负的，很显然反粒子内部的正以太密度应该比绝对真空中正以太密度小，等效于能级为负。所以在图中反氢原子的能级图为负能级，反粒子的电子能级应该是正能级，要使反电子跳到真空中，就必须从电子壳层中取走能量。当反电子从真空中跳回正能壳层时，它反而要从真空中吸收能量，并发射负能光子。

正粒子发射正能光子，反粒子发射负能光子。这样光子也可分正反了。当代理论认为光子只有一种，并认为反天体发的光和正天体发的光一样能被我们看到。在我们的理论里，负能光子用我们的眼睛是看不到的。下一节将专门论述。

为了使读者更好地了解正反粒子的性质，我们进一步画出图 80202，图中黑色代表正以太密度比较大的空间，灰色代表反以太密度比较高的空间。从图 A 可以看出，正粒子内部正以太密度大，反粒子内部正以太密度小，因此能级是负的。粒子内部正以太含量大于 50%的为正粒子，小于 50%的为反粒子。

二、正反粒子湮灭的本质

现在我们进一步搞清楚为什么正反粒子一旦相遇就会湮灭。从宇宙根源来看，正反粒子都希望回到绝对真空中去，就像一瓶 75° 的酒和一瓶 25° 的酒倒在一起，它们立即就成为 50° 的酒了。如图 B 所示，我们把正粒子和反粒子能谱移到一起，立即就能看出问题之所在。从图 A 可以看出正粒子单独存在时它的能级高度为 FO，反粒子单独存在时它的负能级高度为 OG。当它们相遇时，正粒子把反粒子的峰位 G 当成它的最低能级，因此正粒子的能级高度突然变为 FO+OG。反过来，反粒子也把正粒子的峰位 F 当成是它的最高能级，因此反粒子的能级也突然增加到 GO+OF。要知道正粒子最喜欢往低能级跃迁，而反粒子又喜欢往高能级跃迁。于是正反粒子各向对方跃迁，并放出 $2m_eC^2$ 的能量。所以，正反粒子湮灭现象的本质也是受微观粒子能级跃迁规律支配的。

三、成协的正反宇宙

图 80202C 和 D 画的是正反宇宙成协的情况。其实正反恒星、正反星系成协的情况完全是相同的，所以我们只讨论正反天体成协的情况。

正反粒子相碰会立即湮灭。也许大家会想，假如银河系有成协的正反恒星互相湮灭的话那可是个大灾难，它放出来的能量就远不是超新星那样小了。不过从我们的分析来看无论是正反恒星正反星系或正反宇宙都不会相碰在一起。因为正反天体总是存在一种相互排斥的力。

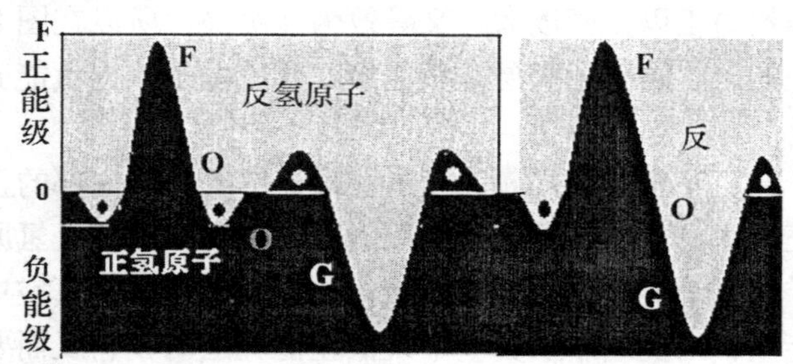

A. 正反氢原子能级图　　B. 正反氢原子相遇

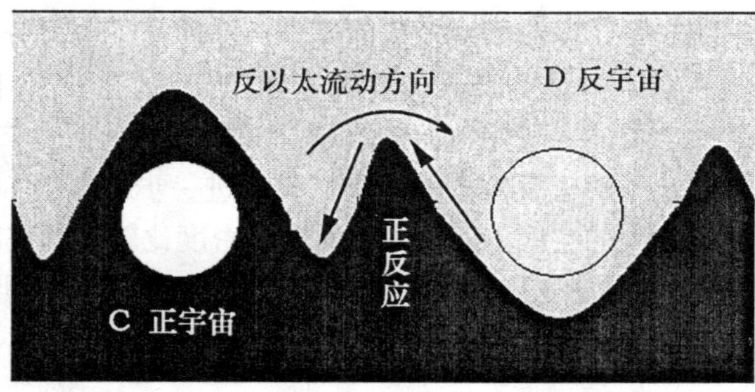

图 80202　正宇宙和反宇宙

从图可以看到，对于正宇宙来说，它在波粒互变时要从周围空间回收正以太排出反以太，正以太流像水流一样会把正物质冲到正天体中心。另一方面反天体在波粒互变时总是把正以太及正物质往外排，回收的是反以太和反物质。图中正反宇宙交界的地区，形成一个正反以太交接峰。反宇宙把正以太推到峰顶上，正宇宙从峰顶接过正以太流，正以太流为正宇宙提供能量，刚好这种能量流会把正宇宙冲得远离反宇宙。

另一方面当正宇宙接收反宇宙提供的以太时，实际上也为反宇宙提供了反以太，使反宇宙的正以太密度降低，反以太流的冲力又会使反宇宙远离正宇宙。这样一来，正反宇宙之间就产生一种相互排斥的力，使正反宇宙不会相碰在一起，因此正反天体不会湮灭。

本章第一次提到反以太，这样一来，我们又发现以太也有正反。正宇宙及正物质内部正以太含量高反以太含量少。反宇宙及反物质中，反以太含量高，正以太含量少。所以今后必须说：真空中充满正以太和反以太，正天体为了使内部的基本粒子增加就必须大量吸收正以太排出反以太。而反天体为了使自己内部的基本粒子质量增加，也必须大量吸收反以太排出正以太。

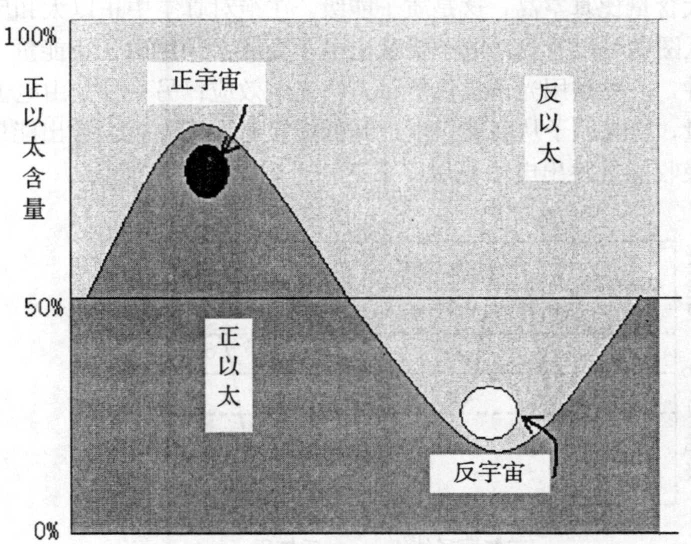

图 80203　正宇宙正以太含量高，反宇宙正以太含量低

这样一来，正宇宙内部正以太的含量必然大于绝对真空中正以太的含量。反宇宙内部正以太的含量必然小于绝对真空中正以太的含量。如图 80203 所示。我们假定绝对真空中正反以太各占 50%。

§8.3 正反以太和正反光子

上一节谈到以太可以分正反，光子也可以分正反。这又是物理学上的对称。关于反以太和反光子，我们并不是凭空想出来的，而是在研究正宇宙和反宇宙之间的相互作用后提出来的。

要说明这个问题必须讲清楚正反原子的特性，为了简单起见我们仍用正反氢原子为例。图 80301 是正反氢原子的能级图，其中 a 为正氢原子能级图，b 为反氢原子能级图，正反氢原子能级是完全对称的。

从图中可以看到，正氢原子的电子壳层是负能级，它的能级比真空低，负能壳层内反以太密度比较大。壳层内的黑点代表电子。原子中心的能级比真空高，也就是正以太含量比真空高，这是质子能级。在绝对真空中正以太和反以太数量是相等的。从图中可以看到，电子要跳出电子壳层必须给电子正能量，供给能量的方式有三种，一种是用光子提供能量，叫光电效应；另一种是由电子所在的原子核提供能量，当氢原子从高能级跃迁到低能级时原子核就会放出能量，这时电子就可乘机吸收能量跳出电子壳层；第三种是用电场提供能量。

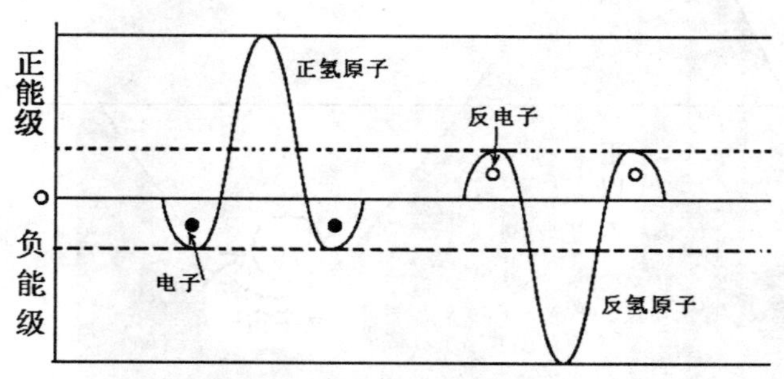

a.正氢原子能级　　b.反氢原子能级

图 80301 正反氢原子能级图

其实我们可以把正氢原子的电子负能壳层当成一个低于地面的坑。你把坑放满“正以太水”，那个电子球不是就浮到地面上来了，这是光电效应的形象比喻，意思是说，你要使电子浮到 0 能级上来，必须给负能壳层正能量。如果你把电子球仍旧扔回坑里去，那么刚才放进去的以太水当然又会流出地面来，这就叫发射光子。当然每个人的比喻都会不同。

在恒星内部，因为中心能级高，当气体从天体中心向表面进行能级跃迁时，氢原子核中的质子就会放出能量，使氢原子壳层中的电子跳出壳层。当电子又跳回电子壳层时，又把刚才吸收的能量放了出来，它放出的是正以太，也叫正能光子。所以正物质组成的太阳其表面向外发射正光子，我们之所以看见太阳，是因为太阳发射出来的正光子进入我们的眼睛中。

所以在我们的正宇宙里，正光子是从外部进入眼睛的，正能光子也是正以太。现在我们提出，在反宇宙里，进入反人眼睛的是负能光子也是反以太，所以还得向读者说清楚。

图 80301b 是反氢原子的能级图，反氢原子的电子壳层能级是正的，图中小圆点代表反电子。其中心是负能级，代表反质子。我们在上一节说过，正质子和反质子碰在一起以后，因为正粒子总是要从高能级跃迁到低能级，现在它发现反粒子中心正好是低能级，于是正粒子就决定往反粒子中心跃迁；反过来反粒子在波粒互变时总是自发地从低能级跃迁到高能级，它也发现正粒子中心能级比较高，于是反粒子也决定向正粒子中心跃迁。所以正反粒子的意见真是不谋而合，英雄所见略同。于是各自向对方的中心跳去，化为一团火光，这就是正反粒子湮灭的本质。

现在继续谈反氢原子的问题，因为反氢原子的电子壳层是正能级，反电子总是自发地向高能级跃迁（不能自发地向低能级跃迁），所以反电子在正能级里是稳定的。如果要使反电子从正能级跳到真空中的低能级，就不能像正宇宙中那样给它提供正能量，因为给它提供正能量以后，反电子不仅不会跳出来，反而更稳定地呆在正能态壳层中。

要使反电子跳出来，必须给反电子提供负能量，也就是给它提供反以太。按正宇宙中爱因斯坦光电效应的经验，可以用负能光子或者说反以太打到反电子上，使反质子产生反光电效应，使反电子跳到真空中来。同样，当反电子跳回到反质子的电子壳层中去时，很自然又会把电子壳层内的反以太排出来，正确的说法是发射反光子。反以太波动产生的能量对于正宇宙来说刚好是负能量，所以负能光子必然由反以太组成，反以太组成的光子为反光子。

在正宇宙中大家都知道，真空中的自由电子跳回到电子壳层时会发射正光子，正光子所带的是正能量。同样道理，反电子从真空中跳回反原子时也会放出带负能量的反光子。

正粒子组成的太阳发射的是正光子，反粒子组成的反太阳发射的是反光子。正太阳发射正光子时，其能量是从太阳内部向外输送；反太阳发射反光子时，其能量是从反太阳外面向反太阳中心输送。

如果要形象地说明正光子和反光子的区别的话，正太阳像湖中心一个喷泉，喷泉会引起水的波动，这种波也可以传到远处，但远处接收的波是正能波。反太阳发的光像一个湖中的抽水机，抽水机也会引起水中的波动，这波动也可以传到远处，但远处接收到的是负能波。正光子和反光子能量流动的方向正好相反。

因为我们是站在正宇宙的立场上去论述反宇宙的，所以显得唠叨。但如果是站在反宇宙的立场上，就会变得和正宇宙的物理规律一样简单：反宇宙回收反以太，发射反光子，反光子也是以 C 的速度向外传播。所以在我们的理论里除了有正引力场和反引力场以外，光子也有正反，物理学上又出现了二个对称性。

我们能看到反天体吗？

答案是否定的。正反光子除了能量传输方向相反及能量正负的区别以外，就是正人类的眼睛感受不到反光子，同样通常的仪器也测不到反光子，而反人类的眼睛也感觉不到正光子。

这是因为正粒子与反粒子的电子壳层不同。因为正人的眼睛是正粒子组成，请参看图 80301a，当正能光子打到电子壳层中的时候，壳层中的电子就会被打出来，我们的神经能感觉得到被打出来的运动电子。如果是反光子打到正粒子壳层的电子上，因为反光子能量是负的，不但不能把电子打出来，反而使电子在壳层中更稳定，因为反光子会使负能电子壳层更深更负。没有电子被打出来，我们的神经也就感觉不到，所以正人类是看不到反太阳的，望远镜上更看不到。当然，当代理论认为反天体是可以看到的，当代天文学家也许不同意我们的看法。

现在再来分析，反宇宙人看不见我们的正太阳的问题。从图 80301b 可以看到，当正光子打到反原子的壳层电子上时，壳层反电子得到了能量后，也反而更稳定了，因为正能量会使反电子壳层能级更高。也没有反电子跳出来，所以反人类也看不到我们的正太阳。

8.4 反天体望远镜

我们从图 80202 可以看到，正宇宙和反宇宙可以成协，而不会相碰湮灭。就是说反天体的引力对于正天体来说是个真正的反引力，正天体的引力对于反天体来说也是反引力。所以正天体和反天体虽然是两个死对头，在宇宙中倒也能和平共处。也许在银河系内会存在一些反恒星甚至反星系，由于反天体发的是负能光子，用我们的眼睛和望远镜是测量不到的。我们测量正天体时，望远镜能接收到正天体发射来的正能量。相反，当我们测量反天体时，反天体会从望远镜中取走能量。因为我们目前的望远镜只能接收正能量，而不能接收反能量，所以我们目前的望远镜测量不出反天体。如果将来我们的理论被天文学家接受的话，建议用下列方法测量反天体。

一、用望远镜观测反天体

对于正天体最方便的是用天文望远镜。对于反光子落到正能望远镜时是聚焦还是散焦，我们经过分析以后，认为还是聚焦。这点请光学物理学家考虑一下，看是否正确。

为了讨论方便，我们重新把图 40302 粘贴到这里。图中的意思是，当光线入射到介质的界面穿过某一粒子的旁边时，如果该粒子正在从波变为粒子，该光子就被粒子吸收了；如果该粒子正好从粒子变为波，那么该光子有可能被反射，也可能被折射。

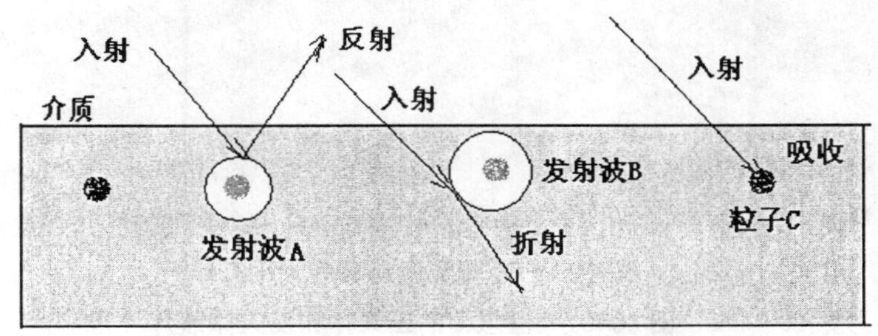

图 40302 用波粒互变解释光的反射折射和吸收

现在我们讨论一下，当反光子入射到正物质时会出现什么情况。

假定当反光子入射到正粒子旁边时，正粒子正在从粒子变为波，这时物理过程正好和正光子相反，反光子被吸收了。如果正粒子正好从波变为粒子，那时正粒子要从宇宙空间吸收正以太，与此同时要向宇宙空间发射反以太，因为物理过程正反行为总是同时发生的。那时反光子有可能被反射也可能被折射。这就好了，我们用现成的天文望远镜，可以收集到反天体射来的反光子。当然要假定银河系内会有反恒星，或者银河系外有反星系。

因为负能光子我们的眼睛是看不见的，所以就必须想办法把望远镜收集到的负能光子用相片显示出来。

二、测量方案

1. 照相方法

因为普通的胶片对负能光是不会感光的，所以必须另想办法。

我们可以在望远镜照相室内制造一定强度的本底光源，使得在拍天体的时间内，乳胶底片感光后底片变为如图 80401 那样成灰色，而不是像常规那样是黑色。

如果底片上某一点接收到了反光子，因为反光子是从乳胶底片上取走能量，也可以说输进了负能量。当本底正能光和反天体射来的负能光相遇时会相互抵消，所以在反天体焦点上有可能出现一个比灰色更黑的黑点。如图 80401 所示。图中黑点就是反天体。

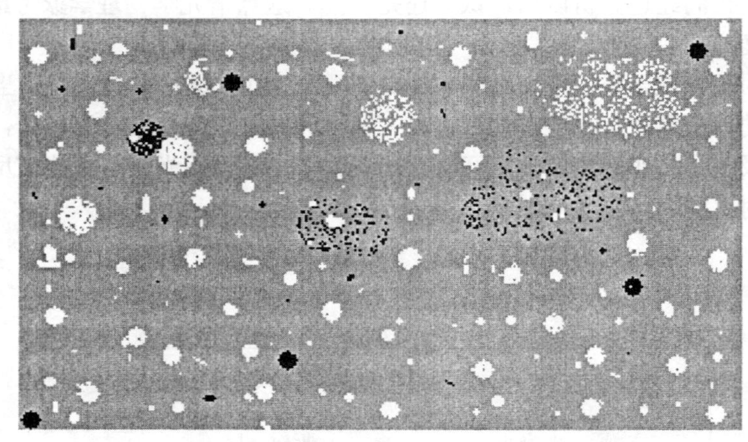

图中白色为正天体，黑色为反天体

图 80401　假想中的正天体和反天体照片

另一方面我们建议天文学家检查一下过去的乳胶底片，看能否发现底片上有个别比较黑的图像。我们过去只注意发亮的天体，即使发现了底片上有黑点，也会用吸收星云或别的什么理由去解释。当然这是假定我们的望远镜对负能光子也能聚焦，如果不能聚焦就找不到了。

2. 气体探测器

因为反光子是负能量的，它不能引起正粒子电子壳层内的电子跳出电子壳层，因此不能用平时电子处于基态的探测器测量反光子。但是，如果我们预先把某种气体的电子激发到电子壳层之外，使电子具有一定的能量成为自由电子，这样电子跳回壳层的几率就会很少。

如果我们把这种气体装置放在望远镜的聚焦面上，当有反光子落到这气体上时，反光子带走了自由电子的运动能量，自由电子能量小了，运动速度也就减慢，它们很快就会跳回原子的电子壳层中去，同时放出该原子的光谱线。如果我们用光电倍增管把信号放大后输进计算机去分析，就很快能判断出是否测量到了反天体。

三、温度探测器

如果我们把一个绝热板放到望远镜焦面上，有负能光照射的地方，温度会降低，用红外照相方法把该绝热板的温度分布记录下来，也能发现反天体。

四、射线探测器

如果按物理学上的对称原理，正反粒子湮灭及其他核反应，应该也能发射反γ射线和反x射线。所以正星系也应该存在反射线，但反射线我们的仪器测量不到。肯定反天体核心也会存在正反粒子湮灭的事件，因为有正粒子参加该事件，所以能发射正能γ射线或正能x射线。如果我们的x射线或γ射线探测器能测到一种稳定的γ射线源或x射线源，而该射线源又没有对应的光学天体，那该射电源的位置上有可能存在反天体。因为反天体发射的是负能光，我们看不见，现在天文学已发现了不少γ射线源或x射线源，它们都没有对应的光学天体，这些射线源中是否存在反星系，可以通过进一步研究而下结论。最简单的方法是采用本节说的第一种方法，用望远镜对准射线天区进行照相。

§8.5 正宇宙内部的反宇宙

我们在第一节中提出正反宇宙可能成协地存在。如图80202所示。因为我们的眼睛看不到反天体，所以我们就不敢保证在我们的正宇宙里不会暗藏着无数的反天体。我们只有从反天体的性质去分析它最可能藏身的地方。对于正反天体成协的情况我们已提出一些测量方法。对于和我们的宇宙成协的反宇宙我们是肯定看不见的，不过正反宇宙或正反天体也不一定要以成协的方式存在，反宇宙或反天体也可以藏到别的地方。

第一个藏身的地方可能在我们的宇宙中心，因为对正宇宙来说宇宙中心的能级最高，而反粒子在波粒互变时总是从低能级跃迁到高能级，于是反粒子就集中到正宇宙中心形成反星系，直至反宇宙。

如果我们的宇宙中心有一个反宇宙的话会有什么表现呢？

因为反宇宙的引力场对正天体来说是反引力场，反宇宙在正宇宙中心，它在波粒互变时排出的是正以太，正以太对正宇宙来说是正能量，也就是说正宇宙中心的反宇宙会向正宇宙提供正能量。人们就会发现正宇宙中心有强大的能量往外流，正宇宙中的星系吸收了反宇宙提供的能量后就向外膨胀，于是就产生宇宙膨胀现象。不过以现在的天文观测结果看来，我们的宇宙中心可能不会存在反宇宙，因为反宇宙在望远镜里是一个非常大的空洞。除非那个反宇宙质量不很大。

我们以前说过正宇宙自己也可产生反引力使宇宙膨胀，所以我们的宇宙膨胀，不一定代表其中心一定存在反宇宙，可能有，也可能没有。同样，正宇宙在吸收正以太的时候也排出反以太。反以太对反宇宙来说也是能量。就是说正宇宙也可以向中心的反宇宙提供能量，这叫礼尚往来。正宇宙通过波粒互变吸收正以太，通过发射光子把正以太排出去从而达到动态平衡。反宇宙通过波粒互变吸收反以太，通过发射反光子排出反以太达到动态平衡。

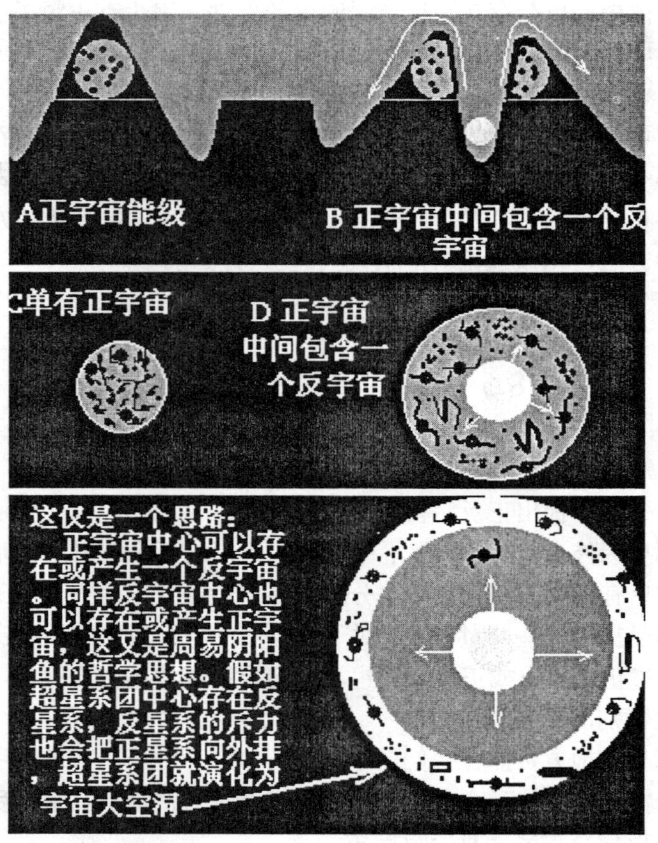

图 80501　正宇宙中包含的反宇宙

反天体第二个藏身的地方可能是宇宙大空洞的中心，宇宙空洞也叫气泡结构，无数的星系浮在气泡壁上，而中心看不到什么星系，当代天文学家认为中心有一个大吸引体，大吸引体因为看不见被称为暗物质。

如果气泡中心存在反天体，可以更好地解释气泡结构的形成，因为气泡中心是反天体，反天体的引力场对正天体来说是个排斥力，正星系在排斥力作用下逃离气泡中心。因为我们的引力理论对正天体来说是一江春水向心流，正引力场企图把正星系压回气泡中心，这样正星系在内受到排斥和在外受压力的作用下，自然悬浮在气泡表面上。要想逃离气泡逃不走，要想进入气泡中心也不可能。洗衣服的肥皂泡就是在内胀外压下形成的。

如果我们的理论是正确的话，那气泡中心就不是存在一个大吸引体，也许存在一个大排斥体，这大排斥体就是反天体。我们前面说过，即使大空洞中心不存在反天体，大空洞结构照样形成。所以大空洞内也不一定存在反星系，可能有，也可能没有。因为按我们的理论，反星系目前还看不见。

如果正反物质能在同一个宇宙同时存在的话，我们的宇宙结构如图 80501 所示。当然，宇宙还有一种对称的结构，反宇宙内部包含一个正宇宙，正好和图 80501 反了过来，只要把图中的文字正反两字对换就行了，在此不再多谈。

§8.6　反宇宙人的生活

这一节的内容，很适合写成一部科幻小说，但在正规的科学书籍里说的任何一句话都必须符合科学理论，当然为了方便，有些地方可以先假说。

我们假定，有一天，中国某天文台第一次研究出一架反宇宙观测望远镜。当时绝大多数天文学家都不相信能发现什么反天体。但是出人意料的是，第一个晚上观测后，当照片冲洗出来时，就发现一颗反恒星，更可喜的是这颗反恒星和太阳系成协，而且也有好几颗反行星环绕该恒星运行。这么近的反恒星过去之所以没有被发现，是因为反恒星发射的是反光子，用普通望远镜观测不到。

人类第一次发现反太阳系，这是天大的喜事，当时在北京何等的热闹可想而知。不过这个场面只好由文学水平比较高的读者来写了。我们只涉及有关科学上的事。

“那太好了！”一个天文学家说，“有反行星就有可能有反人类。”

“有反人类，就有可能有反电台。”另一天文学家说。

当天文学家意识到人类长期收听外星人的电台，为什么没有收听到这么近的邻居的信号时，才明白原来他们发射的是负能量信号，即使他们发来了信息我们也无法收到。

有了研制反天体望远镜的经验，科学家们很快就用反光子温度效应原理研制了一台反宇宙信号接收台和发射台。非常顺利，当天试机的时候就收听到反地球人的汉语和英语广播。

“这真是星际玩笑！”因为来得太容易了，很多人不相信这信号是真的，怀疑是哪个调皮鬼搞的恶作剧。

不过有个姓杨的对外星人作过长期研究的教授认为这信号是千真万确的。

他说："长期以来地球上就出现过无数的外星人飞船，而且地球人也多次与外星人有过第一类接触，那些外星人甚至都学会了讲汉语和英语。现在他们用汉语和英语广播又有什么奇怪的。况且从飞碟的飞行情况看来，飞船的材料很像是用反物质做的。因为地球的引力场对反物质来说是反引力场，所以飞碟在地球上空飞行时显得毫无重量。另一方面在正天体空间，正以太密度大，反以太密度小，这对反物质构成的飞碟来说，太有利了！因为它的重量也就小了，所以飞碟飞行时能立即反向飞行。还有一点最为重要的是正天体排出的反以太，可以源源不断地为飞碟提供能量。

至于飞碟乘员为什么不主动跟地球人接触，这完全是他们技术上的问题。要知道他们是反物质构成的反人呀！弄不好万一和正物质接触而湮灭，他们的生命就完了。所以我们地球人完全没有必要这样自卑，在智力上，把外星人比作上帝，把自己比作甲虫。

至于飞碟为什么总是发出强光，这是再简单不过的了，你们想，飞碟能让空气分子碰到飞碟表面吗？空气也会把飞碟湮灭掉的，所以必须从飞碟表面发射强光，用光压把空气排开。这样飞碟就安全了。"

杨教授一口气讲了一大堆，他也不知道别人听懂了没有，但外星人听懂了，因为当时正在试播发射机，谁也不相信真有外星人，更不相信自己说的话真能被外星人收到，所以整个试播现场的人所说的每句话都通过功率强大的发射天线传送到反地球上去了。

过了几天，反宇宙信号接收台突然收到了反地球人传来的电视信号，从屏幕上看到，播音员是个年青的姑娘，她首先祝贺地球人成功地建立了反宇宙信号台，她说："你们的杨教授说得对，你们不是甲虫，我说你们是宇宙网虫！欢迎聪明的地球人到我们这里来作客。"

这一下就热闹起来了，相信这信号的，怀疑这信号的都有，谁都不能保证是不是哪一个业余爱好者开的玩笑。

"那反姑娘有点像中央电视台10频道宇宙漫谈的节目主持人红宇。"

"红宇要比那个反地球姑娘好看，也许是信号失真造成的。"

"我看是一模一样，就像克隆的。"

"完全有可能是克隆的！""听说前几年红宇在公共汽车上莫明其妙地手上流了血，一个小伙主动用药棉帮她擦去了手上的血。很多小报都在喊，'红宇的基因被盗了！'"

"这是《红巨星周刊》记者白矮星制造的假新闻，盗窃别人的基因谱，是要判重刑的，谁敢去干？"

"反外星人敢干！"大声回答者就是叫白矮星的记者，原来《红巨星周刊》

的职员全有古怪的外号，比如主编叫星协，只采访没有发表文章的记者叫黑洞，会制造爆炸性新闻的叫超新星，经常发表文章的叫脉冲星，刚参加工作职位最低的叫白矮星。说话的白矮星记者倒是个身高一米八长得非常英俊的小伙子，因为他最近发表的新闻最多，很快就要提升为脉冲星了。

“我从不制造假新闻，因为外星不受地球人法律的限制。”白矮星说，“我想，肯定是有个反地球小伙子看上了红宇，但他们又不能直接结婚，因为一旦同床，他们就会双双湮灭，自己死了关系还不大，主要是夫妻爆炸会给反地球同胞造成巨大的灾难，所以红宇本人即使同意，也不能直接嫁到反地球上去。反小伙子只好情胆包天，到地球上偷红宇的基因谱了，也许他们是雇用地球人干的。因为地球和反地球的物理规律及生物规律是完全一样的，反小伙子就可以用红宇的基因谱，用反物质直接克隆出一个和红宇一模一样的姑娘了。所谓直接克隆就是不像克隆多莉羊那样，还要放到代孕母亲肚子里去培养长大，而是直接在实验室克隆出一个大姑娘。就是说放进实验室去的是一批不同的化学元素，走出实验室的是一个活生生的有思想的大姑娘，因为科学家不单克隆了肉体，而且也克隆了某人的灵魂，姑娘本人也绝不会发现自己是被克隆出来的，因为克隆出来的反红宇已是反物质构成的了，同床时再也不会爆炸了。”

“哈哈！”一个女研究生大笑起来，“莫非白矮星看上那个反妞了，她不是邀请我们去吗？你可以去把她克隆回来当老婆呀！”

说者无心，听者有意，没想到白矮星真的向中国宇宙采访局提出了申请，理由是为了了解反宇宙人的生活方式，他并没有提爱上反妞的事。申请很快被批准了。

按当时中国神州 X 号宇宙飞船的速度飞到反地球上空大约只需要一年半的时间，因为飞船不在反地球着陆，所以飞船本身在技术上用不着改动，只需对降落机表面装一层反光子发射层就行了，主要是防止反空气碰到飞船上。另一方面，由于反地球的引力对正物质飞船来说是反引力，所以长征号飞船可以长期停留在反地球上空，不会掉到反地球上去。

为了使白矮星能顺利完成采访任务，宇宙采访局安排杨教授对白矮星进行反地球知识讲座。

“第一，”杨教授说，“您必须做一件防护服，防止正反粒子接触时发生湮灭爆炸。第二，您必须配一个特殊眼镜，以便能看到反宇宙中的负能光，因为反宇宙的反光子是负能光子，正人的眼睛感受不到。第三，您必须穿一双能克服反引力的鞋，因为反地球上的引力对正宇宙的人来说是反引力，不穿这种鞋，您将不能站在反地球上，会立即飞上天。第四，您必须自己带食物和氧气去，反地球上的食物再好您也不能吃，因为一旦食进去您肚子就会立即爆炸掉。如果这些条件都具备后您才能到反地球上去访问。”

“假如您真的到了反地球上，”杨教授说，“您会发现他们那里和我们地球上的风景没有多大的差别，房屋汽车、树木山河、人群生畜和地球上差别也不大，到他们学校去，老师也在给学生讲 $F=ma$ 的物理公式。您会感觉到，反地球是第二个故乡。

但是当您再进一步访问时，就会发现反地球和我们的地球上完全不同，当您用手去摸他们正在做饭的煤炉子或正在通电的电炉子时，您会感觉到煤炉子和电炉子上面比环境冷得多，可他们不同意您的看法，她们说电炉子上热得很。

请您不要奇怪，因为您是在反宇宙上，反宇宙上和地球上正好相反，您认为是冷的，他们认为是热的。他们的煤一燃烧就发冷，他们的电炉子一通电就立即发冷，大家知道我们地球上用电炉子时，发电厂要往电炉子上提供能量，可是反地球上点电炉子，发电厂要从电炉子上取走能量，一切正好相反。您不要以为发电厂会反过来给用户钱。实际上用户同样都要交电费。正如一块石头，如果您请人把石头从采石场搬到您家里，或者请人从您家里搬到采石场，所付的工资是一样多的。

如果您用力去推他们的汽车，汽车不但不往前跑反而往后退，这和地球上的牛顿公式正好相反，根据 $F=ma$ 的公式，在地球上您用力去推汽车时，汽车是作正加速运动往前跑，运动方向和施力方向一致。但是在反宇宙中加速度的方向正好和施力方向相反，原因是反物质质量是负的，要使反物质汽车往前跑，您必须给它负能量，最直观的方法是您从汽车后面往后拉，汽车就会往前跑，这有点像牧童拉牛尾巴。牛顿公式在正反宇宙中合起来才是可逆的。公式是可逆的，实际运动也是可逆的，所以牛顿方程要使它实际上可逆，只需把正物质变为反物质，或者把正能量变为负能量，也可以把正力变为反力，当您访问了反宇宙以后就会觉得我们的物理方程，在形式上是可逆的，在正反宇宙中实际运动也是可逆的。不过，像牛顿 $F=ma$ 的方程在地球上单独应用时不可逆，在反宇宙中单独应用也不可逆。”

“如果您是个生物学家，会发现反地球人也有基因密码，我们建议您把您的基因密码也带到那里去，您也许会发现反地球上也有克隆羊、克隆牛，甚至出现克隆人，而且技术上可能更先进。万一您在访问中爱上了他们的一位姑娘，比如他们电视台的那位像红宇一样的姑娘，想带回地球上来也可以，正反宇宙通婚，在法律上是不成问题的，这正好加强正反宇宙的交流。问题是一个正粒子人和一个反粒子人不能抱在一起，如果抱在一起，您们的爱情就会化作冲天的火光，双双湮灭，这点您自己也说过。”

“他们都说您爱上了那个反妞，是吗？”.杨教授问白矮星，“问题是可以解决的，您不是把您的基因谱带去了吗？您可以要求他们根据您的基因密码用反粒子克隆一个您，留在反地球上；用反妞的基因密码，在地球上用正粒子克隆一个正妞，并且在她思想里输进一个她原来就是您的女朋友的信息，而且加上她也是和您一起从地球上去的假信息，这样，您就肯定能把她带回到地球上来。这样一来，一对夫妻既可生活在反地球上，也可以生活在地球上，就像科幻小说中说的一样。年青人，祝您走运，当您幸福地从反地球上带着新娘子回到地球上来的时候，我这个老头一定送给您一束以玫瑰星云作的鲜花！”

§8.7　正反以太与电磁场

现在我们终于找到了推动宇宙运动的上帝了，这上帝就是被爱因斯坦打入冷宫的以太。我们现在把它请回来，让它戴上上帝的皇冠，坐在掌管宇宙的宝座上，统一宇宙。

因为 20 世纪人们把以太说得一钱不值，现在我们突然把它扶到上帝的宝座上，读者也许不会信服。我们只好再一次论述。

我们前面已把以太和空间及能量等效，以太可以流动，空间也可以流动。我们后来发现，以太可以分正反，光子也可以分正反。很自然，空间也可以分正反。就是说绝对空间中正反以太各占 50%，正空间中正以太大于 50%，反空间中反以太大于 50%，至于大多少现在不作定论。

一、机械力和引力都是流动的以太流

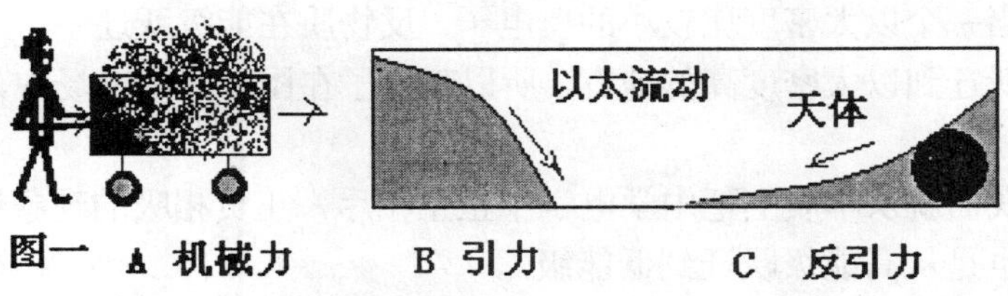

图一　A 机械力　　B 引力　　C 反引力

前面说过，在我们的理论里，引力就是以太流的冲力，引力场就是流动的以太。现在再来分析机械力，当人推车的时候，人的力就给车上的物质后面提供了一个以太流，相当于车子后面的能级高于车子前面的能级。于是车上的基本粒子就向前作能级跃迁，产生向前运动的加速度。以太流的速度就是人走路的速度。当人的手离开车子时，车子得不到以太流的供给，车子立即停止作加速运动，所以机械力也是流动的以太产生的。因为引力和机械力都是由流动的以太产生的，所以惯性质量必然等于引力质量。这样我们就把引力和机械力归结为同一种力，

仅仅是产生机制不同而已。一个天体可以使大范围内的以太产生流动，但人和其他机械只能使局部以太产生流动。

二、电场和磁场的产生

1. 电场

图二是三个平行板电容，充电以后平行板之间就形成了电场。实际上所谓电场就是不流动的以太密度梯度。正以太密度大的一边能级高，反以太密度高的一端能级低。从图中看到在平行板负极的一边正以太密度高，也就是能级高。这是对的，因为负极是低电位，负极的能级比正极的能级高，与电位高低的概念正好反过来。

因为电子内部正以太的密度大，属于正质量粒子，电子在能级跃迁中总是希望排出体内多余的正以太，这就导致电子总是从高能级跃迁到低能级。所以，电子在图二左边的电容器中从负极运动到正极。

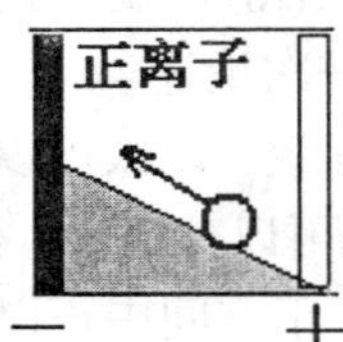

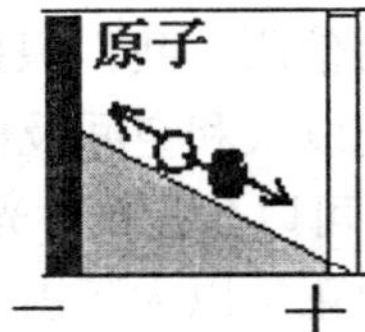

图二　平行板中的电场以太分布

中性的原子少了一个电子以后成为正离子，正离子外面存在一个负能壳层，负能壳层相当一个以太密度比较小的反电子。反物质在能级跃迁中，是从以太密度低的地方跃迁到以太密度高的地方，所以正离子在图中间的电场中，它向负极运动。

这样，我们就从本质上把中学电学中正正相斥，正负相吸的现象讲清楚了。电子的行为也是从高能级跃迁到低能级。

中性原子，因为它的电子没有和负能壳层分开，从图中右面电场中可以看到，电子要向正极运动，正离子要向负极运动，当电场足够大时，电场就把电子拉出来了，产生了电流，而中性粒子在电场中不产生运动。

从这里可以给电子下个定义：所谓电子是一个特殊的基本粒子，它内部含正以太较多而含反以太较少，即正以太含量超过50%。当电子处在以太密度梯度场中时，电子就会向以太密度小的一边跃迁。因为电场的正极相应于以太密度小的一端，所以电子往电场的正极运动。在我们的理论里电荷的概念是不存在的，更不会有二分之一电荷的电子，当然，按当代理论其他基本粒子是允许存在分数电荷的。电荷概念存在并不代表有电荷这个实体，在我们的理论里电荷量仅代表该粒子在电场中的跃迁能力。如果有一种粒子它的跃迁能力比电子差，该粒子就成了带分数电荷。我们从图二可以看到，电子和正离子中并不存在电荷的影子。也正如白酒中，它的酒精含量不同，白酒的度数也不同，但酒中并不存在“度”这种东西，只存在酒精含量这个本质的东西。所以电子中的电荷概念和酒中的度的概念是相同的，电荷只是基本粒子中含正以太百分比的量度。

我们用以太的概念把基本粒子电荷概念消灭了。既然没有电荷这个实体，再去讨论是否有分数电荷存在也就没有意义了。

电场是由以太密度梯度产生的，电场中的以太密度梯度是不流动的，如图二中平行板中的电场。引力和机械力的以太是流动的，如图一中的机械力场和引力场，就是流动的以太。粒子之所以分正反，其本质无非是基本粒子内部的正反以太含量的百分比不同，正以太含量大于 50%的为正粒子，正以太含量小于 50%的叫反粒子。正以太和反以太没有贵贱之分，所以宇宙是对称的。

2. 磁场

图三中画出六个平行板电容器。我们把电容器 a 左边接上负电位，右边接上正电位。电容器 a 之间就形成一个恒定电场，我们用灰色代表正以太的密度，白色代表反以太密度。负极中正以大密度大，正极中正以太密度小。当电场稳定以后，电容两极板之间没有以太的流动。

现在我们在 a 电容器内放一个金属导体。金属导体在电场作用下会产生电流。从图 a 可以看出，电场的负极正以太密度大，因为电子在能级跃迁时要往正以太密度小的一端运动，很显然，电子在图 a 中必然往正极一端运动。这就解释了电流流动方向的微观本质。

现在我们把电容两极的电位倒过来，即把电源的正负极对调或者把电源取掉。如图三中 b 到 f 表示。读者可以看到这时电容器两极之间就产生了以太流。正以太向负极流动，反以太向正极流动。这时候导体中的电子在正以太流的作用下仍旧从左向右运动(图中黑点代表电子，白点代表负能壳层，负能壳层类似于反电子。箭头代表电子在流动的正以太作用下从左向右运动，正离子在反以太流作用下从右向左运动)。在电源极性刚改变时，会产生正反以太流使导体中的电子仍旧按原来的方向运动，这就是导体中会产生反电动势的微观本质。反电动势是突然切断直流电源时由流动的正反以太产生的。反电动势在实际中得到广泛的应用。

流动的正反以太就是磁场，稳定的正反以太密度梯度就是电场，所以电磁场在空间传播时只能靠以太。

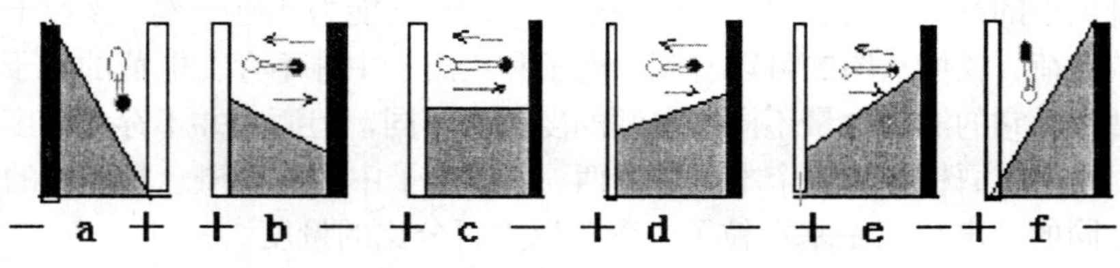

图三 磁场就是流动的以太

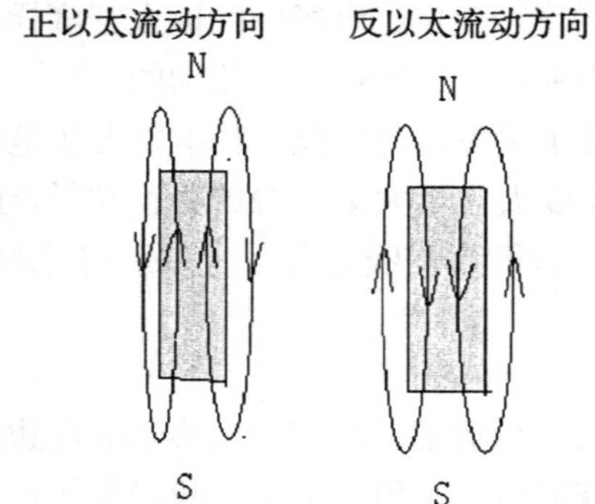

图四 螺线管内正反以太的流动方向

例如，在螺线管磁场中有正以太从N极流向S极，反以太从S极流向N极。如果以太流的方向不断改变，就成为交变磁场。

现在大家可以看到，磁场不过是（正反以太）向相反方向流动的以太流，也不存在磁粒子实体，所以也就不会存在什么磁单极粒子，也就用不着花精力去寻找什么磁单极。

磁场和引力场的区别在于：正引力场是只有正以太向天体中心方向流动，而磁场是正以太和反以太同时向相反方向流动。

在前面我们用以太的概念把电荷的概念砍掉了，现在我们又用以太流的概念把磁荷的概念也砍掉了，使物理学上不再存在电荷和磁荷这种实体。当然，为了教学方便，仍可以保留电荷和磁荷这些概念。

本书的目的只讲电磁场的微观本质，数学公式在中学课本已有，不再重复。

3. 光在磁场中分裂

我们反复地在向读者宣传磁场是流动的以太，我们可以再拿出一个重要的证据，这就是光谱线在磁场中分裂。

当代物理学家发现磁场会使光谱线发生分裂。如图四所示，当没有磁场时光谱线为一条，如果在光源和光谱仪之间加上一个磁场，谱线就像图中那样发生分裂。

虽然当代理论已有很好的理论对磁场使光谱分裂现象作出了解释。我们这里用磁场是流动的以太理论作出新的解释。因为磁场是相对方向流动的正反以太流，当光线通过磁场时，有的光线吸收了正以太，光线得到了正能量，导致谱线紫移；有的光线吸收了反以太的负能量，导致谱线红移；有的光线没有吸收到正以太或反以太，或者吸收了正以太后又吸收了反以太，收支平衡，所以谱线位置不变。

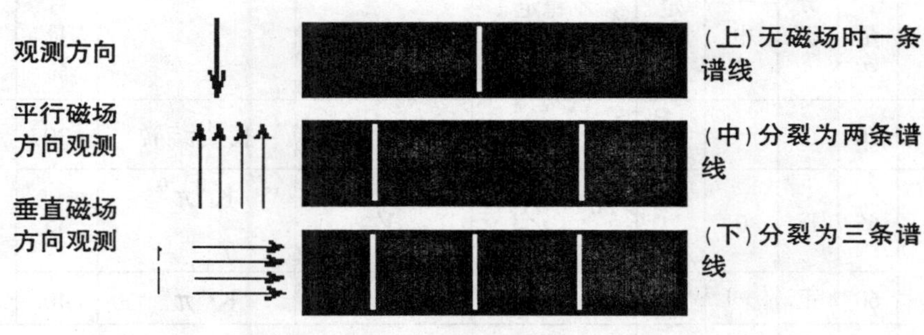

图五　磁场引起光谱线的分裂

光线会吸收以太表明光也是由以太组成。如果是这样，光也可分正反，正光子内部含正以太多，反光子内部含反以太多。正光子带正能量，反光子带负能量。

从这看来，什么正反粒子、正反光子，什么电场和磁场、电荷和磁荷都是由正反以太弄出来的花样。有兴趣的读者可以进一步研究下去，我们仅是抛砖引玉。物理学家的任务不是把宇宙弄得越复杂越好，也不是把方程的维数加得越多越好，而应该找出它内在的本质，使宇宙的行为变得越来越简单，这样，描述宇宙行为的数学方程也才可以简化。我们应该相信，宇宙并没有那样多的花花肠子，它在时空舞台上虽然上演了千变万化的历史剧，但宇宙的道具却只有两件：正以太和反以太。

§8.8　正真空和反真空

我们发现以太可以分正反以后，又继续发现真空也可以分正反。道理是很简单的，假定绝对真空中正以太和反以太各占 50%（所谓绝对真空是指不存在正宇宙和反宇宙的空间中，正反以太的含量各占50%的真空）。正天体要吸收正以太，把正以太从绝对空间搬到正宇宙内部，所以正宇宙的内部，正以太的含量就超过了50%，反以太的含量就小于50%。正以太含量和反以太含量是互补关系，两者之和为100%。同理反宇宙内部反以太含量大于50%。

表80901　基本粒子在正反宇宙中的分布

行	正以太含量%	空间分类	基本粒子电荷	重子		轻子	波色子	反以太含量%	正反宇宙分区
1				稳定粒子	不稳定粒子				
2	70	正	−1		$\Sigma^{\mid}\ \Xi^{\mid}$	$e^{-}\ \mu^{-}$	$(K^{\mid}\pi^{-})$?	30	正
3	65	正	0		n Λ^{0} Σ^{0} Ξ^{0}	ν	$K^{0}\pi^{0}$ γ	35	宇
4	60	正	+1	P	Σ^{l}	(μ^{+})?	$K^{+}\pi^{+}$	40	宙
5	50	零	0	50	绝对真空	正反宇宙分水岭			
6	40	反	−1	$\overline{p}$	$\overline{\Sigma^{-}}$		$K^{\mid}\pi^{-}$	60	反
7	35	反	0		$\overline{n}$ $\overline{\Lambda^{0}}$ $\overline{\Sigma^{0}}$ $\overline{\Xi^{0}}$	$\overline{\nu}$	$(\overline{\gamma})$? $\overline{K^{0}}$	65	宇
8	30	反	+1		$\overline{\Sigma^{+}}$ $\overline{\Xi^{+}}$	$e^{+}\ \mu^{+}$		70	宙
列	1	2	3	4	5	6	7	8	

其实，正宇宙内部正以太含量也是各不相同的，其规律是宇宙中心正以太含量高，基本粒子的质量也比较大，其光谱线表现为紫移。宇宙边缘的正以太含量小，基本粒子的质量也比较小，原子光谱表现为红移。宇宙红移的因素是很多的。

为了讨论方便，我们假定太阳系真空中含正以太65%，带负电的基本粒子含正以太70%，带正电的基本粒子含正以太60%。中性基本粒子正以太含量和正真空一样为65%。反粒子的情况只要把正以太改为反以太就行了。当然表中的数字是不很准确的，仅仅是为了说明问题而作的假设，正确的数据待今后研究。

我们把目前已发现的基本粒子按我们的理论填入表中，填完表后似乎表中存在三面镜子，第一面镜子是绝对真空(含正反以太各占50%的真空)，绝大多数基本粒子以这镜子作对称面。第二面镜子是以正宇宙真空作对称面(正以太含量65%

的真空)。第三面镜子以反宇宙真空作对称面(反以太含量65%的真空)。有些基本粒子到底以那个镜子作对称面就值得考虑，例如μ^+粒子如果以绝对真空作对称面它应该是反粒子，如果以正真空作对称面的话，它就是正粒子，它的正以太含量和质子一样是60%。绝不能因为它衰变时能放出反电子就认为它也是反粒子，因为反电子需要的反以太很少。还有K^-、π^-等也值得考虑，很有可能不少正粒子被错划为反粒子了。这是研究弱相互作用中应注意的。

γ射线是靠正宇宙空间传播的电磁波，另一方面反宇宙中反原子核反应也会放出反γ射线，符号为$\bar{\gamma}$。反宇宙决不会和正宇宙共用相同的光子。反光子的性质前节已讨论过，不再重复，只在表中第七行第七列加上一个$\bar{\gamma}$。反γ射线和中微子一样，很难被正物质的仪器测量到。

这是我们的思路，我们想研究基本粒子的科学家和研究宇宙的科学家配合起来也许会有很多好处。

§8.9　以太和四种力的关系

我们已假设宇宙绝对真空中充满了正以太和反以太，一切基本粒子都浸泡在以太之中。很显然，以太的运动形态就会支配基本粒子的运动形态，无数基本粒子的集体运动又支配了天体的运动。

我们可以把以太当作水一样的东西，宇宙就像充满水的海洋。大家都知道海水可以流动，流动的海水又可以冲走物质，我们前面说过，这相当于引力，引力场就是流动的以太产生的冲力场。冲力场也有现成的表达公式。海水也会产生波浪，波浪又会使物质产生来回运动，使海水密度产生旋度和梯度，这又相当于电磁场。电磁场已有麦克斯韦方程式表达。因此无论是引力场还是电磁场都是以太的不同运动方式产生的。海水还存在压力，同样，真空中的以太也存在压力。原子核内部的核力就是以太压力产生的。

我们把核力与压力相似的地方介绍如下：

为了说明核力是真空中以太压力造成的，先向读者介绍一种生活用品：真空吸盘挂衣钩。如图80901所示。

一、核力的短程性

图A表示当挂衣钩远离玻璃板时两者之间不存在压力，只有像图B那样当吸盘用力压在玻璃板上时，大气压力才紧紧把吸盘压在玻璃板上，这表明压力具有短程性。刚好核力的表现也具有短程性。

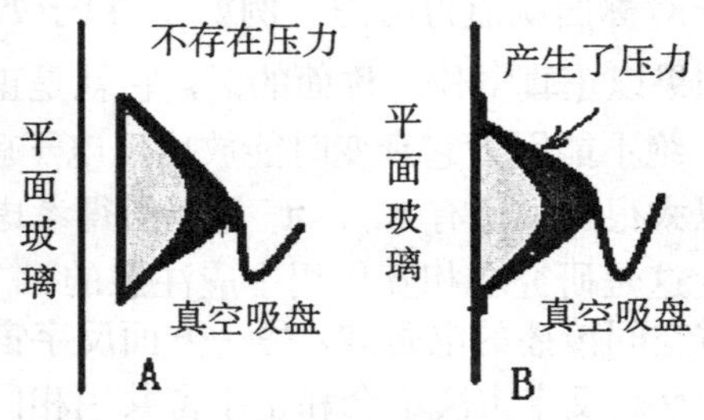

图 80901　压力的短程性

当代核理论认为原子核内部核子之所以结合在一起，是靠一种核力使核子之间相互吸引在一起。这核力是核子之间交换 π 介子产生的。

二、核力与核子的电荷无关

不论是中子或质子，只要处于同一状态下，它们之间具有相同的核力。这又表明核力不是核子自身产生的，而是靠真空中的以太把它们压在一起的。

三、 核力中包含非有心力的成分

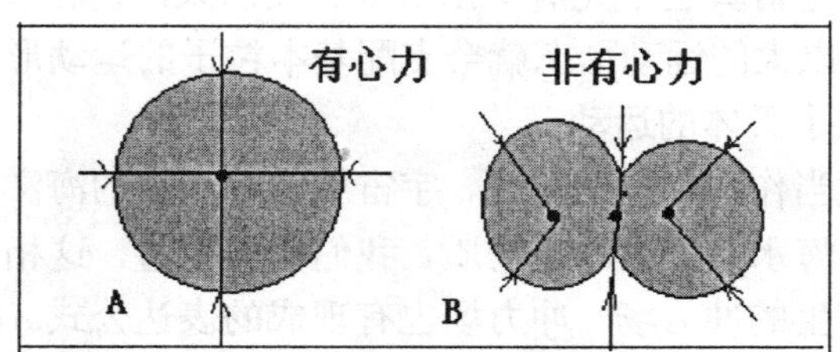

图 80902　压力允许非有心力场存在

从图 80902 可以看出，压力不一定是以球对称的方式存在。图 A 表示压力可以是球对称的，图 B 表示压力也可以非有心力方式存在。我们从洗衣盆里的肥皂之间的结合可以看到，它们形状各异，五花八门。从图 B 可以看到，正因为核力是压力，原子核才有机会发生裂变，漏气就发生在两核子相互接触的中间。反过来正因为核力是以太压力，原子核才会有稳定性。

四、核力的饱和性

核力的饱和性表现在：原子核的总结合能只与核子数成正比，而不与核子数平方成正比。核物质密度总是接近于一个常数。

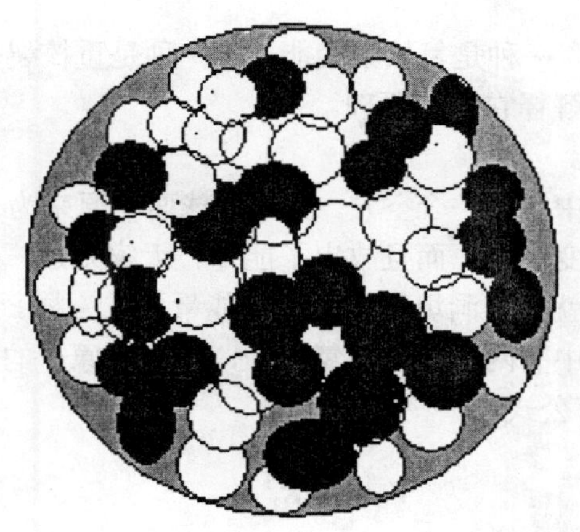

在以太压力的作用下，核子和核子之间只与相邻的核子粘贴在一起，与距离远的核子无相互作用，这就导致核力的饱和性。

图 80903　核力的饱和性

从图 80903 可以看到，在原子核内部核子和核子之间，在以太压力的作用下只靠像图 80901 那样的“吸盘”和相邻的核子粘贴在一起，不能隔位粘贴，所以核力表现为饱和性。正如一滴液滴内部的压力全都是一个大气压，所以当代核理论有一个液滴模型去描述核力。

综合以上四点可以看出，完全可以把核力看成是真空中以太压力形成的。这叫做核力的“压力模型”。

五、引力的饱和性

引力是流动的以太形成的，根据流体力学，流动的液体中存在压力差，所以引力场又可以看成是空间中以太压力的梯度场。因为宇宙中以太压力是一个常数“$P_{宇}$”，所以压力梯度的最大值也是“$P_{宇}$”。这就导致引力出现饱和性，引力的最大值等于强力。引力在引力的饱和值处和强力接上了轨。

$$引力的饱和值 = 强力$$

既然引力存在饱和性，最大的引力就是强力，所以最大的引力也只能把一个天体的物质压缩到原子核的密度。中子星的物质密度也许已到了极限。只要我们了解了引力的本质，就不会提出引力大到可以把一个天体压缩到一个奇点的理论。强迫宇宙按某一组数学公式演化，也许不是一个可取的方法，一个人尚且可以不为五斗米折腰，何况是宇宙。数学公式只能去描述宇宙，而不能去改造宇宙。

六、原子能

原子能有两种，一种是氢核聚变能，另一种是重核裂变能。我们现在仍然用以太压力的观点来解释它们的原理。

A. 氢核聚变能

我们假定真空中存在一个空穴，空穴的球面积原来为 S_1，后来该空穴发生了塌缩，空穴球面积变小了，而且放出了能量。大家知道，带压力的空穴塌缩时，是会放出能量的，就像窑洞坍下来会放出能量伤人一样。

我们假定真空中有两个分开的氢原子，每个氢原子的体积为 V，两个氢原子的体积和为 $2V$，有公式

$$V=\frac{4}{3}\pi R_1^3$$

$$2V=\frac{8}{3}\pi R_1^3$$

式中 R_1 为氢核半径，单个氢核面积 $S_1=4\pi R_1^2$，两个氢核的面积为

$$2S_1=8\pi R_1^2$$

$$=25.13274$$

现在我们假定两个氢核聚合为一个氘核并假定氘核的体积仍为 $2V$，同时令 $R_1=1$。

则氘核的体积 $\quad V_2=\frac{4}{3}\pi R_2^3$

R_2 为氘核半径

因为 $\quad 2V=V_2$

所以有 $\quad \frac{8}{3}\pi R_1^3=\frac{4}{3}\pi R_2^3$

令 $\quad R_1=1$

有 $\quad R_2=\sqrt[3]{2}$

氘核的面积

$$S_2=4\pi R_2^2$$

$$=19.94787$$

氘核的面积和两个氢核面积之比为：

$$\frac{S_2}{2S_1}=\frac{4\pi R_2^2}{8\pi}=\mathrm{K}$$

有 $$\mathrm{K}=0.794$$

$$1-0.794=0.206$$

K 的物理意义是定性地说明当两个氢核结合成氘核时，氘核在真空中所占有的面积比两个氢核单独存在时所占的面积少 20%。所以当两个氢核聚合为一个氘核时，真空发生了塌缩，从而放出了能量。这就是核能的本质。

因为氘核中一个质子和一个中子组成的家庭中所需要的面积比较小，能级比较低，所以氘核中两个核子能长期结合在一起，要使它们重新分开就必须给氘核提供能量。

我们的理论认为核子之间结合是靠外部真空的压力把它们压在一起的，当代理论认为核子之间结合在一起是靠核子的内因，核子之间因交换 π 介子而吸引在一起。

B. 质子和电子结合形成中子后面积的变化

如果用电子的质量作单位，质子的质量为电子质量的 1836 倍，并假定质子的体积为电子体积的 1836 倍

即 $$V_P=1836V_e$$

$$V_P=\frac{4}{3}\pi R_p^3$$

$$V_e=\frac{4}{3}\pi R_e^3$$

质子和电子的球面积分别为：

$$S_P=4\pi R_P^2$$

$$S_e=4\pi R_e^2$$

我们仍然假定 $$R_e=1$$

$$V_p = 1836 \times \frac{4}{3}\pi$$

$$V_p = \frac{4}{3}\pi R_P^3 = 1836 \times \frac{4}{3}\pi$$

$$R_P = \sqrt[3]{1836} = 12.244965$$

$$S_p = 4\pi R_P^2 = 1884.191247$$

$$S_e = 12.56637$$

$$S_p + S_e = 1896.757618$$

当电子和质子结合在一起成为中子时其体积为：

$$V_{P+e} = \frac{4}{3}\pi R_{P+e}^3 = 7694.807606$$

$$R_{p+e} = 12.24719$$

其球面积为：$S_{p+e} = 4\pi R_{P+e}^2 = 1884.87956$

$$\frac{S_{P+e}}{S_p + S_e} = 0.9937$$

1－0.9937=0.0063

这说明一个质子和一个电子结合形成中子时其面积变化很小，因为中子形成的地区温度高，能级也高，形成的中子质量是和当时的空间能级相一致的。地球表面的能级要比中子形成时所在的空间能级低，所以用地球上的标准去衡量自由中子时，中子的质量显得就比较大，靠 0.9937 的面积差是已无法把质子和电子束缚在一起的。因此自由中子不稳定，很快会衰变为质子、电子及中微子。如果读者要问为什么中子和其他质子组成原子核时就不会衰变了呢？这是因为当中子和一个质子结合时其面积差为 0.206 比 0.0063 大上百倍，表明自由中子的结合能力比核结合能力小上百倍。也正如 100℃的水在常压下可以沸腾，而在高压下不会沸腾一样。

C. 重核裂变能

我们应该从重原子核的形成过程去考虑，因为重原子核必须在高温高压下形成，高温高压下的空间能级比较高，形成的重核能级也比较高。相对来说，地球表面的能级要比重核形成地区的能级低得多，所以当重原子从高能级运动到地球表面时，相当于从高能级跃迁到低能级，因此地球表面的重原子大多表现出激发态。处于激发态的重原子核是要衰变的，这就是重核裂变能的来源。例如，地面上的氢气球到了高空就会发生爆炸，这是由于地面的条件（气压高）和高空的条件（气压低）所致。从这里我们得到了一个启发，放射性的半衰期在宇宙中不是到处都一样的，千万不要把地球实验室测得的半衰期推广到整个宇宙中去。不要用地球之心去度宇宙之腹。

七、强相互作用和弱相互作用

我们现在仍然用核力是以太压力的观点去解释强相互作用和弱相互作用的本质区别。

实验证明在高能粒子相互作用中会发生下列反应：

（1）　$\pi^- + P \rightarrow K^0 + \Lambda$　　(强过程)

（2）　$K^0 \rightarrow \pi^+ + \pi^-$　　(弱过程)

（3）　$\Lambda \rightarrow \pi^- + P$　　(弱过程)

K^0 和 Λ 称为奇异粒子，它们大约在 10^{-23} 秒内产生，称之为强过程，但 K^0 和 Λ 寿命却特别长，要经过 10^{-10} 秒才经过（2）式和（3）式由弱过程衰变，两者的作用力时间相差 10^{13} 倍。当代理论从这里认为，奇异粒子产生过程的作用力比分裂过程的作用力强 10^{13} 倍。所以（1）式过程叫强相互作用过程，（2）式和（3）式过程叫弱相互作用过程。

当代理论用“缔合产生”过程去解释两者的时间差别会这样大的问题。当代理论也许是非常美好的，但我们不能直接夺过来用，我们必须用核力是真空中以太压力的观点去解释。如果能解释得了，这就显出压力模型的生命力。

现在问题的关键是要用压力模型去说明为什么奇异粒子可以在 10^{-23} 秒短的时间内产生，而要经过 10^{-10} 秒这样长的时间后才经过（2）式和（3）式由弱过程衰变。这初看起来是非常棘手的问题，但对于压力模型来说却是非常的简单。

如图 80901 所示，要使真空吸盘挂衣钩吸附在玻璃表面，可以用很快的速度用力把吸盘往玻璃表面一按，同时挤出一点空气，挂衣钩就牢牢吸附在玻璃表面上了。当然把两个挂衣钩相互对着吸附效果也一样。当我们用几分之一秒的时间把挂衣钩贴在玻璃表面之后，挂衣钩也许要等十年八年以后才会脱离玻璃表面，这是因为吸盘会漏气，如果我们知道了吸盘的漏气率，也就完全可以用公式计算出吸盘脱离玻璃表面的时间。

如果读者取几千个吸盘吸附在玻璃板上做个实验，你会发现，吸盘不会在某个时刻同时掉下来，而是会在不同的时刻先后掉下来，表现出一个统计规律。这是因为它们的漏气率不是完全相同的。相比之下，放射性元素的衰变规律也表现出一定的统计性，两者都可以用同一公式表示：

$$N = N_0 e^{-\lambda T}$$

式中 λ 为漏气常数。

另一方面当吸盘因漏气快脱落的时候，吸盘和玻璃板之间的压力已很小了，由于重力的作用，吸盘就掉下来了。这相当于 β 衰变或奇异粒子衰变时，由于“漏气”，以太对粒子之间的压力已很小了，原来的强力已转变为弱力，所以粒子衰变时总表现为弱相互作用。

另一方面压力还有一个特点，你想要把它们拉开一些，其压力反而会增大，因为你把它们拉开时，系统体积会增大一些，其所占的空间体积也要大一些，受力面积增大就引起压力增大。对于基本粒子来说，其表现为相互作用力增大。所以你想要把一个粒子分开或者说击碎，就要花更多的能量。

以上就是我们用压力模型在日常生活中找到的形成时间很短而分开时间很长的例子，如果我们假定用 0.1 秒时间把挂衣钩贴在玻璃表面，经过十年后挂衣钩掉到地上，这样形成时间和分离间差不多也有 10^{10} 倍。

如果核力确实是由真空中以太压力造成的话，那奇异粒子就会像几个吸盘相互碰撞后吸附在一起一样，用很短的时间形成，要很长时间才会衰变。只要我们适当地假定一个真空的漏气率，就可以用公式计算奇异粒子的寿命。

因为我们继承了 19 世纪理论家提出的宇宙中充满以太的概念，以上就是我们用以太的概念解释四种力的性质。就是说，用以太的流动和波动可以解释引力及电磁力，用以太的压力可以解释强相互作用和弱相互作用。只要我们把以太的性质想象为水一样的东西，这道理就是非常浅显的了。我们坚信上帝没有那么多心眼，它所创造的四种力，不需要用几十维的方程组才能解决其统一的问题。

人类总是把地球实验室测得的数据当作标准推广到整个宇宙，把引力常数推广到整个宇宙使理论家们吃了大亏，现在我们再一次提醒用地球上放射性寿命去衡量太阳系年龄的天文学家：宇宙中放射性同位素的寿命不是到处一样的，处于能级高的空间的同位素寿命长，处于能级低的空间的同位素寿命短。也正如高原地区的水 80℃就沸腾了，而在高压下沸点就会高得多。上面提到中子一旦到了核内就由不稳定变为稳定了。具体来说，离银河系中心越远的恒星中的行星，其同位素的半衰期越短。太阳内部的同位素，其半衰期也会比地球上相同的同位素寿命长。这是从核力是压力的概念中得出的结论。我们现在不敢说已完全解决了四种力的统一问题，仍然是抛砖引玉，如果有人能站在我们的肩膀上去摘取物理学上的皇冠，我们将会感到十分的欣慰。

§8.10　用以太统一宇宙

我们假定无穷无尽的大宇宙绝对真空中充满了各占50%的正以太和反以太。但是在局部真空中有的正以太的含量可以大于50%，我们称之为正真空；有的反以太的含量可以大于50%，我们称之为反真空。

在正以态含量大于50%的正真空里形成的基本粒子，其内部绝大多数正以太含量大于50%。我们把正以太含量大于50%的基本粒子称为正粒子，同时我们又把正真空及正粒子组成系统称为正宇宙。

同样在反以太含量大于50%的反真空里形成的反基本粒子，其内部反以太的含量必然大于50%。同样我们也把反真空及反粒子组成的系统称为反宇宙。

上面就是关于宇宙的最基本假设，有了这假设以后就可以断定宇宙的基本行为了。

一、热力学第二定律的根源

大家都知道，热力学第二定律在正宇宙中表现为，在局部系统内微观粒子总是从高能级跃迁到低能级，而不会反过来自发地从低能级跃迁到高能级。

在反宇宙中，过程刚好反过来。在局部系统内，反粒子总是从低能级跃迁到高能级，而不会自发地从高能级跃迁到低能级。

追寻热力学第二定律的根源，也就要追寻正反宇宙及正反粒子是从哪里产生的。前面已假设大宇宙中存在50%的正以太和50%的反以太，这就是绝对真空。但在局部空间正反以太比例会发生变化，使得某个局部空间中正以太含量超过50%，从而形成了正宇宙及正粒子。反之，如果某一空间的反以太含量大于50%，就会形成反宇宙及反粒子。

很显然，因为整个宇宙大环境中，正反以太的含量都是各占50%，正宇宙和反宇宙仅仅是大宇宙中的很小区域，我们现在的宇宙对比起大宇宙来说，也仅仅是沧海之一粟，所以我们人类的眼光也应看得再远一点。大宇宙中，绝对真空中正反以太的含量，完全可以控制正反宇宙中正反以太的含量（正粒子总是要使自己内部的正以太减少到50%，反粒子也要使自己体内的反以太减少到50%）。因为我们把基本粒子内部正以太含量比较大的定义为高能级，所以正基本粒子为了使自己体内的正以太减少，必然要使自己从高能级跃迁到低能级。反之，反宇宙中的反基本粒子，为了使自己体内的反以太减少，必然是从低能级跃迁到高能级。正反粒子都有一个共同的目标：回到绝对真空中去。

所以热力学第二定律的根源是正反粒子都要回到绝对真空中去，使自己体内的正反以太也和绝对真空一样——正反以太各占 50%。

二、以太含量决定是正宇宙还是反宇宙

正以太含量大于 50%的局部空间形成正宇宙，反以太含量大于 50%的局部空间形成反宇宙。

三、基本粒子的部分对称性

宇宙中真空可以分两种：

1. 用绝对真空作对称面

宇宙中最基本的真空就是绝对真空，绝对真空中正反以太各占 50%。因为我们定义正以太含量大于 50%的为正粒子，其质量为正质量。反以太含量大于 50%的粒子为反粒子其质量为负。所以绝对真空就成了正反宇宙、正反粒子及正负质量的对称面。

2. 用正反真空作对称面

正宇宙的真空中它的正以太含量大于 50%，我们假定正真空中正以太含量为 A%(A 为大于 50 的某个数)，则中子内部的正以太含量和正真空一样，也为 A%。所以中子在正宇宙真空中不显电性。

电子内部正以太含量比正真空多，含量为(A+ΔA)%，因此电子相对于正真空带负电。质子内部正以太含量比正真空少，其正以太含量为(A－ΔA)%。且(A－ΔA)＞50。因此质子在正真空中表现为带正电。

从这可以看到正真空又作为正粒子的正负电荷的对称面。同样反真空也作反粒子正负电荷的对称面。应该指出，基本粒子中并不存在电荷和磁荷这些实体。正如酒中不存在“度”的实体一样。

电子内部正以太含量比正真空高，所以显负电荷；中子内部含正以太百分比和正真空一样，所以不显电性；质子内部含正以太比正真空少，所以显正电。但当质子和电子合在一起时，从平均值来看，其正以太的含量刚好和正真空一样，所以也不显电性。

所谓磁荷，实质上也是不存在的，磁场是正反以太相向对流的表现。正以太流动的方向表现为 N 极，反以太流动的方向表现为 S 极。如果以太停止了流动，磁场立即消失，N 极和 S 极也就同时消失。因为磁荷和电荷一样并不存在一个实体，所以磁单极也就不存在。

这说明，以太含量不同的真空，可形成不同性质的对称面。

四、再论以太和四种力的关系

我们在上一节已讨论过以太和四种力的关系，现在进一步讨论。

如果我们把以太看成大海中的水，基本粒子像漂浮在水中的小球。很显然，海水的波动和流动都会带动小球的运动，这样向中心流动的“海水”就是引力场，波动的“海水”就是电磁场。另一方面海水还存在压力，有时可以把许多小球压在一起。因为以太的密度很大，其压力也很大，这压力就是核力，真空压力的特点就是存在“漏气”性，因此有些奇异粒子可以很快形成，而奇异粒子形成以后又会因“漏气”而慢慢衰变。这就必然会出现所谓强相互作用和弱相互作用。只要把核力或强力看成是以太的压力，强相互作用和弱相互作用就变得很好理解。

这样，我们就把四种力的神秘感给消除了，把神秘的疑云变为一目了然的图像。当然，这仅是我们用以太摸型描述出的图像或者说概念，有些图像虽然和当代理论概念相同，但有些图像也许不能和当代理论接上轨。总的来说我们的理论和当代理论能接轨的不多。

1. 引力场等效为流动的以太

因为我们假定引力是能量流产生的，如果我们把能量也量子化，令每个能量子的静止质量为 m，其流动速度为 v，每个能量子的动能为：

$$E_P=\frac{mv^2}{2}$$

每个能量子在“引力场”中的势能为：

$$E_v=\frac{GmM}{r}$$

每个能量子的势能和动能必须相等

$$\frac{mv^2}{2}=\frac{GmM}{r}$$

求得能量流的流速 v 为：

$$v=\sqrt{\frac{2GM}{r}}$$

同样，流动空间的速度 V 为：

$$V_{空}=\sqrt{\frac{2GM}{r}}$$

这样我们就证明了引力场和能量流或流动的空间等效。也就是引力场和流动的以太等效。

因为引力场是以太流，而以太流的流速最大不能超过光速 C，所以引力场有饱和性，即引力有饱和性。引力达到最大时就转化为强力，也就是真空的静压力。

这样我们就很简单地把引力和强力统一起来！这是很好理解的，水库底部出口的水流流速大小取决于水库底部的静压力。

2. **电磁波是波动的以太**

20 世纪以前世界上普遍认为电磁场是通过以太传播的，我们仍继承这一理论，而且仍采用著名的麦克斯韦方程：

$$\nabla \cdot E = 4\pi\rho$$

$$\nabla \cdot H = 0$$

$$\nabla \times H = 4\pi j + \dot{E}$$

$$\nabla \times E = -\frac{1}{C^2}\dot{H}$$

3. **强力是以太的压力。**

我们已假定以太充满整个宇宙，至于以太又是由什么构成的，目前还不能解答，只能定性地把以太看成水一样的东西。很显然，一个基本粒子要排开以太去占领其空间，以太就会对该基本粒子施加一定的压力。另外，如果两个以上的基本粒子挨在一起，并且假定其接触面已把以太排开，这时，以太的压力就会把挨在一起的基本粒子压在一起，形成一个原子核或一些奇异粒子。

如果原子核确实是靠真空的压力压在一起的话，那核力就会有以下基本特点：

（1）因为在局部的空间中真空压强 P 可以看作是常数，所以核力会表现为饱和性，核内物质密度保持一个常数，其总结合能只和核子数 A 成正比。总结合能又近似和核表面积成正比。这是压力的特点。

（2）因为核子之间是靠压力压在一起的，可以想象，只有把两核子接触面之间的自由以太排去以后，压力才起作用，核力必然具有短程性。当人们在做合成重核实验时，如果入射粒子小了，就不能把接触面之间的以太排掉，压力不起作用，入射粒子又被真空压力弹出去，表现为弹性散射。当入射粒子能量足够大时，入射粒子有能力把接触面之间的自由以太完全排去以后，这时真空压力起作用了，靶核粒子和入射粒子被压在一起，形成一个复合核。但是入射粒子的能量也不能过大，能量过大时，入射粒子刚刚被压力压在一起，又因动能过大飞出去了。所以核力和有效接触面成正比。

（3）因为核力是压力，所以核力必然与核子的电荷无关。

（4）因为核力是压力，所以原子核没有必要要求一定要球形结构，这就造成核力存在非有心力。非有心力是造成核衰变的主要原因。

以上这些特点在原子核实验中已得到证实，所以把强力看成是以太压力是可取的。但因为质子、中子及电子，都是有生命的，所以原子核又会产生许多复杂的特性，后面的工作是要在压力模型下给出正确的数学表达式。当代物理学家认为核力是核子之间交换π介子产生的。

4. 弱相互作用

上面说过，原子核内部核子和核子之间是靠真空中以太的压力压在一起的。核子和核子之间并不存在胶水一样的东西把核子之间黏在一起，所以原子核内部，核子和核子之间是相对自由的。如果原子核内部存在激发能，也就是原子核内部核子和核子之间存在激烈的相对运动，这时原子核就会发生变形。如图 81001 所示：

图 a 代表入射粒子，图 b 代表靶核。从图可以看到，只有当 a 接触到 b，并把接触面之间的自由以太排空以后，a 和 b 才能形成复合核。所以核反应形成复合核的距离很短，叫核力的短程性。时间过程也很短。图 c 代表刚形成的复合核，复合核可以是原子核，也可以是奇异粒子。刚形成的复合核如果是接近球形的话，压力基本上可以形成有心力场，如图 c 箭头所示。但是，刚形成的复合核因为吸收了入射核的能量，往往处于激发态。

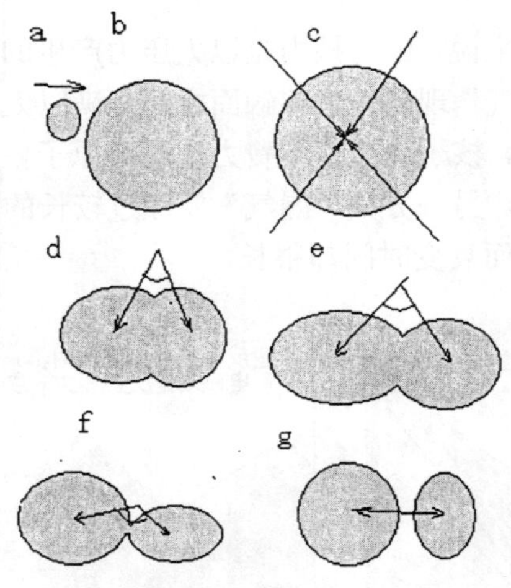

图 81001　弱相互作用本质

处于激发态的复合核会像图 d 那样发生变形。因为核力是压力，复合核一旦变形，就会出现非有心力场。从图 d、图 e 到图 g 可以看出，非有心力场的方向是帮助和助长复合核的变形，而复合核的变形又会反过来加强非有心力场。另一方面，复合核在有心力场作用下也会力图恢复圆形，恢复过程中，非有心力场又会跟着减小。所以非有心力场是个马屁精，见风使舵，只有在核力是以太压力的情况下，非有心力才会有这种特点。所以复合核形成以后形状就会出现振荡，并在振荡中发射γ射线，这叫做退激发射。如果复合核的变形达到像图 f 那样严重时，有心力就无法使复合核恢复球形，非有心力就会把变形的两部分完全推开，如图 g 所示。复合核被非有心力推开成两个粒子的现象，物理学上称之为衰变。

因为核力是很大的，就是说位垒很深，最初人们认为在强大的核力控制下，原子核内的核子不可能跑出核外。但很多重原子核却会发射 α 及 β 射线，于是量子力学中就用位垒穿透理论去解释这些现象，并认为只有微观粒子才有位垒穿透现象。形象地说原子核衰变并不是通过隧道效应跑出去的，倒有点像运动员通过撑杆跳高逃出去的，所以我们形象地叫撑杆跳效应。

其实在日常生活中也存在“位垒穿透”现象，例如，真空吸盘挂衣钩，假定最初能挂一公斤的衣物，过几天挂衣钩在没有挂衣物的情况下自己掉了下来。当然，大家都知道挂衣钩是被大气压力压在墙壁上的，后来由于吸盘漏气，吸盘内部真空度减少，相当于图 f 的情况，当最后吸盘内部完全充满大气时，相当于图 g 情况，于是挂衣钩就掉了下来。当然，如果有人不知道挂衣钩脱落是漏气造成的，也可以认为挂衣钩存在位垒穿透现象。读者从这例子里可以看到，从本质上来看，挂衣钩并没有进行位垒穿透，而是大气分子跑到挂衣钩和玻璃板接触面之间把挂衣钩排开了。

现在我们可以反过来说，因为核力是以太压力产生的，所以核子和原子核接触面之间也会存在“漏气”现象，当接触面之间充满以太时，粒子和原子核之间几乎不存在相互作用力，核子就会毫不费力地脱离原子核成为射线。所以原子核衰变表现为弱相互作用。另一方面“漏气”要经过较长的随机时间，所以尽管生成复合核的时间很短，而衰变时间却很长。

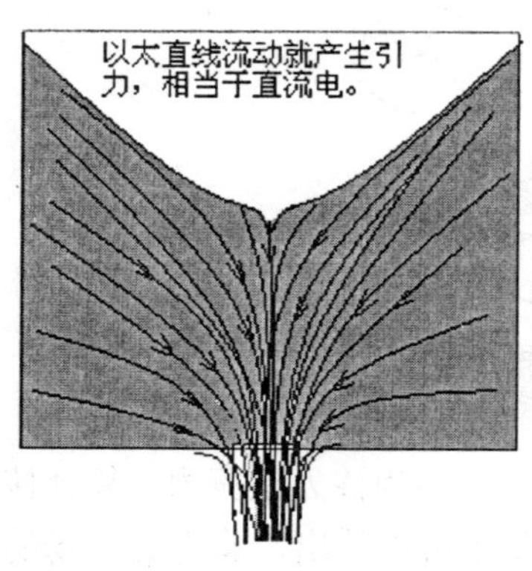

a.引力是以太向天体中心流去的反映，如水池中心开口后的水流。

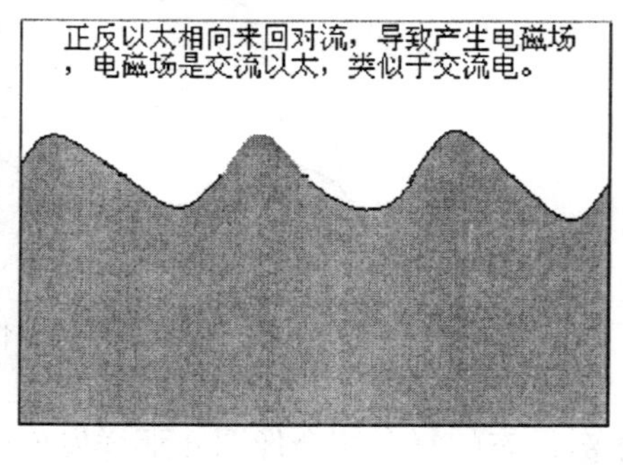

b.以太波动时，正反以太不断来回交换位置，从而产生电磁波。

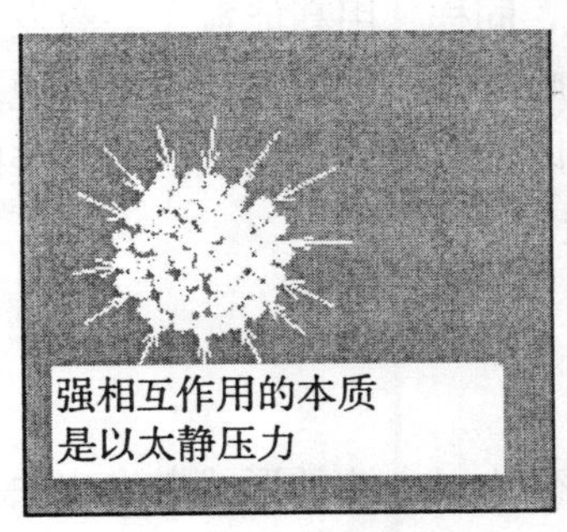

c.以太静压力就是强力，原子核内部核子和核子之间是靠压力压在一起的，所以核力存在饱和性。

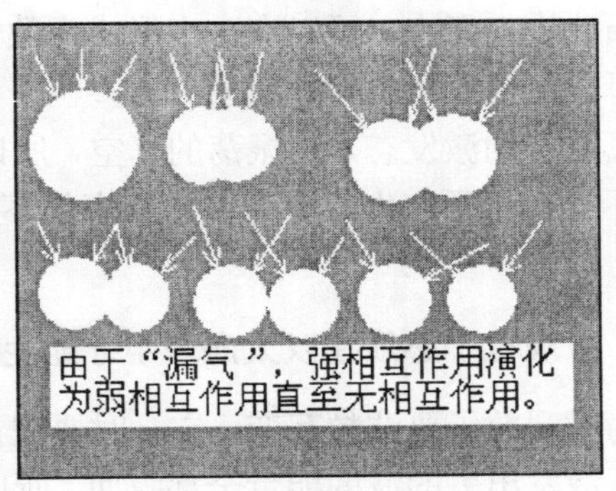

d.如果核子接触面之间由于“漏气”，有效接触面就会减小，有效接触面减少又导致核子之间聚合力减少。最终导致核衰变。

从上面论述可以看出，所谓位垒穿透的本质是因为核子和原子核接触面之间产生“漏气”的现象。被抽成真空的瓶子内部会因漏气自发地变成充满空气，而从未发生过一个内部充满空气的瓶子会自发地变成真空。这就表明“位垒穿透”只能使原子核自发发生衰变，反过来的情况是不可能发生的，就是说如图 a 和图 b 那样，如果入射粒子 a 的能量不够，粒子 a 决不可以通过“位垒穿透”跑到 b 内部形成复合核。

我们之所以要提到这一点，是因为在太阳能是热核反应能中有一个重要的论点。伽莫夫提出，太阳核心的温度虽然不能使氢核直接产生聚合反应，但可以通过位垒穿透形式发生反应。正因为这理论的提出，才使物理学家接受了聚变能理论。现在我们从理论上证明了：太阳内部氢核之间是不可能通过核衰变那种所谓“位垒穿透”过程进行聚变反应的，这就表明太阳能是聚变能理论本身就是错误的。太阳中心的温度离聚变反应点火温度还差得远，因而位垒穿透理论又是错误的。

以上就是用以太模型解释四种力的本质。当人们认识了事物的本质以后，下一步就是写出数学公式了。希望有人去写出这公式。公式包含的内容是：以太直流流动时就代表引力，交流流动时就成为电磁力，以太静止的压力就是强力，当漏气快完了时就演化成弱力。

大家都知道，当前理论家们正热衷于研究超弦，把四种力的老祖宗生活的年代安排在宇宙大爆炸初期超高温时期。在大爆炸本身是否真的发生过还无法断定的情况下，该理论也就真的成为“超玄”。

五、微观粒子是从以太海中产生的气泡

用石头去击海水，可以在水中形成无数气泡，同样，用高能粒子去激发真空时，也可以产生寿命不同的粒子。这些粒子可比喻为水中的气泡，也可以说基本粒子是真空中的激发态，是振荡的真空，所以可以说微观粒子是从以太海洋中产生的。不过，粒子产生后有的稳定，有的不稳定。

六、微观粒子必须在以太海洋中才能生存

因为微观粒子要波粒互变，它一时要把自身变为以太波的形式散发出去，一时又要把散发出去的波的能量全部收回，所以微观粒子实质是以太的两种不同的状态，相当于计算机 0 和 1 的状态。如果真空中不存在以太的话，微观粒子散发出去的以太波的能量再也无法收回，整个宇宙的天体会在瞬间消失，就像陆地上的冰块，升华后再也变不回冰。但是冬天水中的冰块就不一样了，融化和结冰会达到动态平衡。

所以宇宙不能没有以太，我们自身也不能没有以太，因为我们自身也是由以太组成。

七、微观粒子也靠以太传播

20 世纪前的物理学家早就提出光靠以太传播的理论，麦克斯韦方程是该理论的结晶，但当时对以太的认识不全面，认为以太没有妨碍天体的运动，它在宇宙中必然很稀薄，以太要能传播光，又要是坚硬无比的刚体。但是，当理论家们考虑天体的运动是否会带动以太漂移时，似乎又把以太看成像液体一样的东西了。所以当实验得出以太不漂移时，爱因斯坦乘虚而入，用相对论否定了以太的存在。

20 世纪初，物理学家已发现微观粒子的波粒二象性，就是说发现微观粒子既有粒子性又有波动性。当时波尔等人用几率波去解释微观粒子的波动性，认为粒子永远是粒子，只是粒子的行为表现为几率波的性质。

但是当时物理学家的思想只要跨越小小的一步，情况就会大不相同：只要假设微观粒子一时可以变为粒子，一时又可以变为波。这样，当微观粒子以波的状态存在期间，波就可以在以太中传播了，电子通过双缝时产生干涉现象也就很好解释。微观粒子运动时，是先把自己变为以太波，然后再借助于真空中的以太，在运动方向上把波传播出去。这样粒子波和光波就以相同的形式向前传播了，光靠以太传播，粒子运动也靠以太传播。地球的运动实质是以太的波动，所以地球的运动也就不会带动以太漂移了。这样一来，迈克尔逊等人实验证明以太不漂移的结果，就不能被爱因斯坦用来充当否定以太存在的理由。

八、以太和质能关系公式

爱因斯坦求出了质能关系的公式：

$$E = MC^2$$

但是人们不理解质量和能量是通过什么机制相互转换的。我们仍然用以太概念去阐明质量转换为能量的本质。

必须把以下三个概念联系在一起：

1. 真空中充满正反以太，如果在正宇宙局部空间中，正以太的含量突然增加，该局部空间就会表现为有能量放出。

2. 微观粒子是由正反以太组成，微观粒子内部正以太含量超过 50%的为正粒子，而且正以太含量越多，粒子的能级越高，质量越大。基本粒子的质量大小和基本粒子内部所含正以太多少成正比。

3. 微观粒子波粒互变过程中，当它由波变为粒子时，该粒子内部正以太的含量必然和其所在真空中正以太含量保持动态平衡。

为了讨论方便，我们假定某个 A 粒子它最初所处的空间，其正以太的含量为 70%，A 粒子内部正以太的含量也是 70%。后来 A 粒子跃迁到低能级空间去了，并且 A 粒子又在低能级空间由粒子变为波，A 粒子把自身的以太全部散发到低能级空间去了。我们假定低能级空间正以太的含量为 65%，当 A 粒子又由波变为粒子时，A 粒子内部正以太的含量也是 65%。很显然，A 粒子内部的正以太含量由 70%变到 65%，其质量就减少了。另一方面 A 粒子从高能级带来的正以太含量是 70%，现在 A 粒子仅回收了 65%，很显然还有 5%的正以太留在低能级的空间。这就造成低能级的局部空间正以太含量发生突然变化，发生真空的波动，也就放出了能量。其过程表现为 A 粒子质量减少并放出了能量。所以质能关系是通过以太为桥梁实现的。

所以质能变换一定要在不同能级之间完成，热机必须要在同时有热源和冷源的条件下才能工作。

九、微观粒子可以搬运以太

1. 上面看到微观粒子通过波粒互变可以把正以太从高能级空间搬到低能级空间，这是热机工作的本质，也是一切天体能源的本质。太阳能就是靠微观粒子把能量搬到太阳表面的。

2. 反过来，在天体系统内，微观粒子又可以通过波粒互变，把正以太从低能级搬到高能级去，把正以太从宇宙空间搬到天体内部去，结果使一切天体产生了引力场，使天体内部的能级升高，使天体内部的微观粒子质量变大，从而产生了反热力学第二定律，才使宇宙不会热寂。

热力学第二定律是微观粒子通过波粒互变所为，反热力学第二定律也是微观粒子通过波粒互变所为。

十、宇宙表观膨胀

雪山上融化后的雪水向山下流去，从来没有说雪山在膨胀，原因是人的眼睛能看到雪山本身，知道雪水是在雪山上从高向下流，也知道雪山上的雪来自于空气中，雨水会不断补充因融化而流失的积雪。也知道雪水和山比起来简直少得可怜。

假如我们的眼睛能看见以太的能级的话，就会发现每个天体就是一座高山，山的顶峰就是天体的中心。同时还可以看到山顶上一团又一团白云向山下飘去，并在山脚下发出高温的火光。

如果我们用同样的眼光看宇宙，就会看到宇宙也是一座以太堆成的高山，并且还可以看到高山上无数的火球往山下滚。大家都明白高山并没有变化，或者说没有膨胀，往下滚的只是小小的火球。

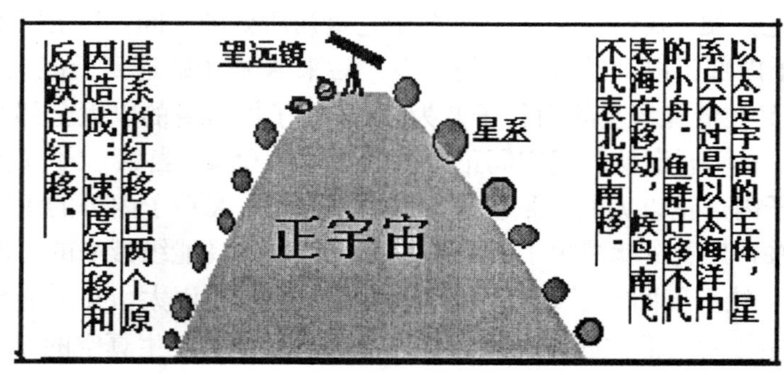

图 81003　宇宙并没有膨胀

所以只要我们的眼睛能看到以太，就会明白以太才是宇宙的主体，星系对于以太来说不过是沧海一粟，所以无论星系以何种方式运动，都不能说宇宙是膨胀还是不膨胀，正如鱼群迁移不能说是海在迁移一样。

从图 81003 可以看到真正支配星系离开宇宙中心的是能级梯度。但不一定是离开我们越远速度就越大，从图中可以看到离宇宙中心越远的星系其所在的空间和宇宙中心（望远镜位置）的能级差就越大，反跃迁产生的红移值 Z 也就越大。如果我们错把反跃迁红移当成是速度红移，就会得出错误的结论，会认为星系的退行速度随距离的增加而增加，从而也就会误认为宇宙发生过大爆炸。所以请读者小心看待宇宙大爆炸理论的正确性。

十一、狭义相对论和广义相对论的统一

只要我们把牛顿的引力场理解为以太流，而广义相对论描述的引力场，实质上已指明引力场就是以太流的流速或空间的流速：

$$V_{空}=\sqrt{\frac{2GM}{r}}$$

爱因斯坦把以太否定了，他自己反而没有认识到这一点，而是用常人难以理解的概念“时空弯曲”去解释引力的本质，这就导致广义相对论很难普及。

当我们把引力场解释为以太流以后，就通过以太流这一形象的概念，把牛顿的引力公式自然过渡到广义相对论公式。然后又把广义相对论中的空间流动速度代到狭义相对论公式中代表物体运动的速度 V 中去，这样狭义相对论中的所有结果就变为广义相对论的结果了。这样我们又通过以太把狭义相对论和广义相对论统一起来。

以太流 ⇒ 牛顿引力场 ⇒ 广义相对论 ⇒ 狭义相对论 ⇒ 微观粒子相对论

现在我们对于引力场的认识已做到知其然又知其所以然了！我们已知道天体内部的微观粒子因波粒互变会回收宇宙空间的能量或者说回收以太，这就导致天体上空产生一股径向以太流，径向以太流会把苹果冲到地上。牛顿误认为苹果和地球之间存在万有引力，虽然概念是錯的，但导出的公式用在太阳系是正确的。爱因斯坦从引力现象中导出了广义相对论，虽然他得出引力场可以用时空弯曲去描述，但他并没有搞清物质是如何把时空弄弯曲的。其实广义相对论的解中已包含了流动空间这一概念，如果把引力场解释为流动的空间，广义相对论和狭义相对论又融为一体了。

十二、关于爱因斯坦的宇宙学常数

爱因斯坦最初相信宇宙是稳恒的，所以在广义相对论公式中加上一个宇宙学常数，如果把宇宙学常数看成是天体内部的反引力函数的话，该函数在天体内部，反引力随 r 的减小比引力增加得更快，那广义相对论就可以消除黑洞及暗物质的存在。因为反引力随 r 的增大比引力减小得更快，这又避免了宇宙膨胀。引力和反引力共同作用于宇宙，使宇宙保持在相对稳定状态中，宇宙不会膨胀，也不会收缩为一个奇点。

读者从这十二种现象可以看到，只要我们假定宇宙中充满正反以太，宇宙中很多现象都能得到解释，这样我们就用以太统一了宇宙。我们不能脱离以太去讨论宇宙中的一切的现象，无论是物理的、化学的还是生物的。这样看来，以上十二个例子是远远不够的，读者有兴趣的话，自己也可以列举出很多很多。

附录：相互对立的解释

1. 天体的能源

◎当代理论认为，恒星能源是恒星内部热核聚变产生的，星系核能源是星系核内部黑洞产生的，而行星能源是行星内部放射性元素衰变产生的，宇宙膨胀的能源是宇宙大爆炸产生的。当代理论在能源理论上没有统一的机制。

●X—D 理论认为，一切天体都像一个重元素，天体内部的空间能级比天体外围的空间能级高，天体内部的基本粒子的质量也比天体外围的基本粒子质量大。这样，只要天体内部的基本粒子向天体表面运动，就有部分多出来的质量转换成能量。所以一切天体都是膨胀时温度升高，气体运动速度增大；收缩时温度降低，气体运动速度减小。所以从星系核喷出来的气体，总是离星系中心越远其向外运动的速度越大，就像山顶上滚下的圆石速度越来越大一样。这种气体反常运动速度，往往使人误认为星系核在若干亿年前发生过一次短时间爆炸。所以 X—D 理论认为太阳能不是热核能，星系核能不是黑洞能，行星能源也不是放射性能。它们都有共同的放能机制，即气体从高能级跃迁到低能级时就会放出能量。星系核内部能级最高，所以放能效率也最高。

2. 恒星演化理论

◎当代理论，从太阳能是热核聚变能假设推出，恒星的演化方向是从主序星到红巨星，再由红巨星演化为白矮星或中子星，而大于三个太阳质量的中子星则会演化为黑洞。

●X—D 理论从天体原子模型出发，认为恒星的演化方向是从红巨星到主序星，并认为白矮星和中子星是在主序星内部自然形成的，就像龙眼果实内部的硬核是自然形成的一样。主序星外壳被剥离以后，自然就露出白矮星或中子星。中子星内部能级很高，存在很强的反引力场，按当前的说法是中子星内部存在暗能量，所以，大于三个太阳质量的中子星，不可能被自身的引力压缩为黑洞。反引力场有可能使大于三个太阳质量的中子星发生爆炸，超新星有可能是恒星内部的中子星爆炸所为。中子星爆炸有两个结局，第一个结局是中子星被彻底粉碎，第二个结局是留下一个小于三个太阳质量的中子星。

当前天文学界正掀起研究黑洞的热潮，并且有不断发现黑洞的报告，我们在此却反而宣称恒星不可能形成黑洞，如果有读者为我们的做法担心的话，请他把 2/3 的暗能量或反引力加到中子星内部去，回过头来计算一下，看大于三个太阳质量的中子星，能否变成黑洞。

3. 太阳系的形成

◎ 当代主流理论认为，太阳系的行星和卫星是在星云盘中分别形成的。该理论只能给读者一个非常模糊的图像，不能给出太阳系形成的细节。最大的困难是不能解释太阳系角动量分布反常的问题，也不能解释反映行星之间分布规律的比得定则。

●X—D 理论认为，恒星演化方向是从红巨星到主序星，演化过程中体积必然是从大到小不断收缩。另一方面红巨星会脉动，膨胀过程中必然会像人类发射人造卫星那样向外发射气体。刚好恒星晕上空存在壳层结构，于是红巨星发射的气体就会被保存在壳层中，绕红巨星运行并形成高温气体环。气体环被束缚在壳层中，当温度下降后就会根据不同的情况形成彗星、行星及卫星。绕红巨星运行的气体环中的气体，在重力作用下会发生质量分离，形成重元素在下轻元素在上的质量谱。红巨星壳层的宽度约为红巨半径 5%到 10%左右，所以当红巨星体积大时产生的气体环径向宽度就大，体积小时产生的气体环宽度就小。而且红巨星每形成一颗行星以后其半径都要缩小 50%左右。所以行星是从外向里先后形成的。当太阳红巨星形成九大行星以后，也就演化为现在的太阳了。这种太阳系形成理论，能圆满地解释太阳系一切特性，能解释比得定则，消除了角动量反常的矛盾等，太阳系形成过程可以用动画片完整地表现出来。

4. 万有引力

◎自牛顿发现万有引力起，关于万有引力本质的问题始终没解决。当代理论家提出，引力是基本粒子之间交换引力子产生的。但这一理论不能解释引力的长程性、超距性、瞬时性及不可屏蔽性。爱因斯坦仅根据引力的客观现象，用升降机类比引力的行为，从而推出广义相对论公式，指出引力场可以用时空弯曲去描述。但他仍然没有说明，物质是通过什么手段把时空弄弯曲的。当代物理学家把引力绝对化，认为引力可以无条件地产生，可以无限地增大。引力可以把一个天体压缩为一个黑洞，甚至压缩为一个奇点。反过来说，无毛的黑洞及没有基本粒子存在的奇点仍然有能力产生引力。因为引力是从由原子构成的天体中发现的，在一个连基本粒子都无法存在的假想天体中，能否仍可以产生引力？这是值得怀疑的，不能只从数学公式去考虑。

●X—D 理论认为，任何一个天体都可以从宇宙空间回收能量或者说回收以太，这就导致天体周围有一股以太流从外向内径向流入天体中心。天体周围的其他物体吸收了这股能量流以后，自然会作径向往内的加速运动，这是树上的苹果往地面掉的本质。所以，万有引力的本质是天体上空以太流的冲力。这个引力模型，符合长程性、超距性、瞬时性及不可屏蔽性，引力的大小也符合距离平方反比规律。这种引力模型，从概念上也可以认为引力场是流动的空间或从数学上简单表达为弯曲的时空。最大的优点是，用能量流的模型可以克服热力学第二定律，同时表明引力存在饱和性，就是说引力有一个最大值。因为引力是以太流产生的，以太流的速度最大不能超过光速，所以引力有饱和性。因为以太像液体一样存在压力，以太的冲力取决于以太压力，就像水电站水轮机所受的冲力取决于水源的高度一样。如果引力有饱和性，天体的密度也就有饱和性，天体的体积也就不可能被无限地压缩为一个奇点。

在 X—D 引力概念里，因为太阳有引力，太阳自己当然也会回收能量，这样，太阳就成了一台能量循环机，它一方面向宇宙空间散发光和热，一方面又通过引力的形式回收能量和物质，从而证实恩格斯论断的正确性。

5. 热力学第二定律

◎当代理论认为，一个封闭系统内的熵总是随时间增加而增加的。当代物理学家还没有找到克服熵增的办法，所以他们悲观地认为宇宙总有一天会热寂，世界会变得完全黑暗。要想宇宙重放光明，只有等到下一次宇宙大爆炸。

●X—D 理论认为，热力学第二定律的本质是微观粒子从高能级跃迁到低能级的行为。在微观粒子能级跃迁过程中使能量和粒子由集中到分散。热机做功之所以要热源和冷源，就是要使一个系统内既有高能级也有低能级。X—D 理论提出引力场的本质是能量流，这自然可以使人推出，任何一个天体系统，其自身有能力回收能量和物质粒子，使系统的熵减少。这样，引力行为实质是起到克服热力学第二定律的作用。人类虽然不能在实验室小系统内克服热力学第二定律，但宇宙自己可以通过微观粒子把散发到太空中的能量及粒子集中起来，使系统的熵减少，所以宇宙不会热寂。

6. 天体膨胀和收缩时的温度变化

◎当代理论认为天体收缩时会放出引力能使温度升高，体积膨胀时温度降低。

●X—D 理论认为，在地球表面当代理论是正确的，但，在大型天体系统中，不能把天体看成一团气体的集合，量变会引起质变。大型天体，它已变为具有重原子核的性质了。因此恒星收缩时引力能不是转化为热能，而是转变为基本粒子的质量或暗能量，温度反而降低了。而当天体膨胀，气体从天体内向天体外流动时，气体的质量又变为能量，气体的温度相应升高。例如，在星系核喷流中，离星系核越远的气体其温度越高，速度也越快。类似的放能现象在天文现象中比比皆是，这些现象曾导致前苏联天文学家提出“星前物质”的学说，也导致当代天文学家发现“反引力”或“暗能量”，也导致本书作者提出“天体原子模型”。

7. 反引力和暗能量

◎当代天文学家发现天体之间存在相互排斥的斥力，有人提出这斥力可以代表爱因斯坦的宇宙常数。1998 年后，“反引力”这一概念又和“暗能量”一词并存，天文学家估计出暗能量占宇宙总能量的 2/3。有人认为暗能量是从宇宙真空中渗透出来的，有人认为暗能量不过是宇宙的基本特性，并宣称试图解释它是徒劳的。

●X—D 理论认为一切天体内部的微观粒子都会通过波粒互变把宇宙空间的以太搬到天体内部去。这就导致天体内部以太密度高，这多出来的以太就成为暗能量。也导致一切天体都像重原子核，天体系统内部空间，离中心越近其能级越高。所有微观粒子都会自发地从高能级跃迁到低能级，因此一切天体都存在从内向外和引力方向相反的力，称为反引力。该力不是由热运动产生的，而由是能级差产生的。这种反引力是产生热力学第二定律的第一个根源，热运动仅是热力学第二定律的第二根源。

从物理本质看来，“反引力”、“暗能量”和天体原子模型的“能级跃迁”是同一事物的三种不同表达。

8. 天体壳层结构

◎当代理论认为，天体周围及天体内部空间只存在引力场。引力服从和中心距离 R 平方成反比定律，天体系统内部的物质运动完全由引力支配。天体不存在壳层结构。

●X—D 理论认为天体系统内部空间除了引力场外还存在反引力场。引力曲线和反引力曲线拟合后，拟合成的“有效引力曲线”就不再服从与距离 R 平方反比定律。天体晕附近就会出现一个反常的区域，在该区域内，“有效引力”

基本上不随到天体中心的距离 R 变化而变化，有效引力曲线出现了一个平台，在球坐标上表现为一个壳层结构。因为壳层中能保存气体，所以行星可以在恒星壳层内形成，恒星又可以在星系核壳层内形成。因为在壳层中气体不被压缩，光谱线不会展宽。但因为其气体处于负能级，气体所发之光必然会产生红移，类星体红移就属于壳层红移。

9. 引力常数 G

◎当代理论把引力常数 G 看成是不变的，G 适用于宇宙中任何一个地点。当发现银晕或其他星系的晕中恒星绕星系核运行的速度反常增大时，就片面地假设星系晕中存在 90%以上的暗物质，而不敢怀疑引力常数是否会变化。

●X—D 理论考虑到银河系内存在反引力场，恒星在银河系内的轨道运动规律是受引力和反引力综合作用形成的“有效引力”支配的。因为反引力在银心最大，因此“有效引力常数”在银心最小。银河系“有效引力常数”在太阳系附近为 G，而在银晕附近“有效引力常数”在 10G 左右。这有点像海水中的鱼，在海水中时似乎自己没有重量，也就是有效引力常数是很小的，但是，一旦离开水面，鱼的重量就突然增加了许多，这表明在海面上空有效引力常数增加了，但并不表明海平面上存在暗物质。

10. 暗物质

◎当代理论因为把太阳系附近的引力常数 G 看成是普适常数，所以当发现银晕附近恒星运行速度反常增大时，就提出银晕附近有 90%的暗物质。后来发现星系团也存在同样的问题，于是推广为整个宇宙含有 90%以上的暗物质。目前物理学家们正在为找到暗物质而努力，把希望寄托在中微子存在静止质量及其他假想的粒子身上。

●X—D 理论认为银河系内部空间存在反引力场，反引力有点像海水的浮力。有效引力是引力和反引力拟合的结果。“有效引力常数”是从银心到银晕不断增大的可变值，在银心最小，在银晕附近最大。在计算银河系质量时，如果用可变“有效引力常数”代入恒星绕银心轨道运动速度曲线上，就会发现银河系并不存在暗物质。只要把银晕附近的“有效引力常数”用 10G 代入公式去计算银河系总质量，银晕中的暗物质自然消失。当代天文学家正在疯狂地从理论上和实验中寻找暗物质的时候，我们却反其道而行之，仍然用天体原子模型，力图证明暗物质不存在。如果能从理论上证明暗物质确实不存在，相信能为各国节约不少科研费用。

11. 类星体红移的本质

◎当代天文学家，把星系红移归因为速度红移，由于发现类星体谱线红移度很大，如果该红移是引力红移的话，谱线会严重变宽。但类星体无论是发射谱线还是吸收谱线都很窄，与强引力红移的特点不符合，所以只好把类星体红移归结为速度红移。这样，类星体就成了天文学上的怪物，体积仅像太阳系那样小，所放出的能量大于100个星系所放的能量。

●X—D 理论认为，类星体是裸露的幼龄星系核。因为星系核存在壳层结构，壳层内的气体虽然受到强大的引力而发生很大的红移，但因在星系核壳层中存在引力平台，在平台中气体不会被严重压缩，其谱线仍然很窄。壳层红移的特点是，高能光红移度小，低能光红移度大，而速度红移与光的能量大小无关。在新理论里，类星体不是特别远，所发之能量也不是特别大，只需把它当成是新形成的幼龄星系就合理了。

12. 星系红移

◎当代理论认为星系的红移是速度红移，从而得出宇宙在膨胀的结论，继而又推出宇宙大爆炸理论。如果星系红移不是速度红移的话，宇宙大爆炸理论就不再成立。

●X—D 理论认为一切天体都像一个重原子核，宇宙中心的能级最高，边缘的能级最低，所以，离宇宙中心越远的星系所发之光，到达宇宙中心时，其红移量就越大（由于反跃迁要损失能量）。所以，只要假定银河系是在宇宙中心附近，我们就能得到哈勃望远镜观测的结果，即离我们越远的星系，其红移度越大。

当前，天文学家已发现宇宙中存在2/3暗能量，读者也可以用暗能量的概念去解释星系红移现象。暗能量可以使物质加速向宇宙边缘运动，反过来暗能量也必然会阻止物质和光线从宇宙边缘向宇宙中心运动，所以光从宇宙边缘向宇宙中心传播时，光为了克服暗能量的阻挡，就会损失部分能量产生红移，这损失的能量其实又转变为暗能量。这是看得见的能量和看不见的能量之间的相互转换。

13. 宇宙的形成

◎当代主流理论认为，宇宙是大爆炸产生的。其理论根据是从星系红移推出的宇宙膨胀，其天文观测证据是氦元素宇宙丰度及3K宇宙背景辐射。

●X—D 理论认为宇宙是永恒的，宇宙是个空心大火球，这叫宇宙大空洞模型。永恒高温的火球可以产生从轻到重的所有元素，因为宇宙中心能级高，火球的光反跃迁到宇宙中心时，温度已降为 3K。因为人类处在宇宙中心附近，由于反跃迁，所以星系离我们越远，红移就越大。所以宇宙空心大火球模型也能解释星系红移、轻重元素生成及 3K 辐射。

当前大多数天文学家都挤压在宇宙大爆炸的奇点中同唱一首歌："宇宙是大爆炸产生的。"宇宙大空洞模型，可以让一部分人跳出奇点之外，允许一些不怕孤独的天文学家站在宇宙的外头去欣赏宇宙美丽的景色。

14. 石油和煤的形成

◎当代理论认为地球形成之初并不存在石油和煤，石油和煤是古代生物形成的。

●X—D 理论从太阳系形成的过程考虑，认为石油和煤是在红巨星气体环中形成的。地球上的石油和煤除了少数由地球生物形成以外，绝大多数是在地球形成晚期从天上落下来的，并提出火星和月亮内部有丰富的石油。

15. 以太

◎在 19 世纪，人们曾提出光靠以太传播的假设，把以太设想为充满整个宇宙的物质。因为以太要传播光的横波，所以必须假定以太是刚体，但以太又不能阻碍天体的运动，所以又必须假定以太是非常稀薄的。这是一种非常矛盾的假设。爱因斯坦狭义相对论发表以后，以太的概念几乎从物理学家的理论中消失。

●X—D 理论恢复了 19 世纪以太的假设，但以太的内容及性质都增加了。认为宇宙中充满密度很大的以太，基本粒子由以太组成，粒子可以变成以太，以太也可以变为粒子。基本粒子吸收和放出能量的本质就是吸收或放出以太，能量就是运动的以太。质量和能量可以通过以太互变。天体内部的基本粒子可以通过波粒互变把宇宙空间的以太搬运到天体中心，使天体内部的以太密度升高，以太密度高的区域就表现为存在"暗能量"或者叫存在"高能级"，其后果是，微观粒子在波粒互变时会从以太密度高的区域跃迁到密度低的区域，物理学上叫能级跃迁，所谓暗能量，就是以太密度存在梯度的表现。最重要的是以太的流动会产生引力，以太的波动会产生电磁力，以太的压力会产生强力和弱力，可以说以太又是自然界四种相互作用力的母亲。所以，在 X—D 理论里，以太也是推动宇宙运动的上帝。

16. 微观粒子波粒二象性

◎当代主流理论对微观粒子既存在波动性又存在粒子性的行为，认为波动性是微观粒子遵从几率行为造成的，把波函数解释为几率波。爱因斯坦则反对这种解释，他的观点是："上帝不玩骰子"，并认为可能存在某种未知的原因。

●X—D 理论认为，微观粒子可以在一个时刻内以粒子状态存在，在另外一个时刻则以"以太波"的形态存在。微观粒子始终是一时变为波另一时又变为粒子，反复变化着，微观粒子的这种行为被称为"波粒互变"。因此，微观粒子的波动性是真实的以太波，而不是几率波。微观粒子就是通过"波粒互变"进行能量交换、能级跃迁及质能互换的。正因为微观粒子可以波粒互变，微观粒子才有能力把以太搬运到天体内部，同时又在能级跃迁过程中把能量从天体内部搬运到天体外部。在 X—D 理论里，微观粒子是会劳动的"宇宙工人"，又是会经商的"宇宙商人"。这样一来，宇宙的运动及演化就有了动力，人的脑子才能进行思维活动。在当代的量子力学里，微观粒子的波粒二重性的概念与宇宙的运动毫不相关。但在 X—D 理论里，只把波粒二重性向前跨越一步，理解为波粒互变性，微观和宏观就紧密联系起来了，微观粒子就成了推动宇宙运动的上帝。所以我们的书取名为《量子天文学》。

17. 四种力的统一

◎当代理论家希望能找到一个"包揽一切的理论"，在这理论中要把四种自然力放在一个屋顶下，要能提出每种力都是由一个惟一的原始力按不同的方式引起的。目前超弦理论最受欢迎。

●X—D 理论提出，宇宙充满密度很大的以太，如果把以太简单地看成水一样的性质。大家知道，水对物质显然存在四种相互作用的形式：(1)水的流动可以带动物体的运动。(2)水存在波动和旋涡运动也可带动物体运动。(3)水存在压力，水的压力可以把互相分离的物体压在一起。(4)反过来，被水压力压在一起的物体，无论压力有多大，都会由于接触面之间"漏气"使两个物体分离。

对照水的性质再去分析以太的行为，(1)X—D 理论把引力归结为以太流动产生的冲力，这相当于水的流动带动物体的流动。(2)麦克斯韦方程早就指出电磁场靠以太传播，所以以太的波动就产生电磁场。(3)以太和水一样存在压力，因为以太的密度很大，其压力也很大。原子核内部核子和核子之间就是靠强大的以太压在一起的。压力的特点是短程性和饱和性，所以强力是短程力和饱和力。饱和力的特点是，不会因离粒子中心越近而压力越大。压力的特点是，当你要把两个被压力压在一起的物体分开时，就像拉开弹簧一样，受到的阻力会增大，不过会有一个极限。(4)被以太压力压在一起的基本粒子会存在"漏气”，一旦两个粒子接触面之间因“漏气”充满了以太，压力自然就会消失，这时一个由许多粒子组成的大的粒子就会衰变为两个或多个粒子。所以在作高能物理实验时，往往形成重粒子的时间很短，而重粒子衰变的时间很长，这是因为重粒子要经过较长的“漏气”时间后才会发生衰变。弱相互作用是粒子和粒子之间“若即若离”状态下的作用力。

18. 星系核能源

◎因为星系核的产能效率远比氢核聚变产能效率高，特别是类星体能源。所以当代太阳能理论不适于用在星系核能源上，最初有人提出星系核能源可能是正反物质湮灭产生的。当黑洞理论产生以后，几乎一致认为星系核能源是黑洞产生的。

●首先，X—D 理论认为恒星级黑洞及星系核一级黑洞是不可能形成的，因为根据天体原子模型，天体核心随着物质密度的增加，会产生强大的反引力场。当物质密度增加到一个极限时反引力会大于引力，使天体反而膨胀或爆炸，而不是收缩为黑洞。所以 X—D 理论提出，星系核中心能级很高（也可以说暗能量很大），相应地，在星系核中心的气体，其基本粒子的质量也很大。大质量的基本粒子在反引力场作用下跑到星系核表面，因为质量相差特别大，放出的能量远远大于氢核聚变的能量。

当代天文学家也已观测到宇宙中存在反引力场或者说存在 2/3 的暗能量，这和天体原子模型的概念是一致的。也可以说星系核能量是通过微观粒子能级跃迁，从暗能量中转换出来的可见能量。可见能量也可能转变为暗能量，光谱线红移损失的能量，就是可见能量转变为暗能量的最好的例子。

19. 黑洞

◎在 20 世纪初，当代天文学家还没有发现反引力，也就是说还没有发现暗能量。在假定万有引力常数不变的条件下，广义相对论仅发表一个月，史瓦西就根据广义相对论解出：当一个天体的半径 $r = 2GM/C^2$ 时，该天体的光就再也射不到外面来了，该天体就被定义为黑洞。当前，受全世界人尊敬的霍金教授已成为研究黑洞的大师。

●X—D 理论根据天体原子模型，指出天体内部存在很强的反引力场，另一方面也根据中国“物极必反”的哲学思想，提出了恒星级黑洞及星系核黑洞不可能形成的论断。

因为既然天体内部存在反引力场，天体内部的有效引力常数是可变的。当天体内部某一区域，其引力大小等于反引力时，该区域的气体所受的有效引力应该等于零，相应 G = 0。我们从史瓦西半径 $r = 2GM/C^2$ 的公式可以看到，当 G = 0 时，史瓦西半径 $r = 0$。也就是说只要反引力场存在，史瓦西半径是永远达不到的。也就是恒星一级的黑洞和星系核一级的黑洞是不可能形成的。但是，20 世纪 90 年代发现宇宙中存在反引力或暗能量后，还很少有人回过头去检查一下史瓦西黑洞条件是否能满足。相反，不断有消息说：某天文学家又发现了新黑洞。

结 束 语

两种不同的哲学思想
导致两种不同的天文学理论

读者看完《量子天文学》这部书后也许会问：你们的天文学理论为什么和当代天文学理论绝然不同?我们的回答如下：

A. 顺藤摸瓜

1. 我们写出这本书完全是偶然的，因为我们的本职工作是研究原子核理论的，后来又搞核技术的应用，业余时间看了一些天文学的书，了解到当代太阳能来源理论遇到了一些困难。对一些天文学家来说，感到该理论是一块鸡肋，想要完全相信又遇到很多克服不了的困难，想要抛弃它又没有更好的理论来替代。

通过我们十年的研究，发现太阳能肯定不是热核聚变产生的，倒是很像重原子核那样通过从核心向外发射粒子而放出能量。这情况似乎带有普遍性，就是说，无论行星、恒星、星系直到宇宙，其放能机制都像重原子。于是我们就给一切天体建立了一个原子模型，试探着把太阳当成一个重原子。没料到工作十分顺利，太阳原子模型可以说明太阳黑子的一切特性，连太阳普遍磁场会在黑子极盛时期发生反转都在理论预料之中。我们立即意识到这是天文学上的重大发现，觉得这一课题有必要深入研究下去。

2. 因为当代天文学的理论基础是太阳能是氢核聚变能。由该理论直接得出的结论是恒星演化方向是从主序星演化到红巨星。如果太阳能不是聚变能的话，当代恒星演化理论肯定是不对了。我们试探性地认为恒星演化方向可能是从红巨星演化为主序星，顺带的结论是太阳系是在从红巨星演化到现在的太阳的过程中形成的。于是我们又用天体原子模型写出第三章“太阳系的形成”。出人意料的是非常成功，它能解释太阳系所有的特性，应该是目前有关太阳系形成理论中最好的理论。

3. “天体原子模型”用在太阳上能解释太阳的一切特性，用在太阳系的形成上又能解释太阳系一切特性。这就证明这模型用在恒星一级上是正确的。

接着就有必要弄清楚太阳内部的气体为什么质量会比较大的问题。推理的结果是，只能由基本粒子自己帮自己。于是我们又把研究转向微观粒子，结果是把量子力学中的“波粒二重性”改为“波粒互变性”，并把以太请了回来，从而初步解决了太阳回收能量的问题。天体能自己回收能量，这在天文学上又是个重大的发现。

4. 既然一切天体都可以从宇宙空间回收能量，天体表面必然存在从外向内的径向能量流，天体上空的一切物体吸收了这能量流以后必然会产生一种向心加速度而落到地上，而且表现出超距性、瞬时性及不可屏蔽性。这刚好和当代的引力性质完全相同，科学家苦苦寻找的引力本质终于找到了。不过这又说明牛顿的引力概念是错误的，“万有引力”应改为“万有冲力”。万有引力之谜被破解了，这在天文学上又是一项重大的成果。

5. 如果我们把问题再追究下去，天体自己可以回收能量，而能量流又可以把天体上空的物质冲回来，其后果是天体系统内部的熵减少了，这就成了反热力学第二定律。我们终于找到了克服热力学第二定律的条件，宇宙不会热寂了，热寂论被驳倒，这又是一项重大的成果。

6. 我们又把天体原子模型用在银河系，按该模型，星系核的能源仍然是能级跃迁能而不是黑洞能。因为银河系中心能级高，基本粒子就要向外跃迁，于是就产生一种从中心向外的跃迁力，因为这种力的方向是从中心向外的径向力，和引力的方向正好相反，因此取名为“反引力”。反引力的存在严重干扰了引力常数，导致有效引力常数在银心比较小而在银晕比较大。这就导致天文学家误认为银晕含有 90%的暗物质，其实暗物质并不存在。天文学家也就不用花时间和精力去寻找那魔鬼一样的暗物质了。证明暗物质不存在，这又是一项重要的成果。

同样，因为类星体核中的反引力场，也把引力场改造了，这导致星系核晕中的气体不受压缩。虽然引力场很强，但光谱线仍然是窄线，所以类星体的红移本质是引力红移而不是宇宙学红移。

7. 星系存在大气泡结构或者说大空洞结构。我们把这结构推广到整个宇宙，认为宇宙也是一个大空洞，从而提出了一个“宇宙大空洞模型”。我们仅作了初步的分析。这是一个很有希望的模型，其优点是，火球是永远燃烧的，温度从高到低都有，这样的环境对元素的形成很有利，从轻元素到重元素都可以形成。这模型有待进一步完善。

8. 以太和四种力的关系。因为我们恢复了以太，以太和基本粒子像鱼和水的关系一样。自然，以太会对基本粒子产生总体的作用。以太会波动，因此产生电磁场；以太会流动，就产生引力场；以太还存在压力，因此产生了强相互作用和弱相互作用。虽然四种力的以太模型是非常直观的，因为它太简单了，也许不会有人喜欢，宁可去追求那复杂的超弦。

以上我们是向读者说明，我们写书的过程完全是顺藤摸瓜，摘完一个后自然又摸到另一个。当然有些瓜是成熟的，有些瓜则还没有成熟。另一方面，我们也是被自己的理论牵着鼻子走，一步又一步的走下去，不允许停下来。直至写成一本书。

B. 按中国的哲学思想去研究

中国人自己的哲学理论，如周易及道教理论，向来民间的学者比较重视。中国正统的学者往往一听到阴阳学说就斥之为迷信，把婴儿和脏水一起倒掉了。其实，用阴阳学说去研究宇宙的形成和运动有很好的效果。这点后面会提到。

当代天文学理论起步较早，由于早期天文观测资料较少，提出来的天文学理论有可能是错误的。又因为某些理论家的权威，他们错误的理论就会误导其他人，而且这种误导又会一代一代地传下去。这就使整个天文学理论走进了死胡同。例如“太阳能是热核聚变能”、“星系红移是速度红移”等，这些理论都误导了好几代人。

因为我们开始写《量子天文学》的时候，已是 20 世纪 90 年代了，那时天文观测资料比 20 世纪初丰富得多了。加上我们两人原来是研究原子核理论及其应用的，原先并不是什么天文学家，这就有利于我们不受当代理论家们权威的束缚，能大胆地跳出权威们设下的陷阱，把当前最热门的课题——宇宙大爆炸理论和黑洞理论的大门紧紧地关上，写出一部用中国人的哲学理论为基础的天文学。

大家都知道，当代天文学理论主要是由西方天文学家写成的，因此当代天文学的理论基础也是以西方哲学为主，中国天文学家占据的地盘较小。我们中国的译者，往往就把所谓的正统理论翻译过来介绍给中国读者，20 世纪六、七十年代，中国学术界对西方天文学理论是持批判态度的。那时说宇宙大爆炸理论是反动的，热寂论是反动的等等。事实上宇宙大爆炸理论还是有坚实的天文观测资料作基础的。要想驳倒宇宙大爆炸理论，不能用口号去解决问题，必须用更好的观点去解释星系红移现象、3K 背景辐射及氦元素宇宙丰度等问题。要想论证宇宙中不存在暗物质，你就必须了解当初天文学家为什么会断定暗物质存在，原来他们最初发现银河系或其他星系边缘的恒星运行速度反常增大，于是他们就假定星系晕中含有 90%的暗物质。科学上的假设是允许的，科学上的争论只能摆事实，而不能喊口号和乱扣帽子。

其实，星系边缘恒星速度反常增大也可以用星系内部空间存在反引力场去解释，我们的理论，对于科普作家来说，还可以给读者编一个科幻故事，例如说，海底有一个鱼儿物理学家，它只有牛顿万有引力的知识，却不知海水存在浮力（也就是说不知道存在反引力）。有一天，这条鱼儿物理学家跟一群飞鱼飞离海面，发现自己的体重在飞离海面以上时突然增加许多。对鱼儿物理学家来说，这是一个重要的发现。回到海底以后，经过认真的计算，然后在《龙宫物理学报》上发表一篇重要的论文说："地球海面上存在99%以上的暗物质。"这是科学理论的片面性造成的。

我们人类过去也不了解星系内部空间存在像海水一样的、从中心向外的径向浮力，即"反引力"。因为反引力场没有颜色，望远镜发现不了它，所以最初提出暗物质的假设也是正常的。问题是我们应该认识到，一种天文现象可以用不同的理论去解释，不要以为书架上的书说的是绝对真理，不要被理论家们牵着鼻子走，也去花大量的金钱和精力去寻找本不存在的暗物质。

哲学和天文学是紧密相连的，因为两者都是阐述宇宙的理论。例如，西方人的经典哲学书之一是圣经，圣经中有创世纪的说法，所以西方人对宇宙大爆炸理论就很容易接受，宗教信仰和科学理论发生了共鸣。但是，我们中国人就不一样了，中国老子的哲学思想是：天不变道亦不变。我们今天口头上说的道理及道德指的就是老子的理论。天不变的意思是指宇宙是永恒的，所以中国人对宇宙是永恒的理论就比较容易接受，对宇宙大爆炸理论很长时间接受不了。这样一来，东西方在如何看待宇宙的问题上自然就产生了分歧。这种分歧是没有道理好讲的，不能说西方哲学思想是反动的，反过来也不能说中国的周易、老子的学说是封建的、反动的。主要要看哪一种哲学思想更能反映宇宙的本质。

当前，大多数天文学理论著作都是西方人写的，中国学者只是把这些理论翻译过来。西方人处处在宣传他们的哲学思想，宣扬宇宙在时间上有开端，宣扬上帝是个赌徒，宣传宇宙的一切都按几率行动。所以他们的天文学理论五花八门，不受任何限制，只要数学公式上合理就行了。他们不断炒哈勃常数，炒出来的宇宙年龄从五十亿年到两百亿年都有，如果用他们的哲学思想去衡量他们的理论，这些理论的确是很好的理论。

当然，用中国的哲学思想去衡量西方的理论，就不一定完美无缺了。因为西方人没有"物极必反"、"阴阳互变"、"相生相克"等哲学思想，所以他们认为引力可以无限制地增大，天体可以无限制地被压缩，只要数学公式允许，宇宙的一切就会按他们方程中的解而存在，从不考虑宇宙能不能接受他们的公式。所以他们是公式主义者，无数平行宇宙可以从公式中产生，也可以从公式中消灭。

另一方面，我们对西方人的理论计算过程也不能百分之百放心，还得重新审查一下。例如，他们认定大于三个太阳质量的中子星就会被引力压缩为一个黑洞，如果按天体原子模型，中子星并不是恒星的死尸，而实际上，中子星内部能级很高，反引力很大，考虑了反引力存在以后，大于三个太阳质量的中子星，引力就不可能把它压缩为黑洞了。

还有，按中国的哲学思想，很多数学公式就没有自由了，数学上允许存在的东西，客观上有可能就不允许存在。如上面提到的黑洞，即使在数学上是允许存在的，但是，如果用物极必反的思想去衡量，黑洞就不一定能存在。因为任何天体，当它被引力压缩到一个极限时，它必然会产生一个反引力去对抗引力的压缩。这叫做“物极必反”。所以在描述天体的演化方程中，应该考虑“反引力”的存在。如果读者敢于在计算时在中子星内部加上反引力，情况就会和当代黑洞理论完全不一样了。我们已在书中举出了大量的证据，证明天体内部确实存在反引力（也就是基本粒子从高能级跃迁到低能级的力）。所以，按中国的哲学思想，就会给黑洞形成理论设置一个障碍。因为物极必反，中子星内部除了中子简并压以外，还产生了强大的反引力，即使中子星的质量大于三个太阳质量，中子星也不可能被压缩为一个黑洞。相反，大于三个太阳质量的中子星其内部的反引力有可能大于引力，从而导致中子星发生爆炸。而且中子星爆炸可能产生两种结果：一种结果是中子星全炸飞了，另一种结果是把质量部分排出，使留下来的中子星小于三个太阳质量。所以我们就完全有理由把恒星级黑洞的大门关上，认为一颗恒星不可能被压缩成一个黑洞。

目前天文观测证实，中子星确实没有大于三个太阳量的。当代天文学理论的解释是，大于三个太阳质量的中子星已被压缩为黑洞了，我们的解释是大于三个太阳质量的中子星已爆炸了。这就出现了“公说公有理，婆说婆有理”的局面。从这可以看出，从不同的哲学思想出发，就会使科学家走向不同的研究道路，西方人没有物极必反的思想，坚信黑洞可以形成，所以西方出现一股研究黑洞的高潮。

我们认为大于三个太阳质量的中子星会爆炸，这就使我们猜想，新星和超新星爆发可能是恒星内部中子星爆炸所为。读者研究超新星时，不妨从这方面去考虑。其实，白矮星就会定期爆发，周期大约是十年左右，所以太阳黑子周期也可能是太阳内部的白矮星爆炸所为。从这里我们应该想到，白矮星吸收能量过程是连续的，而放能过程是短时的，就像萤火虫那样。所以平时白矮星放出的能量很少，直到积累的能量足够多时才突然爆发。但是，裸露的白矮星和太阳内部的白矮星放能方式又有所不同，裸露的白矮星零能级就在其表面，白矮星爆发时，气体从高能级直接跳到零能级，所以放能是突发性的。但是，太阳内部的白矮星就不一样了，因为太阳的零能级在太阳表面，所以太阳内部的白矮星放出来的气体，不能从高能级直接跳到零能级，只能通过整个太阳半径，一步一步地跳到太阳表面的零能级，所以太阳内部的白矮星放能方式是连续的，要经过 11 年才把能量放完。这种情况在原子核γ射线衰变时常遇到，γ跃迁时，有的从高能级直接跃迁到基态，有的却是通过分级跃迁到基态。所以太阳能是白矮星多级跃迁产生的。

另外，那些 x 射线暴和γ射线暴也许就是小质量中子星所为。西方人绝对不会怀疑中子星的，因为他们认为中子星是再也不会有能源的恒星的死尸，只有在中子星互相碰撞才会有能量放出。

所以，我们的理论主要也是向西方天文学家宣传中国的哲学思想，过去西方科学家接触中国哲学思想的机会很少，所以东西方哲学思想的交流也许很有必要。

按“天不变道亦不变”的哲学思想，宇宙是永恒的。西方天文学家为了阐明宇宙是大爆炸产生的，做了大量的理论工作，找出了三大证据。他们的工作是很认真的，所以宇宙大爆炸理论成为当代天文学中影响最大的理论，已被世界公认。

当然，如果我们要主张宇宙是永恒的观点的话，决不能空口说白话，要向宇宙大爆炸理论学习，必须像他们那样拿出应有的证据，阐明宇宙是永恒的。不过，人类是永远没法体验这两种理论到底是哪一种正确，所以只能阐明而不能证明。如何才能阐明宇宙是永恒的呢?我们认为必须从以下几个方面论述：

1. 必须阐明宇宙在时间上没有开端，因此就必须论证宇宙大爆炸的学说证据中的 3K 宇宙背景辐射、星系红移及氦元素宇宙丰度现象可以用本书的理论去解释，先使自己的理论能和宇宙大爆炸理论平起平坐，使宇宙稳恒态理论有立足之地。

2. 建立一个新的宇宙稳恒态模型。在该模型中必须解决能量的循环和物质的循环问题，该模型必须要包含能解释星系红移、3K 宇宙背景辐射及氦同位素宇宙丰度的理论。

3. 必须克服热力学第二定律，因为当代理论认为热力学第二定律会导致宇宙热寂，热寂论和宇宙是永恒的这一前提相矛盾。

4. 必须阐明太阳能不是热核聚变能，因为聚变能是不可再生的能源，如果宇宙是永恒的话，聚变能早已用完了，宇宙早已是漆黑一团了。所以必须提出一个可以再生或可以循环使用的能源。

5. 必须阐明恒星级黑洞不可能形成，假定宇宙是永恒的话，黑洞早已把发光的天体吃光了。因为当代理论认为宇宙的年龄只有二百多亿岁，所以他们并不担心黑洞在短时间内会把恒星吃光，而是理直气壮地研究黑洞。

6. 必须解释强力、弱力、电磁力及引力的本质及这四种力相互关系的问题。因为当代大统一理论已把这四种力的根源归结到宇宙大爆炸产生时刻，我们提出宇宙大爆炸从未发生过，就要为这四种力的本质另找出路。

以上这六条就是为了论证宇宙是永恒的而必须解决的问题，如果不解决这些问题，你就没有资格在理论上宣称宇宙是永恒的。

这些问题都是大难题，很显然，要解决这些难题决不能在旧的理论框架中进行修补。阿西莫夫在科幻小说中说过，让一台巨型计算机去寻找克服热力学第二定律的方法，经过亿万年后才找到答案，那时候人类已不存在了。所以在旧的理论框架内要解决以上的难题是不可能的，我们不可能等待亿万年。

我们的难题是老子等人出的，所以解决问题还得找他们。老子说过："道生一，一生二，二生三，三生万物。"意思是说宇宙中千变万化的事物都是由简单的"一"和"二"生出来的，所以我们如果想法找到这个"一"和"二"，一切问题就可以迎刃而解。

我们终于从当代理论的宝库中找到了需要的"一"和"二"，这个"一"，就是被爱因斯坦打入冷宫的以太。这个"二"，就是量子力学中的微观粒子波粒二重性。以太是西方物理学家提出来的，19 世纪红极一时，整个 20 世纪受到了冷落。现在我们把它请出来进行全面改造。

波粒二重性是量子力学的灵魂，当代人用几率观点去解释微观粒子的波动性，我们认为这种解释阻碍了人们对微观粒子的进一步认识，把宇宙引进到不可知论。这观点受到爱因斯坦猛烈的批评，爱因斯坦的名言是："上帝不玩骰子。"我们用中国"阴阳互变"的哲学思想改造了波粒二重性的概念，把"波粒二重性"改为"波粒互变性"。这样，微观粒子的性质就发生了质的变化，因为微观粒子一时可以变为波，一时又可以变为粒子，就成为有生命的东西。宇宙有了会劳动的工人，可以叫这些工人把能量搬到天体中心或宇宙中心去，然后又叫它们把能量从天体中心往外搬……这样，宇宙物质就运动起来了。牛顿认为天体会运动是因为上帝的一击，我们把牛顿心目中的上帝找到了，它就是微观粒子。

当然，我们并不是把阴阳互变的学说生搬硬套地加到微观粒子头上去。我们用了很长的篇幅，列举了大量的事实，论证微观粒子确实会不断发射和吸收以太波。例如：光在介质中传播时，速度之所以变慢，就是因为入射光受到介质中微观粒子发射的以太波阻挡的原因。通过大量的事实证明以后，我们才正式提出波粒互变的概念。这是对科学负责的态度。

事实上，整部《量子天文学》，我们只用了两个"元素"，一个是以太，它是宇宙的建筑材料；另一个是微观粒子，它是宇宙的建筑工人。微观粒子通过波粒互变可以把以太搬到恒星内部去，又可以把以太从恒星内部搬出来。这样，在微观粒子搬运以太的过程中就会引起以太的流动，以太的流动又会反过来推动天体的运动，于是整个宇宙就发生千变万化的运动。我们终于明白：四种力不过是以太对微观粒子产生的四种不同形式的作用。从这可以看到，宇宙之所以运动，全靠微观粒子辛勤的劳动，所以微观粒子才是推动宇宙运动的上帝。我们人类之所以有生命运动及思维活动也完全是因为组成人体的微观粒子会不断地进行波粒互变。宇宙运动的根源和人类活动的根源是相同的，这是天人合一。

现在，我们终于可以用以太和微观粒子这两个简单的“元素”去解释宇宙的形成和运动。可以说，给我们以太，我们就可以创造出一个正宇宙和反宇宙来，我们已完成了以下的工作：

1. 用天体原子模型取代太阳能是热核聚变能的理论后，恒星能源、星系核能源及行星能源都可以用统一的能源机制去解释。天体原子模型的能源是可以循环使用的，太阳十一年的黑子周期就是能量循环的周期。

2. 恒星的能源改变了，自然导致恒星演化方向的改变，使恒星的演化方向由旧理论中的从主序星到红巨星，变为从红巨星到主序星。红巨星也由旧理论中的老龄星变为幼龄星。与此相应的是又引出球状星团的演化和星系的演化和旧理论完全不同。

3. X—D 理论中，球状星团在演化过程中，其在赫罗图上的表现是，转折点从右下方往左上方移动，和当代理论正好相反。X—D 理论中星系的演化方向是从类星体⇒椭圆星系⇒旋涡星系⇒无核星系。

4. 因为恒星的演化方向是从红巨星演化到主序星，这就使人不得不断定，我们的太阳系是在从红巨星演化到现在的太阳的过程中形成的。当我们用红巨星脉动产生太阳系的观点去阐释太阳系的形成时，无疑取得了意想不到的成功。这种成功又反过来证明恒星的演化方向确实是从红巨星演化到主序星。这是我们的理论最有说服力的地方，我们自称找到了太阳系形成的 DNA，并预言宇宙中大部分恒星存在行星系统。

5. 因为微观粒子可以波粒互变，可以把以太搬到恒星及一切天体内部去，从而完成恒星及一切天体回收能量的任务。天体回收能量的任务是天体内部所有基本粒子在其密度存在梯度的情况下，通过集体波粒互变完成的，可以说天体回收能量是天体内部的基本粒子集体劳动的结果。所以天体回收能量的条件是很严格的，必须有基本粒子参加。假如有一个理论中的天体，其内部基本粒子存在的条件都不存在时，该天体就不能回收能量了。

6. 因为一切天体都可以回收以太，这就决定天体周围必然存在以太流，就像抽水机抽水时，进水口周围存在水流一样。这以太流又必然会带动天体上空的物体落到天体表面，这正是万有引力的本质，所以引力的本质是以太流产生的冲力。牛顿万有引力的概念是不对的，万有引力不是单个的基本粒子之间交换引力子的结果，引力是天体内部全部基本粒子集体波粒互变产生的结果。现实宇宙中的引力，是现实天体产生的，也是现实基本粒子产生的。当代理论认为，一个天体被压缩为奇点以后，基本粒子已不复存在了，但奇点仍然能产生引力，这无异叫人相信死人能干活，神鬼能推磨。

7. 19 世纪物理学家已证明电磁力是以太所为，现在我们又证明引力也是以太流所为，如果我们把以太想像为水一样的东西，这就使我们联想到以太还会存在压力，所以可以设想，强力和弱力可能是以太压力的表现。这样，自然界的四种力就通过以太联系起来了。就是说引力是以太流动产生的，电磁力是以太密度波动产生的，强力和弱力是以太压力产生的。在当前人们热衷于用超弦理论统一四种力的情况下，以太模型也许不会立即被人接受，只好期望后人了。我们只给读者提供一个全新的思路。

8. 因为一切天体都可以回收能量，这又导致天体中心能级会升高。因为微观粒子总是要从高能级跃迁到低能级，就像山顶上的石头总是要往下滚一样。这就使天体内部出现了一种“反引力”，反引力的存在又使我们断定宇宙中不存在暗物质，同时断定恒星不可能形成黑洞，并把超新星爆发归结为中子星爆炸。

9. 因为天体内部存在反引力，引力和反引力叠加的结果会使天体晕附近出现壳层结构，因此断定类星体的红移是“壳层红移”，壳层红移实质还是引力红移。这就解决了类星体红移的本质及所谓发射巨额能量之谜，同时断定恒星是在类星体壳层中产生的，行星是在恒星壳层中形成的。

10. 因为一切天体都可以回收能量，在回收能量的过程中，能量从外向内集中，在引力的作用下，物质也是从外向里集中，使系统熵不断减少。熵减这一过程，正好和热力学第二定律熵增过程相反，所以我们定义天体回收能量的过程为“反热力学第二定律”，这是把引力归结为能量流后最大的收获，因为热力学第二定律终于被“反热力学第二定律”克服了，使人再不担心宇宙会热寂，这是稳恒态宇宙最好的条件。宇宙永远会光明，阿西莫夫在科幻小说中提出，要用亿万年才能解决的课题，被简单地解决了。当然，小系统内靠人为的方法是无法克服热力学第二定律的，人类仍然不能制造永动机。但整个宇宙是永动机。

11. 根据天体原子模型，宇宙中心的能级高，很显然，宇宙边缘的天体所发之光要传播到宇宙中心必然是反跃迁，星系红移实质上是反跃迁红移。反跃迁的本质是微观粒子及其射线从低能级跃迁到高能级，反跃迁要损失能量，光谱线会出现红移。这样，星系的红移就不再完全是速度红移，也就没有理由说宇宙在膨胀。如果宇宙不膨胀，宇宙大爆炸理论的主要根据就不存在，我们就完全有理由把宇宙大爆炸的大门关上。相反，对宇宙稳恒态模型又增加了一个很好的条件。

12. 我们从星系团存在气泡结构中得到启发，提出了“宇宙大空洞”模型，该模型假定：90%以上的物质分布在宇宙边缘，而且宇宙边缘永远是个空心大火球。人类就在火球中心，火球上的光到达宇宙中心时，由于反跃迁，光线已红移为 3K 宇宙背景辐射。旧的天体及一切元素可以在火球中消灭，新的元素可以在火球中产生。因为火球的温度在不同的区域是永远恒定的，所以新元素从轻到重都可以在火球中产生。而且产生的元素的宇宙丰度会表现为按指数规律下降，也就是轻元素宇宙丰度大，重元素宇宙丰度小。这点和宇宙大爆炸理论不同，大爆炸理论不能产生重元素，只能产生氢和氦，而重元素需要在恒星内部通过核聚变反应产生。到此为止，宇宙大爆炸的三项证据——3K 宇宙背景辐射、星系红移及氦元素宇宙丰度都可以用 X—D 理论去解释，而且我们的理论还能解释重元素的生成。

13. 根据中国的阴阳学说，任何事物都有阴阳两面性，因此我们把以太也分为正以太和反以太，并用正反以太解释正反粒子和正反宇宙的特性。

14. 从太阳系形成理论出发，我们预言火星和月亮上存在丰富的石油。这对人类开发两星有很大的现实意义，相信过不了几年，就能证明我们理论的正确性。

15. 从太阳系形成理论出发，我们提出了红巨星上空形成石油的新理论，认为大部分石油在红巨星气体环中生成，地球上的生物只能形成少量的石油。煤也是一样。

16. 因为在红巨星气体环中，H、C、N、O 等气体元素在最高处，这些气体除了可以化合为石油、天然气以外，还可以生成各种形式的氨基酸，这些氨基酸一部分扩散到宇宙空间，大部分落到地面，并在海洋中发展为生命。由此断言，宇宙中生命是普遍存在的。

以上 16 条大部分是为了说明宇宙是永恒的，这些条件已足够了。从这可以看出，以太和微观粒子是宇宙众多事件的总根源，它们之间严格遵从因果关系，有了上一个事件，就必然存在下一个事件，有正必然有反，有阴必然有阳。这一切，都证明老子的学说，“道生一，一生二，二生三，三生万物”的哲学思想是对的。我们的老子不像西方的上帝那样喜欢玩骰子，而是有严格的因果关系，使宇宙成为统一的整体。我们的理论也成为不存在任何佯谬而自洽的理论。

我们多次说过，在天文学上我们仅仅是个导游，带领读者在新的科学考察道路上走一回。科学考察队伍中从来都是这样，走在前头的总是向导，真正的专家学者总是走在后头。我们现在也仅是断断续续拍了几张风景照，并没有给读者提供风景照范围内详细的自然资源的清单。我们仅把风景照当作路标献给读者，你可以在路标周围采集需要研究的标本，你也可以在路标附近挖掘你心爱的宝石，或者坐下来，用宇宙的胸怀，写几首长诗，献给你的亲人。

当然，我们书中的论点不可能百分之百正确，但我们很有信心。目前世界上还没有一本天文学著作能像《量子天文学》那样，把太阳系的形成过程描述得如此栩栩如生。它消除了太阳系角动量反常的矛盾，连海王星的“宫廷政变”也描述得一清二楚，解释了希腊群和脱罗央群小行星的形成。说实话，如果把“太阳系形成”这一章拍成动画片，更会让人耳目一新。

《量子天文学》一书采用法拉弟的手法，用图表达我们的思想，可以使读者看图会意，通俗易懂。至于严格的数学公式，则留到以后专题去解决。

我们的书，因为理论奇特，敢于向当代传统理论提出挑战，所以肯定会受喜欢猎奇的读者的关注，也可成为科普作家和评论家写作的题材。对于职业天文学家来说，因为他们有丰富的天文学知识，又有丰富的天文观测资料，他们会用自己的立场判断这部书是“香花”还是“毒草”，只要他们有时间，那可想而知，要不了几个月，他或她，就可以写出一部喜怒笑骂的洋洋巨著。有一部分人，因为他们已认识到，在旧理论的死胡同中已毫无出路，在新的理论框架中却会得到新生。他们会想，反正旧理论的马蜂窝是别人捅的，何不乘机在新的理论中写出自己的专著。不过成功只属于那些捷足先登和敢于走自己的路的人。当然也会有不少严肃而稳重的天文学家会对我们的理论提出强烈的反对和善意的批评。对于在校老师，不论他们是赞成或反对我们的理论，他们再也不能理直气壮地给学生讲宇宙是大爆炸产生的，或心安理得地讲五十亿年后太阳会演化为红巨星。因为学生也许会提出不同的看法，导致课堂上出现激烈的是与非之争。

我们把当代天文学理论的‘天’捅破了，欢迎广大读者用女娲补天的精神和我们一道去补天，现在远未补完，艰苦的工作还在后头！路漫漫其修远兮，吾将上下而求索！

后　记

我们的本职工作是研究原子核理论的，后来因搞核技术应用去了甘肃天水。天水是个人杰地灵的地方，在古代，伏羲就生活在那里，因此，天水是产生古代哲学思想的宝地，是产生阴阳八卦的温床。我们生活在这充满中国伟大哲学思想的环境中，无时无刻不在接受阴阳互变、物极必反、天不变道亦不变等思想的熏陶，这无疑会使我们头脑中的科学思想和当地哲学思想发生共鸣。

共鸣有各种形式，术数家和阴阳学说共鸣产生了算命学；西方电子学和中国八卦中的阴爻和阳爻符号共鸣产生了计算机。而对于我们来说，当代物理学中质能互变的学说及质能互变的现象自然会与中国阴阳互变哲学思想产生共鸣，从而使我们认识到量子力学中所谓的波粒二重性实质上就是波粒互变性。西方人之所以能和八卦中的符号产生共鸣，这是因为八卦中的阴爻阳爻符号及其进位方式，直接形象地指明计算机寄存器如何工作。但对于阴阳互变的学说，西方人接受起来就难一些。虽然微观粒子波粒二重性是西方人先发现的，而且后来他们又发现射线可以产生正反粒子，而正反粒子也可以产生射线，但他们在这些科学发现面前，没有回过头去检查量子力学中对微观粒子波动性的解释是否正确，仍然遵从几率波学说，不敢向前越雷池一步。

当我们把量子力学中的波粒二重性理解为波粒互变性以后，很快发现：如果我们承认当代天文观测结果的话，那么当代天文学理论就必须改写！特别是不能再说太阳能是由热核反应产生的了。从此我们尝试改写当代天文学。

第一篇文章发表在《飞碟探索》1995 年第 4 期上，原标题为“周易天文学”，编辑改为“阴阳互变话周易”。

我们的第二篇文章：“太阳能理论新假设——太阳原子模型”，是在中科院兰州近代物理研究所王琦研究员的帮助下，被介绍给《甘肃科学》并于 1999 年第 1 期刊登。文章发表后，先后有五、六家杂志社，如“中国科技情报研究会”等来信联系，决定选编该文。可惜当时我们不在兰州，错过了入选机会。但他们的来信却鼓舞我们把该理论写成一本书。

在本书写作过程中我们又得到了张立强、李继伟、曲晶、罗鸣、金惠、常红梅、徐笑梅、颜景祖、肖秋湘及肖维红等人的大力帮助。

关于书名的问题，我们曾想取名为《在野天文学》，其意为：第一，该理论不是当代正统的理论，仍在地下活动，即在野也，要想执政，同志仍需努力。第二，该书作者非天文学家，乃局外人士，半路出家，亦在野也！当然，在野并非见不得人的事，想当初，爱因斯坦发表狭义相对论时乃是专利局职员，亦为在野人士。在野有在野的好处：一是旁观者清；二是不受老师理论的约束；三是理论的成败与职称升降无关。所以，纵观科学史，很多科学发现都是在野人士所干的。

不过，因为我们对自己的理论还是很有信心的，所以不想取在野之名，决定取个堂而皇之的名字：《量子天文学》。

第一个报导《量子天文学》理论的是兰州《都市天地报》，该报记者马德民先生于 2002 年 1 月在该报发表两篇关于《量子天文学》的科学访谈录，其标题为“挑战传统科学”。

第一个把《量子天文学》理论介绍到国外的是广东作家杨燕秀先生及中学校长池檀光老师。当他们看了马德民记者的文章后立即把文章内容摘要寄到澳洲《汉声》杂志发表。该杂志是由澳籍华人罗崇华老人主办的中文学术理论刊物，面向世界华人发行。

从 2002 年初到 2003 年中之间，我们总共在《汉声》杂志发表了 18 篇题为“给天文学家一封信”的文章，比较全面地介绍了《量子天文学》的内容。在此我们再一次感谢澳洲《汉声》杂志发行人罗崇华先生，主编罗文先生，编辑潘宏达、梁佩燕女士、杨李国立先生、曾锦红女士。

最后，我们要特别感谢甘肃省新闻出版局出版管理处罗和平处长，衷心感谢兰州大学出版社陶炳海社长及责任编辑李新同志。他们先后审查了《量子天文学》并最终决定出版，而没有把她判处死刑。

他们的工作是认真的，除了审查书稿以外，都单独把作者约去探讨书中的理论问题。我理解他们的认真都是对读者负责，不让一些伪科学出笼去误导读者。事实上，要出版《量子天文学》，出版社领导是要冒一定风险的，他们个人也要有足够大的勇气以及热情支持新生事物的品德。

作者多次重申，他们很有把握把太阳能是热核聚变能理论推翻。因为用太阳原子模型能把太阳活动的许多细节都阐释清楚，同时用红巨星脉动产生太阳系的理论，能活生生地把太阳系形成的全过程展现在读者面前。当然，还有许多其他理由。读者应该会同意我们的论点吧。太阳能是热核聚变能理论是整个当代天文学的理论基础，假如真的把这一基础理论推翻，自然也就连带把以该理论为基础的相关理论推翻。《量子天文学》的发表，就像共工给颛顼下了挑战书，他们肯定会发生激战，当然，战后的残局还需请女娲出山来收拾！

出版者的话

科学技术是第一生产力，而科技创新则可以说是一个国家、一个民族发展的原动力。一部世界近现代史尽管繁复庞杂，但从某种意义上说，其实质都是在反复地印证一个基本的真理——落后就要挨打！一个拿不出力量来竞争的民族，终究要为历史所抛弃！

近年来，国际政治斗争云诡波谲，霸权主义、单边主义甚嚣尘上，面对日益复杂的国际形势，党中央高瞻远瞩，采取了一系列措施，极力促成科学的发明与技术的进步，以保障并提高我们国家的核心竞争力，此实乃英明之至之举矣！

科学自有其内在规律，一个科技昌明的国家，无不在倡导学术自由。因为没有“百家争鸣”的学术氛围，就无法保障一个国家科技发明的效率；没有科技发明的效率，就无法保障其在世界上的应有位置……

“科学无禁区！”我们这次选编的这套丛书，就是本着“百花齐放、百家争鸣”的精神，旨在通过倡导学术自由、发扬科学民主去突破僵化思想的桎梏，以期取得抛一己之砖石引他方之美玉的效果。我们认为，在原创性色彩浓厚的科学未知领域的探索性工作，要做到完美无缺是很困难的，甚至是不可能的，但科学家的探索精神却是可敬的，让他们有一个舞台去阐述自己的一家之言，是我们出版界应尽的义务。丛书的出版，并非表明我们完全赞同作者的观点，我们完全赞同的只是作者的科学态度和孜孜以求的探索精神！

“他山之石，可以攻玉。”诚然，则为我们之大幸矣！

不妥之处，敬希指正。

出版者的话